林繼富
劉秀美 主編

民俗與民間文學叢書

現代口承神話的民族誌研究
——以四個漢族社區為個案

楊利慧、張霞、徐芳、李紅武、仝雲麗 著

秀威資訊・台北

神話信仰－敘事是人的本原的存在（代序）

呂微

一

在「神話研究」這個總的題目下，我與楊利慧有許多一致的立場和觀點。比如我那本《神話何為》的副標題是「神聖敘事的傳承與闡釋」；[1]而楊利慧的這本新著，討論的核心話題正是「現代口承神話的傳承與變遷」。因此，無論傳承意味著變遷，抑或闡釋本身就是傳承，至少，「傳承」是我們共同選定的神話研究的關鍵字。當然，我們之間在神話觀念上的差異也因長期的共事而彼此了然於心。我一貫堅持（經過重新闡釋的）現代神話學的經典性表述：神話就是真實性、神聖性的信仰敘事；[2]而楊利慧則有〈神話一定是「神聖的敘事」嗎？〉一文對此提出質疑和反思。[3]但是，儘管我們之間的觀點有一定的差異，我仍然要承認，楊利慧言有所據。而且在經過了長時間的思考之後，我發現，我們之

1 呂微，《神話何為：神話敘事的傳承與闡釋》（北京：社會科學文獻出版社，二〇〇一年）。

2 祁連休、程薔、呂微，《中國民間文學史》，「導論」，河北教育出版社，二〇〇八年。

3 楊利慧，〈神話一定是「神聖的敘事」嗎？——對神話界定的反思〉，載《民族文學研究》，二〇〇六年第三期。

間的差異並沒有我最初想像的那麼大，而只是因為我們思考、認知神話的不同維度（現象的經驗實證維度和人的本原性存在的純粹思想維度）而已，甚至，這些差異也是能夠相互促進、相互補充的，卻並不構成實質上的對立。

擺在讀者面前的這本《現代口承神話的民族誌研究——以四個漢族社區為個案》是楊利慧主持的一項研究課題的最新成果。十年磨礪，鐵杵成針（真），而在本書即將付梓之際，楊利慧希望我能夠為她（和她的學生共同完成）的這本新著寫一篇序言。我想，明知我們之間的不同觀點而仍然堅持於此，那麼，楊利慧希望於我的一定不是單純的讚美——儘管這樣的讚美是必不可少也理所應當的，因為面對這樣一本認真之作，首先就由不得你不心生敬意——更是中肯的學術回應，包括從不同的學術立場對同一個學術問題的相互辯難。

我之所以答應為眼前的這本新著撰寫序言，還有一個難以推辭的理由，就是我曾經參加過本書的幾名作者——楊利慧指導的北京師範大學民俗學專業的碩士研究生——當年的論文答辯會。從二〇〇〇年到二〇〇六年，在攻讀碩士學位其間，張霞、徐芳、李紅武、仝雲麗，追隨他們的導師，跟蹤神話現象的現代傳承，所到之處有：重慶、陝西、山西與河南。期間的甘苦，凡從事學術研究（尤其是田野研究）這個行當的人都能悉心領會，此處不必多言。然而，正如楊利慧對我說過的，對她（他）們這個學術團隊十年來的努力與追求的前前後後，沒有人比我更瞭解了。所以，我的確應該把我在第一時間的感想筆錄下來，為本書的讀者提供一個或可參考的閱讀視角。

二

我已經說了，擺在我們面前的是一本認真之作，我之所以用「認真」二字說之，我的意思是：除了寫作的態度，本書的作者還對神話學的一個學術方向（或學術領域），給出了自己深入的思考（沒有認真的態度也是做不到的）。而這個學術方向的重要性，至今還沒有得到世界各國的神話學者的普遍認同。退一步說，即便這個學術方向已經得到神話學者的普遍認同，該學術方向在理論上的合理性與合法性也還沒有得到充分的論證。這個學術方向就是楊利慧在本書的書名中所揭示的：現代口承神話。

在「現代口承神話」這個命題當中，「神話」當然是主詞。所謂「主詞」，按照亞里斯多德的說法，「乃是其他一切東西的基礎，而其他一切東西或者是被用來述說它們，或者是存在於它們裡面」。[4]與「神話」相比，「現代」和「口承」這兩個詞語，顯然屬於亞里斯多德所說的，被用來述說主詞（這裡就是「神話」），並存在於主詞（「神話」）裡面的東西，我們可以暫時稱之為「副詞」。

但是，「現代」和「口承」這兩個表面上看起來是副詞的定語，實際上並不僅僅是副詞，因為這兩個詞語特別是其中的「現代」二字（我們暫時擱置對「口承」的詞性解讀），從相反的方向關聯著神話學自誕生以來的一個基本判斷：神話是以人的原始思維或原始心理為基礎的信仰－敘事的行為現象。[5]於是，當楊利慧強調神話的現代存在時，她已在試圖用「現代」這個詞語參與對神話學的經典判斷的修正。所以我說，「現代」這個詞語在楊利慧的命題當中，已不僅僅是一個作為副詞的定語，「現代」這個副詞、定語實際上是與「神話」並列的主詞，是「現代神話」這個合成的主詞當中的一個須臾不可分離的成分。

然而，「現代神話」這個命題仍然可以包含多種可能的規定，至少包括：其一，神話作為傳統的信仰－敘事行為現

4 亞里斯多德，方春書譯，《範疇篇．解釋篇》（北京：商務印書館，一九五九年），頁一三。

5 將「原始」（甚至「野性」）與人的「思維」、「心理」或者直接與「神話」聯結起來的例證比比皆是，僅從兩位法國人的書名《原始思維》、《野性的思維》就可見一般，馬林諾夫斯基的名著《原始心理與神話》同樣如此。參見[法]列維-布留爾，丁由譯《原始思想》（La Mentalité primitive, 一九二三年），（北京：商務印書館，一九八一年）；[法]列維-斯特勞斯，李幼蒸譯《野性的思維》（La Pensée sauvage, 一九六二年），（北京：商務印書館，一九八七年）；[英]馬林諾夫斯基，李安宅譯《巫術科學宗教與神話．下編．原始心理與神話》（Myth in Primitive Psychology）（北京：中國民間文藝出版社，一九八六年），以下凡引此著，僅註書名和頁碼。

象，經過功能的轉換而（仍然作為現象）存在於人們的現代生活語境當中；其二，神話信仰－敘事是人的本原的存在形式或實踐方式，不受歷史時間、社會－文化空間形式的生活語境的條件限定，但構成了任何時代的生活語境下神話現象的先天基礎，而「現代神話」正是作為人的本原性存在的神話在特定時代的生活語境中的顯象。以此，「現代神話」（以及任何時代的神話）就可以在兩種不同的思路中得到闡釋；但是，無論我們從哪條道路接近神話，或者是作為人的存在現象的神話，或者是作為人的本原的存在形式或實踐方式的神話，「現代神話」的命題都已經參與了神話學的基本問題（神話是什麼）和神話概念的經典定義（什麼是神話）的重新思考。

「現代神話」的命題，是我和楊利慧之間的公約數，我們都拒絕諸如「現代社會中的神話現象是已經喪失了社會－文化功能的歷史遺物」的說法，而是堅持神話現象在現代人、當代人中間的多種功能性存在（儘管不一定都是信仰的功能性存在），進而堅持神話學可以成為一門現代學、當代學的立場，[6]即希望神話學能夠成為一門於人的歷時（現時）性的存在現象，甚至共時性的存在方式有所言說的學科，而不僅僅是「發思古之幽情」的學問。「現代神話」的命題體現了中國神話學者對人的存在的現實關懷乃至終極關懷。而我們眼前的這本《現代口承神話的民族誌研究——以四個漢族社區為個案》為表達中國神話學者的對於人的存在的深切關心，做出了自己的貢獻。正如楊利慧在《總論》中所言，本書探討了一些以往的神話研究很少關注的問題，這些問題是：

在當代中國，神話是怎樣在一個個特定的社區中生存的？它們扮演著何種角色、擔負著何種功能？是哪些人依然在講述神話？那些保有和傳承著神話傳統的人們是如何看待和理解神話的？講述神話對於他們的生活具有什麼意義？神話如何在具體的講述情境中發生變化？這種變化與講述人的經歷、記憶、喜好以及聽眾之間的關係是什

6 作為晚年鍾敬文的學生，楊利慧顯然繼承了鍾敬文關於民俗學是現代學、當代學的思考；而我本人也通過高丙中《民俗文化與民俗生活》（北京：中國社會科學出版社，一九九四年）一書受到鍾敬文先生的思想啟發。

麼？中國現代社會的巨大變遷給神話的傳承造成了怎樣的影響？神話在社區文化的復興與重建過程中扮演著哪些角色？……我希望通過對這些基本事實的考察和初步的理論分析，進一步打破神話研究領域存在的時間區隔，深化對現代口承神話的研究，充實中國神話研究的薄弱環節，填補其中的空白，並對世界神話學作出新的貢獻，同時，也使中國神話研究擺脫總是「向後看」，與「古老」、「遙遠」、「逝去的傳統」相聯結的羈絆，轉而關注當下的社會和文化生活，並從神話學的獨特視角，積極參與到與當代更多學科的對話當中。[7]

三

除了「現代神話」的命題，《現代口承神話的民族誌研究——以四個漢族社區為個案》全書還建立在一個對「神話」概念的內涵和外延的基本限定的基礎上，即：「神話」——就其敘事內容而言——與「起源故事」大致上是同義詞。在「總論」伊始，楊利慧就指出：

7 如果「民俗學主義」意味著「某種民俗文化事象脫離其原來的生存空間，以新的功能，為新的目的而施行」（岳永逸，《靈驗・磕頭・傳說——民眾信仰的陰面與陽面》，北京：生活・讀書・新知三聯書店，二〇一〇年，頁八八），那麼，楊利慧對「現代口承神話」的研究與世界民俗學自一九六〇年代興起的「民俗學主義」（folklorism）思潮有邏輯上的內在聯繫。關於「民俗學主義」思潮，參見西村真志葉、岳永逸，〈民俗學主義的興起、普及以及影響〉，載《民間文化論壇》，二〇〇四年第六期。但是，就中國民俗學理論的具體發展歷程而言，與「民俗學主義」在邏輯上同步的學術思潮應始於一九九四年高丙中，《民俗文化與民俗生活》（北京：中國社會科學出版社，一九九四年）的出版。高丙中通過引進胡塞爾「生活世界」的命題，主張民俗學應當關注民俗模式（文化）在日常語境（生活）中被使用的現場意義。參見呂微，〈民俗學的笛卡爾沉思——高丙中〈民俗文化與民俗生活〉申論〉，載《民俗研究》二〇一〇年第一期。

在大多數研究者看來，作為人類口頭藝術（spoken art）的諸文類之一，神話通常具有這樣的一些特點：它是有關神祇、始祖、文化英雄或神聖動物及其活動的敘事（narrative），通過敘述一個或者一系列有關創造時刻（the moment of creation）以及這一時刻之前的故事，神話解釋著宇宙、人類（包括神祇與特定族群）和文化的最初起源，以及現時世間秩序的最初奠定。

而在此之前（二〇〇六年）的〈神話一定是「神聖的敘事」嗎？——對神話界定的反思〉一文中，楊利慧更是提出了一個「最低限度」的「神話」概念的定義標準：

> 對於一般的讀者和研究者來說，湯普森在一九五五年提出的關於神話的「最低限度的定義」也許是實用的：「神話所涉及的是神及其活動，是創世以及宇宙和世界的普遍屬性。」這樣一個定義是比較寬泛的：它沒有糾纏於神聖與否的問題，從而給探索……（各種）社會文化中的神話提供了廣袤的空間；它也沒有刻意區別神話的韻文和散文形式，從而為超越這一狹隘的形式上的界限、建立更加廣闊的學術視野提供了可能性。但是，它又是有限定的，因而從某種程度上說，它又是狹義的——與我國著名神話學家袁珂先生提出的「廣義神話」相比，它把神話的範疇限定在了「神及其活動，是創世以及宇宙和世界的普遍屬性」，而這顯然是自古至今大部分神話研究者所集中關注的對象。[8]

與數年前相比，在《現代口承神話的民族誌研究——以四個漢族社區為個案》中，楊利慧對湯普森「最低限度的神話定義」已經有所修正，即神話並非如湯普森所言，只是講述了諸神的創造活動。在起源故事中，創造者包括了「神

8 楊利慧，〈神話一定是「神聖的敘事」嗎？——對神話界定的反思〉，載《民族文學研究》二〇〇六年第三期。

祇、始祖、文化英雄或神聖動物」。在我看來，楊利慧的這一修正（儘管經典的神話學家對此並非沒有認識[9]）在多數學者仍然堅持神話是關於「神的故事」的當下語境中，有著重要的學術含量。

長時間裡，我一直懷疑：神話是否就等同於單純文本——內容視角下的「起源故事」？我的懷疑建立在對神話學的純粹文本研究或單純內容研究的不信任的基礎上（這也是我與楊利慧之間的公約數）。[10]我個人深受馬林諾夫斯基關於「神話是原始人類共同體的社會和文化『憲章』（charter）」（大意）[11]的觀念影響，我認為，在馬林諾夫斯基之後，任何神話學家都不再可能迴避、繞開憲章功能這一神話現象的本質規定性。但是，如果憲章功能是神話現象的本質規定性，進而，如果一則敘事不再能夠發揮憲章功能，那麼對於該敘事，我們能否還稱之為「神話」呢？

而在馬林諾夫斯基之前，正是由於神話學家們只是關注了神話敘事文本的題材內容，並視之為神話的本質，而沒有特別強調神話信仰功能的體裁形式（不是文體形式），才僅僅發展了關於神話題材內容的文學－文字象徵解讀（以繆勒為代表）和歷史背景解讀（以泰勒為代表）的單一方法論，而最終與神話現象的「形式本質」失之交臂，如果一個事物的本質的確（如亞里斯多德所言）是由該事物的形式所決定的。[12]而馬林諾夫斯基的偉大貢獻，正是通過對特定生活語

9 「這（神話）故事本身並非像人們可能設想的那樣，涉及天神和英雄的行為，而只是敘述部落的歷史和它漂泊的情況，以及它逐步從野蠻狀態上升到較佳生活條件。……但是他們懷著宗教的敬畏來看待那一段神秘的，或稱為阿爾哲令伽的時期」。[英]查・索・博爾尼著，程德祺等譯《民俗學手冊》（上海：上海文藝出版社，一九九五年），頁二一三。

10 在《神話何為——神聖敘事的傳承與闡釋》中，我反復強調神話作為「權力話語」和「意識形態」的信仰－敘事功能，如第二章「鯀、禹神話：口頭傳統與權力話語」，第三章「息壤：農業文化的意識形態符號」。（北京：社會科學文獻出版社，二〇〇一年）。

11 語出馬林諾夫斯基《原始心理與神話》。「憲章」，馬林諾夫斯基英文原著使用的是charter一詞（Malinowski，Myth in Primitive Psychology，Psyche Miniatures General Series，London，一九二六年），我認為也可以用一個漢語古典詞彙「洪範」（「大法」之義）來翻譯，詳見下文。

12 亞里斯多德已經闡明：事物的形式，而不是該事物的質料（內容），決定了該事物的本質。比如一張桌子或一把椅子的質料，無論是木料、石料還是鐵料，都無關乎桌子和椅子的本質，是桌子和椅子的形式（樣式）規定性決定了桌子之為桌子、椅子之為椅子的各自本質。參見[英]羅素著，何兆武、李約瑟譯，《西方哲學史》上冊（北京：商務印書館，一九六三年），頁二一五至二一七。

境下神話敘事的信仰功能形式的現象直觀，直接達成了對神話的「形式本質」而不是「質料（內容）本質」的實證認識。在馬林諾夫斯基之後，任何置神話敘事的信仰功能的「形式本質」於不顧的做法，都是神話研究在理論上的倒退。而在中國神話學學術史上，這樣的「倒退」不乏例證。

四

當中國神話學家於二十世紀初從西方神話學家手中接過「神話」——「神的故事」——這一學術理念，並且應用於本土神話的研究時，神話學家們（包括中國學者和研究中國文化的西方學者）立刻就發現了符合「神的敘說」（魯迅）的內容標準的所謂「中國神話」，儘管按照「神的故事」的內容標準，中國神話（主要是指中國古代漢語神話）被認為是零散的、不成系統的。直到一九二〇—一九三〇年代，魯迅寫作《中國小說史略》，給出了漢語學界關於「神話」的經典定義（「以神格為中心的敘說和信仰」），[13]上述情況也沒有根本的改變。那時，馬林諾夫斯基關於神話敘事在特定生活語境下的信仰功能形式的「實地（田野）研究」（一九一四—一九一八年）已經完成（只是尚不為人所知）；但是，即便後來馬林諾夫斯基的神話思想被輸入到中國學界，在長時間裡，中國神話學者中也少有試圖根據信仰功能的形式標準以認識神話本質的學術衝動。[14]

13 「昔者初民，見天地萬物，變異不常，其諸現象，又出於人力所能之上，則自造眾說以解釋之：凡所解釋，今謂之神話。神話大抵以一『神格』為中樞，又推演為敘說，而於所敘說之神，之事，又從而信仰敬畏之……故神話不特為宗教之萌芽，美術所由起，且實為文章之淵源。……迨神話演進，則為中樞者漸近於人性，凡所敘述，今謂之傳說。」魯迅《中國小說史略》，載《魯迅全集》，第八卷，頁一一至一二，人民文學出版社，一九五七年。關於《中國小說史略》的寫作和出版年代，參見「第八卷說明」，載《魯迅全集》第八卷頁一。

14 當然也有少數學者關注神話的憲章功能，如美籍華裔考古學家張光直《商周神話之分類》（《中央研究院民族學研究所集刊》第一四期，一九六

正是由於很少顧及馬林諾夫斯基所提出的神話敘事在特定生活語境下的信仰功能的形式標準，而僅僅根據神話敘事單純文字的內容標準，像「精衛填海」這樣的民間幻想故事總被學者列入「中國神話」的範圍。但是，如果我們站在馬林諾夫斯基的立場上，我們就有充分的理由反問：「精衛填海」的故事在中國歷史上可曾發揮過些許社會、文化的憲章功能？如果答案是否定的，那麼僅僅因為這個故事講述了「精衛」鳥「其名自叫」的起因，[15]就視之為神話，那麼神話與一般的幻想性民間故事又有什麼區別呢（儘管我一直認為，「精衛填海」是我讀過的最淒美的古典故事之一；亦如袁珂所言，「它永遠感動著人們的心弦」[16]）？

但是，如果我們堅持馬林諾夫斯基的神話信仰的憲章功能的形式標準，把「精衛填海」這樣的幻想故事都排除在了神話的範圍之外，中國文化是否就將與神話徹底絕緣了呢？恰恰相反，按照馬林諾夫斯基的標準，在中國古代漢語文化中，神話不僅存在，而且是以非零散的、成系統的方式存在的，這就是以顧頡剛為首的古史辨學派所力主的「三皇五帝」的古史傳說。古史傳說因講述了「天賜大法（「洪範」-charter）」的系列故事，[17]從而以其信仰－敘事的功能形式造就了最典型的本土神話形態。在中國古代漢語文化中，古史傳說乃至純正的「信史」都發揮了類似「大憲章」（the

---

二年）提出了「挑選神話材料的（特徵）標準」，其中第三個標準就是作為「日常生活社會行動儀式行為的基礎」的「神話的憲章」功能。張光直寫道：「神話的功能在供給典章與氏族團體存在的理由。」張光直，《中國青銅時代》（北京：三聯書店，一九八三年），頁二五四、二五五、二九九、三〇九。中國大陸神話學家中葉舒憲較早使用charter概念研究中國神話，參見葉舒憲《中國神話哲學》（北京：中國社會科學出版社，一九九二年），頁二一四。

15 《山海經・北次山經》。

16 袁珂，《中國古代神話》（北京：中華書局，一九六〇年新一版），頁七三。

17 《尚書・洪範》：「鯀則殛死，禹則嗣興，天乃錫禹洪範九疇。」「洪」者，「大」也；「範」者，「法」也。「九疇」，九種。用現代漢語轉述就是：「鯀被流放死了，禹就繼承興起。天帝就把九種大法賜給了他，治國的常理因此定了下來。」江灝等譯注，《今古文尚書全譯》（貴陽：貴州人民出版社，一九九〇年），頁二三三至二三四。

Great Charter）[18]的信仰功能。以此，當顧頡剛把古史傳說說成是「假古史」和「真神話」的時候，顧氏可謂一語中的，乃至「『古史是神話』這一命題在今天已經是不成其為問題的了。」[19]

於是，我們現在也就可以了然，楊利慧修正「起源故事」中「創造者」的「身分構成」的學術意義了。將創造者從單一的「神」，擴展為「神祇、始祖、文化英雄或神聖動物」，就為從信仰功能的純粹形式立場定義「神話」拆除了經典的、僅僅根據敘事內容定義「神話」的最後壁壘，其理論後果必然是：只要符合「大憲章」這一信仰功能的形式標準，任何敘事（無論起源故事中的創造者是誰）都可以被納入到「神話」概念的指涉範圍。

但是，我們看到，楊利慧的修正卻並非為「神話」概念的純粹形式的定義標準拆除因特定內容而被限定的觀念壁壘，而是要質疑僅僅根據信仰功能的形式標準定義「神話」概念這種做法本身。當然，這種做法是要冒回到馬林諾夫斯基之前的理論風險的，但楊利慧考慮的是，面對已發生了功能轉換的神話現象，如若不考慮除信仰之外的其他功能，而是按照馬林諾夫斯基當初的設想一味走下去，神話學者將從根本上喪失對「現代神話」的合理、合法的發言權。

五

從敘事文本內容和信仰功能形式的不同角度，規定神話本質的矛盾表述（起源故事不一定具有神聖信仰的憲章功能，而能夠發揮神聖信仰的憲章功能的敘事文本卻不一定就是起源故事），並非「神話」概念進入中國語境之後才發生的事情，對於西方文化來說，事情同樣如此。馬林諾夫斯基以後，用「信仰」、「憲章」「功能」等形式標準而不是

18 charter源自古英語charta，比如the Margna Charta，即the Great Charter（大憲章）。

19 張光直，《中國青銅時代》（北京：三聯書店，一九八三年），頁二五一。

內容標準檢驗古代希臘神話，「荷馬《伊利亞特》、《奧德賽》與赫西俄德《神譜》是否屬於神話」同樣也是問題。於是，才有古典學家如韋爾南、納吉諸賢，或者用「王權神話」的概念解讀希臘神話的功能性質，[20]或者用民族誌的方法說明荷馬史詩的原初語境，[21]以便讓希臘神話符合功能論人類學的「形式本質」的定義標準（韋爾南和納吉都承認用敘事的信仰功能的形式標準規定神話的本質在理論上是合理且合法的）。

但是，對於古典學家的努力前景，人類學家並不感到樂觀，因為，由於「時過境遷（語境變遷）」，一則傳統的起源故事完全可能且現實地喪失其「原初時空語境」[22]下的信仰功能形式，而僅僅以起源故事的敘事內容的文本形態而殘存下來。而這樣一來，也許，我們也就永遠無法判斷該起源故事在曾經的語境中是否發揮過什麼憲章功能。於是，站在馬林諾夫斯基的田野立場看，一些古典敘事是否屬於神話，實在是一個永遠也無法破解的謎團。正如人類學家利奇所言：「對那些從原初時空語境中分離出來的書面文本是否能夠作出民族誌理解的可能性，我們確實十分懷疑。」[23]

對於馬林諾夫斯基來說，神話作為能夠發揮憲章功能的信仰敘事，是只能在特定的生活語境中被直觀到的社會、文化現象，一旦喪失了能夠直觀到敘事的信仰－憲章功能的現實、具體的生活語境，那麼，對於古典敘事是否屬於神話的問題，也就只能繼續沿用進化論人類學的假說，視之為喪失了信仰－憲章功能的「神話遺物」，如果我們必須將這些古典敘事視為神話的話。馬林諾夫斯基的本意是為了說明「神話遺物」在原初生活語境中的信仰憲章功能，但他卻用自己對「當代的原始神話」的直觀經驗，從信仰功能的純粹形式角度，將「神話遺物」的進化論假說以反證的方式固著下

20 [法]讓-皮埃爾・韋爾南著，秦海鷹譯，《希臘思想的起源》（北京：生活・讀書・新知三聯書店，一九九六年），頁九〇。
21 [美]格雷戈里・納吉著，巴莫曲布嫫譯《荷馬諸問題》（桂林：廣西師範大學出版社，二〇〇八年）頁一五四。
22 「原初語境」是人類學家利奇（一九八二年）特別強調的，[美]格雷戈里・納吉著，巴莫曲布嫫譯《荷馬諸問題》（桂林：廣西師範大學出版社，二〇〇八年）頁一五九至一六〇。
23 [美]格雷戈里・納吉著，巴莫曲布嫫譯《荷馬諸問題》（桂林：廣西師範大學出版社，二〇〇八年）頁一五九。

來，[24]而這是馬林諾夫斯基本人沒有預料到的事情。

這就是說，無論西方的古典敘事，還是非西方的古典敘事，當我們運用馬林諾夫斯基的「信仰」、「憲章」、「功能」等「形式」概念加以規定，卻並不懸置「神話」概念的經典內容標準時，就會陷入「敘事的文本內容與信仰的功能形式何為神話本質」的表述張力甚至表述矛盾。[25]也就是說，當我們經驗地使用「神話」這一源於西方的知性概念來認識本土的神話現象的時候，文化壁壘其實並非障礙；真正造成認識障礙的原因——借用康德的話說——是我們將人的本原的存在（實踐）「硬性」地規定為、認知為受社會、文化、歷史條件制約的人的存在現象，由此造成了用人的本原存在的實踐原理說明人的存在現象的（內容和形式同為「本質」的）「二律背反」。[26]

神話的信仰－敘事（或敘事－信仰）原本就是人的本原性存在的實踐行為，而在人的本原性存在的實踐行為——這裡指的就是神話的信仰－敘事行為中，神話信仰－敘事的內容和形式是無以（也無需）區分的：神話敘事的內容就是其信仰的形式，而其信仰的形式也就是其敘事的內容。然而，一旦我們將人的本原性存在的實踐行為認知為人的存在現象的內容與形式——這裡就是神話的敘事內容和信仰的形式——並且同時視二者為神話現象的本質的時候，表述的悖論（「二律背反」）就會發生。因此，並非如我們以往所誤解的那樣：發生於西方的經驗語境的理論概念不適用於認識非

24 「至少從神話的產生來說，被認為是遠古時代確曾存在和發生過的。對神聖存在的虔敬和信仰，使神話具有了神聖的性質，往往與世俗的生活範疇分開，而與人們的宗教緊密相連，甚至成為宗教信仰的有機組成部分。」楊利慧，《女媧的神話和信仰》（北京：中國社會科學出版社，一九九七年），頁一二一。

25 當然，這是一種理論上的設想，在現實的學術研究中，一般來說神話學家們並不區分神話定義的質料標準和形式標準，比如張光直提出的「選擇神話材料」的三個標準，其中，第一、第二兩個標準涉及神話敘事的質料（內容），第三個標準涉及神話敘事的信仰功能形式，而這三個標準在張光直那裡並行不悖，他並不為此而感到有什麼矛盾。張光直，《中國青銅時代》（北京：三聯書店，一九八三年），頁二五四至二五五。

26 [德]康德著，韓水法譯，《實踐理性批判》，（北京：商務印書館，一九九九年），頁一一八。以下凡引此著，僅註書名和頁碼。

西方時空語境的社會、文化、歷史現象；而是說，用來說明人的本原性存在（實踐）的知性（理論）概念不適用於說明人的存在現象，進而產生康德所言之「理性在將其為一切有條件者設定無條件者的原理運用於現象時的自相衝突」。[27]

六

上文已經指出，神話除了作為人的存在現象，也可以被視為人的本原的存在方式或實踐形式。一個顯為人知的事實就是：在神話學將神話視為人的存在現象即神話學的研究對象（直觀的表像）之前，神話就已經是人的一種實踐行為（視神話這種人的實踐行為為受人類社會、文化、歷史等原因條件支配的、人的存在現象是神話學貢獻的理論理性的知識成果）。換句話說，在神話學使用「神話」這個學術概念之前，[28]以古希臘文muthos為詞源的「神話」一詞，作為日常語言已經有了兩千多年的語用（實踐）歷史。作為日常語言，muthos的本義只是「詞語」或「故事」，指涉了人的存在——實踐中的一種不同於logos（邏各斯）、history（歷史調查）的更傳統、更基礎（基本）的信仰－敘事的話語活動或話語行為，即對一種非理論性、非實證性（但並非是非理性）話語的「實踐（存在）的命名」，[29]我們今天所說的起源故事，正構成了muthos－神話的話語實踐的信仰－敘事對象的重要成分。

從人的本原性存在的角度看，muthos－神話作為一種基礎（基本）的、傳統的話語實踐，與哲學、歷史等其他類型

27 《實踐理性批判》，頁一一八。

28 這個「之前」還僅僅的歷史的「之前」，而不是邏輯的「之前」；要之，作為「實踐命名」的「神話」，在邏輯上先於作為理論概念的「神話」，才是「之前」的更實質性的意義。

29 「實踐的命名」，參見西村真志葉，《日常敘事的體裁研究——以京西燕家台村的「拉家」為個案》，博士論文，北京師範大學，二〇〇七年。

的話語實踐，以及文學的敘事「體裁」（傳說、童話）的不同之處就在於：在muthos－神話的信仰－敘事的話語實踐，即人的本原性的存在－實踐中，人通過自身的純粹理性為「人自身」設定了一超越性存在的信仰－敘事對象（無論這個信仰對象是超越自然經驗、感性經驗的，還是超越世俗經驗的），用以規定並維護人的存在統一性即人性統一性。[30]無法想像，沒有人通過純粹理性自己為自己設定並講述的超越性對象，人能夠作為具有人性統一性的個人和社會共同（統一）體而存在，而這，正是神話在人的存在的現象世界中能夠發揮社會、文化憲章功能的超越性——存在論根源。

從人的存在現象的角度看，muthos－神話的話語實踐（如上文所述，將神話實踐視為人的存在現象是神話學的理論成果）所給出的起源故事的敘事內容，或者是關於神靈的故事，或者是關於古代聖王的故事，而不同類型的超越者角色正規定了不同的共同體之間的文化差異（當然這只是一種簡約的認識）。[31]但是從人的本原性存在－實踐的立場看，無論神靈還是聖王甚至神聖動物，都是人的本原性存在的信仰－敘事的實踐結構所給出的超越性對象「極」。在muthos－神話的超越性信仰－敘事的話語實踐中，人性的存在的超越性統一性被歸結為人的起源的超越性統一性。

這就是說，無論處身於哪種文化共同體的社會、歷史語境的現象世界中，人都首先在邏輯上以一種超越自身的文化

30 「蒂利希說宗教體現了人的終極關懷，人只有通過深層的『意義』才能實現自我存在的真實性。唐君毅說宗教生活的核心就是要『尋找安身立命之所』，借助人心的修養以便使自己成為『真正的』人。」金澤，《宗教人類學學說史綱要》（北京：中國社會科學出版社，二〇〇九年），頁三九六。

31 「本土傳統的文化秩序或價值結構與西方的差異，可以借用杜維明的一句話加以描述，這就是：自從古希臘和古希伯來時代以來，西方的文化秩序——價值結構及其超越途徑一般表現為『存在（being，杜氏原譯『存有』）的斷裂』，即神聖世界與世俗世界的宗教性的空間劃分，此岸世界的終極價值由彼岸世界（上帝）提供；而古代中國的文化秩序——價值結構及其超越途徑表現為『存在的連續』，即神聖世界與世俗世界被置於歷史性的時間兩端，現代世界的終極價值是由古代世界（大同時代的先公、先王）所提供的。引自杜維明〈生存的連續性：中國人的自然觀〉，載於《儒家思想新論——創造性轉換的自我》（南京：江蘇人民出版社，一九九六年）。終極性的價值本體存在於歷史長河之中，並由歷史源頭提供，即內在（於歷史）的超越而不是外在（於此岸）的超越，祖先崇拜而不是上帝信仰構成了中國式準宗教的價值結構，以及對於價值本體的『史學』式體認方式。」呂微〈現代性論爭中的民間文學〉，載於《文學評論》二〇〇〇年第二期。

規定性的普遍統一性的存在－實踐方式而「出世」，即先於各種特殊規定的文化角色，首先將人自身規定為具有超越性（統一性、普遍性）人性的「人自身」。為此，人必然要為「人自身」的普遍統一性存在，設定並講述一個對於共同體中的每一個人都客觀有效的、具有超越性統一性的信仰－敘事對象，而這個超越性統一性的信仰－敘事對象對每一個人來說，具有絕對客觀的真實性和先天必然的神聖性。

至於這個超越性統一性的信仰－敘事對象，在人們存在的現象世界——每個文化共同體的具體社會、歷史語境——中被具體地表述為神還是人，並非本質的問題，神靈也好，聖王也好（當然，對於特定的文化共同體來說，神靈、聖王的區分並非無關緊要，而是具有「主觀－相對」[32]的「本質」性），都因其在人的本原世界中的超越性統一性存在地位，而在現象世界中負擔起「大憲章」的普遍功能。[33]反過來說，儘管具體的神靈或聖王等超越性統一性的信仰－敘事對象，只能在人的存在的現象世界、世俗世界中發揮憲章功能，但是歸根結底，「大憲章」的功能基礎在邏輯上卻首先來源於人的本原性存在的超越性世界。

但是，當現代神話學家從神話現象的角度，而不是從人的本原性存在－實踐的立場出發，將某個特定的文化共同體對超越性統一性的信仰－敘事對象的「主觀－相對」的內容（質料，比如具體的某種神靈），抽象、歸納為一個能夠以感性直觀為經驗性基礎的、具有客觀普遍性的「神話」理論概念，並以此「神話」（「神的故事」）的理論概念作為認識工具，規定各個文化共同體（包括西方文化共同體自身）的神話現象，那麼，這樣的「神話」（「神的故事」）概念就必然

32 ［德］胡塞爾著，王炳文譯，《歐洲科學的危機與超越論的現象學》（北京：商務印書館二〇〇一年），頁一五一、一五二、一五三、一六一、一六八、一七一、一九〇、二〇六。「主觀的－相對的」，胡塞爾也稱之為「特殊性」，同上引書，頁一四七。

33 「宗教人類學研究宗教的發生和發展，研究宗教所承載的社會功能於其所建構的文化秩序（意義）。透過宗教人類學的發展進程，我們看到具體的宗教都是在特定的歷史背景中生存和延續的，無論宗教形態如何順時而變或逆市而動，它總是將信仰者於一個超越他（或她）的神聖對象聯結起來。這個神聖對象在不同的宗教中有不同的定位，在某些宗教中也許是人格化的上帝，在某些宗教中只是一種神聖的境界（或屬神秘或屬覺悟），或在最質樸的形態中只是那超越個體生命的不死的靈魂。」金澤，《宗教人類學學說史綱要》（北京：中國社會科學出版社，二〇〇九年），頁三九五。

會遮蔽各個社會－文化共同體從本原的存在出發，所給出的信仰－敘事的超越性統一性的實踐形式。

比如，在中國古代漢語文化中，明明存在著超越性統一性的信仰－敘事實踐，早期的神話學家們卻視而未見，堅持中國古代漢語文化中的神話現象——「神的故事」只是零散的、不成體系的（三皇五帝的古史傳說恰恰是整體性且系統化的）存在，而這正是由於人的本原的存在與實踐，被用理論概念（「神的故事」）所支配的神話現象、神話經驗所遮蔽的結果。反之，如果還原到中國古代漢語文化共同體本原性的存在與實踐，且站在馬林諾夫斯基的功能論立場上，我們似乎本不該將myth移譯為「神話」（「神的故事」），因為中國古代漢語文化中原本就有可與myth的本原性存在論內涵更接近的、本土化的「實踐的命名」，比如作為歷史敘事文體的「本紀」（或「故事」）。如果「本紀」的意思就是「本其事而記之以為後代綱紀」，[34]那麼，這不正是古代中國式的「大憲章」嗎？

就人的本原的存在－實踐必然要求對於一個超越性存在者的信仰和敘事（否則人無法獲得人性的統一性）而言，我贊同楊利慧關於「起源故事」是「神話」概念的「最低限度的定義」原則。當然，這不是為了照顧大多數研究者的學術理念的現實目的，而是從人的本原的存在－實踐形式出發而做出的理論判斷。這就是說：神話因「究天人之際」而指向超越性存在者的信仰和敘事，作為人的本原的存在－實踐形式，是人把自己規定為具有超越自然規定性的人性（道德）統一性的「人自身」而先天地、必然地要求的。

神話－起源故事，由於講述了人性統一性的超越性本原，使得神話的信仰－敘事不僅是人的本原性存在－實踐本身，同時也是人的本原性存在－實踐的客觀性條件。由於人的本原性存在－實踐的神話信仰－敘事，是「人自身」的純粹理性的必然性要求，同時也是人的純粹理性得以踐行其自身的客觀性條件，所以對於人的本原的存在－實踐來說，神話信仰－敘事本身以及神話信仰－敘事所給出的超越對象就具有了人的存在與實踐的絕對真實性和神聖性。正如胡塞爾所言：

---

[34] 漢・司馬遷《史記・五帝本紀》唐・司馬貞《索隱》：「紀者，記也。本其事而記之，故曰本紀。又：紀，理也，絲縷有紀。而《帝王書》稱：紀者，言為後代綱紀也。」

真正第一位的東西是對前科學的世界生活的「單純主觀的－相對的」直觀。的確，在我們看來，這個「單純」作為古老的遺產具有主觀意見的輕蔑的色彩。當然，在前科學生活本身中絲毫沒有直觀這種東西；因為它是被充分證明的領域，因此，是被充分證明的述謂性認識的領域，確切地說，是如同決定它們的意義的實際生活意圖所要求的那樣可靠的真理的領域。[35]

這就是說，神話作為人的本原的存在－實踐，不是以人們現實的、日常的生活語境（現象）為實現條件；人們現實的、日常的生活倒是以人的本原的存在－實踐所提供的人性統一性為實現條件。進一步說，如果人必然通過自身的純粹理性要求信仰－敘事的本原存在以作為日常生活的實現條件，那麼，康德就有理由談論一種「理性的信仰」（rational belief）。[36]至於作為人的本原的存在－實踐的神話信仰－敘事自身的起源，或者說，神話自身的存在條件，換言之，人的本原性存在為什麼會採用神話信仰－敘事的實踐形式？以及人的本原性存在－實踐為什麼能夠創造出超越性統一性的信仰－敘事對象？用康德的話說，這是我們人類理性所無法洞見的。因此，對於神話敘事本身，我們人類只能取信仰的敬重、敬仰甚至敬畏的態度。

35 《歐洲科學的危機與超越論的現象學》，頁一五一至一五二。
36 《實踐理性批判》，頁一五七。

七

從實現人性統一性的立場看，神話信仰－敘事一方面作為人的本原性存在－實踐的必然性要求和客觀性條件，另一方面又作為人的本原性存在－實踐形式本身，其真實性和神聖性是無可置疑的。正是以此，即便在歷史時間和社會、文化空間語境中現實地生活的人們在心理（現象）上不再信仰神話的敘事內容，神話作為人的本原性存在的實踐要求和實現條件，同時又作為人的本原性存在與實踐本身，亦即：神話既是人的本原的存在，本身也是自己實現自己的無條件的條件，仍然具有絕對客觀的真實性和先天必然的神聖性。

這就是說，神話－起源故事，作為真實性和神聖性的信仰－敘事，由於講述並設定了一個對於「人自身」而言的超越性統一性的信仰－敘事仰對象，因而具有了對於每一個人、每一個共同體的本原性存在－實踐都客觀、必然的有效性。當然這不是說，在人們現實的日常生活的經驗世界或現象世界中，每一個人在其主觀的心理（現象）上，都將認同神話的真實性和神聖性。事實上，正如楊利慧師生對田野現象的直觀經驗所揭示的，在日常生活中，人們並不總是在心理上信仰神話敘事內容的真實性和神聖性。但是，正如已經指出的，神話，這個講述了人自身的本原性存在－實踐的超越性起源的故事，為人性統一性原則即人的「存在的理想（應然的本體）」（馬林諾夫斯基稱之為「先例」或「榜樣」）而不是人的「存在的事實（實然的現象）」所樹立的先天必然的和客觀普遍的表像，始終是真實的、神聖的，以至於正像康德所比喻的：

例如，即便直到如今也可能根本沒有過真誠的朋友，也還是能夠毫不減弱地要求每一個人在友誼中有純粹的真誠，因為這種義務作為一般而言的義務，先行於一切經驗，存在於通過先天根據來規定意志的理性的理念之中。[37]

對於神話，我們也可以說同樣的話：即便世界上已不再有人在心理（現象）上敬畏地信仰並真誠地講述神話；但是，對於每一個人和每一個文化共同體的本原性存在與實踐來說，神話的真實性和神聖性仍然是無可質疑的。因為，神話講述了人作為人性統一性而存在並實踐的超越性起源，即講述了人作為「人自身」而自由（信仰和理性）地存在並實踐的超越性原則。以此，只要人講出了神話，講述了人的超越的起源，人就已經（即使是朦朧地）將人與其他非理性、非信仰的存在者（比如動物）區別開來，從而表明了人與其他存在者不同的，即具有人性統一性，且必然顯現為道德統一性的存在與實踐。而神話最終作為人的道德性的存在和實踐，作為人自身「應然」的存在與實踐理想，其自身的理性化、倫理（道德）化即人們常說的「神話歷史化」就並非作為現象世界的歷史語境下的社會、文化作用的結果，而就是神話作為人的存在－實踐本質－自由信仰和理性——的必然的自我顯現或自我實現。[38]

八

對於神話，神話學者完全可以從不同的視角認識其本質和特徵，神話學者既可以從現象的視角直觀神話的特徵，也可以從人的本原存在的實踐立場思考神話的本質。在本書中，楊利慧提出了神話「綜合研究」的議題，卓有見地，而我

37 ［德］康德著，李秋零譯，《道德形而上學的奠基》，載《康德著作全集》第四卷，（北京：中國人民大學出版社，二〇〇五年）頁四一四至四一五。

38 「人祖神話的講述和一系列的朝祖活動充分體現了中國社會的『敬祖』、『講孝道』等文化特點。在講述人祖神話的過程中教化人們，一心向善的傳統滲透鄉土社會的道德觀念和行為規範。規訓著人們的日常生活，促進了當時社會和文化秩序的穩定。」

的補充是：綜合研究還應該擴展到現象研究、經驗研究之外，而將神話思想為人的本原性的存在與實踐。當然，就每一位神話學者來說，綜合現象研究與「實踐認識」[39]這兩種學術立場和方法是不現實的；但是，對於一個神話學共同體而言，則完全可能且非常現實。

在人的存在現象的直觀視野中，起源故事在人們的心理上，或者被信仰或者不被信仰為真實、神聖的敘事；但這並不妨礙在人的本原性存在與實踐的思想視域中，神話是人的「永恆的當下」的真實性和神聖性的存在與實踐。神話的現象研究與神話的本原性研究因此可以互補。神話的現象研究可以提供對神話現象的事實認知，而神話的本原性研究則可以提供對「理想型」神話的本質認識。

在神話的現象研究方面，楊利慧帶領她的學生，繼承了馬林諾夫斯基開創的田野直觀的民族誌傳統。馬林諾夫斯基證明了，在全民信仰的語境條件下，起源故事被人們在心理上普遍地認知為真實性、神聖性的傳統敘事；而楊利慧師生則證明了，在並非全民信仰的語境條件下，那些被稱為「神話」的起源故事只是被人們在心理現象中偶然地認知為真實性和神聖性的傳統敘事。[40]但是，講述起源故事的神話，儘管不再承擔對全社會而言的憲章功能，卻承擔起其他一些社會－文化功能。[41]將這些人們日常生活的公共和私人領域中神話的現象事實（現實），以經驗直觀的方式直接呈現在我們眼前，這是馬林諾夫斯基之後，楊利慧師生的學術貢獻。

39 「實踐研究」、「實踐認識」，是康德《實踐理性批判》中的提法，即對人的存在本身即實踐本身而不是人不的存在現象的認識和研究。《實踐理性批判》，頁二六，頁六一，頁一一三。

40 參見本書介紹的多位「神話講述人」不同的「神話觀」：黃鎮山認為「神話是人們對歷史的曲解」，陳貴友認為「神話是真實的事件」，柯尊來認為「神話是神乎其神的故事」。

41 馬林諾夫斯基認為「高等文明的神話材料，到了我們的手裡已是孤立的文學記載，沒有實際生活的背景，沒有社會的上下文。這就是西洋古代民族與東方死文明中所有的神話」（《巫術科學宗教與神話》頁一二六）的結論至少是不全面的。

如楊利慧在本書「總論」中所歸納現代口承神話的功能和意義十分複雜多樣。首先，那些與信仰語境密切相關、通常在宗教儀式場合中被講述的神話，依然扮演著信仰的「社會憲章」（sociological charter）的作用。通過對最初起源的追溯，神話闡明著信仰觀念和行為存在的理由，確立著信仰的合理性和合法性，神話中敘述的主要角色和事件也成為神靈崇拜和祭祀儀式的基礎。不過，除此而外，現代口承神話還負擔著其他多種功能和意義：它們是構成世界觀的重要基礎；是人們進行社會交流、建構社會生活的有效途徑；是教育後代和消閒娛樂的方式；是凝聚群體、建構身分認同的重要力量；還是獲取政治資本和商業利益的策略性資源。在不少情形下，現代口承神話的功能和意義可被概括為是「鞏固和增強傳統，通過追溯更高、更好、更超自然的最初事件，賦予傳統更高的價值和威望」，[42]是人們將當下與過去的權威性傳統相聯接的「傳統化」（traditionalization）實踐[43]的重要策略。不過，對個體講述者而言，神話的功能和意義無疑要具體和豐富得多。

站在馬林諾夫斯基的信仰功能現象的「形式本質」的理論立場看，楊利慧師生所直觀到的那些非信仰功能的起源故事，很難再被稱為「神話」。這就是說，如果我們站在馬林諾夫斯基「嚴酷」理論立場（當然，馬林諾夫斯基本人的具體觀點絕非如此「嚴酷」，「嚴酷」是根據他的理論立場嚴格推導出來的理論邏輯）上看，沒有信仰心理（現象）支持的敘事絕非神話，神話的本質在其信仰的功能形式而非其敘事的文本內容。

> 神話的研究只限在章句上面，是很不利於神話的瞭解的。我們在西方的古籍、東方的經典以及旁的類似去處得到的神話形式，已經脫離了生活信仰的連帶關係，無法再聽到信徒們的意見，無法認識與它們同時的社會組織、道德行為、一般風俗——最少，也無法得到近代實地工作者容易得到的豐富材料。[44]

42 [英]馬林諾夫斯基〈巫術科學與宗教〉，見[美]阿蘭・鄧迪斯編，朝戈金等譯《西方神話學讀本》（桂林：廣西師範大學出版社，二〇〇六年）頁二三八。

43 [美]理查德・鮑曼《民俗界定與研究中的「傳統」觀》，楊利慧、安德明譯，載《民族藝術》二〇〇六年第二期。

44 「信徒」，馬林諾夫斯基又稱之為「神話製作人」：「人類學家有神話製作人在肘腋之下。」《巫術科學宗教與神話》，頁八五至八六。

因此，在馬林諾夫斯基看來，已經不再發揮信仰功能的起源故事，只是傳統的信仰敘事的「神話遺物」。而且，即便是馬林諾夫斯基以前（進化論民俗學）的神話理論，也「寬容」地承認信仰的態度與程度，是辨別神話與非神話的體裁標準。[45]楊利慧放棄了經典神話學關於神話的信仰功能的「形式本質」的基本預設，將神話的敘事內容重新設定為神話的本質，這在理論上將自己置於十分困難的境地，即面對從馬林諾夫斯基「嚴格」甚至「嚴酷」的關於神話信仰－敘事功能的「形式本質」的理論立場所提出的質疑，儘管《原始心理與神話》當中的那個真實的、「寬厚」的馬林諾夫斯基的確承認，殘存於古典文獻中的起源故事仍然是神話，但卻是喪失了特定生活語境下信仰功能形式的「死神話」。

但是，我們能否在放棄了神話信仰－敘事現象功能的純粹「形式本質」的定義標準之後，仍然堅持神話－起源故事作為真實性和神聖性的信仰敘事呢？根據上文已經提供的理由，答案是肯定的。

九

湯普森關於神話的「最低限度的定義」，雖然在時間上晚於馬林諾夫斯基而提出，但在神話理論的發展邏輯上，卻是從馬林諾夫斯基對神話信仰功能形式的本質認識的倒退，回到了馬林諾夫斯基之前僅僅關注神話敘事文本內容的經典做法，儘管湯普森本人並不對神話內容做文學象徵（繆勒）和歷史背景（泰勒）的解讀。湯普森的做法固然有他的基於

45 「神話是起因故事。這些故事儘管荒誕不經，但講故事的人都相信它，真誠地用它來說明宇宙、生與死、人和動物、人種、物種的區分、男女的不同工作、神聖的典禮、古代的習俗以及其他神秘的自然現象。……因此傳統的故事似乎自然而然地分為兩類——當作真人真事而講的故事（神話、傳奇、英雄傳奇）和為消遣解悶而講的故事（各種各類的民間故事或märchen），但是不管這種分類對白人有多大方便，在土人的心目中它並不說明什麼問題。對於土人來說，如果他腦子裡想到分類的話，可能就是分為『神聖的』和『瀆神的』兩種。因為神話和傳奇常常列為一個部落（或其他團體）最神聖的所有物。」[英]查・索・博爾尼著，程德祺等譯，《民俗學手冊》（上海：海文藝出版社，一九九五年），頁二一一。

操作的實用理由，因為他本人的心血所傾注的領域正集中在神話敘事的文本內容方面，即他最重要的學術貢獻是編纂了民間故事內容「型式」的類型索引和母題類型，因此「最低限度」的神話內容定義出自湯普森之口就是順理成章的事情；但是與此同時，這種做法也讓湯普森在理論上主動放棄了對神話本質的更深刻的把握機會。

但在這裡，我倒是在理論上（不是在單純的經驗歸納方面）願意支持楊利慧將「起源故事」作為「神話」概念的「最低限度定義」原則的主張。因為楊利慧並不是以神話現象的「純文字」研究為鵠的，而是將神話現象置於人們現實的日常生活語境當中，以直觀神話現象的功能變化。為此，楊利慧必須設定：無論發生怎樣的功能性改變，神話之為神話仍然具有一種非功能的本質性規定。但是，為了規定神話的非功能性的本質，我們是否只能回到神話的敘事內容的本質規定性的理論立場呢？

我對楊利慧的理論支持，是從神話作為人的本原性存在與實踐的認識角度入手，而承認「起源故事」對「神話」概念的內涵與外延的限定作用的。從人的本原存在的實踐立場看待神話：第一，起源故事所呈現的並非僅僅是神話敘事的具體內容（從現象的角度看，起源故事當然是神話敘事的主觀－相對的具體內容），而是呈現的（就人的本原性存在－實踐而言）對於超越性對象的信仰－敘事結構，即人的真實性、神聖性的本原性存在與實踐結構。第二，起源故事的真實性和神聖性也並非如馬林諾夫斯基所認為的那樣，僅僅存在於人的主觀性、偶然性的信仰心理當中，而是存在於人的純粹理性對自身的本原性存在所提出的實踐要求當中，因而具有先天的必然性和絕對的客觀性。

湯普森和馬林諾夫斯基對「神話」概念的定義，無論是出於「最低限度」的敘事的文本內容的定義，還是出於信仰的功能形式的定義，都還只是關於神話現象的經驗性歸納的理論性定義，即便馬林諾夫斯基的神話信仰功能的「形式本質」，也仍然是神話現象的本質規定。面對神話在我們的感性直觀中所呈現的經驗表像－現象，湯普森和馬林諾夫斯基所給出的不同的「神話」定義都具有經驗的普遍性（儘管在理論上是相互衝突的，如果把兩者都視為神話的本質）。湯普森著眼於神話敘事的文本內容，固然是現象；而馬林諾夫斯基著眼於神話信仰的功能形式，也同樣是現象，因為在馬林諾夫斯基的直觀中，神話的信仰功能完全建立在人的心理基礎上，而人的信仰心理仍然是現象。因此，無論是基於對神話的敘事內容現象，還是對神話的信仰功能形式現象的經驗歸納而給出的概念定義，都無法在理論的徹底性上，保證神話作為真實性敘事和神聖性信仰的客觀普遍和先天必然的有效性。

於是，人們也就總是能夠向湯普森和馬林諾夫斯基提出如下問題：如果不是神的故事，那麼其他類型的起源故事，是否也屬於神話？如果不是人們在心理上信仰神話，起源故事是否還具有真實性和神聖性？這就是說，湯普森和馬林諾夫斯基基於經驗直觀的實證歸納所給出的「神話」定義，儘管具有經驗的普遍性，但是絕不會有先天的必然性和客觀性。相反，如果我們從人的本原性存在與實踐的立場思想神話的本質，那麼列維－斯特勞斯關於「無論我們對產生神話的那種語言和那個民族的文化怎樣缺少瞭解，神話依然被世界各地的讀者體會到是神話」[46]的說法也就仍然能夠成立，當然，「世界各地的讀者體會」一定建立在對人的本原性存在與實踐本質的直接把握的基礎上。

這就是說，如果我們不是執著於神話現象而是著眼於作為人的本原性存在與實踐的神話，那麼，對神話現象的表述矛盾就能渙然冰釋。人的本原的存在與實踐，從根本上說，就是人的本原的信仰－敘事結構，即對於超越性信仰－敘事對象的設定與表述。而起源故事正是對這種信仰－敘事的存在與實踐結構的複述和確認，我們甚至可以說，神話的信仰－敘事結構本身直接就是人的本原的存在與實踐。就人的本原的存在與實踐所呈現的、具有超越性指向的人性（自由

46 ［法］列維-斯特勞斯著，謝維揚等譯，《結構人類學》（上海：上海譯文出版社，一九九五年），頁二二六。

理性所認定即自由信仰的道德）統一性而言，人的本原性（人性、道德性、純粹理性的自由）存在與實踐的真實性和神聖性是無可懷疑的。

神話信仰－敘事的真實性和神聖性不能到人的存在現象的直觀經驗中去尋找，而是要深入到對人的本原性存在與實踐的信仰－敘事結構本身的思想中去發現。而一旦深入到人的本原性存在與實踐，我們根據現象直觀而給予的，關於「神話」的敘事文本內容和信仰功能形式何為本質的概念定義之間的相互衝突就會消解。因為，在人的本原性存在與實踐的信仰－敘事結構中，神話的敘事內容結構就是神話的信仰形式結構，二者是二而一、一而二的東西。我講述一個對象和我認定一個對象，在人的本原存在的實踐層面，不分伯仲，敘事就是信仰，而信仰也就是敘事。

以此，我才認為，無論你是否在口頭上講述了神話，是否在心理上相信了神話，神話對於我們每一個人、每一個共同體來說，在人的本原的存在與實踐上，都具有同樣有效的真實性和神聖性。神話的真實性和神聖性，並不依賴於神話敘事主觀－相對的文本內容，也不依賴於神話在人們心理現象上信仰與否的功能形式。但是，在人的本原性存在與實踐方式中，神話對於每一個人、每一個共同體來說，都仍然是真實性和神聖性的，而這就是神話的真實性和神聖性具有客觀的普遍性和先天的必然性的最終理由。[47]

從人的本原性存在－實踐的信仰－敘事結構看經典的神話學理論對神話現象的悖論式表述——神話的本質或者是其敘事的內容，或者其信仰的形式，二者必據其一——借用康德的話說，是神話學「向來所能陷入的最富裨益的困境」，[48]而這種困境乃是由於神話學者將人的本原性存在與實踐的結構原理（信仰敘事質料與信仰敘事形式的統一）

---

47 當然，對於這個「最終理由」即人的存在的無條件-必然性的條件，我們人類最終是無法理解的。「理性不遺餘力地尋求無條件必然的東西，發現自己已被迫假定它，卻沒有任何不乏使自己可以理解它。……所以，我們雖然不理解道德命令式的實踐的無條件必然性，但我們畢竟可以理解其不可理解性。」[德]康德著，李秋零譯，《道德形而上學的奠基》，見《康德著作全集》第四卷（北京：中國人民大學出版社，二〇〇五年），頁四七一。

48 《實踐理性批判》，頁一一八。

「運用於（神話）現象時的自相衝突」[49]的假像（即「敘事內容」和「信仰形式」同時作為神話的本質而產生的矛盾衝突的假像）。

> 這個假像自行暴露，倘非如此，它原本是決不會被人看出它的虛假的。不過理性被迫去追究這個假像的根源：它從什麼地方產生，它如何能夠被消除？……因為它最終驅使我們去尋求走出這個迷宮的線索，而這個線索一經發現，還會解釋出我們並不尋求卻仍然需要的東西，也就是對於事物的一種更高而不變化的秩序的展望；我們現在已經處於這個秩序之中，而且我們從現在起能夠受確定的規矩之命依照至上的理性決定在這個秩序之中繼續我們的此在。[50]

所以，楊利慧為適應並非全民信仰的現代社會－文化語境下的神話研究，直觀地把握現實生活中神話現象的多種功能（而非僅僅是信仰功能），以及大多數人在心理上喪失了神話信仰的情況下共同體的命運，卻並不一定就要迴避神話本原的真實性和神聖性問題。正如已經指出的，無論神話在人們的心理現象——包括集體記憶和個體信仰——中是否被認知為真實的和神聖的，神話作為人的本原的存在－實踐的信仰－敘事結構本身——即康德所說的「更高而不變化的秩序」——的真實性和神聖性仍然對於每一個人和每一個共同體都具有先天必然和客觀普遍的有效性。但是，建立在對神話作為人的本原的存在與實踐的理解條件下的、針對神話作為人的存在現象的經驗研究也就因此獲得了理論上的肯定和支持。

我相信，一個以「呈現社會事實」[51]為己任的現象實證的神話學，和一個以思想人的本原存在為根本目的的「實踐認識」的神話學的互補互動，將會大大有助於神話學在理論關切與實踐關懷的兩個方面都得到深入的發展和廣泛的擴

49 《實踐理性批判》，頁一一八。
50 《實踐理性批判》，頁一一八至一一九。
51 「呈現社會事實」，語出高丙中〈中國社會科學需要培育扎實的民族誌基本功〉，原文是高丙中為他主編的「漢譯人類學名著叢書」（商務印書

展，因為神話學關聯著人的存在的「應然」理想和「實然」現實，而楊利慧師生的這本新著將會激發讀者對人的存在的上述兩個方面的進一步思考，並最終走出神話現象的表述悖論之「二律背反」的迷宮。

館，二〇〇六年）所寫的「總序」，收入高丙中《民間文化與公民社會》（北京：北京大學出版社，二〇〇八年），頁三二三。

目次

第一章　總論

楊利慧

在大多數研究者看來，作為人類口頭藝術（spoken art）的諸文類之一，神話通常具有這樣的一些特點：它是有關神祇、始祖、文化英雄或神聖動物及其活動的敘事（narrative），通過敘述一個或者一系列有關創造時刻（the moment of creation）以及這一時刻之前的故事，神話解釋著宇宙、人類（包括神祇與特定族群）和文化的最初起源，以及現時世間秩序的最初奠定。在神話中，深深地鐫刻著它所賴以產生和傳承的人類群體的思維、情感和社會生活的烙印，所以，神話為瞭解人類的精神、思維、智慧以及社會發展的歷程，提供了一個重要的窗口。

神話在人類的童年時代即已產生，是一般人心目中「最古老」的文化形式之一。在世界神話學史上，學者們對神話的研究也大都依賴古文獻紀錄或者結合了考古學資料來進行，因此，古代典籍神話一直是神話學的核心。相形之下，現實生活中的口承神話——即那些主要以口頭語言為傳承媒介、以口耳相傳為傳播方式、在現實生活中仍然鮮活地生存著、並擔負著各種實際功能的神話——則未能得到足夠的重視。

人類學取向的神話研究為糾正這一偏向做出了最為卓越的貢獻。日本著名神話學家大林太良曾經指出人類學（他稱做「民族學」）在神話研究上的一大優勢就是能夠研究活著的神話[1]。馬林諾夫斯基（Bronislaw K. Malinovski, 1884-

1　［日］大林太良著，林相泰、賈福水譯，《神話學入門》（北京：中國民間文藝出版社，一九八九年），頁二四至二五。

1942）曾經不無驕傲地談到人類學的研究在神話學領域「獨占」的優勢：

> 在這場神話學爭論的眾多參與者中，惟有人類學家獨占優勢：每當他感到自己的學說不能自圓其說或辯論到理屈詞窮時，他都可以搬出原始人那裡的情況為證。人類學家不受極其匱乏的文化遺物與殘碑斷章等碎片的束縛。他無須用長篇大論的猜測論述來填補巨大的空白，人類學家的身邊就有神話的作者。他不僅可以完整地記錄下某一神話文本的不同異文，不斷地進行核實，還可以詢問大量真正相信這些神話的人。此外，他還能實際體驗產生神話的那種生活。正如我們看到的，在生動的語境中所瞭解的內容和從神話敘事文本中所得到的一樣豐富。[2]

由於「不受極其匱乏的文化遺物與殘碑斷章等碎片的束縛」，尤其是對神話在「生動的語境」、「產生神話的那種生活」中的實際生存狀態和功能、對於講述和「真正相信這些神話的人」的關注，人類學者（包括有人類學取向的其他學科學者）的研究在神話學領域裡往往獨樹一幟，他們對民間口承神話傾力最多，貢獻也最豐。其中最常為神話學界所稱引的要數馬林諾夫斯基對新幾內亞的特洛布里恩德島上的土著民族的神話進行的調查和研究。馬氏曾於一九一四至一九一八年間在該島進行田野考察，並對當地土著民族的神話、巫術、信仰等進行了整體性的描述和分析，從而奠定了「科學的人類學的規範」[3]以及功能主義神話研究的典範，並「推動實現了從十九世紀熱衷於神話起源的研究轉變到更為實際地關注神話在現實社會中的功能」[4]。在其具有深遠影響的《原始心理與神話》、《巫術科學與宗教》等論文

2 [英]馬林諾夫斯基，〈神話在生活中的作用〉，見[美]阿蘭・鄧迪斯編，朝戈金等譯，《西方神話學讀本》（桂林：廣西師範大學出版社，二〇〇六年），頁二四三。

3 高丙中，〈西太平洋上的航海者・譯序〉，見[英]馬林諾夫斯基著，梁永佳、李紹明譯，高丙中校，《西太平洋上的航海者》（北京：華夏出版社，二〇〇二年）。

4 [美]阿蘭・鄧迪斯編《西方神話學讀本》，頁二三七至二三八。

以及《西太平洋上的航海者》（其中第十二章集中探討了「庫拉神話」）等專著中，他集中表述了其功能主義的神話觀[5]。與馬氏的考察相類（儘管論說的重點和考察的視角各有不同）的研究尚有不少，比如人類學家弗朗茲・博厄斯（Franz Boas）對太平洋西北沿岸的各土著民族的神話[6]、露絲・本尼迪克特（Ruth Benedict）對美洲祖尼（Zuni）印第安人的神話[7]、雷蒙德・弗思（Raymond Firth）對於波利尼西亞提科皮亞人（Tikopia）的神話[8]、瑞格納・達奈爾（Regna Darnell）對於北美克里（Cree）印第安人的神話[9]、比較宗教學家艾克・霍特克萊茨（Åke Hultkrantz）對於肖肖尼印第安人（Shoshoni Indians）神話[10]的搜集和研究等等。

不過，人類學取向的神話研究，主要集中在一些地域上較偏僻、文化形態相對單純的部落或部族（即馬林諾夫斯基所謂「原始人」、「土著人」或「野蠻人」[11]、雷蒙德・弗思所謂「文明世界以外的原始社會」[12]）之中，而且，這些土著社會裡的神話——連同創造和傳播這些神話的主體社會本身——往往被看作是靜止不變的，而對於人口眾多、文化形態相對複雜的民族（弗思所謂「複雜的文明社會」[13]）中流傳的鮮活的口承神話，相對而言則較少觸及，對於神話在不斷變遷的複雜社會中的傳承和演變，更鮮有詳盡的民族誌研究。儘管也有個別研究者注意到了神話在現代社會中的講

5　有關馬氏及其功能主義神話觀的介紹和評論，可參見楊利慧，《神話與神話學》（北京：北京師範大學出版社，二〇〇九年）第十一章第三節。
6　Franz Boas, *Tsimshian Mythology* (Washington, D.C., 1916)。另見其*Kuakiutl Culture as Reflected in Mytholog* (New York, 1935)。
7　Ruth Benedict, *Zuni Mythology* (New York, 1935).
8　[英]雷蒙德・弗思，〈神話的可塑性：來自提科皮亞人的個案〉，見《西方神話學讀本》，頁二五三至二七二。
9　Regna Darnell, "Correlates of Cree Narrative Performance," in *Exploration into Ethnography of Speaking,* Richard Bauman and Joel Sherzer, eds., 2d ed. (New York, Melbourne: Cambridge University Press, 1989), pp. 315-336.
10　[瑞典]艾克・霍特克萊茨，〈意識形態的兩分：肖肖尼人中的神話與民間信仰〉，見《西方神話學讀本》，頁一八七至二〇三。
11　[英]馬林諾夫斯基著，梁永佳、李紹明譯，高丙中校，《西太平洋上的航海者》導論。
12　[英]雷蒙德・弗思著，費孝通譯，《人文類型》（北京：商務印書館，一九九一年），頁一四二。
13　[英]雷蒙德・弗思，《人文類型》，頁一四四。

述與表演、變遷與調適——例如達奈爾曾以其一九七一年對克里印第安人的傳統生活方式的調查為基礎，通過詳細的語境和過程描述，展示了一位克里印第安老人如何創造性地改變了傳統的神話講述方式，適應特定的情境而添加了新生性的內容；畢業於美國印第安那大學民俗學專業的Kyoim Yun在其博士學位論文中闢有專章，詳細考察了發生於二〇〇一至二〇〇二年間的一次當代韓國薩滿跳神儀式語境中的神話講述和表演活動，以論述薩滿傳統背後根深柢固的交換性互惠經濟[14]——不過總體而言，在世界神話學領域，對於神話在現代社會中的講述、傳承與變遷情況，研究相對薄弱[15]，在許多學者及一般人心目中，神話幾乎成為了「已經（或即將）逝去的遠古（或蠻荒）時代」的代名詞，是遠古文明的遺留物，它與「現代社會」格格不入[16]。

上述種種不足在中國神話學中也有鮮明的體現。首先，古代典籍神話的研究一直是中國神話學的主流。古代的學者自不必說，自二十世紀初葉作為現代學科之一的「中國神話學」正式發端以來，國內大多數學者對神話的研究，往往都是借助於文獻資料（尤其是古代文獻），或者再結合了考古學、圖像學等資料，對中國古典神話的演變軌跡、原初意

14 Kyoim Yun, "Performing The Sacred: Political Economy and Shamanic Ritual on Chaju Island, South Korea" (Ph.D. diss., Indiana University, 2007), Chap. 2.

15 這一局限在美國ABC-CLIO出版公司於二〇〇〇至二〇〇五年組織並陸續出版的「世界神話系列叢書」（World Mythology Series）中得到了鮮明的體現。在這套由世界多位專家聯合完成的、對包括古希臘羅馬、斯堪的納維亞、埃及、巴比倫、印度、中國、日本、波利尼西亞、中美洲，以及美洲印第安人等在內的世界神話的系統性介紹中，除個別情況外（例如Dawn E. Bastian 和 Judy K. Mitchell撰寫的《美洲印第安人神話手冊》（*Handbook of Native American Mythology*）中探討了那些土著人的神話對於他們今天的生活——例如爭取土地的鬥爭、經濟的平等以及文化產權的歸還等——的重要作用；楊利慧、安德明撰寫的《中國神話手冊》（*Handbook of Chinese Mythology*）中使用了諸多中國的現代口承神話以及作者的部分民族誌考察成果等），絕大部分作者的描述視角都是古典學、考古學和文獻學的。

16 儘管對現代生活中各種「神話的泛化」現象的關注在世界神話學史上並不鮮見，例如羅蘭・巴特（Roland Barthes）將玩具、沙灘上的旗幟、標語、看板、脫衣舞、現代傳媒等都視為「流行」的現代神話，見其《神話學》一書（臺北：臺灣桂冠圖書股份有限公司，一九九七年）。再如，用宗教史學家米爾恰・伊利亞德（Mircea Eliade）的視角來看，美國總統約翰・甘迺迪和喬治・華盛頓無疑是現代的阿多尼斯（Adonis），參見Robert A. Segal, *Myth: A Very Short Introduction* (New York: Oxford University Press, 2004), pp. 57-60。由於本文的「神話」概念有著相對明確的限定——事實上這類神話也是大多數神話學者所著力關注的對象，因此這裡的批評不涉及那些對「神話的泛化」現象的研究。

旨、神祇的最初形貌等進行考據性的溯源研究，取得了斐然的成就。這一情形至今並沒有太大改變。在海外，許多有名的漢學家或神話學者，例如美國的傑克・波德（Derk Bodde）、英國的Anne Birrell、日本的白川靜、御手洗勝等，其對中國神話的研究，從取材和研究範圍上看，也大都未脫上述窠臼。其次，中國的現代口承神話——即在現代中國[17]的時間和空間場域裡鮮活地流傳著的口承神話——一直是中國神話學研究中的薄弱環節，與古代典籍神話相比，有關的探討要少得多。但是，儘管薄弱，這一領地也並非一片空白，事實上，對其關注的歷史與現代中國神話學的歷史一樣悠長。由於這一點與本書的探索直接相關，我們有必要對此做更詳盡的撮要梳理。

第一節　中國現代口承神話的搜集與研究[18]

中國現代神話學的發端，如果從一九〇二年梁啟超首次在所發表的文章中使用了中文的「神話」一詞算起[19]，至今已有一個多世紀的歷史了。而對現代口承神話的自覺關注，早在二十世紀初葉也已開始。二〇年代初中期，民俗學者鍾敬文便開始充滿熱情地從事民間口承神話的搜集和記錄工作，「不斷地致力於說明神話及一般神話的搜集和試探工

17 「現代中國」是一個被不斷建構起來的歷史、政治和社會文化概念。對於其肇始的確切時期，學術界尚有不少爭議，一般認為，這一階段大體發端於二十世紀初葉的「五四」運動，而其轉型則在晚清時期已逐漸開始。本文不擬糾纏於這一概念上被越來越多地附著的種種政治和意識形態涵義，陷入對現代／後現代／當代等的界定紛爭之中，只想藉此考察中國的口承神話在帝國時代結束以後的二十世紀以來直至今天、在一個發生了諸多變化的時間和空間以及相應的政治和社會文化語境中，是如何傳承與變化的。

18 中國古代歷史上也曾有人對當時流傳的口承神話予以關注，並進行了初步的搜集、記錄、評論以至改編和再創作，這一傳統在屈原、王充、干寶等人的著述中都有體現，不過，這些古代學者對於口承神話的特點、重要性、傳承和演變情形等，尚未形成自覺。

19 梁啟超，〈歷史與人種之關係〉，見《梁啟超史學論著四種》（長沙：嶽麓書社，一九八五年），頁二五五。對梁啟超這一貢獻的發現，要歸功於劉錫誠的辛勤探索，見其《二十世紀中國民間文學學術史》（開封：河南大學出版社，二〇〇六年），頁一九。

作」，「曾以自己的筆，記錄了若干篇從中國南部民間的口頭得來的鮮活的資料」，他認為儘管在古代浩如煙海的文獻中，保存了相當的古神話和傳說，「但現在還潑剌地存活在民間的農夫、樵子、漁婦們的口碑中的神話和傳說，真可說是相當充實的、閃光的寶庫」，對這些還傳播在民間口頭的神話和傳說，首要的工作便是到民間去採訪和記錄。他將自己在十年中所採錄的部分「說明神話」——解釋自然現象、文化現象的由來或者其性質、形態的起因的神話——編輯成了《說明神話專號》，發表在一九三五年的《婦女與兒童》雜誌上[20]。在他撰寫的學術論文中，也十分注重運用從當時的民間口頭傳統中記錄下來的神話資料。例如《槃瓠神話的考察》（一九三六）一文中，便引用了當時其他學人從廣東省以及浙江省的佘族人中所搜集和記錄的槃瓠神話[21]。

除鍾敬文外，張清水、「林蘭」等也都曾搜集或者徵集、編寫並發表了不少現代口承神話[22]。

三〇年代至四〇年代抗日戰爭期間，現代口承神話的搜集和研究工作進入了一個新階段。這一階段中，不僅有學者使用了更加符合現代學科規範的田野作業方法，直接從民眾口頭採集、記錄口承神話以及相關的信仰和生活習俗，而且從不同學科角度將古代文獻與現代口承神話相結合而進行學術研究的做法，也蔚然成風。一九三三年，曾經留學美國的人類學者芮逸夫與同仁一道赴湘、黔邊境考察苗族的生活與社會狀況，在鳳凰、乾城、永綏三縣邊境工作了五十餘日，從當地苗人的口述中記錄了兩則洪水後兄妹始祖神話的異文，以後又搜集到了兩則相關的祭神歌，他將所搜集的這些民

20 參見鍾敬文〈關於說明神話——寫在〈婦女與兒童〉的〈說明神話專號〉之前〉（一九三五）以及〈與W・愛伯哈特博士談中國神話〉（一九三三），見《鍾敬文民間文學論集》下（上海：上海文藝出版社，一九八五），頁四一三至四一四，四九二至四九七。

21 見《鍾敬文民間文學論集》下，頁一〇八至一一一。

22 張清水曾將他「直接或間接從民間活生生地採集」的五十篇在中國南部流傳的神話和傳說編輯成冊，題名為《太陽和月亮》出版。詳見鍾敬文〈中國神話之文化史的價值——序清水君的〈太陽和月亮〉〉（一九三三），《鍾敬文民間文學論集》下，頁三五七至三六三。北新書局從一九二六年開始，以「林蘭」的筆名（編輯工作由李小峰、蔡漱六和趙景深一同完成），將全國各地徵集來的故事編輯出版，「這樣大規模地搜集、編輯、出版中國民間故事，是空前的」，其出版的故事集前後總數近四十種，編入其中的各種民間故事（也包括神話）近千篇，在當時城市裡的中小學生中產生了巨大的影響。參見車錫倫，〈「林蘭」與趙景深〉，《新文學史料》二〇〇二年第一輯。

間口承神話文本與其他人搜集的同類神話、相關的古代文獻紀錄以及當時對漢代畫像石的考古研究資料等一一進行比較，寫成了《苗族的洪水故事與伏羲、女媧的傳說》一文，對苗族洪水神話的起源及其與伏羲、女媧的關係進行了詳盡而大膽的推測[23]。抗日戰爭爆發後，許多高校和科研機構紛紛遷往雲南、貴州、四川等邊疆地區，當地多民族的社會和文化環境普遍引發了學者們的興趣，對少數民族口頭文學以及歷史和信仰等的研究成為當時學術的核心話題之一。許多學者在研究中使用了敘述民族起源的口承神話資料（多為其他人所搜集、記錄，也有通過自己的田野考察而搜集的），來考證和認識這些民族的族屬、源流、社會和文化形態等，例如吳澤霖《苗族中祖先來歷的傳說》（一九三八）、楚圖南《中國西南民族神話的研究》（一九三八至一九三九）、馬長壽《苗瑤之起源神話》（一九四〇）、陳國鈞《生苗的人祖神話》（一九四一，其中對自己在貴州下江的苗族口中採錄的三則洪水後兄妹始祖神話進行了分析）、岑家梧《槃瓠傳說與瑤佘的圖騰制度》（一九四一）等[24]。其中，陳國鈞在文章中還特別注意到了神話的講述情境和人員的限定，對神話傳承者在社會生活中的地位進行了介紹和分析。總的看來，這些研究很多仍然是在口承神話資料的基礎上去考證神話的生成與流變，並沒有「有意識地」對口承神話本身進行理論分析，「但在基本理論和研究方法上卻奠定了基石」[25]。

一九五〇年代初，建國不久的中華人民共和國開展了一次大規模的民族識別和調查工作，這一工作一直延續到六〇年代（甚至在「文化大革命」之後）。數以千計的學者和普通民族工作者，被派往「祖國大地的山川雪域、森林草原、大漠戈壁探究中國多民族國情實際」[26]，對少數民族的社會歷史和語言文字進行調查，內容廣泛涉及當地各少數民族的

23 芮逸夫，〈苗族的洪水故事與伏羲、女媧的傳說〉，見中央研究院歷史語言研究所《人類學集刊》第一卷第一期（上海：上海商務印書館，一九三八年）。

24 以上諸篇論文的主要部分，讀者可便捷地參考馬昌儀編《中國神話學文論選萃》上編（中國廣播電視出版社，一九九四年）。

25 孟慧英，《活態神話——中國少數民族神話研究》（天津：南開大學出版社，一九九〇年），頁三。

26 郝時遠，〈《田野調查實錄——民族調查回憶》前言〉，見郝時遠主編《田野調查實錄——民族調查回憶》（北京：社會科學文獻出版社，一九九

人口、語言、歷史沿革、政治制度、經濟狀況、社會等級、宗教信仰、婚姻和喪葬習俗、文學藝術等，其中也記錄了不少當時在各少數民族中流傳的口承神話。不過，對當時搜集的不少神話和相關資料，學術界一直缺乏應有的重視，對現代口承神話的研究在建國後的一段時期內似乎也乏善可陳。

一九六四年，袁珂等人在四川省中江縣「意外地」搜集到了六則民間口承的神話傳說，其中包括《伏羲、女媧製人煙》等。消息發表後，學術界開始重新對中國遠古神話的現代口頭傳承產生了興趣[27]。在袁珂對古神話的注釋以及神話流變研究的論文中，也對這類神話資料加以了運用。

一九八〇年代以來，對現代口承神話的搜集出現了高潮。一九八三年，以河南大學張振犁為首的「中原神話調查小組」對河南和河北境內流傳的現代口承神話進行了實地調查，並搜集、出版了《中原神話專題資料》[28]，其中收錄了該調查小組在隨後的三年中，在河南省境內十多個地區搜集的、在民間口頭流傳的上百篇神話故事，涉及盤古、伏羲、女媧、后羿與嫦娥、黃帝、炎帝等多數古代神話中最為重要的神話人物及其相關神話故事。一九八四年，由中國文化部、民族事務委員會與中國文學藝術界聯合會聯合主辦、由中國民間文藝研究會（現改名為「中國民間文藝家協會」）具體執行的「民間文學三套集成」工作啟動，該專案在全國範圍內展開，以搜集民間故事（包括神話、傳說、幻想故事、笑話，以及其他形式的散文敘事體裁）、民間歌謠與民間諺語。由於這一工作的開展，人們發現不僅各少數民族地區神話蘊藏豐富，而且在社會和文化形態更加複雜、神話資源一向被認為屬於「貧瘠」的漢族地區，也發現了數目可觀、形態各異的口承神話。大量漢族的現代口承神話隨之陸續被發掘、整理、出版。例如，浙江湖州地區搜集了豐富的防風神

九九年），頁一。

27 這組消息發表於《民間文學》一九六四年第三期。

28 張振犁、程健君編，《中原神話專題資料》（中國民間文藝家協會河南分會內部印行，一九八七年）。

話[29]；在該地區出版的故事卷中，收錄了二十多則從當地漢族中採錄的口承神話[30]。在根據「三套集成」的成果編輯出版的《四川神話選》中，收錄了在當代四川省境內的十多個民族中流傳的一百二十多則神話及其異文，這些民族包括漢族、藏族、彝族、傈僳族、羌族、土家族、苗族、回族、納西族、蒙古族等，其中九十多則是從漢民族中搜集的[31]。

隨著搜集工作的推進，八〇年代以來，對現代口承神話、尤其是少數民族中流傳的口承神話的研究也開始取得顯著發展。例如鍾敬文曾利用新搜集的少數民族神話文本，寫成《論民族誌在古典神話研究上的作用——以〈女媧娘娘補天〉新資料為例證》（一九八一）一文，以論述民族誌資料在古典神話研究上的重要作用[32]。張振犁則充分利用了「中原神話調查組」對中原漢族地區流傳的口承神話的實地考察成果以及「三套集成」所搜集的資料，出版了《中原古典神話流變論考》（一九九一）等專著[33]；與他的旨趣一脈相承，程健君在《民間神話》（一九九七）一書中也集中展示了「中原神話考察」的具體成果，他將那些今天依然「『活』在群眾口頭上」的神話稱為「民間神話」（儘管文中對此並未有明確界定），繼而論述了古典神話在中原地區的地方化表現以及中原地區流傳的相關民俗事象[34]。特別值得注意的，是李子賢、孟慧英等對一些少數民族中流傳的「活態神話」進行的調查和研究。在《活形態神話芻議》一文（一九八七）中，李子賢立足其多年來對雲南諸少數民族神話的實地考察，創造性地將中國的神話劃分為文獻神話、口頭神話

29 相關成果參見：鍾偉今主編，《防風神話研究》（合肥：安徽文藝出版社，一九九六年）；鍾偉今、歐陽習康主編，《防風神話彙編》（天津：天津古籍出版社，一九九九年）。

30 鍾偉今主編，《浙江省民間文學集成・湖州市故事卷》（杭州：浙江文藝出版社，一九九一年）。

31 侯光、何祥錄編選《四川神話選》（成都：四川民族出版社，一九九二年）。

32 鍾敬文，〈論民族誌在古典神話研究上的作用——以〈女媧娘娘補天〉新資料為例證〉，收入《鍾敬文學術論著自選集》（北京：首都師範大學出版社，一九九四年），頁五五六至五八一。

33 該書一九九一年由上海文藝出版社出版。二〇〇九年，該書被收入張振犁中原神話研究文集《中原神話研究》一書中，由上海社會科學院出版社再版。

34 程健君，《民間神話》（鄭州：海燕出版社，一九九七年）。

和活形態神話三類，其中「活形態神話」是特指那些「與特定的社會組織、生產方式、宗教信仰、生活習俗等保持著緊密的有機聯繫，並被人們視為『聖經』而具有神聖性、權威性」的神話，它們是「典型的或原始形態的神話」，它們「只能產生並存留於原始氏族社會時期及文明社會初期，因此，今天它們大都已經消失」，但是由於社會發展的不平衡，這類神話往往在一些偏僻的少數民族地區尚未絕跡。而「口頭神話」是指至今仍以口耳相傳的方式在民間流傳、以口頭文學為其存在形態的神話，由於其「賴以存留的社會條件（如原始的宗教、習俗、心理，以及神話思維等）正逐漸消亡」，這類神話「猶如某種業已開始枯萎卻未完全枯死的植物」，屬於「活形態神話」的一種晚期形態[35]。與李子賢的主張相類，孟慧英在《活態神話——中國少數民族神話研究》一書（一九九〇）中，也認為典型的活態神話是依賴儀式而存在的，該書以少數民族神話為例，綜合論述了神話的特質、觀念體系、功能、與社會形態和民族心理之間的關係以及活態神話的原始藝術特點等，還初步涉及到了神話的傳承者和講述情境等較新的領域[36]。儘管李、孟二人的個案研究有待具體、深入，尤其是將「活態神話」與宗教信仰和儀式相連而將其他形態的神話視為「枯萎」或「枯死」的看法似乎有些偏狹——難道入睡前媽媽講給孩子聽的盤古開天故事、旅遊中導遊講給遊客的洪水後兄妹始祖重新繁衍人類的故事，不也是鮮活地存在於現實生活中、也是對神話傳統的延續、因而也是「活態」的嗎？——「活態神話」的提法，多少忽視了神話在現實生活的各種語境中扮演的多種角色與功用，但是，李、孟二人對於少數民族中與儀式和日常生活相關聯的神話的關注和實地考察，對現代口承神話的研究起到了重要的推進作用。

晚年鍾敬文。採自安德明著《飛鴻遺影——鍾敬文傳》

二十世紀九〇年代中後期以後，尤其是進入二十一世紀以來，現代口承神話的探索進入了一個新境地，相關研究更為具體、深入，視角也更加多樣。例如吳曉東在多年來對

35 李子賢，〈活形態神話芻議〉，見其《探尋一個尚未崩潰的神話王國》（昆明：雲南人民出版社，一九九一年），頁八一至九一。
36 孟慧英，《活態神話——中國少數民族神話研究》（天津：南開大學出版社，一九九〇年）。

苗族神話與信仰進行深入考察的基礎上，參考多種文本（包括自己在田野作業中搜集到的「太陽與蚯蚓的故事」及其講述過程），詳細闡述了所謂苗族中流傳的「蝴蝶媽媽」與蚩尤神話被建構的過程和原因，並指出在搜集和研究口承神話時，「圖式」起著至關重要的作用[37]。巴莫曲布嫫在其有關彝族史詩的豐富田野研究成果中，多處涉及彝族口承神話。其博士學位論文《史詩傳統的田野研究：以諾蘇彝族史詩「勒俄」為個案》對四川涼山諾蘇彝族的創世史詩「勒俄」的民間敘事傳統進行了深入、細緻的調查與分析，通過對一位傳統的史詩演述人學藝過程和表演實踐、地方史詩觀念及其傳統法則、史詩的演述場域及其「克智」口頭論辯傳統等一系列問題的系統考察，論文著力檢討了「民間敘事傳統的格式化」存在的種種弊端，並提出建立觀察與捕捉口頭敘事的本質性表現的研究視界[38]。劉亞虎則從南方少數民族的「神話長詩」入手，結合自己的田野考察與他人的研究，對神話長詩的各種「演述」形態（尤其是祭祀、巫術儀式上的演述形態）進行了細緻的歸納[39]。筆者在近十多年來發表的一系列著述，例如《女媧的神話和信仰》（一九九七）、《女媧溯源——女媧信仰起源地的再推測》（一九九九）、《中國神話手冊》（*Handbook of Chinese Mythology*，合著，二〇〇五年初版，二〇〇八年再版）、《神話與神話學》（二〇〇九）等專著以及多篇論文[40]中，尤為關注現代口承神話，特別是注意探索神話的傳承、變遷與當代社會文化語境之間的相互關係，關注神話在具體社區中的生存狀況以及個體講述人對神話的創造性表演，從而在一定程度上深化並拓展了現代口承神話的研究。

37 吳曉東，〈蝴蝶與蚩尤：苗族神話的新建構〉，臺灣中興大學中國文學系主編《二〇〇九「新世紀神話研究之反思」學術研討會論文集》上（臺中：臺灣中興大學中國文學系，二〇〇九年），頁一一〇至一二四。

38 巴莫曲布嫫，《史詩傳統的田野研究：以諾蘇彝族史詩「勒俄」為個案》（北京師範大學博士學位論文，二〇〇三年）。

39 劉亞虎，《神話與詩的「講述」——南方民族敘事藝術》（北京：北京大學出版社，二〇〇六年）第一章。

40 例如，〈民間敘事的傳承與表演〉，《文學評論》二〇〇五年第二期，全文後以〈民間敘事的表演——以兄妹婚神話的口頭表演為例，兼談中國民間敘事研究的方法問題〉為題，收入呂微、安德明主編《民間敘事的多樣性》（北京：學苑出版社，二〇〇六年）頁二三三至二七一；〈從神話的文本溯源研究到綜合研究〉，《民間文化論壇》二〇〇五年第二期；〈儀式的合法性與神話的解構和重構〉，《北京師範大學學報（社會科學版）》二〇〇五年第六期，等等。

與大陸的上述情形相應，在臺灣，現代口承神話的搜集和研究工作也主要集中在原住民神話的採錄和考察上[41]。這一工作較早地從十九世紀晚期一位駐守臺灣的英國燈塔守望人喬治・泰勒（Geoege Taylor）的搜集工作開始，在十九世紀末至二十世紀中期的日據時期，更取得了不少成就——當時日本學者採錄的一些包括神話在內的傳說故事集（例如佐山融吉與大西吉壽編著的《生番傳說集》），甚至直至今天仍然被視為「臺灣原住民神話最著名、最可靠、最豐富的資料集」[42]。二十世紀二〇年代末至三〇年代初，也有一些西方學者在搜集臺灣原住民語言的同時，採錄了一些原住民神話故事，並對這些故事進行了初步的分類和研究。臺灣學者從五〇年代起開始採錄和研究原住民的口頭文學，迄今為止也取得了相當豐富的成績。例如金榮華曾多次指導學生對原住民的神話故事進行採集——一九八七至一九八八年間，他指導中國文化大學中國文學研究所的民間文學小組，先後在臺東縣卑南鄉的七個卑南族村落以及魯凱族的大南村進行了口頭文學的採集工作，「採集的方式以錄音為主，漢語翻譯則是在事後逐句逐段口譯，與故事講述人的母語敘述同錄在另一卷錄音帶上，然後轉為文字，再進行整理」[43]。類似的搜集工作也在其他原住民中持續開展，並先後出版了《臺東大南村魯凱族口傳文學》（一九九五）、《臺北縣烏來鄉泰雅族民間故事》（一九九八）、《臺灣高屏地區魯凱族民間故事》（一九九九）等一系列故事資料集，其中有不少口承神話。巴蘇亞・博伊哲努（浦忠成）也於九〇年代初，利用本人的同族身分，「積極地整理過去每逢假期回鄉時訪問耆老、與鄰朋晤談或者實地參與時的資料」，輯錄成《臺灣鄒族的風土神話》一書，內中包括鄒人口述的神話若干篇。[44]對於這些原住民口傳神話的文本，臺灣學者一直比較重視，

41　李福清，《神話與鬼話：臺灣原住民神話故事比較研究（增訂本）》（北京：社會科學文獻出版社，二〇〇一年），頁四三至五三。該書原名為《從神話到鬼話：臺灣原住民神話故事比較研究》，一九九八年由臺灣晨星出版社出版。

42　李福清，《神話與鬼話：臺灣原住民神話故事比較研究》，頁四八。

43　金榮華編，《臺東大南村魯凱族口傳文學》（臺北：中國文化大學中國文學研究所，一九九五年）。

44　巴蘇亞・博伊哲努（浦忠成），《臺灣鄒族的風土神話》（臺北，台原出版社，一九九三年）。

並有比較細緻的分類和探討，例如李卉、何廷瑞、鹿憶鹿等人對這些口傳神話資料的相關分類和研究[45]。此外，俄羅斯漢學家李福清（B. Riftin）也曾利用在臺灣授課之機，自一九九二年起，對布農族、泰雅族、賽德克族的口頭文學進行了一些調查，搜集了不少原住民神話故事，並運用了母題學和類型學等方法，對這些神話文本進行了比較研究，寫出了《神話與鬼話：臺灣原住民神話故事比較研究》一書。

綜上所述，迄今為止，對現代口承神話的考察和研究取得了不少成果，然而總的看來，這些成果在中國神話學的總體建設中尚十分薄弱，與這些神話以及相關文化的豐富存在形態相比，相關研究顯得明顯不足：

一、迄今為止，對於現代口承神話的考察，大都是在少數民族中進行的，對漢民族中相關狀況的調查，顯得十分稀少。產生這一情形的重要原因之一，是學術界廣泛流行著一個深刻成見——神話是遠古文明的遺留物，只有在那些「偏遠而落後」的少數民族中，還能發現它們的遺蹤，才能看到它們更加「本真的」、原初的、「活態的」形態。即使在對漢民族的調查和研究中，現代口承神話也往往被視為古典神話的「遺跡」，是藉以追溯和重構古典神話的原初形態和生發地的工具，至於這些神話在當下社會文化和人們生活中的意義和功能，則往往被有意無意地忽視了。

二、許多調查和研究往往最終流於對現今搜集的神話文本的分析，在方法和資料上常運用跨越廣大的時間和空間範

45　李卉，〈臺灣及東南亞的同胞配偶型洪水傳說〉，《中國民族學報》一九五五年第一期；Ting-jui Ho, *A Comparative Study of Myths and Legends of Formosan Aborigines* (Taibei: The Orient Cultural Service, 1971)；鹿憶鹿，《洪水神話——以中國南方民族與臺灣原住民為中心》（臺北：里仁書局，二〇〇二年）；鹿憶鹿，《臺灣民間文學》（臺北：里仁書局，二〇〇九年）。值得一提的是，何廷瑞著作中的原住民口承神話雖然主要來自於他人的記述，但是他對這些原住民神話顯然進行了一些調查，而且他在調查中敏銳地注意到了神話的講述語境、講述人對於神話的態度等重要問題。他在「前言」中寫道：由於對所研究的許多族群比較熟悉，這使自己能夠「理解許多文本的社會文化背景」，「對原住民講述者在講述神話和傳說時的莊重和嚴肅態度的觀察給我留下了深刻的印象。……採訪開始前，伴著簡短的祈禱，總有奠酒祭祖儀式，甚至在一個地方的小酒館裡採訪時也如此」。「人們很在意故事被正確地講述，不能遺漏一位祖先的名字，或者與傳統發生的任何背離。」遺憾的是，囿於當時盛行的主題學的方法，何氏在著作中未能對上述諸點展開進一步的考察和研究。

圍的資料進行大範圍內的比較，而缺乏對一個個特定的社區語境、一個個具體的神話講述人的細緻、深入的考察，因而不免令人常生「只見森林，不見樹木」的遺憾——我們縱使知曉了女媧神話、洪水神話或者兄妹婚神話在過去幾千年中的嬗變軌跡，及其在全國範圍內的地域流布，卻依然不清楚這些神話在某個具體社區中被傳承和變異的狀況，它們在特定的講述情境中被傳承和演變的一瞬間，不明瞭這些神話在某一特定的講述人口中如何得以呈現，又緣何被加以改變？每一個具體的神話文本到底是如何生成的？等等。許多重要的問題（詳見下文），都缺乏基礎性的考察和相應的理論探討。因此，現代口承神話的研究亟待進一步深化，以充實中國神話學的薄弱環節，填補其中的空白，並對世界神話學做出新的貢獻。

第二節　本書的目的、主要理論與方法及寫作過程

二〇〇〇年，承蒙我所供職的北京師範大學的推薦，經過評審，我榮幸地獲得了教育部首屆「優秀青年教師獎」（全稱為「高等學校優秀青年教師教學和科研獎勵計劃」），申報的項目即是「現代口承神話的傳承與變異」。這項研究的主要目的在於：突破中國神話學界和國際漢學領域長期流行的依賴古代文獻和考古學資料、對中國古典神話進行文本考據的方法和視角的局限，對當代中國、尤其是以往較少關注的漢民族社區中傳承的「現代口承神話」進行具體而微的民族誌考察，以探討以下一些以往研究中很少關注的基本問題：在當代中國，神話是怎樣在一個個特定的社區中生存的？它們扮演著何種角色、擔負著何種功能？是哪些人依然在講述神話？那些保有和傳承著神話傳統的人們是如何看待和理解神話的？講述神話對於他們的生活具有什麼意義？神話如何在具體的講述情境中發生變化？這種變化與講述人的經歷、記憶、喜好以及聽眾之間的關係是什麼？中國現代社會的巨大變遷給神話的傳承造成了怎樣的影響？神話在社區

文化的復興與重建過程中扮演著哪些角色？……我希望通過對這些基本事實的考察和初步的理論分析，進一步打破神話研究領域存在的時間區隔，深化對現代口承神話的研究，充實中國神話研究的薄弱環節，填補其中的空白，並對世界神話學做出新的貢獻，同時，也使中國神話研究擺脫總是「向後看」、與「古老」、「遙遠」、「逝去的傳統」相聯結的羈絆，轉而關注當下的社會和文化生活，並從神話學的獨特視角，積極參與到與當代更多學科的對話當中。

本項研究從許多學術理論和方法中獲得了助益。

一、對表演理論（Performance Theory）的借鑑和反思

本書的理論視角和方法受到表演理論的較大影響，不過，選擇並借鑑「表演」的視角，在我經歷了一個較長的過程。一九九〇年代前期，當我開始進行女媧神話的研究時，已經注意到民間流傳的鮮活的女媧神話，並力圖將女媧及其神話的理解置於特定社區的民間信仰語境中加以探討[46]。不過，對於如何運用民族誌的方法深入地考察那些現實生活中生動的神話講述事件，當時依然心有困惑，因為那時候國內的相關研究很少，而世界神話學史上的諸多理論似乎也都不擅此道。對於表演理論，那時國內已有約略介紹[47]，雖然不很詳盡，但從那些簡要的評介中，我感到這一理論視角對現代口承神話研究將會有積極的啟示意義。

作者夫婦於印第安那大學訪學時與鮑曼夫婦的合影，2001年。

46 楊利慧，《女媧的神話與信仰》（北京：中國社會科學出版社，一九九七年）。
47 例如，閻雲翔，〈民間故事的表演性〉，《民間文學》一九八五年第七期；高丙中，《民俗文化與民俗生活》（北京：中國社會科學出版社，一九九四年）。

二〇〇〇至二〇〇一年，我們夫婦去美國訪學時，便有意識地選擇了表演理論的代表人物之一理查德・鮑曼（Richard Bauman）所任教的印第安那大學民俗學與民族音樂學系，以具體深入地瞭解表演理論。事實證明，我們的選擇是正確的：對於表演視角的進一步理解，為我的現代口承神話研究打開了新的天地。

表演理論是二十世紀六〇年代末七〇年代初在美國民俗學界產生的一種重要的研究視角和方法。其影響在八〇至九〇年代上半期臻至頂峰，至今仍在民俗學領域保持著強大的生命力，同時，它還對世界範圍內的其他諸多學科——如人類學、語言學、文學批評、宗教研究、音樂、戲劇、話語研究、區域研究、講演與大眾傳媒等——的相關研究產生了影響，從而為民俗學贏得了廣泛的聲譽。

表演理論的突破性意義在於：與以往民俗學領域中盛行的「以文本[48]為中心的」（text-centered）、關注抽象的、往往被剝離了語境[49]關係的口頭藝術事象（item-centered）的觀點不同，表演理論是以表演為中心（performance-

48 文本是指一段能夠與圍繞其四周的話語相分離的話語，它具有內聚性、語義上的粘著性和客觀性（例如能夠被稱呼、命名和談論等）。Richard Bauman, *A World of Others' Words: Cross-Cultural Perspectives on Intertextuality* (Malden: Blackwell Publishing, 2004), p. 4.

49 Context一詞有不同的翻譯，例如「情境」、「景境」、「場景」等，多數人譯為「語境」。本文採用多數人的譯法。作為表演理論以及語用學、語言人類學等研究領域裡的核心概念之一，語境在不同的學者那裡多少有些差異。理查德・鮑曼曾經在「The Field Study of Folklore in Context」一文中，對語境做了非常細緻的劃分。他認為民俗是存在於一個相互關聯的網中，個人的、社會的和文化的因素會賦予民俗以形態、意義和存在，因此我們應該研究語境中的民俗。他把語境劃分為兩個大層面：文化語境（Cultural Context，理解文化需要瞭解的資訊，主要指意義系統和符號性的相互關係）和社會語境（Social Context，主要指社會結構和社會互動層面），並進一步劃分為六個小層面：一、意義語境（Context of Meaning，理解「這意味著什麼」需要瞭解的資訊，例如人們的生活方式、信仰和價值觀、符號和隱喻關係）；二、風俗制度性語境（Institutional Context，例如政治、宗教、親屬關係、經濟，乃至鄰里關係、開張、慶祝等，主要回答文化各方面如何相互關聯、如何相互適應的問題）；三、交流系統語境（Context of Communicative System，主要回答「一個文化中的特定民俗形式如何與別的形式相關聯」問題）；四、社會基礎（Social Base，回答「該民俗關聯到何種社會認同的特點？」，需要瞭解的資訊包括地域、族群、職業、年齡、家庭和社區等方面的社會性組織原則）；五、個人性語境（Individual Context，包括個人生活史、個人語料庫的結構和發展等）；六、情境性語境（Situational Context，例如交流事件——如婦女座談會、家庭聚會、布魯斯表演，甚至電話交談等。事件的結構是由許多情境性因素的相互作用而產生的，其中包括物質環境、參與者的身份和角色、表演的文化背景原則，互動和闡釋原則，行動發生的順序等。這些因素將決定選擇什麼來表演、表演的策略、新生文本的形態，以及特定

centered），關注口頭藝術文本在特定情境中的動態形成過程及其形式的實際應用。「這種『以表演為中心』的方法的核心在於，它不再把口頭傳統僅僅視為文本性的對象（textual objects），而是將口頭傳統視為一種特殊的交流行為模式的展示，是實踐社會生活的資源。」[50]具體來講，表演理論特別關注從以下視角探討民俗：（一）特定情境中的民俗表演事件。強調民俗表演是情境化的，「其形式、功能和意義都植根於由文化所規定的背景或事件中，這些背景或事件為行動、闡釋和評價確立了富有意義的語境」[51]。（二）交流的實際發生過程。表演者達成交流的方式、表達的技巧（skills）和有效性（effectiveness，或efficacy）等往往成為分析的焦點，而不再僅僅限於交流所指稱的內容。（三）表演事件的結構以及文本的動態而複雜的形成過程，特別強調這個過程是「各種情境化因素系統互動的產物」，「這些情境化因素包括（但不限於）：參與者的身分與角色；表演中運用的表達方式；社會互動的基本原則、規範、表演的策略及闡釋與評價表演的標準；以及構成事件梗概（scenario）的系列行動」[52]。在各種因素中，講述人、聽眾和參與者之間的互動交流尤其常常成為考察的中心之一。舊的故事文本為什麼會在新的語境下被重新講述（recontextualize）？周圍的場景如何？誰在場參與？講述人如何根據具體講述情境的不同和聽眾的不同需要而適時地創造、調整他的故事？……這些問題往往受到細膩詳盡的盤察追索。（四）表演的新生性（emergent quality of performance）。強調每一個表演都是獨特的，它的獨特性來源於「特定情境中的交流資源、個人能力以及參與者的目的之間的相互作用之中」[53]，這樣一來，「個體的、創造性的因素在情境化行動的語境所體現的辯證關係中，開始具有與傳統相等的價值」。（五）表演的民族

情境的自身結構）。另外，鮑曼在注釋中還指出，歷史性語境（Historical Context）也應該被包括在內。Richard Dorson, ed., *Handbook of American Folklore* (Bloomington: Indiana University Press, 1983), pp. 362-386.

50 [美]理查德・鮑曼著，楊利慧、安德明譯，《作為表演的口頭藝術》（桂林：廣西師範大學出版社，二〇〇八年），頁一〇二。

51 [美]理查德・鮑曼，《作為表演的口頭藝術》，頁八七。

52 [美]理查德・鮑曼，《作為表演的口頭藝術》，頁八七。

53 [美]理查德・鮑曼，《作為表演的口頭藝術》，頁四二。

誌考察。強調：「作為文化行為，表演模式的形成在每一個社區中都具有可變的方式，這些方式是具有文化特殊性的、跨文化的和歷史性的；在某一特定的文化中，這些表演的形式、模式和功能需要經由經驗而發現，而不是通過預先的臆想。」[54]

總體上說來，與以往關注「作為事象的民俗」的觀念和做法不同，表演理論關注的是「作為事件的民俗」；與以往以文本為中心的觀念和做法不同，表演理論更注重文本與語境之間的互動以及文本在實際交流中形成的過程；與以往關注傳承的觀念和做法不同，表演理論更注重新生性和創造性；與以往關注集體性的觀念和做法不同，表演理論更關注個人創造性與集體性的辯證關係；與以往致力於尋求普遍性的分類體系和功能圖式的觀念和做法不同，表演理論更注重民族誌背景下的情境實踐（situated practice）。

在我看來，對於神話而言，「表演」的視角有十分積極的啟示作用，尤其是對於現代口承神話而言。從這一視角來看，神話也不再是洪荒年代流傳下來的「文化遺留物」，而是處於不斷被創新和重建的動態過程之中；神話文本不再是由集體塑造的傳統和文化的反映，也不是超有機體的（super-organic）、能夠自行到處巡遊（travel）的文化事象，而是植根於特定的情境中，其形式、意義和功能都植根於由文化所限定的場景和事件中；神話研究者也不再局限於以文本為中心去追溯其歷史嬗變或者個中蘊含的心理和思維訊息，而更注重在特定語境中考察神話的展演及其意義的再創造、表演者與參與者之間的交流，以及各種社會權力關係在表演過程中的交織與協調[55]。

本書將借鑑表演的理論視角，著力考察下列問題：現代口承神話的傳承和變異是如何在一個個特定的社區中發生的；神話的變遷與特定情境以及社區的歷史、社會、政治語境之間存在的關係；古老的神話如何在新的語境下被重新講

54 [美]理查德・鮑曼，《作為表演的口頭藝術》，頁一〇四至一〇五。
55 [美]理查德・鮑曼，《作為表演的口頭藝術》，頁二四九。

述；在神話的表演事件中，講述人、聽眾和參與者之間是如何互動交流的；講述人如何根據具體講述情境的不同和聽眾的不同需要而適時地創造、調整他／她的故事，如此等等。

二、民族誌式的田野作業

上文已經提及：由於以往的諸多神話學成果通常把神話視為完全自足的、超有機體的、能夠自行到處巡遊的文化事象，因而在研究中通常致力於廣泛搜集神話文本，採用大範圍內的歷史—地理比較研究，以尋求普遍性的分類體系和功能圖式。與此做法不同，本書將神話置於一個個具體而微的社區之中，置於不斷被創新和重建的動態過程之中，在一定程度上，其形式、意義和功能植根於由文化所限定的各種語境之中。為此，本研究集中採用了民族誌式田野作業（ethnographic fieldwork）的方法，這一方法主張研究者深入一個或多個社區之中，以面對面直接交流的方式，較長期地沉浸於該社區文化，並在與各種田野關係的對話和互動過程中達至對該文化的理解。本書採用這一方法的目的，是力圖細緻深入地考察現代口承神話在特定社區中生動而多樣化的生存狀態，神話在一次次生動的講述情境中被傳承和演變的一瞬間，以及神話在一個個具體的講述人口中如何得以呈現和改變、一個個特定的神話文本如何生成，等等。顯然，對這些問題的回答都需要通過民族誌式的田野作業方能經驗性地獲得，正如鮑曼指出的：「話語實踐的形式、社會功能和文化意義在不同的文化中具有差異，需要通過民族誌的考察經驗性地發現，而無法預先假定或者預設。」[56]

書中的四篇民族誌，分別來自對重慶市、陝西、河南和山西四個漢族社區的調查。這些社區有的是自然村落，有的是城鎮，有的卻是更廣大的山區，它們因著種種自然和文化的因素（例如女媧山和伏羲山地區）而構成了一個個有機

56 〔美〕理查德・鮑曼，《作為表演的口頭藝術》中譯本序。

的、具有某種內在一致性的社區。同時，在本書中，它們都被視為開放的、流動的，處於不斷變化的過程中，與國家以及其他社區有著千絲萬縷的聯繫。這些地點的選擇主要是依據這些地方有著相關的民間信仰活動（例如女媧廟、人祖廟以及廟會活動等）或者有出色的講述人。另外，地點的選擇也考慮到了調查者的融入程度：調查者往往是本省人甚或是本地人（附近地區的人），熟悉當地的語言，便於與當地人交流。對於各位作者進行田野研究的情況，各章中都有具體說明，這裡不再贅述。

除上述主要理論和方法外，本研究還廣泛吸取了國內外的許多相關研究成果。例如以表演者為中心的方法（performer-centered approach）、口述史（oral history）方法等。如前所述，以往的諸多研究往往將神話視為完全自足的、超有機體的文化事象，其生存、傳播與意義等均無須依賴其原生環境和講述者而自成氣象，因此，這些研究一般忽視對神話的創造與傳承主體的探究。儘管這類做法並非全無道理，但是，不可否認，它們未能獲致對神話傳統的全面認識，也在一定程度上造成了神話學理論與現實的諸多脫節（詳見下文中有關神聖性的討論）——事實上，只有將神話的研究與活生生的、具體的創造和傳承主體連接起來，才能對神話的意義、功能、變遷動因等問題有更深刻的理解。為此，本項研究尤為注重個人在神話的傳承與變遷過程中所起的作用：那些傳承和建構著神話傳統的人們以及他們對神話的理解、在現實生活中的遭際及其對於神話傳統的影響，將是本書著力關注的核心內容之一。

為了完成這一比較龐大的研究計劃，我組織了一個團隊，自二〇〇〇年迄今，一直在進行本課題的調查和研究。團隊的成員都是我先後指導的北京師範大學民俗學專業的碩士研究生，他們是張霞（一九九九級，現為美國波特蘭州立大學人類學系兼任助理教授，本書第二章作者）、徐芳（一九九九級，現為中央財經大學講師，第四章作者）、李紅武（二〇〇二級，現為北京青年政治學院副教授，第三章作者）、仝雲麗（二〇〇三級，現為自由職業者，第五章作者）。他們都能吃苦耐勞，有一定的思考能力，能領悟我的總體計劃和要求，也往往能在實地考察的基礎上提出自己獨到的看法。與他們的合作讓我倍感做導師的幸福與艱辛！當他們獨自在山野鄉間做調查時，我為他們日夜懸心，期盼他們平安歸來；閱讀和反覆修改他們的論文時，我既會因為他們時而迸發出的精彩見解的火花而大感欣慰，也經常為他們的描述和分析不能達到我企望的深度而苦惱焦慮。我想，這幾位弟子也許現在還能記得他們為了完成本課題所付出的汗水和辛勞、所體會到的快樂與艱辛、所領受的導師的讚揚和批評吧？如今這本書的出版，算是對我們師生合作、一同歷練成長的最好紀念了。

這四篇論文的寫成都是在幾年以前（二〇〇二至二〇〇六），當年初出茅廬的稚嫩學生如今都已成長為成熟幹練、獨當一面的青年。此次為了本書的出版，他們又利用工作和學習的間隙，對各自的文章重新做了修訂。全書最終由楊利慧統稿並校訂。

書中除總論外，四篇民族誌研究都各有側重，角度各不相同，但又相互聯繫，共同展示了當代中國漢民族社區中口承神話傳承和變化的多樣性和複雜性。各章內容除須與總體計劃保持內在的一致性外，未有其他太多限制，作者有充分的自由發揮並展示其才情和創造性——例如在第三章中，作者立足於自己的田野調查實際，創造性地將神話的「講述」稱為「演述」、「講述人」稱為「演述人」。本書將為這些創造性的表現保留空間，儘管我依然按照國際神話學界的慣常做法，將神話的敘述者稱為「講述人」（myth teller）[57]。

57　李紅武在其二〇〇五年完成的碩士學位論文中，即提出應將神話的「講述」稱為「演述」、「講述人」稱為「演述人」，他的主要理由是：「講述」一詞似乎更偏重散體的敘事，而在他所調查的陝西安康地區，人們既用散體的形式講述著古老的神話故事，同時在韻體的歌謠中也有著豐富的神話內容，因此，用「演述」的概念能更好地包括「講」與「唱」的雙重方式（第三章）。而我則認為：「講述」一詞原本就有通過語言、尤其是故事的敘述來進行表達（to tell, to narrate）之意，無關韻散之別。在口頭藝術中，故事的講述通常既可以是散體的，也可以是韻體的，或者是韻散結合的，比如蘇州評彈也是講故事的一種重要文類，因此，用「演述」一詞似無必要。儘管如此，我依然尊重合作者的創造性思考，本書中也依然保留「演述」的提法。

第三節　本書的一些主要結論及反思

通過多年的田野研究，我們發現：在所考察的當代漢民族社區中，神話遠未成為僵死的遠古文明的遺留物，它們繼續在不同的情境中被講述著，在不同人們的心中和口上存活著，並在當下的現實生活中扮演著多種角色與功用（見下）。

除書中各章得出的具體結論外，本項研究主要對如下一些問題進行了著力思考：

一、現代口承神話的功能與意義

神話在現代社會中扮演著何種角色、擔負著何種功能？神話的講述對於人們的社會文化生活具有什麼意義？對此，我們通過對四個漢民族社區的民族誌研究發現：現代口承神話的功能和意義十分複雜多樣。首先，那些與信仰語境密切相關、通常在宗教儀式場合中被講述的神話，依然扮演著信仰的「社會憲章」（sociological charter）[58]的作用。通過對最初起源的追溯，神話闡明著信仰觀念和行為存在的理由，確立著信仰的合理性和合法性，神話中敘述的主要角色和事件也成為神靈崇拜和祭祀儀式的基礎。

不過，除此而外，現代口承神話還負擔著其他多種功能和意義：它們是構成世界觀的重要基礎；是人們進行社會交流、建構社會生活的有效途徑；是教育後代和消閒娛樂的方式；是凝聚群體、建構身分認同的重要力量；還是獲取政治資本和商業利益的策略性資源。在不少情形下，現代口承神話的功能和意義可被概括為是「鞏固和增強傳統，通過追溯

58 [英]馬林諾夫斯基，《巫術科學與宗教》（*Magic Science and Religion*），見《西方神話學讀本》，頁二三八。

在河南省淮陽縣的人祖廟會上，講述人張玉芝大娘在為田野工作者表演擔經挑舞。楊利慧攝，1993年。

更高、更好、更超自然的最初事件，賦予傳統更高的價值和威望」[59]，是人們將當下與過去的權威性傳統相連接的「傳統化」（traditionalization）實踐[60]的重要策略。對個體講述者而言，神話的功能和意義要更具體和豐富得多。

本書作者們近年來所進行的田野研究，十分清晰地表明了這一點。例如筆者在對河南省淮陽縣人祖廟會上的兩次神話表演事件的考察中發現：人們在傳承神話的同時，又對它加以了某種程度上的再創造，以為他們今天的社會生活服務（見附錄）。兩位女性講述人都是在進行神話的表演，兄妹婚神話對於她們而言，都是她們與外來的研究者及其他一般聽眾之間進行交流的文化資源，通過神話的講述和表演，她們不僅是在與民俗學者和聽眾的交流互動中，展示自己的講述才能和對傳統知識的把握，同時也是以此方式傳達自己對於人祖的信仰，對於倫理、科學、人類起源和宇宙特性（例如為什麼颳東北風就冷）的認識。因此，講述神話成為她們表達自我、建構社會關係、達成社會生活的必要途徑。就此而言，應當說，神話的意義並不完全限於其文本內容和形式，它也體現在神話的社會運用中，是功能、形式和內在涵義的有機融合。在重慶地區司鼓村的個案中，講述神話故事無疑是當地人們表述對大禹的信仰、並以「擺龍門陣」的方式來進行人際交流的主要媒介（第二章）。在陝西安康地區，黃鎮山一方面試圖通過神話來解讀歷史，另一方面則努力通過神話的歷史化來為當地的民俗旅遊尋找依據；陳貴友之所以對現代口承神話感興趣，一方面是他渴望成為一名優秀的歌手，另一方面則想獲得一門謀生的手藝——他經常出入喪葬場合進行神話演述，他的神

59 [英]馬林諾夫斯基，〈巫術科學與宗教〉（*Magic Science and Religion*），見《西方神話學讀本》，頁二三八。
60 [美]理查德・鮑曼，楊利慧、安德明譯，〈民俗界定與研究中的「傳統」觀〉，《民族藝術》二〇〇六年第二期。

話演述主要有兩個目的：一是在歌場上獲勝，另一方面也試圖通過對人類始祖的緬懷來教育後人崇宗敬祖；而在柯尊來看來，神話不過是當地民眾消磨時光的工具（第三章）。仝雲麗的研究則發現：在不同的社會文化語境中，神話的功能和意義也不斷地發生著變化。在河南淮陽地區，多種形態的人祖神話及其衍生的故事曾經對民眾進行著精神文化上的薰陶、民間道德規範的宣教，規訓著人們的日常生活，促進了當時社會和文化秩序的穩定。而近半個多世紀以來，隨著各種政治和社會文化語境的變化，神話在民間社會具有的傳統道德教化功能逐漸減弱，神聖性漸漸被世俗功利性取代。特別是在二十世紀九〇年代以來，地方政府對神話的新闡釋增添了神話的意義與功能，人祖神話成為地方悠久歷史的佐證，被打造成為當地的「文化招牌」，為促進地方經濟的發展做貢獻（第五章）。無獨有偶，徐芳在山西侯村的個案中發現：女媧神話也成為當地政府和民間精英復興廟會、發展旅遊的重要依憑（第四章），學者對神話的歷史化解釋被策略性地用來為侯村女媧廟的重建以及廟會的復興謀求政治的與社會的合法性[61]。顯然，神話的當下傳承也在一定程度上打上了深深的「市場經濟」的烙印，尤其是在一些地方政府和民間精英眼中，神話的政治性與其文化經濟特性裹挾一道，成為表達各種「宣稱」、獲取各種資本的重要資源和修辭手段。

二、「不斷變動著的現實民俗」與「有限度的語境」

語境對於神話的傳承與變遷到底有多大影響？在口頭藝術的諸文類中，神話往往被認為尤其具有神聖性、因而更具有穩定的特性[62]。因此長期以來，對神話的研究大都集中於對於神話的文本分析，神話被視為自足的、超有機體的文化事象。這一研究取向在近半個多世紀以來受到了集中的質疑和批評，對於語境中的文本化（textualization）過程的關注

61 楊利慧，《儀式的合法性與神話的解構和重構》，《北京師範大學學報》二〇〇五年第六期。

62 [英]雷蒙德・弗思，〈神話的可塑性：來自提科皮亞人的個案〉，見《西方神話學讀本》，頁二五五至二五六。

成為世界民俗學領域的主導視角之一。我們對於現代口承神話的研究則發現：一方面，神話文本的形成與變遷、尤其是神話的講述場合與傳承方式、講述者與聽眾的構成與規模、神話的功能與意義等因素的確受到語境的較大影響。例如，筆者在對淮陽縣人祖廟會上的兩次神話表演事件進行的考察中，發現口承神話文本並不是一個自足的、超有機體的文化事象和封閉的形式體系（formal system），它形成於講述人把自己掌握的有關傳統文化知識在具體交流實踐中加以講述和表演的過程中，而這一過程往往受到諸多複雜因素的影響，因而塑造了不同的、各具特點的現代口承神話文本。兩次神話表演事件都是動態的、有許多複雜因素（例如信仰的、倫理道德的、科學的、政治的等等）共同作用的過程。參與表演事件的各種角色之間的現場互動（比如講述人與研究者之間、講述人與一般聽眾之間、第一個講述人和第二個講述人之間等等），也使這些過程充滿了交流、互動和協商。這些或明或隱的諸多社會文化因素、表演者和參與者的互動交流等都縱橫交織在一起，同時對神話的講述活動產生影響，從而共同塑造了特定語境下的神話表演行為，並最終塑造了兩個「特定的」神話文本（見附錄）。張霞也在比較了魏大爺在前後十三年中（一九八八年至二〇〇二年）講述的五則「大禹治水」異文後發現：出色的講述者對情境往往有著高度的敏感性，他／她可以根據不同的時間、地點、聽眾、環境等對故事進行用語、內容、結構甚至主題的改動，而每一次講述都可能使故事原有的母題發生一些變化。講述者由於情境的變動而對神話進行的改動，導致了大量神話異文的產生（第二章）。徐芳在山西洪洞縣侯村的個案研究中發現：二十世紀末發生在這裡的女媧廟的修復與女媧信仰的恢復事件，在講述者、講述情境以及聽眾等各方面，都促使當地流傳的女媧神話改變了以往的「消極」存在狀態，重新成為了被積極傳承的民間傳統的一部分（第四章）。而仝雲麗在對淮陽人祖神話的研究中進一步發現：社會、政治、文化語境都從不同層面影響著神話的講述場合，其中國家力量的干預是講述場合不斷發生變化的主要原因，此外，社會政治語境的變化對於講述人和聽眾群體的規模、構成以及神話的傳承方式等，都有一定影響（第五章）。

上述情形說明，在一定程度上，神話確可被視為「不斷變動著的現實民俗」[63]，它們和人們的現實生活息息相關，並且經常由人們根據自己當下的需要和目的而被重新塑造和改變，處於不斷變遷和重建的動態過程之中，換句話說，其內容、形式、功能和意義等往往植根於由文化所限定的各種語境之中。

但是，另一方面，我們也發現：語境對神話傳統的影響並非毫無限度，尤其就文本而言，語境的影響顯然具有一定的限度。筆者通過對兄妹婚神話的考察發現：儘管該神話在每一次表演中的細節和母題組合都有大大小小的差異，但是神話的類型和核心母題的變化很小（見附錄）。張霞比較了魏大爺十三年間講述的五則異文，也發現：即使不同異文中的情節和主題有一定程度的差異，大禹治水神話的核心情節並沒有發生大的變化（第二章）。仝雲麗通過比較一九三〇年代以來不同社會歷史階段中人祖神話的講述，發現外力（主要是社會主義國家）的作用對神話文本的影響相對有限——一九三四年採錄到的兄妹婚神話與二十一世紀採錄的同類型文本差別不大，神話的類型和核心母題變化很小——這說明神話情節結構具有強大的穩定性（第五章）。芬蘭民俗學家安娜—麗娜・斯卡拉（Anna-Leena Siikala）在她的民族誌研究中也證明了這一點[64]。由此可見，與許多民俗事象不同，口頭藝術文本（包括神話）的確有著一定的自足性，在一定程度上，它們有著自身獨具的、獨立於語境的內在形式和意義，因此，語境對它們的影響是有限度的。從這一點來說，以往諸多對於神話進行文本分析的理論和方法並未完全失去其合理性，而目前中國民俗學界盛行的追求語境的描寫、忽視文本的分析，甚至流於「為語境而語境」的做法，無疑有跟風之嫌，存在很大的盲目性和片面性。

近四十年前，美國民俗學家丹・本—阿默斯（Dan Ben-Amos）在一篇宣導同人「在語境中界定民間文學」的著名文章中，已敏銳地指出：民間文學形式既是超有機體的——它們一旦被創造出來，便不再依賴於其本土的（indigenous）環境和文化語境而繼續生存；同時也是有機體的——它們還是文化的有機組成部分，社會語境、文化

63 楊利慧，《神話的重建——以〈九歌〉、〈風帝國〉和〈哪吒傳奇〉為例》，《民族藝術》二〇〇六年第四期。

64 Anna-Leena Siikala, *Interpreting Oral Narrative* (Helsinki: FF Communications, No. 245, 1990).

態度、修辭場景、個人能力等等，都會造成口語性的、音樂性的以及雕塑性的作品在最終結構、文本以及文本肌理（texture）上的不同[65]。這一看法無疑卓有見地，對我們今天的口頭藝術研究依然深富啟示和警醒作用。

不過，如何真正將文本自身的研究與對語境的研究結合起來？如何在文本與語境的動態互動過程中揭示文本獨具的、內在的形式和意義？從現有的研究狀況看，這些問題並未得到有效的解決[66]。那麼，這樣做有可能嗎？或者，應該有這樣的追求嗎？這些問題顯然有待國際國內民俗學者的進一步探索。

三、神話傳統的積極承載者與消極承載者

在現代中國，是誰在講述神話？誰是神話傳統的保有者和傳承者？在討論神話的講述人時，學者們一般會強調少數文化專家（cultural specialists）的重要性，尤其是祭司和歌手等的作用。美國民族學家波爾・拉丁（Paul Radin）有一句名言：「我們不妨認為世界上沒有一個土著部族不是把傳授神話的人限制在少數有才能者範圍之內的。這些人極為共同體所尊敬。一般人們不許問津的原本神話他們可以自由改動。事實上，也正因為這樣他們才受到了尊敬。」[67]在加利福尼亞洲的皮馬人中，只有少數專家才通曉神話，諸如世界是如何創造的、皮馬人來自何處等，都由這些專家連續四個晚

65 Dan Ben-Amos, "Toward a Definition of Folklore in Context," in *Toward New Perspectives in Folklore*, eds., Américo Paredes and Richard Bauman (Bloomington: Trickster Press, 2002 [1972]), p.4. 該文的中文譯文可參考張舉文，《在承啟關係中探求民俗的定義》，《民俗研究》一九九八年第四期。

66 即使是丹・本—阿默斯本人，在這篇文章中注重的依然是「在語境中界定民間文學」。而包括理查德・鮑曼等人在內的諸多表演理論宣導者，在批評以往的傳承理論、注重文本與語境的互動關係時，也似乎過於關注文本的變異性，而多少忽視了文本的穩定性。相關批評參見楊利慧，《表演理論與民間敘事研究》，《民俗研究》二〇〇四年第一期。

67 轉引自大林太良，《神話學入門》，頁一一四。

上講給少年們聽。[68]大林太良尤其強調祭司和詩人（或是兩者的組合）在傳承神話過程中的重要性，不過也指出「即使在未開化的社會中，並非所有民眾都是那麼遲鈍、無能，也總有少數聰明能說會道的人」[69]。

在中國各少數民族中，神話的傳承者主要有巫師、故事講述者和歌手等，普通人在神話傳統的保有和傳承過程中也起著重要的作用[70]。

在當代中國的漢民族中，現代口承神話的的講述者遠遠不限於巫師、祭司、薩滿、故事家、歌手等「少數有才能者」，而是普遍地涉及到了從老人到青少年、從男性到女性、從幹部到群眾、從受過高等教育的知識份子到目不識丁的平民百姓等幾乎所有的人群。正如我們在河南淮陽的人祖廟會上看到的情形那樣，廟會期間，人祖廟內外人山人海，我們隨機遇到的很多人都會講述兄妹婚洪水神話。張振犁曾這樣描述二十世紀八〇年代中原神話調查組的調查情況：「往往是在很偶然的機會，從普普通通不為人所注目的、文化程度很低甚至文盲的老農、商販、鄉村小學教師、一般學生和老大娘那裡，出人意料地得到非常珍貴的遠古神話資料。」[71]在重慶市司鼓村，大禹治水的神話也為人們廣泛傳播，只要一提到大禹，很多村民都會或零碎、或完整地講述大禹疏通河流、治理洪水、三過家門而不入、請黃龍開道的故事（第二章）。當然，這並不意味著人們對神話傳統知識的把握是均等的，相對而言，社區中對地方掌故、區域歷史以及民間傳統懷有興趣的老人、民間精英以及虔誠地信仰相關神靈的香會會首或者一般信眾，所具有的神話知識通常更加豐富，能講述的神話往往更多，也更願意主動講述。他們的知識和講述才能也常常得到社區內部成員的肯定，成為當地知名的「講述能手」或「故事簍子」。這一類人，我稱之為「神話傳統的積極承載者」（creative bearers of

68 轉引自大林太良，《神話學入門》，頁一一四。
69 [日]大林太良，《神話學入門》，頁一一五至一一六。
70 楊利慧，《神話與神話學》（北京：北京師範大學出版社，二〇〇九年），頁一七二。
71 張振犁，《中原神話考察——代序》，見張振犁、程健君編《中原神話專題資料》，頁六。

河北省涉縣媧皇宮的導遊正為遊人講述女媧的神話。楊利慧攝，2008年。

myth tradition）[72]，他們也是本書各章所集中關注的對象。除這類人外，另有一些這樣的講述者：他們也知曉一定的神話故事，但是相對而言，其神話知識較少，往往只能敘述故事的核心母題，而無法完整、生動地講述完整的神話，而且在生活中一般並不主動講述這些神話知識，我稱這類講述人為「神話傳統的消極承載者」（passive bearers of myth tradition）[73]。對於神話傳統的傳承而言，這兩類人群都很重要，他們共同構成了神話傳統的主要傳承力量——通過習得神話知識並把神話講唱給別人聽，他們賦予了神話文本以豐富多樣的、實際的形式、功能和意義，使神話能跨越個體生命的時間局限而代代相傳，並將神話傳播到不同的地方。不過，在迄今為止的研究中，那些積極的承載者往往受到關注，而那些消極的承載者則常被忽視，這一點也需要在今後的研究中補足。

在談到當代社會中的口承神話講述人時，導遊顯然是不容忽略的一支力量，在一些情況下，他們可被視為新時代的職業神話講述人[74]。在河北省涉縣的媧皇宮，導遊們會積極從民間搜集各種口頭神話傳說，對之進行整理以後印刷成文，所有的導遊便依據這類文本，為前來遊覽的遊客講述有關女媧造人、補天、製笙簧、置婚姻等神話事蹟[75]。在他們的神話傳承中，口頭與書面的關係尤為密切。仝雲麗在淮陽的個案中也發現：在人祖廟裡有許多專門的職業技術學校畢業或高中畢業的導遊，專門負責給遊客講解相關的神話和信仰知識。導遊們

72 Lihui Yang, Deming An, with Jessica Anderson Turner, *Handbook of Chinese Mythology* (Santa Barbara, Denver and Oxford: ABC-CLIO, 2005. Reprinted by New York: Oxford University Press, 2008), p. 61.

73 Lihui Yang, Deming An, with Jessica Anderson Turner, *Handbook of Chinese Mythology*, p. 61.

74 楊利慧，《神話與神話學》，頁二六六。

75 依據筆者二〇〇八年的田野考察。

在民間口頭流傳的人祖神話的基礎上，把關於人祖神話的書面文獻資料揉入自己的講解，在很大程度上充實了民間口承神話的內容。由於他們講起來頭頭是道，往往成為了當地神話知識的新權威（第五章）。

此外，本書雖然沒有涉及但已經注意到一個重要的現象：對於為數眾多的兒童和青少年來說，教師也成為神話傳承（當然遠不僅限於神話）的主要力量之一。以我女兒的個案來說，從幼稚園到小學，除了父母，老師是她生活中最主要的神話故事講述人之一。幼稚園時，老師在中秋節曾給她們講過「嫦娥奔月」的故事，有一年還為孩子們表演了一齣嫦娥奔月的舞臺劇，給女兒留下了很深的印象。小學階段，女兒學習了盤古開天、女媧補天的神話。這一情形在我對大學生的一項調查中也得到了證明。二〇〇九年，在為北京師範大學文學院二〇〇六級本科生講授神話學課程時，我曾做過一個隨機調查。其中一個問題是：你主要是通過哪些途徑瞭解神話的？在參與調查的四十位中國學生中（尚有六十多位留學生也參與了調查，這裡暫且不論），有三十四人回答：聽老師講課是主要的方式之一。有學生在問卷中答道：「在小學時，便聽老師講過嫦娥奔月、玉兔與吳剛伐樹等故事。上大學以後，在東方文學史、民間文學、神話學等課程上，更瞭解了許多以往不曾聽過的神話。由於平時少有機會主動查閱相關知識，老師講課便成為我最主要的神話來源之一。」在二〇一〇年對同一學院二〇〇七級本科生的調查中，這一情形依然非常突出：在一百零三名選課的中國學生中，有93%的人選擇了「聽老師講課」作為自己瞭解神話的主要方式之一[76]。

由此可見，在今天，現代口承神話的講述者已經發生了諸多變化，傳統上被認為承載著本真的、正統的神話傳統的祭司、巫師等宗教性的職業講述人正逐漸淡出人們的視野，而導遊、老師則日益擔負起了新時代裡的職業講述人的角色。

---

76 當然，這一調查結果會受到學生所學專業的較大影響，理工科學生的情形應當有所不同。儘管如此，對於校園生活占據著其日常生活主要位置的廣大兒童和青少年來說，教師在民間傳統傳承中的作用無論如何都不容忽視。如果考慮到如今一些教師通過別的途徑——比如網路或電視授課、撰寫博客等——來傳播知識和思想，那麼教師的作用無疑更顯著。

四、講述人的神話觀是複雜多樣的，神話並不一定被視為「神聖的敘事」

講述神話的人們是如何看待、理解神話的呢？也就是說，他們具有怎樣的神話觀呢？這個問題在以往的學術史上較少被討論。本研究發現：不同的講述人往往具有不同的神話觀。李紅武對同一地區的三位講述人進行了考察，結果發現：有的講述人將神話視為遠古的歷史，認為人們之所以把歷史事件神化，是因為人們對亙古歷史的想像和誇張，是對歷史的曲解；有的則認為，神話講述的內容是曾有的事實：在遠古的過去確實發生過洪水滔天、女媧用泥巴創造了人類的事情；而在有的講述人看來，神話無非是一些不可見也不可信的、神乎其神的故事，是人們閒時消遣的工具而已（第三章）。

由此觀之，神話學界流行的所謂「神話具有神聖性」的觀點，不一定具有現實的合理性，對此，筆者已經撰文進行過集中的反思與批評[77]，這裡再稍加一些補充。一般認為：「神話是神聖的敘事（sacred narrative）」這一表述主要指涉這樣的意思：神話中敘述的遠古事件不僅被認為是真實可信的，而且神話的講述是在莊嚴崇高的氣氛中進行的，其講述場合常與神學和宗教儀式相連。這一表述比較早地被馬林諾夫斯基依據其特羅布里安德島的民族誌考察所提出，對後來在人類學家和民俗學家中形成「神話具有神聖性」的廣泛認識，具有至關重要的引導作用[78]。我以為：儘管神話的發生也許與人類對超自然的信仰相關（其實這一點仍然有待充分證明），而且「神聖性」的確道出了部分神話在一些講述語境中的性質（甚至迄今為止在許多情形下依然如此，例如淮陽人祖廟會上香客們講述的人祖神話、苗族祭司在「還盤王願」儀式上講述的盤瓠故事，乃至於各地政府組織的公祭始祖炎帝、黃帝或者伏羲、女媧等的儀式上的敘事等），但

77 詳見楊利慧，〈神話一定是「神聖的敘事」嗎？——對神話界定的反思〉，《民族文學研究》二〇〇六年第三期。

78 楊利慧，〈神話一定是「神聖的敘事」嗎？——對神話界定的反思〉，《民族文學研究》二〇〇六年第三期。

是神話在實際生活中呈現出的講述和傳承情形恐怕比「神聖性」這單一的維度要複雜得多。如果我們把學者們的各種界定和爭議暫時「懸置」起來，轉而把目光投向現實生活，轉向一個個傳承和重塑神話傳統的講述主體，在神話生存和傳承的具體語境中，考察講述者們對於神話所持的實際態度，我們就不難發現：神話的講述場合，不一定完全是在儀式的場合下；人們對於神話的信仰程度，實際上也有著相當大的差異，並不存在均質的講述人群體和統一的信仰程度。筆者在一九九三至二〇〇八年間對河南、河北和甘肅等地的女媧神話和信仰進行田野考察時發現：儘管許多神話是在廟會的場合下被講述的，但也有人在家庭日常生活的語境中講述神話；而且，即使一些講述人去女媧廟祭拜女媧，但是問到他們是否相信女媧神話是遠古真實發生過的事實，答案卻很不一樣。有人毫不猶豫地說「相信」，有人半信半疑，有人卻明確回答：「那怎麼可能呢！」人們講述神話，可能是為了表達自己對神靈和祖先的信仰，或者展示自己有關遠古的知識，或者只是為了娛樂。在那些缺乏相關神廟的地方，神話的講述更傾向於是為了娛樂和傳統知識教育的目的。李紅武在陝西安康地區的個案研究也發現，講述人的神話觀是有差異的，有人將神話視為真實可信的歷史事件，也有人把神話看作是神乎其神的、不可信的、可以隨時隨地演述的故事；在一般民眾那裡，情形也大致相似：一方面，當地民眾逢年過節以及每月初一、十五的時候，要去伏羲廟、女媧廟燒香祈願，表達他們對伏羲、女媧的信仰；另一方面，「當地在演述關於伏羲、女媧的神話故事的時候，無論在演述內容，演述場合上還是神話傳承上，神話演述都不是一種神祕的行為，而成為一種大眾共用的娛樂方式。」「當地民眾口頭流傳著很多神話，但是這些神話只是保留了神話的某些因素，比如神話人物、故事情節等，而且在當地民眾的口頭演述中，並沒有鄧迪斯所謂的『神聖性』，甚至還出現了許多戲謔的成分」（第三章）。而根據仝雲麗二〇〇四年對河南淮陽人祖廟會的田野調查，雖然廟會上不少會講述人祖神話、演唱與人祖有關的「經歌」的人都信仰人祖，而一位讀過書、會生動地講述人祖兄妹婚神話的老人，在神話的結尾則說：「這是胡扯大扒連」，認為伏羲、女媧兄妹成親的神話故事包含有後人杜撰的成分，玄虛而不可靠（第五章）。我於二〇〇五年曾在這位老人的家中（並非儀式的場合）再次聽他講述了兄妹婚神話，當他說到滾磨成親、摶土造人的情節時，連說「不足為憑，不足為憑」[79]。張霞在研究魏大爺的講述態度時發現：魏大爺在講述「伏羲姊妹製人煙」的時候，態度是非常輕鬆的，講到好笑處時常輕輕地笑起來。「這種調侃的講述風格把神話講述理論上有的莊嚴氣氛消釋於無形。這一方面說明，在司鼓村，在筆者搜集這個神話的時候，神話講述的情境不同於民族誌上經常記錄的以神話來追溯某個宗族、部落歷史的莊嚴場合，老人的笑聲很好地說明了他並不把古老的事件當真，而是僅僅在講述一個未必真有的『故事』而已。從老人在故事細節上下的功夫也可以看出他這種態度。他在種葫蘆、找葫蘆花、烏龜做媒、妹打烏龜等情節上使用了大量的描述性語言。尤其是烏龜做媒一段，烏龜被描述成一個厚臉皮的形象，而且用來影射現實中的媒婆。這樣使得整個神話充滿生活情趣，缺乏神聖的講述風格，而近似於一個生活故事。」（第二章）

因此，將「神話」僵硬地界定為「神聖的敘事」並不能普遍概括現實生活中複雜多樣的神話觀和講述、傳承樣態。筆者以為：將「神話」僵化地界定為「神聖的敘事」，不僅會造成研究中「名實不副」的矛盾（事實上許多學者在進行神話研究時，往往並不考察它們的神聖性如何，而是常常直接拿來進行考據、分析），也會排斥許多口頭與書面上傳承的（例如以歷史或者文學知識而傳承的）、缺乏神聖性或者神聖性非常淡薄的神話。如果只因為講述場合和講述人信仰程度的不同，兩個在內容、形式上都非常相近的女媧補天神話文本，一個被視為神話，另一個被作為「非神話」而被排斥在學者研究的範圍之外，我認為無疑是「削足適履」，它會限制研究者的視野，從而影響今天和未來的神話學建設。所以，僅從「神聖性」的維度限定神話的性質和範疇，顯然僵化而單一，也許，對「神話」這一文類的界定需要從多種維度來進行[80]。對於這一點，我將另撰文分析。

---

[79] 楊利慧，《神話與神話學》，頁一〇。

[80] 已故芬蘭民俗學家勞里・杭柯在〈神話界定問題〉一文中，已經指出：「神話是多元的」，依據現代神話理論，一個神話可以從十多個不同的角度去研究，例如「作為象徵性表述形式的神話」、「作為潛意識的投射的神話」、「作為行為特許狀的神話」以及「作為宗教性文類的神話」等等。他進而根據四個層次——形式、內容、功能和語境——對神話進行了界定。這一思考無疑是富於啟發性的，儘管其中許多地方值得進一步討論。該文見《西方神話學讀本》，頁五二至六五。

五、現代口承神話的講述場合與聽眾

在現代社會裡，人們一般在怎樣的場合下講述神話？是什麼樣的聽眾在聽神話？他們對於神話的傳承與變遷又起到什麼作用呢？

同少數民族中的情形相似：在漢民族中，現代口承神話的講述場合有時是莊重、肅穆的信仰儀式，例如廟會，在那種氛圍中講述者對於神話的真實性更傾向於信以為真，神話也更常體現出神聖性的特點；但是神話也可以在隨意、輕鬆的場合下講述和演唱，有時甚至是在娛樂、戲謔的情境中被講述。比如在陝西安康伏羲山與女媧山地區民間的結婚和喪葬場合中，至今依然存在著「鬥歌」、「諞故事」的習俗，這些歌謠和故事有很多涉及到伏羲、女媧的神話，這些演述場合為當地民眾記憶神話提供了具體的情境和記憶的框架。此外，神話講述發生的場合還主要集中在過年過節時間和田間地頭（第三章）。而在重慶市司鼓村，魏大爺看著連天的大雨，小時候聽父親講過的大禹治水神話便躍入腦海，於是他就為前來採錄民間故事的工作人員講述了有關的故事（第二章）。在河南省淮陽縣，神話的講述場合隨著社會政治環境的變化而不斷發生著顯著的變化：一九三〇年代，人祖神話的演述是日常生活的一部分，它們以「講古典兒」的方式隨時隨地發生：田間地頭、一家人的飯桌上、夜晚的閒置時間、女人哄孩子的時候、趕廟會的路上、廟會上……；而在「文化大革命」時期，人們雖然依舊以口耳相傳的方式講述並傳承人祖神話，但是公開演述的方式受到禁止，神話從社區公共生活中隱退，主要在家庭或家族、小群體的親戚朋友或鄰里等日常生活中的私人交際場合傳唱，甚至完全在個人生活中消失；而隨著近三十年來「改革開放」的新形勢，兄妹婚神話獲得了更為開放和廣闊的表演和傳承空間，人們講述人祖神話時不再遮遮掩掩、擔驚受怕，在家庭或家族內、朋友鄰里之間的私人交際場合、廟會等集會場合以及其他日常生活場合等，都可以自發講述或應採訪者的要求進行講述（第五章）。

神話傳統的消極承載者與普通人一道，構成了現代口承神話講述事件的聽眾主體。有時那些神話傳統的積極承載者也會成為聽眾的一員，不過他們在講述過程中往往會積極插話，甚至主動搶過話頭，從而使整個神話講述事件呈現出更加流動多變的特點。另外，不消說，民族誌工作者往往構成了聽眾中最引人注目的風景。目前，並沒有明確的證據顯示：年齡、性別、職業、受教育程度等因素與神話傳統的聽眾的構成有直接關係。無論聽眾的構成怎樣，他們的在場和對講述者的品評，會直接影響神話的表演和最終的文本構成。附錄所引文章中筆者對於淮陽人祖廟上的兩次神話講述事件的描述，就鮮明地體現了這一點。張霞在對司鼓村的研究中也發現：出色的講述者一般對表演空間的情境都十分敏感，處於與聽眾和研究者的不斷互動之中；聽眾的存在使故事的功能實現成為可能，他們引發講述者的表演欲望，影響著表演者的表演內容和表達方式。固定聽眾群的存在還影響到一個出色的講述者的自信和自尊。研究者的存在則可能影響到講述者的表演策略，刺激講述者的表演欲望；研究者的意向和提問往往介入講述人的表演，甚至重構故事的講述。實際上，在現實的表演空間中，往往存在講述者、聽眾的角色互動和互換。如果是幾個實力相當的講述者在一起，有時候很難截然分清誰是講述者，誰是聽眾。研究者的角色也不是一成不變的，他的介入有時候也會對故事的最終面貌產生很大的作用（第二章）。

六、現代口承神話的傳播方式

現代口承神話主要依賴哪些方式得以傳播？

長期以來，神話在社會生活中的傳播主要是以口頭語言為媒介、以口耳相傳為傳播方式的。本書的研究發現：這一方式依然是現代口承神話的主要傳播方式：在我們所考察的漢民族社區中，人們依然主要依賴口頭語言進行面對面的直接交流，從而實現神話的文本化（從大腦中的神話知識轉化為具體的口頭文本）以及神話傳統的傳播。不過，值得注意的是，當下漢民族社區中，神話的傳播方式正日益多樣化。李紅武的個案研究發現：儘管口耳相傳一直是口承敘事傳承的主流——他從老人那裡獲得的故事占總數的63%左右——但是，一種新的趨勢正在出現，即書面傳承和電子傳媒傳承在口承敘事傳承中占的比重越來越大，大約占到總數的37%。他進而預測：隨著鄉村現代化步伐的加快和教育水準的提高，現代口承神話的傳承將越來越多元化，現代媒體在傳承神話方面將起著越來越重要的作用（第三章）。仝雲麗在淮陽的個案研究也有類似的發現：一方面，長期以來，口耳相傳是口承神話的主要傳承方式，人們通常以誦唱祝歌、經歌或講述散文體的神話等形式，面對面地交流人祖的知識與信仰；但另一方面，隨著現代社會科學技術的發展，廣播、電視、電腦等逐漸走入人們的日常生活，並為口承神話提供了更為快捷、輻射範圍更廣的傳播方式，尤其是廟會期間，越來越多的年輕人和中老年人都可以從電視中便捷地獲知地方政府和媒體所大力宣傳的地方掌故和人祖神話，這些知識反過來影響著他們對人祖神話的接受和傳承。媒體對太昊陵和人祖伏羲進行的大規模宣傳不僅傳遞著地方性知識，也增強了人們的地方認同（第五章）。這些個案研究的結果在筆者二〇〇九年對北京師範大學文學院二〇〇六級本科生的那次隨機調查中也得到了進一步的證實。面對「你主要是通過哪些途徑（比如讀書、觀看電影電視、聽廣播、聽老師講課、聽長輩或朋友講述、聽導遊講述、網路流覽等）瞭解到神話的？」的問題，四十名參與調查的「八〇後」大學生，全都做出了多種選擇，認為自己瞭解神話的途徑是多樣化的，其中選擇「讀書」方式的占總數的97.5%（三十九人）；「聽老師講課」方式的占85%（三十四人）；「觀看電影電視」方式的占72.5%的人（二十九人）；「聽長輩或朋友講述」的占67.5%（二十七人）；「聽導遊講述」的占32.5%（十三人）；「聽廣播」的有二人；另有二人選擇了「網路流覽」方式。二〇一〇年的調查結果與此基本一致：在參與調查的一百零三名中國學生中，選擇「讀書」方式的約占總數的96%（九十九人）；「聽老師講課」方式的約占93%（九十六人）；「觀看電影電視」方式的約占82%的人（八十四人）；「聽長輩或朋友講述」的約占73%（七十五人）；「聽導遊講述」的占41%（四十二人）；「網路流覽」方式的約占40%（三十七人）；「聽廣播」方式的約占3%（三人），另有十三人選擇了「其他方式」。很顯然，在這些「八〇後」的大學生中，神話的傳播方式多種多樣，其中，書面閱讀與面對面的口頭交流（包括教師授課、長輩或朋友講述、導遊講述等）無疑是這些當代大學生瞭解神話的最主要的兩條途徑，而觀看電影電視則成為他們知曉神話傳統的第三種主要方式。

這些多樣化的傳播方式所承載的神話都與口頭傳統有著直接的關係：一方面，歸根結柢，它們都來源於口承神話，另一方面，經由這些方式的傳播，神話知識（往往是經過篩檢、選擇後的知識）得以進入（或再次進入）人們的腦海和知識貯備庫（repertoire），形成潛在的「大腦文本」（mental texts）[81]，在合適的契機下，這些大腦文本有可能被重新啟動、編織並講述出來，形成新的口頭文本，從而再次進入口頭傳統的循環之中。

多樣化的傳承途徑及其對神話傳統帶來的影響顯然為當下和今後的神話研究提出了挑戰——迄今為止，神話學界對當代社會、尤其是青年人當中多樣化的神話存在和傳播形態，顯然缺乏足夠的關注，對那些通過書本、電影電視、網路以及電子遊戲、教師的課堂和導遊的宣介等途徑傳播的神話傳統，未予充分重視，這不僅加劇了神話學在當今社會中的封閉、狹隘情勢，也減弱了神話學對於年輕人的吸引力。未來的神話學，應當在這一方面有充分的自覺和積極的介入。

七、綜合研究法

本項研究在借鑑表演理論的同時，也期望立足中國本土的研究實踐，對該理論進行一些反思。對中國神話研究而言，表演理論存在著一些明顯的局限，比如注重特定情境中的新生性創造，對歷史傳統則多少有些輕視或忽視的傾向，而中國有著悠久的歷史，許多神話類型都有著豐富的文獻紀錄或口述傳統，忽視歷史、忽視這些珍貴的文獻或者口述

81 Lauri Honko, *Textualising the Siri Epic*, 1998. 轉引自馬克・本德爾，付衛譯，〈怎樣看〈梅葛〉：「以傳統為取向」的楚雄彝族文學文本〉，《民俗研究》二〇〇二年第四期。

傳統，顯然無法深刻地理解和認識中國的社會和文化。因此，如何能既積極吸收表演理論以及其他國際前沿的神話學和民間敘事學理論與方法的長處，同時又能立足於中國本土的實際，發展出適合中國民間敘事（包括神話）研究的方法，這是筆者近年來一直努力探索的問題。「綜合研究法」（Synthetic Approach）即是這一探索的初步嘗試。這一方法主張在研究現代口承神話時，要把中國學者注重長時段的歷史研究的長處和表演理論注重「情境性語境」（the situated context）和具體表演時刻（the very moment）的視角結合起來；把宏觀的、大範圍裡的歷史—地理比較研究與特定社區的民族誌研究結合起來；把靜態的文本闡釋與動態的交流和表演過程的研究結合起來；把對集體傳承的研究與對個人創造力的研究結合起來。

對於這一方法，筆者已在《民間敘事的表演——以兄妹婚神話的口頭表演為例，兼談中國民間敘事研究的方法問題》一文中進行了初步的實踐（見附錄）。本課題也在不同層面上繼續實踐並深化著這一主張。比如第二章通過考察同一位講述者在不同情境中講述的同一類型神話，以及多位講述者所講述的同一類型神話的不同異文的比較，來探討在司鼓村這一特定社區中，講述者的記憶機制、情境因素、自我距離、講述喜好、個性特點、表演能力、表演願望等多種因素與神話變異的關係。第三章通過陝西安康地區三位神話講述人對當地流傳的伏羲、女媧神話的個人闡釋，來探討他們的神話觀，並對其形成不同神話觀的原因做了初步的分析。第四章緊緊地圍繞著一九九〇年代山西省洪洞縣趙城鎮侯村女媧廟的修復，展示了在當地女媧廟得以修復、女媧信仰重新恢復的情境下，女媧神話的傳承和再創造過程發生的變化，以及作為行動主體的個人在傳承和再創造過程中的作用，展示了民間傳統（包括民間信仰和現代口承神話）在當代情境下得以重建的複雜性。第五章則把神話的傳承、變異和再生產置於民族國家和地方社會不斷變遷的社會文化語境中，通過對淮陽人祖廟會自一九三四年以來的歷史變遷過程的民族誌考察，著重從權力與政治的視角，揭示國家力量對廟會和神話演述活動的影響，以及神話與社會的政治、經濟、文化等的變遷之間的關係。對神話的綜合研究顯然還有許多其他的視角，需要我們在今後的研究工作中不斷進行新的探索。

神話是一種複雜的文化現象，僅僅倚賴一個視角、一種方法去考察，很難洞見其全部真諦。對此，早有許多學者指出，對神話的研究應當採用多種方法、從多個角度來進行。大林太良曾在為《神話學入門》中文版所寫的序言中，深深地感喟說：「神話世界實在是過於複雜而且龐大，難以用一種觀點闡釋所有的問題。所以，要想深刻地理解神話，必須要有廣闊的視野和靈活的方法。」[82]阿蘭・鄧迪斯（Alan Dundes）在評論湯普森（Stith Thompson）對星星丈夫故事的歷史—地理學研究時，也明確地指出：「歷史起源與傳播路線的研究，只是整個研究的一部分，一個重要的部分，而心理根源與功能的研究，也是其中的一部分。將這些研究統一起來，才能對民俗特質有更充分的認識。」[83]不過，儘管不少學者已經意識到了綜合研究的必要性和重要性，但是，究竟該如何對神話進行綜合研究呢？也就是說，如何把這一理念落實到具體的研究實踐中呢？對於這一點，目前似乎尚沒有公認的答案，一切都仍處於摸索之中。我們的探索，也想在此方面做些初步的努力。

結尾的話

我們對中國現代口承神話的考察前後歷時近十年，目前已初步告一段落。由於學識和能力有限，本書在民族誌描寫和理論分析上，有許多不如人意之處，尤其是各章在描寫和闡釋的程度上存在著深淺不一的問題。其他不足與疏漏之處，也在所難免，我們懇切地期待著讀者和方家的批評指教。

衷心感謝教育部「高等學校優秀青年教師教學和科研獎勵計劃」的支持，沒有這一獎勵計劃的資金支持，這個項目

82　[日]大林太良，《神話學入門》中譯本序。
83　[美]阿蘭・鄧迪斯編，陳建憲、彭海斌譯，《世界民俗學》（上海：上海文藝出版社，一九九〇年），頁五六〇至五六一。

根本無法實現。這個項目的完成還得益於許許多多神話學者以及以無窮的智慧和創造力在傳承和重述著神話的鄉民們的大力幫助，我們無法在此一一列舉出他們的名字——而且，出於保護隱私的目的，書中的講述人基本上都使用了化名（只有第三章應講述人的要求而沒有使用化名），但是，對他們的由衷感激將永遠深植在我們的心裡！

第二章　講述者與現代口承神話的變異

——重慶市司鼓村的個案

張霞

第一節　引言

一、選題目的與意義

本章擬通過對神話講述者以及講述狀況等進行考察，來探索現代口承神話的傳承與變異。筆者認為，這樣的考察和研究對於以往的口承神話研究，在一定程度上是積極的補充和拓展。

（一）現代口承神話對神話學研究有著極大的學術價值。口承神話具有不同於文獻神話的特徵，因此對它的研究有可能在將二者進行比較的基礎上，更準確、全面地把握神話的性質、特徵及其演變的規律性。其次，豐富的現代口承神話不僅可以與古籍中的記載進行印證，而且還可以對記載中的種種缺陷進行補充和修正，以彌補我國文獻神話零散、片段、殘缺不全的缺點，提高古典神話研究方法和結論上的可靠性。同時，口承神話由於具有豐富的文化內涵，能夠為神話學進行跨學科的研究提供廣闊的天地。因此，加強對口承神話的研究具有重要意義。

（二）隨著中國社會現代化進程的加快，神話本身依據一定的傳承規則被淘汰、繼承或變異發展著，神話在許多區域出現了極大的變異，呈現出十分複雜的面貌，其中蘊含著大量的學術資訊，給口承神話的考察研究提供了良好的機遇，也提出了許多新問題。因此，口承神話的研究顯得十分必要。

（三）以往對中國口承神話的研究，儘管取得了多方面的成就，但仍然存在一些問題乃至缺陷：

1. 與少數民族口承神話研究相比，漢民族的口承神話還缺乏更多的實地考察和研究，許多重要問題尚缺乏具體而堅實的考察。例如，現在到底還有哪些人在講述神話？他們為什麼講述？與古代典籍神話相比，現代口承神話發生了哪些規律性的變化？神話在今後的發展演變如何？這些問題的解答都需要對漢民族中口頭流傳的神話的存在狀態進行深入的調查和科學的研究。

2. 國內神話學研究以往較多關注神話的靜態研究，對現代口承神話進行動態研究的尚屬少見。而且，儘管學界對神話的文本研究已經形成自己的研究路數和風格，也出現了不少扛鼎之作，但在這種傳統的文本研究的基礎上，如何將它與神話講述的語境結合在一起進行研究，還處於起步階段。而隨著當代民俗學理論的發展，以表演的觀念來探討口承文學的傳誦過程，已成為當代研究口承文學的重要視角之一。目前國內雖然對表演理論有所引介，但以表演理論的觀點來探討漢族口承文學與口承藝術的研究尚屬有限，從民俗角度進行探討的就更加少見。目前筆者所知的相關研究多集中在臺灣，如容世誠的《戲曲人類學初探》[1]、蔣斌的《口述歷史的舞臺》[2]、胡台麗的《文化真實與展演：賽夏、排灣經驗》[3]等。大陸方面目前值得注意的有江帆所

1 容世誠，《戲曲人類學初探》（臺北：麥田出版社，一九九七年）。
2 蔣斌，《口述歷史的舞臺》，「文化展演的人類學研討會」會議（中央研究院民族學研究所主辦，臺北南港，一九九七年六月六至七日）。
3 胡台麗，《文化真實與展演：賽夏、排灣經驗》，節選自《文化展演與臺灣原住民》（臺北：聯經出版社，二〇〇三年）。

著〈口承故事的「表演」空間分析〉[4]、楊利慧的《民間敘事的表演——以兄妹婚神話的口頭表演為例，兼談中國民間敘事研究的方法問題》[5]，等等。這些研究均借助表演理論，改變前此著重於作品文本研究的風氣，轉而重視對於表演過程的發掘與探討，並導引其研究跨進動態研究的境界。然而，國內神話學界將表演理論應用於實際研究的實例比較少見，這不能不說是一種遺憾。

3. 以往的口承神話研究，在資料的使用上存在一種現象，即缺乏對資料的時間性和地域性或民族性的考慮，只要有利於其論證的，拿來使用。在某種程度上，這是大範圍的神話研究所難以避免的。然而，口承神話的傳承和變異是發生在具體的情境之中的。神話在不同的地域環境、文化環境、不同的表演者甚至同一個表演者那裡的發展演變狀況都大相逕庭。因此將口承神話的研究與考察限定在一個小區域內十分必要，它關注的是神話具體發生變化的瞬間，是現代口承神話具體傳承鏈條上的細節變化。但是就筆者目前掌握的材料來看，這方面的研究還比較欠缺，有待於進一步的探討。

有鑑於上述認識，本文擬以對重慶市九龍坡區走馬鎮司鼓村（漢族）的田野調查為主要資料，就以下問題進行探討：

1. 同一個講述者在不同情境下，講述的同一類型神話的文本變化、變化原因及其意義。根據表演理論，口頭文學在創作過程中是一個活的傳統，即使是同一個人的創作也往往會因講述情境的不同而改變。那麼文本的變化體現出哪些特點？變化的原因和方式又有哪些？這些變化具有什麼樣的作用和意義？這個動態過程展現出哪些可遵循的神話變異的規律？本文試圖通過對一位講述人在十三年內於不同情境下講述同一類型神話的多個文本和講述情境的分析，對上述問題進行探討。

4 江帆，〈口承故事的「表演」空間分析〉，《民俗研究》二〇〇一年第二期。

5 楊利慧，〈民間敘事的表演——以兄妹婚神話的口頭表演為例，兼談中國民間敘事研究的方法問題〉，見呂微、安德明主編《民間敘事的多樣性》（北京：學苑出版社，二〇〇六年），頁二三三至二七一。

2.不同講述人對同一類型神話的不同講述的比較。同一類型的口承神話從不同的講述人口中講出來，往往發生相當程度的變化。這些變化有無規律？如果有，變化的核心原因有哪些？這又有什麼樣的意義？本文擬就司鼓村五位講述者對同一類型神話的講述，對上述問題進行探討。

筆者需要特別說明的是：以上所採用的分析視角和分析模式，在當代國際民俗學界已經被一些學者使用過。比如美國民俗學家鮑曼（Richard Bauman）在他的《故事、表演和事件：口頭敘事的情境研究》[6]一書中，就曾對同一個講述人艾德・貝爾（Ed Bell）在前後十五年間於不同情境下講述的同一類型故事的文本進行比較，來探討情境變化與敘事作品變異的互動關係[7]。而芬蘭民俗學家安娜—麗娜・斯卡拉（Anna-Leena Siikala）在其著作《口頭敘事的闡釋》[8]中，也比較了同一講述者對同一故事的不同講述文本，以及不同講述者對同一故事的不同講述文本[9]，旨在通過這種比較，探究講述者與故事的穩定性和變異的關係，進而探討故事、講述者與社區文化之間的聯繫。筆者在學習中發現，目前國內關於現代口承神話的研究還較為薄弱，可供參考的理論和研究模式也相對缺乏，而上述國外民俗學家的研究視角和模式對中國現代口承神話的研究、尤其是對神話變異規律的研究有相當大的啟發意義；同時，筆者在田野調查中發現，運用這一研究視角和模式，可以有效地探討講述者與神話變異的關係問題，因此，筆者不揣冒昧，在立足於自己的田野調查的基礎上，試圖借鑑這種研究視角和模式來觀察中國現代口承神話的實際講述情況和變異規律，特別是講述者在口承

6 Richard Bauman, *Story, Performance and Event-Contextual Studies of Oral Narrative* (New York: Cambridge University Press, 1986).

7 鮑曼在比較艾德・貝爾前後十五年間所講述的故事時，除了運用他本人於一九八二年到一九八三年訪談該講述者所獲的文本，還採用了派特・繆倫（Pat Mullen）於一九六七年、一九七一年和一九七五年三次調查時採錄的文本，以及派特・傑斯帕（Pat Jasper）於一九七九年在奧斯丁（Austin）的有線電視臺訪談艾德・貝爾所採錄的文本。參見Richard Bauman, *Story, Performance and Event-Contextual Studies of Oral Narrative*, p. 80.

8 Anna-leena Siikala, *Interpreting Oral Narrative* (Helsinki: FF Comunications No.245, 1990).

9 斯卡拉在比較同一個講述者講述同一個故事的不同文本時，採用的文本來自一九六八年到一九七〇年由不同的研究者所做的紀錄。她還談到，不同的研究者和講述者之間的關係，可能會差異很大，因此也許會對異文之間的差異產生一定的影響。參見 Anna-leena Siikala, *Interpreting Oral Narrative*, p. 36.

神話變異中的角色和作用，並力求對上述的理論進行驗正和補充。但是，這只是初步的嘗試，由於本人學識淺薄、能力有限，對上述理論的消化程度也有限，至於對上述的研究視角和模式的應用效果如何，尚有待專家的指正與批評。

二、所用理論和方法

本章主要運用神話學、民俗學的相關理論和方法，同時借鑑文化人類學的一些理論和方法。

（一）以表演者為中心的方法（performer-centered approach）

美國民俗學家琳達・戴格（Linda Dégh）是該方法的著名代表。她認為傳統是一個大的理念，傳統的保存和延續必須依靠個人，如果忽略個人，傳統只是一個空談，所以她特別注重表演者的研究，注重在一個社區當中，個人在傳統的保持、延續、變更中所起到的作用，以從中探討個人、社區文化與傳統之間是如何互動的。她稱自己的研究方法為「以表演者為中心的方法」[10]，在她的著作《民間故事與社會——一個匈牙利農村社區中的故事講述》[11]中，她不僅對Kakasd這個地方的講述者的生活史一一進行了描述，而且結合他們的生平和經歷來考察講述者對傳統的尊重和修改，講述人的語料庫（repertoire）和分類，講述者的才能和講述技巧等重要的問題，並關注他們和整個社區文化的關係。

在該著作中，她還提到國外學者研究故事講述者的一些成果。

首先，是關於講述者對故事文本的所謂「忠實性」問題。戴格認為所謂的「忠實於文本原貌」，只意味著講述者每

---

[10] Linda Dégh, *Narratives in Society: A Performer Centered Study of Narration* (Helsinki: FF Communications, No. 255, 1995), pp. 7-29.

[11] Linda Dégh, *Folktales and Society—Story-telling in a Hungarian Peasant Community,* trans. Emily M. Schossberger (Bloomington and Indianapolis: Indiana University Press, 1968).

一次講述基本上能使故事的主題保持不變，而不是在詞彙上、形式上的一成不變。

其次，是關於何為「講述者」。她認為講述者必須要有相當數量的故事儲備，要有相對固定的聽眾群體，在一定範圍內得到公認，具有相當的創造性。

第三，是研究者從不同角度對講述者進行的分類。其中有兩分法，還有三分法、四分法等。例如沃圖特（Ortutay）根據講述者對傳統材料的態度把講述者分成兩類：一類是盡可能保持傳統的講述者，另一類是自由的不受傳統約束的講述者，他們改變講述的方式，改變母題，引進新的因素。在每一類中還有較強和較弱的講述者之分。而勒沙・阿佛爾（Leza Uffer）將講述者劃分為三類：第一類是消極講述者，他們知道故事但並不講述。第二類是偶爾的講述者，他們知道故事，在適當的場合或者被要求的時候偶爾講述故事。第三類是有意識的講述者，他們富有創造性，並且其創造性為公眾所認識，他們為自己的記憶力驕傲，如果講述中忘記了什麼，他們可以臨場發揮。另一位研究者切克諾夫（Chicherov）將講述者分為四類：第一類是傳統承載者，他們保存並傳遞傳統。第二類是表演藝術家，他們用自己的藝術天賦現場發揮，對他們來說重要的是反覆講述而不是文本。第三類是詩人，他們在運用傳統材料的時候主要改變故事的情節。第四類是現場發揮者，他們完全根據自己的喜好來調整故事的情節、母題等。上述這些分類所考慮的因素是講述者對故事類型的喜好、表演的方式和講述者的心理特徵。

第四，講述者在一個表演空間面對社區聽眾時，如何通過創造賦予故事具體的形式，與講述者的個性和文化背景有著密切的聯繫。但是戴格在該書中指出，在美國民俗學者以往的研究中，這些因素沒有得到足夠重視，對故事的內容和它與講述者的個性之間的關注也相當缺乏。戴格在研究中，對這些領域提出了一些非常重要的見解，例如，口頭敘事擴展的無限可能性，講述者生活的時代背景、其個人經歷、職業、生活方式和世界觀等與故事的聯繫，故事的傳統風格與講述者的個性風格之間的關係等[12]。

前面曾提到過的芬蘭學者斯卡拉的研究也對筆者有很大的啟發。她通過參與一九六八至一九七〇年，由芬蘭文學協會主持的連續三年對Kauhajoli的田野作業，發現了一些和表演理論不同的觀點，對表演理論予以了重要的補充和修正。斯卡拉的一個核心觀點是：情境不是影響講述者處理故事的態度的唯一因素，而且講述者的態度並不是隨著情境變化就一定發生變化。事實是，在她的研究中，講述者對故事的解釋和態度，基本上是不變的。她對此追根溯源，進一步發現，這種穩定性可以歸因於講述者存在「傳統取向」（tradition orientation）。講述者的語料庫、「敘述模式」（mode of narration）和「講述者的地位」（the storyteller's status）構成了判斷傳統取向的幾個重要指標，而形成傳統取向的主要因素是：講述者的經歷和價值觀，以及他們的「自我觀念」（self-concept）和「社會反應傾向」（social reaction tendencies）。這樣，她強調了講述者的生活史、經驗和世界觀與其講述行為、語料庫的內部聯繫，進而探討了傳統、社區和個人之間水乳交融的關係。她認為，傳統提供給講述者表達自己的世界觀和價值觀的機會，講述者加工和講述一些與其個性和生活觀相近的母題和故事的過程，也就是對民間文學（或者民俗）加以應用的過程，這是講述者加強其社會競爭力的一種手段。他們運用講述民間故事的方法，把人們的注意力吸引到自己身上，使不同興趣的人們聚合在自己周圍。在分析故事的變化及穩定性的時候，斯卡拉比較了同一個講述者對同一個故事的不同講述，以及不同講述者對同一個故事的講述，經緯交織，鮮明地突出了講述者在多年間重複講述同一個故事時態度的變化，以及個人經歷、背景對講述者的講述所起的作用[13]。筆者在進行田野作業和論證分析時，借鑑了斯卡拉的這一方法。

斯卡拉在分析文本時，為方便比較起見，使用了「意義單元」（idea unit）和「敘述單元」（narrative unit）的概念，將每一個文本轉化為符號集合。意義單元，是指在「敘述流」（stream of narrative）中一個獨立的包含了「命題」

12 關於Linda Dégh對於講述者之研究的梳理，可參見Linda Dégh, *Folktales and Society—Story-telling in a Hungarian Peasant Community*, pp.165-185.

13 Anna-Leena Siikala, *Interpreting Oral Narrative*. pp. 143-167.

（proposition）的片段。這個片段，華萊士・切夫（Wallace L. Chafe）稱之為「意義單元」。他認為話語是一系列以簡單短語或短語的一部分的形式推進的「噴發」（spurts），它們被語調或臨時的變化彼此隔離，如被and、but 或者歎詞 well等隔開。意義單元是集中的思想認識的語意表達[14]。而敘事單元指能夠推動情節發展，解釋事件等的資訊實體。相互緊密聯繫的意義單元，一般出現在同一個敘事單元中。敘事單元有一些富有意義的元素，如一個「行動主體」（acting subject）。因此我們可以把敘事作品中主語的變換，當作劃分敘事單元的一個依據。敘事單元組成一個或者一組相互聯繫的句子。這些句子構成了分析的基礎，從敘事單元中我們可以抽取敘事作品的內容上的「大結構」（macrostructure）。敘事單元包含了敘事作品的內容材料。這些材料被用來分析敘事作品中反覆出現的母題，以及用來結構敘事作品的元素。敘事單元中的資訊形成了一個整體，從而確定了它在整個敘事結構中的功能地位[15]。

筆者在分析文本的時候，分行列出的是意義單元，用數位標出的段落是敘事單元。為了方便比較，每一個敘事單元都以小標題標示出來。

（二）表演理論

如同本書第一章所指出的：表演理論特別注重對表演過程的研究以及情境的全面把握。本文在關注講述者在特定表演空間中對神話變異所起的作用時，將參考表演理論的方法進行情境分析，特別是用於探討講述者、聽眾、研究者三者之間的互動關係。

---

14 Anna-Leena Siikala, *Interpreting Oral Narrative*. p. 37.

15 Anna-Leena Siikala, *Interpreting Oral Narrative*. pp. 37-38.

（三）比較研究

比較研究是人類學的基本研究方法之一，旨在通過對「他者」的記錄、描述和分析來反思「自我」文化中潛藏的法則、前提、假設和動態，探究不同文化的共通性。本章的一個基本思路是分析神話的變異和講述者之間的個體差異，比較的方法更是必不可少。本文在分析論證過程中，將對一個講述者講述的同一神話的不同異文，和不同講述者所講述的同一神話的不同異文，分別進行比較研究。設計前一組對比的目的，在於分析講述者在保持口頭作品一致性，與導致差異性當中的角色和作用，從而探索在真實的表演空間中，神話故事流傳、變異的一些規律。設計後一組對比的目的，在於分析講述者的生活史和世界觀對於故事講述的影響，揭示講述者、神話講述與社區生活、文化之間的內在聯繫，從另一個側面探索現代口承神話傳承、演變的一些規律。

本章作者搜集現代口承神話素材的具體調查方法是田野作業法。筆者力圖在特定的社區文化中，考察神話的表演和講述人的生活經歷，並在特定的講述語境裡，探討神話的變異和神話作品的動態形成過程，因此，對講述人生活的社區有直接的接觸和瞭解、掌握神話講述現場的第一手資料就顯得十分必要了。為取得這些重要資料，筆者採用了田野調查的方法，對走馬鎮司鼓村這個特定社區內的講述者及講述情況進行了歷時約四個月的調查。選定司鼓村這個村落作為調查地點有著方法論上和實際操作上的多種考慮。

從方法論上來看，對一個具體村落的細緻考察利於掌握該地方的政治經濟、文化、歷史、社會動態等各種社會力量和元素所形成的具體語境，利於探討一個具體的民俗事項在這個具體語境當中的不斷變化和生成的文化意義。這一方法的使用，是呼應了民俗學的研究視角和方法近半個世紀來的轉變。二十世紀六〇年代以前的西方民俗學、人類學，無論是結構功能主義、功能主義、歷史——地理學派，還是文化歷史學派，其方法都是著眼於大的宏觀的圖景，企圖通過比較等方法，得出能夠涵蓋一切人類社會的結論。但自二十世紀六〇年代以來，受到以柯利弗德・格爾茨為代表的解釋人類學和其他社會科學思潮的影響，隨著學術界對實證主義方法、作者身分、田野工作者與訪談對象之間的權力關係（power relation）問題的質疑等，民俗學與社會學的研究方法和視角產生了重大的變化。其中一個變化就是從普遍性的研究到地方性的區域研究。而且，過去民俗學、人類學試圖通過田野對一個封閉的、「獨立」的、小範圍的地域空間進行靜態描述的方法也被逐漸改變了。小到一個村落，大到一個國家，都開始被視為開放的、與外界有著千絲萬縷聯繫的空間，其邊界是流動的、可變的、不斷構建中的，而不是僵死的、封閉的、固定不變的。因此，考察一個社區的神話講述傳承與變異，不等於搜集該社區被講述的神話文本和講述者的姓名，也不等於僅僅記錄神話講述的現場和講述人的表演過程。筆者的理解是，一個更重要的任務是考察當地人對神話講述的理解和參與，他們的參與如何傳承又如何改變了神話的講述，這些傳承與改變受到哪些不同層次、不同來源的社會力量影響，對當地人的意義是什麼；在經濟高速發展、人民生活日新月異、現代化進程不可阻擋的今天，繼續神話的講述、不斷創新不斷變異的意義又是什麼。

楊利慧在談到中國的民俗研究現狀時，曾提到兩點值得反思的問題：第一是過去總是強調民俗事象的傳承性，卻往往忽略了變異性。民俗實際上是處在一個不斷被創造、不斷變化的動態過程中的。第二是經常進行大範圍、整體的和綜合的研究，但是在注重大的傳承鏈條的時候，忽略了具體的傳承和變異的細節，即在一個特定的時空背景下面，講述人如何傳承、創造傳統。而將重點放到一個限定的區域內進行考察，能夠彌補這方面的不足。另外，民俗事象，包括神話在內，都是依靠具體的個人傳承，個人的創造性在傳統傳承中起到舉足輕重的作用，而個人的創造性又離不開社區文化的塑造[16]。離開對社區文化深入的考察和理解，就談不上理解講述者的創造性。基於對以上方法論和研究需要的考慮，筆者將田野調查的重點放在走馬鎮司鼓村（化名）。

16 楊利慧，〈民間敘事的傳承與表演——以女媧神話為例〉，在「民俗學學科建設和人才培養大會」上的發言稿，二〇〇一年十一月二十三日。

在中國，村落是重要的社區單位，是「中國農村廣闊地域上和歷史漸變中的一種實際存在的最穩定的時空坐落」[17]。由此，筆者對司鼓村進行了人口、耕地、作物、環境等多方面多項目的考察，力圖對這個社區的歷史、地理、文化、生活進行細緻的描述，為筆者對具體情境下口承神話與講述者的關係的探究提供一個大的場景。筆者分別於二〇〇〇年八月、二〇〇一年二至三月，二〇〇一年八月赴重慶九龍坡區走馬鎮司鼓村進行了三次田野調查。選擇走馬鎮司鼓村作為田野調查點有如下理由：

1. 司鼓村由於其獨特的「一腳踏三縣」的地理位置，形成了濃郁的場鎮文化氛圍，民間講唱文學歷史悠久，資源豐富，是遠近聞名的「故事村」，曾引起國際國內許多學者的關注。

2. 在筆者前往調查以前，已經有一些相關單位和學者前往走馬鎮、特別是司鼓村調查當地民間文學的情況。從一九八三年開始，先後有巴縣民間文學集成辦公室組織的調查組、西南師範大學中文系、日本廣島大學加藤千代教授等單位和學者前往調查。前人的調查，成果頗豐，為筆者後來的重訪打下了較好的基礎，尤其是他們在相當長的時間內採錄的故事文本，為筆者對同一個講述者前後十三年間講述的異文進行比較，為研究神話講述的變異創造了重要的前提條件。

3. 筆者是四川人，熟悉司鼓村的方言和文化，在調查中，能夠領會表演空間的一些非話語因素，以及講述中的細微差異之處，便於發現和探討文本外的諸多因素，例如聽眾、場合對講述的影響。

在田野作業中，筆者主要採用深度訪談和參與觀察的方法。筆者訪談的資料提供人共計八人，重點訪談五人，為魏大爺、羅明東、魏小年、張紹文、余國平（詳後）。

17 劉鐵梁，〈村落——民俗生活的傳承空間〉，見鍾敬文主編《民間文化講演集》（南寧：廣西民族出版社，一九九八年），頁二八四。

第二節　司鼓村的歷史地理及當地農業人群的日常生活

作為一種民俗事象的神話，總是由講述者口耳相傳。正是口承神話這種獨特的流傳方式，使得神話流傳的區域文化成為神話傳承和變異中一個舉足輕重的因素。首先，神話的傳承離不開具體的講述者，而每一個講述者都生活在一定的社區中。他們的材料積累、講述模式、講述態度等，組成了該社區民俗文化的一部分，同時也被這特定文化背景所塑造。其次，神話的具體講述過程總是發生在一定的社區內。社區特殊的歷史、經濟、人文甚至自然條件都可能對神話的內容、講述方式等構成影響。不瞭解整個社區的歷史、地理、文化背景，無以深入地瞭解生活於其中的講述者，更無從瞭解神話被反覆講述的發生機制，也就無從探討神話在具體時空中傳承、變異的規律。因此，在對講述者的表演做進一步的審視之前，筆者將首先對司鼓村的歷史、地理、生活、文化背景做一個概要的介紹。

一、司鼓村的歷史及自然地理概況

司鼓村現屬重慶九龍坡區走馬鎮，位於走馬鎮西北部，成渝高速公路走馬段一側，距鎮政府所在地響水村4.5公里，有公路相通。村下屬九個大隊，人口八百四十四人，共三百零八戶，其中在村居住人口為五百二十七人，男二百八十五人，女二百四十二人[18]。總的地貌為一南北走向之凹谷，嶺谷相間，山環水繞，丘多壩少，以丘陵為主。多子山為村界內最高的山。司鼓村所在的地域地處東經29°8'至29°46'，北緯106°15'至106°59'，屬亞熱帶濕潤性季風型氣候，春短而旱，夏長而溫，秋多綿雨，冬暖多霧，霜雪極少，雨量充沛，伏期長。全年氣侯溫暖，年平均氣18.6°C，年平均降水量

18 以上資料為走馬鎮政府二〇〇一年統計結果。

1104.3毫米，多集中在夏季，且時有暴雨。無霜期長，年平均三百天以上，日照時數年平均1167.3小時。自然災害有寒潮，低溫淫雨、高溫伏旱、暴雨、冰雹等，其中高溫伏旱多，出現機率95%，其中重旱占25%，最長時間達五十九天，多發生在七月下旬至八月上旬。

司鼓村清末時名「千馬團」，屬巴縣府治直里六甲，因附近有千馬山而得名，民國時實行保甲制度，屬千馬團七保。解放後，「土改」時，因為附近有多子山，又更名為「多子村」。一九五二年村裡成立了「一得」煤廠，屬地方國營企業，村民亦工亦農，又更名為「司鼓村」。

司鼓村隸屬之走馬鎮，原名走馬鄉，在九龍坡區轄區內（一九九五年前一直屬巴縣，現巴南區）。走馬鄉又名走馬崗，位於重慶至成都的中大道上。據《巴縣誌》載：「正西陸路八十里至走馬崗交壁縣界係赴成都驛路。」走馬鎮歷史上就是重慶通往成都的必經之地，路線與今之成渝及高速公路基本重合。古石板穿越該鎮八個村，過往的行商賈販絡繹不絕。走馬鎮歷史悠久。這裡現存漢至六朝時期崖墓五處共二十座，從這些崖墓看，早在東漢時期人口已頗為稠密。據查，明朝中葉這裡形成集市，據今已有五百多年的歷史。走馬的地理位置決定了它的興起與繁榮。肩挑馬馱的行商小販，每日清晨從重慶出發，到晚上正好抵達走馬。相傳古時凡過往走馬場的客商、差人和力夫，都要在此歇一宿。究其原因，一是從重慶出發至走馬要行好幾十里路，人很疲乏，二是從走馬鎮到下一個歇腳點來鳳驛尚遠，途中需要翻越大山。山上古木參天，常有「棒老二」[19]出沒，故晚上不宜行走，這裡至今還流傳著「是相不是相，難過走馬崗」的民謠。因此走馬鎮一到傍晚就熱鬧起來。行商之人一要歇宿，二要吃飯，三要娛樂，這必然地刺激著服務業的發展，客棧滿員，飯館興隆，戲臺熱鬧。據說走馬場興旺時，單是戲樓就有三座（至今在場口處還較完好保存著一座清代初建的戲樓）、茶樓十二家。用一些小商販的話，他們白日裡緊趕慢趕，就是為了早點到達走馬場，吃了飯看夜戲。據許多司鼓

[19] 棒老二，重慶方言，意思是「強盜，流氓」。

司鼓村嶺谷相間，山環水繞。

村的老人回憶，他們年輕時候，大都喜歡趕走馬場，總是喜歡在買賣完結以後坐坐茶館，聽人聊天；更有甚者，要看完夜戲，才漫步回家。可以說，走馬崗及其周圍這些處於交通道口上的場鎮文化造成了走馬人愛講愛唱愛說的群體個性[20]。

走馬崗之獨特不僅僅由於它位於重慶至成都驛路頭站，同時還在於它「一腳踏三縣」的獨特位置。走馬位於重慶市西郊的江北岸，西鄰璧山縣，南鄰江津縣。東接巴渝文化的中心和發祥地——巴縣。巴人為川東地區的重要部族，他們原來生活在江漢平原，靠近川東北，後進入川東北大巴山，巴河等；後有廩君族由清江入川（為入川的南路）。廩君族崇拜白虎，曾建立巴國。巴縣為巴國故地，歷史上曾三次為都。周武王建殷商，封支庶於巴，是為巴子國都。元朝末，紅巾軍徐壽輝部將明玉珍攻據重慶，稱帝定都，國號夏。巴縣從公元前三一六年置三十二州縣，至公元五五六一年稱巴縣。至一九三九年，縣治一直在今重慶市區。一九三九年五月，縣治始遷出一九五四年遷至重慶南面二十七公里的魚洞鎮至今。

巴縣的民間文藝源遠流長。據稱周武王伐紂時，巴人為其先鋒，行軍作戰載歌載舞，銳不可擋，立下了赫赫戰功，世稱「武王伐紂，前歌後舞也」。後來，漢高祖將巴渝歌舞引入宮廷，名曰「巴渝舞」。至唐宋時，巴渝歌舞演化為「踏歌」、「竹枝詞」、「轉踏」等群眾性歌舞形式[21]。據《巴縣誌》載，直至清末民初，如龍燈、獅舞、車燈、連霄、高蹺等，會館茶館的川戲、揚琴、評書表演終年不斷，講故事的，唱山歌、說言子等民間文學活動遍布鄉村。

20 以上資料參考四川省民間文藝家協會：《走馬鎮民間故事考察報告》，聯合國教科文組織、中國民間文藝家協會、四川民間文藝家協會編《走馬鎮民間故事》（一九九七），頁五至六。

21 重慶市巴縣民間文學三套集成編輯委員會編《中國民間故事集成・重慶市巴縣卷・上卷・概述》，頁一至七頁。

二、司鼓村農業人群的日常生活

和中國其他許多以農耕為主的村落一樣，司鼓村人多年來過著一種典型農業社會的生活。農業生產活動是當地農耕人群所從事、所關注的頭等大事。他們的日常生活的節奏，往往是遵循農業生產活動的規律而變化。在生產的基礎上，人們還進行消費生產成果的各種活動。農業生產和生產以外的生活，相互交織成司鼓村民眾平凡而又獨具特色的日常生活。

（一）農業生產活動

司鼓村的農事活動，主要圍繞稻穀（當地稱「穀子」）和麥子的耕種、護理、收割而展開，稻穀的收成是當地農耕人群最主要的經濟收入。當地主要種植一季稻。此外，玉米（當地稱為「包穀」）、高粱、胡豆等作物也在當地有廣泛的種植。

由於稻穀和麥子的生長週期相互錯雜，當地的耕作週期也相應地被劃分為「大春」、「小春」兩個時段。「大春」指自然季節春季來臨之時的「立春、雨水、驚蟄、春分」這段時間，農人們的主要任務是播種水稻和玉米、蕎麥等。水稻在八月間成熟，進入收穫季節。由於實行土地承包到戶，收穫時一般也以家庭為單位進行，但收割水稻勞動強度較大，須勞力較多，一些勞力不足的家庭也會請村中的親鄰幫忙，或自願換工。此時是一年中農人最辛苦最忙碌的季節，連懂事的小孩也不得空閒，他們要看管曬在場壩上的新割下來、打碾出來的稻穀。

水稻收割後的打碾以前全靠人力將稻穀從植株上打脫，現在已經在推廣小型電動收割機，但仍然有人工打碾的。九月重陽間即是當地所說的「小春」，這時主要種麥子，也種胡豆、豌豆，到來年四月才能收穫。冬季來臨，水田空閒下來，農人在田裡水養魚、養鴨子，作為副產。

司鼓村民在夏末開始收割稻穀。

在耕作時間的把握上，主要是依據二十四節氣的知識。人們對哪個節氣該開展什麼農事活動有相當清楚的瞭解。當地計時仍以農曆為主，陽曆則較少被提起。許多家庭仍保留買「曆書」的習慣，在當地的住家房內常可以看到作為陽曆的掛曆與老式的皇曆（農曆）掛在一起的情景。

近年來，隨著外出打工流動人口的增長和城鄉經濟互動的增多，以農事為核心的生活方式正在逐步發生改變。然而，農事生產仍然是很多司鼓村人賴以生存的經濟來源，並且持續對當地人的生活發生重大的影響。

（二）民間信仰[22]

根據王倩予的研究，司鼓村人的民間信仰活動有兩個十分顯著的特點：一是信仰的神靈雜而多，二是信鬼。隨著社會的進步和文化教育水準的不斷上升，對這些信仰堅信不疑的人群已經較為稀少。這些民間信仰更多地作為一種知識系統存在，支撐著人們對日常生活種種現象的解釋，是當地人感知世界、觀望世界同時得以闡釋自身生活的一種方式。

在當地人眼中頗有威力的神有：

灶神：主管一家的安遂。神位在廚房的灶臺邊。據說灶神性喜潔，節儉。所以女人若有不潔，或亂堆放東西，都會惹怒他，尤其嚴重的是浪費糧食，如果被灶神上告到天

22 本文中「民間信仰」與「歲時節日」兩個部分的內容主要參考了王倩予《工農村村民的信仰狀況》（廣島市立大學特定研究報告書，一九九六年度），頁一九至三八。

上，就會遭到雷擊。臘月二十三祭灶，要點鍋燈（做法為：用勺子裝半勺油，放一根燈草，點燃後放在鐵鍋內）送灶神上天。灶神上天來回共走七天，臘月二十九下地，這期間正好打掃清潔，迎接新年的到來。

長生菩薩：又名長生土地，他主管家中行人的安康，人外出時他常常會伴送很長一段路程，但這個神出身秀才，因而有些小氣，若家中有祭祀等大事，疏漏了他，便會招致懲罰。

壇神：據傳為一個女子，雙手拿著刀，又稱「蛇壇」。有村民告訴我拿刀的女子的身體和壇連成一體，形狀就像盤繞的蛇。據瞭解，以前李家、張家、謝家、余家都有，但壇的刻文有差異，壇神不能輕易觸動，否則「撞了壇」，會招來病痛。

家神：家族共有祠堂，一般供有神龕，設有祖宗牌位，上列歷代祖宗的名字，移民則大都以入川第一代祖宗的名字開頭，稱「神主牌」，正面寫「天地軍親師位」。一年逢幾大年節（端陽、中秋、正月初一），要燒香祭奠，祈求他們保佑子孫後代順遂昌繁。也有稱蛇為家神，蛇進門是祖先回來探望的說法。

山王菩薩：山王菩薩被認為主管山中猛獸。每年有山王會，由個人向山王菩薩許願，保佑一年內牲畜利順。許願、還願都由個人祕密進行。

觀音菩薩：家裡如果有災，可以請觀音菩薩保佑。一般到廟裡請（買）。觀音菩薩被認為法力較大，能鎮得住邪。

土地神：這裡所祭祀的土地神比較多，有秧苗土地（四月祭祀）、青苗土地（二月祭祀）、土地（社神，二月祭祀）、橋廊土地（隨時供奉）、橋亞土地（在山嶺上，隨時供奉）、一鄉一里土地（有一米見方大小神龕，其中有土地公，土地婆兩神）等。

士官老爺：管豬圈屋及廁神。家裡的豬長得是不是肥壯、生不生病歸士官老爺管。

另外一年內還有送子會、觀音會、雷祖會、太陽會、清明會、藥王會、血河會、關刀會等。

司鼓村民不僅信神也信鬼。相信人死後成鬼。對善鬼（主要是其亡故之先人所變），他們優待有加，逢時祭奉。對惡鬼則小心躲避，或請道士驅逐，或用賄賂使其離開。當地人認為人死之時，一魂升天，一魂入地，一魂被雞腳神拘拿。雞腳神隨身帶三樣東西，一塊紅氈，一個照魂鏡，一根鏈子，用來拴魂。許多村民告訴筆者，他們聽到過雞腳神拘魂時的鏈條聲，入地之魂在地下三丈深處，七天後雞腳神押著回來取走第三魂（入地之魂），稱為「回秧」。回秧之時，周圍人盡皆迴避。生者若留屋中，時辰一久，他便會神智恍惚，因被雞腳神紅氈罩住，什麼也不知道了。另一個有關鬼魂的說法是，人死之前，靈魂總要到他去過的地方去走一趟，叫「收腳板印」。善終的人收腳板時猶如一陣風，很快就過去了。惡死之人則勁頭很大，攪得四鄰不寧。總之，司鼓村人對於鬼的說法非常豐富，鬼的種類也多，有產生鬼、吊死鬼、道路鬼、小神子、厲鬼、僵屍鬼等，什麼時候、何人在什麼地方遇到鬼，後來又怎樣得以袚除，怎樣可以看到鬼，如何驅鬼，都能講得一清二楚。至於鬼的聲音、形象亦可描述得令人如同眼見。

與神鬼打交道的辦法，除了敬奉，還有一個傳統手段叫「巫厭之法」。常用的巫術有：當家中有不順遂之事，查清緣由後（多源於邪、鬼），算準時辰、方位，用一大紅公雞之頸血噴灑，之後邪穢即消。還有以狗血塗抹穢邪之物，以鎮鬼氣。一些人家裡門上懸著鏡子，鏡子被認為可驅邪，因鬼在其中不能見形，便會使它自覺為鬼，遠離生者。鏡子上貼有符籙，上貼帶血之雞毛，另外有些人在堂屋、樓梯口、廚房、臥室、穀倉處貼符籙並雞毛。村人凡遇不順利之事、無端之災禍、不明究竟之病痛，常用巫術禳解。方法有自己家祖傳的，有巫者傳授的，或請端公慶壇驅鬼。

當地人崇信觀花。司鼓村附近有名的觀花婆（當地稱藥媽）有三個，一在慈雲，一在司鼓，一在雙河。藥媽自稱其靈魂能到陰間巡遊，能為靈魂附體，與生者對話。村人觀花，一為平安，二為除病。雖然在各鄉的中心都有衛生院，但不少人仍然願意為久治不癒的病痛去觀花，主要是問一問吉凶，同時，還是以科學的醫療保健方法為主。

司鼓村人在重鬼、重巫的同時，也很注意陰陽地形與人的現實及未來幸福的關聯，這裡懂行的老人能說清周圍每一塊地形的利弊，這裡幾乎每一個人都知道「墳對堡、房對埡」的講究。尤其是修房建房有很多的禁忌，其中最重要的即是房屋的門。門的朝向、大小都關係到一家人的生死禍福。司鼓村人大都相信地有龍脈，主管它們的是地脈龍神。誰家墳埋在了真穴上，便會出真龍天子。

蛇在司鼓村村民的信仰內涵中，占有特殊的位置。有關它的傳說有很多，比如這裡人許多都知道「蛇吞象」的傳說。據稱，「蛇吞象」乃蛇吞蛇，二蛇互吞，若見到這種情景，可待他們第三次吞至雙頭重疊時，便截下蛇頭，再做供奉，之後即是奇寶，可令心想事成。再比如墳墓中的亡魂會變蛇的說法在這裡非常普遍。這裡的人大都不願火葬，是因為火葬後人就不能變蛇了。他們還認為，上墳時若從墳內爬出蛇來，是祖先來領受祭品了。關於蛇，這裡還有很多禁忌：如在屋子裡看見蛇往外爬，不能打殺，否則一家人會罹難；不能看見蛇交配，因為那是祖先；蛇蛻皮，若見了必須自己迅速脫光衣服，比牠快才不害病。

（三）歲時節日

一年四季不同的節日是司鼓村人日常生活協奏曲中一支支動聽的變奏曲，是他們隨農事而緩急的穩定生活中一點一點靈動的節奏。伴隨著這些節日活動的，是大量仍然具有一定生命力的民間信仰。這不是說每戶人家、每個人都崇尚這些信仰或被動地模仿先人的做法，也不是說民間信仰、鄉規民約是永恆不變的靜止存在。筆者認為，這些民俗民規是作為一種流行話語（popular discourse）的形態存在，是一種與當地人文、歷史、經濟等要素緊緊相連的話語建構。

從臘月（農曆十二月）開始，司鼓村人就開始為春節做準備了。養豬的人家殺「過年豬」做香腸、臘肉，製湯圓粉麵。到了除夕這一天（當地稱「臘月三十」），家家戶戶打掃院落，貼春聯，貼「福到」。這天晚上，外出打工的親人都要回來，闔家團圓。做年飯的時候，講究很多，不准燒辣鍋（即不能把鍋燒糊了），不准煎豌豆、胡豆，否則第二年

司鼓村鄰村有名的觀花婆正在為客人觀花。

會心焦、打小孩、吵架。

正月初一的活動一般是給祖宗上墳、走親戚。這一天早上，一家人要在一起吃湯圓。這天不能掃地，據說會把家裡的財掃出去了；也不能秤東西，看到秤就等於看到蛇，這一年就會常遇蛇；不能看到晾衣竿，看到了就會四季曬衣服，越曬越窮，越曬越乾，非常不吉利。初一這天也不能哭，哭了的話不是死人就是害大病。這天還有很多其他忌諱，如忌打碎東西，免得一年都有傷心事；忌說不吉利的話；忌用針線，以免一年做的都藤藤網網，不乾淨俐落；忌用墨、寫字，謹防吃官司，遇麻煩。

陽壽、陰壽的時候以及除夕、端陽、中秋等節日要燒福紙。用黃紙包錢若干，在黃紙上書寫明白燒給哪一位祖先、其人的輩份、送的時間和送的晚輩的輩份、姓名。然後初一上墳時拿到該祖先前焚化。據說，寫對福紙上的稱謂需要很大的學問，一般人是寫不對的。

五月初五過端陽節，據說那天連冷水、稗草都是藥，吃了一年都不生病，即使生病也都輕微。那天扯的茶葉也是藥。老人事先用剪成四方形的紅布做成布猴，充塞以芝麻、豆子，在五月初五那天給小孩子帶在身上，小孩子帶了布猴子，就可以免生天花。小孩子穿的圍腰上繡八卦十二時辰，據說能不生痘，不害病，睡覺不哭。帽子上兩邊繡十八羅漢，中間繡八仙，小孩子戴著這種帽子可以進廟裡去玩，晚上也可以背出去玩，不怕遇邪。

六月初六是地藏王菩薩的生日，這位大神住在地下，所以這一天要把地壩掃乾淨，不在地壩上曬高粱、穀子等東西，以免驚動地藏王。

七月十五有「盂蘭會」。這一天是鬼節，萬鬼出動。人們事先做好飯碗那麼大的紙雨傘，裝在盤子裡，然後把紙雨傘十步一個插在田埂上，最後舀一碗稀飯，放在路頭，表示把鬼送出去了。

三、現代化進程中司鼓村的變遷

二十世紀八〇年代以來，隨著中央政府改革開放政策的出臺、以經濟發展為中心的國家策略的推動，司鼓村地方經濟的逐步市場化，人們的生活在不知不覺中發生了相當大的變化。

打工潮是其中的一個重要現象。農業人群世代守著土地，靠天吃飯。然而在市場經濟下，村裡的年輕人開始三三兩兩出外打工掙錢。他們回來以後，又陸陸續續給家裡的親戚或朋友介紹工作。這樣，外出打工的人越來越多。至筆者調查的二〇〇一年八月止，司鼓村一千零五十人中，外出打工的就有四百多人，村裡還餘六百多人，老人和兒童占相當比重。如司鼓村七隊，留在村中的未滿六十歲的男人不足十人；而五隊原本一百四十二人，現在只剩下幾十個人。由於缺少勞動力，村裡到筆者進行調查的二〇〇一年仍有三十多畝田地無人耕種[23]。村裡一名初三的男孩子曾告訴我，他不想讀高中了，而希望像他父親一樣去城裡打工掙錢，因為他覺得學校裡那些有學問的老師一個月掙的錢還不如做廚師的父親掙得多。

電視等電子媒體和其他娛樂方式極大地改變了司鼓村人的休閒生活。看電視已經成為司鼓村人比較普遍的娛樂方式之一。據筆者的調查，村裡的第一臺電視出現在一九八一年前後，現在村裡70％的家庭都有了電視，但大都是黑白電視機，只有極少數家庭擁有彩電（據筆者二〇〇一年二月統計，村裡有彩電的只有六戶家庭），其中有兩個家庭還裝置了家用的地面信號接收設備（當地人稱「小鍋蓋」），可以收看到鄰近縣市的閉路節目。另外，四戶家庭擁有VCD機，村裡出現了VCD碟片出租點。在走馬鎮上，VCD租賃點有大約有七八處。

23　以上資料由該村前婦聯主任楊萬芬（女，七十八歲，小學文化程度）提供。

上：走馬鎮上的VCD租賃點有好幾家，人們的娛樂方式在現代科技的影響下飛速地發生著變化。
中：桌球、卡拉OK等現代娛樂方式吸引許多青少年在此逗留。
下：茶樓裡經常人滿為患，是走馬鎮人交流資訊、口傳故事的重要地點。

這些VCD大多數是從靠近重慶的白市驛等地方買來的。村裡的VCD又是從鎮上租來或通過朋友關係借來的。有VCD的家庭，多是有親人在外地工作（當地稱「在門前」），這些親人在回家探親的時候會往家裡帶「新片子」。在調查中，大多數人承認現在晚間多在家裡看電視。而以前，尤其是夏季，天氣炎熱，沒有電風扇，室外較涼爽，有的人甚至通宵睡在露天。由於當時沒有電視可看，人們有時就以講故事作為娛樂。現在這種情況比較少了。

鎮上一共有二十家左右的茶樓，每到趕集天（當地稱「趕場天」），座無虛席，生意仍然很紅火。這些茶樓分為兩種，一種是只賣茶水，不提供其他娛樂項目，如麻將、桌球等。

另一種茶樓是除了賣茶，顧客還可以在此搓麻將、打桌球、打牌等。即使不是趕場天，這種可以打麻將的茶樓裡人也不少，大都是住在附近的鎮上的居民。

在司鼓村，筆者看到幾個以出租麻將和提供麻將場地為副業的家庭。據村裡老人介紹說，麻將風是最近三四年才興起的，卻一發而不可收拾。除了司鼓村，麻將風在周圍的多個區鎮也都颳得很猛烈。一些老人解釋說，現在一些農活可以機械操作，省下些勞力，農活不像以前那樣讓人從早忙到晚，人們只要花30%的時間就能做完，剩下的時間很多人就打麻將來消磨。當地喜歡打麻將的農人一般上午將農活做完，下午二點左右即已經坐在「方城」中酣戰了。麻將風的出現是大量農村勞動力閒置的一個表現，也是促使民工潮發生的原因之一。

司鼓村地處偏遠，交通不便，至筆者調查時的二〇〇一年仍缺少一條客運用的公路。據司鼓村醫藥衛生站的大夫張喜年說，目前村中唯一的公路是一九九二年前後才通車運行的，可是由於資金問題至今沒有修完。所以司鼓村人前往走馬、龍鳳等各鎮須步行若干里路。時至筆者最後一次調查的二〇〇一年八月，司鼓村人除了外出打工、走親戚外，接觸外界的最主要的一條途徑仍然是趕集。當地人能準確無誤地說出走馬鎮和附近各個鎮趕集的日子。比如雙河鎮是「一四七」（意思是逢陽曆每月的日期中帶有「一、四、七」這幾個數字的，就為趕集的日子，比如五月一日，五月四日，五月七日，五月十一日等），福壽鎮是趕「二、五、八」等。司鼓村人趕集那天起得很早，有的人半夜就起身了，因為從村子到鎮上全憑腳力，要步行很長時間。夜行趕場容易疲乏，為了消磨時間和提神，趕集的人常常結伴而行，「擺開龍門陣」。張喜年說他自己小時候最喜歡和魏大爺老人以及自己的父親一起趕集，因為兩位老人家都很會講故事，尤其是魏大爺老人，有講不完的故事。他承認自己講的一些故事就是在趕場的路上聽一起走的人講的。筆者曾經和司鼓村人一起到走馬鎮上趕集，曾經親身領略過村人一邊趕路一邊「擺龍門陣」的樂趣。

走馬鎮上熱鬧非凡的集市。

第三節　重複講述中的變異因素——同一講述者對同一類型神話的不同講述

本文對於講述神話的人們，將不用「神話講述人」這樣的術語來稱呼，而稱呼他們為「講述人」，以避免誤解「神話講述人」為「只講述神話的人」，因為實際情況是，民間講述者除了講述神話，幾乎都能講述一些其他體裁的民間文學作品。

神話的傳承離不開一個個講述人，而每一個講述人有著自己的語料庫。講述人的每一次講述都是對其語料庫裡的故事的再創造。沒有兩次一模一樣的講述。那麼，每一次的再創造對神話改變的程度怎樣？哪些因素會對講述者的講述產生影響，從而使講述者改變他的講述？講述者在反覆講述同一個神話的過程中，神話所呈現出來的狀態：其穩定程度如何？變異程度如何？這一章將要進行的是，通過考察同一個講述人在十三年間於不同的場合與情境下對同一類型神話的重複講述，來探討在司鼓村這樣一個特定社區的背景下，被重複講述的神話中母題的變化，以及影響到神話穩定性的諸多因素，最終探討講述者在表演空間中對神話的變異所起到的作用。

文中所說的「類型」（type），是指「由大致相同（或相似）的母題按照基本上一致的順序排列而成的故事文本的集合」，而「同屬一個故事類型、核心母題相同而個別次要母題又有差異的不同文本，被稱為『異文』（version或者variant）」[24]。

在從走馬鎮司鼓村所搜集的十三個類型的口承神話中，筆者挑選了魏大爺老人在前後十三年內講述的五則《大禹治水》神話（又名《四季和二十四節氣的由來》或《四季和二十四節氣》）異文進行分析。選擇這一神話的原因是：

第一，該神話在當地人中廣泛流傳，在相當範圍內為人熟知。謝洪誠、羅明東、程盛亮等人都會講述[25]。

第二，魏大爺所講述的《大禹治水》的神話和以上諸人不同，其中出現了其他母題，有他自己的特色。據筆者調查得知，在多次的采風活動中，這個故事都是魏大爺的「主打節目」之一，屬於講述者核心語料庫的一部分。

24 楊利慧，《神話與神話學》，頁二二三。

25 《夏禹王疏通九河》（講述人：謝洪誠；講述時間：一九八八年）：從前天小地大，天扛（蓋）不到地，就不好辦了。水也疏通不到，永遠都是天連地、地連天。夏禹王就來疏通九河，來看不好搞，只有把地下挖些堆堆，挖些坨坨。挖九條溝溝，疏通九河。但是腳裡的水還是弄不攏去，嘟個辦呢？又來把水來收，設立一個五湖四海，就收攏了。先就有小河，後頭就有九條大河。大河通海子，海子流太湖，湖流到黃河。夏禹王五百年才疏通好，以後天就扛得到地了，水疏通了。水進黃河就流上天了（錄自《西南師範大學采風隊一九八八年采風作品》手抄本）。

《夏禹王疏通九河》（講述人：羅明東；講述時間：二〇〇一年）：起先洪水氾濫，到處都遭淹了。有個夏禹王，就是大禹嘛，他出來疏通九河。那個時候天小地大，水些流不出去，就淹了。夏禹王把地給他一陣團，團多少溝溝出來，恁個地就縮回去了撒。天地一樣大了。就好了。那些水就順到溝溝流走了，流到海裡面去了。夏禹王把西面團高點，東面扁低點，恁個水流得快些。所以現在的河啊，溝啊，多少都是西高東低的啊，就是恁咯來的。夏禹王五百年疏通九河，就是恁咯的（二〇〇一年二月二十八日筆者訪談羅明東紀錄材料）。

《大禹王治水》（講述人：陳盛亮；講述時間：一九八八年）：大禹王是疏通九河的。那個時候，洪水氾濫，大禹王出來治水，他不像他老漢嘟個，用堵，他呀，挖河溝溝。挖了五百年，挖了九條大河。水就順到起流出去了，流到天上去了。人些得救了。這就是大禹王治水（錄自《西南師範大學采風隊一九八八年采風作品》手抄本）。

一、魏大爺的生活史

世界上沒有兩片完全相同的樹葉，同樣，世界上沒有兩次完全相同的神話講述。每一次講述，都是講述者對神話的一次再創造。根據斯卡拉的研究表明，講述人講述故事的過程，不僅是一個創造性地運用傳統資源的過程，不僅是一個傳承傳統文化的過程，還是一個社交過程[26]。講述者將自己對待世界和生活的觀念都揉進對故事的處理方式中，比如講述模式、母題的選擇等。因此講述者對一則神話的處理方式往往是其世界觀和生活觀的反映，而一個人的世界觀、生活觀又與他的生活經歷、體驗緊密相關。

本章擬以民間故事家魏大爺為例，來研究講述者在表演空間中對神話的穩定所起到的作用。為此，在探討魏大爺如何詮釋和評價自己講述的神話之前，讓我們先來對這位民間故事家的生活史、特別是他與民間文學的淵源做一個簡短的回顧。

魏大爺（一九三〇年至二〇〇九年），男，重慶市九龍坡區走馬鎮司鼓村第五生產隊人。出生於四川省巴縣直里六甲的二龍礄坎上墳彎屋基。父親魏年海是村裡有名的蓋匠[27]，母親陳氏四十四歲就去世了，丟下魏大爺兄妹十個。魏大爺在家中排行第三。

魏大爺能說會唱的本領與他身邊的幾個親戚朋友關係很大。

第一個人是魏大爺的么叔公。魏大爺十一歲的時候，跟么叔公到貴州、雲南兩省賣藥。魏大爺幫么叔公拿茶水、打雜。每到一個碼頭，么叔公就擺個壩子，把人吸引攏來後，先說上一段「行話」，其意一在吸引眾人注意，二在向地頭

26 Anna-Leena Siikala, *Interpreting Oral Narrative*, p.197.
27 蓋匠，替別人蓋房子為生的人。

蛇表明自己不是來找茬的。魏大爺至今還能熟練地背出這段行話：「我兄弟今天到貴碼頭，言語不清，未曾學精，言語不到，未曾領教。馬有失蹄，人有差錯。一差二錯，唸不得錯，拿不得過，若還有機會，你兄弟我再來貴碼頭，三里一節，五里一拜。」除了這種開場白，么叔公還會很多說給買藥人聽的插科打諢的段子，比如：「藥又不多點，賣了多少年生，藥又不貴點，吃了鬆活點，擔得點，抬得點，娃兒歡喜點，堂客肯喊點，錢也多找點，吃年飯都要把我記到點。」由於一擺攤子就要說段子，不學就沒有段子拿出來說以吸引聽眾，所以魏大爺很願意多學，遇到沒有聽說過的，就學得特別專心。魏大爺至今還記得，在雲南鎮雄場上（他記得是吳家屯、河邊場、豬市街這些鄉里小場）他覺得當地的山歌很好聽，就留心學習，結果在貴州賣藥的時候派上了用場。

他隨么叔公晚上住在旅店裡，睡大鋪，經常聽到么叔公和其他旅客閒談，什麼笑話、傳說、鬼故事，天南海北，家長里短，無話不談。他當時很羨慕，希望自己像叔公那樣口若懸河，既能引人入勝，也能語驚四座。他常常偷著把叔公和別人講的有趣的故事記下來。魏大爺記憶力極好，一般的山歌、順口溜等他在心裡重複個一兩遍就差不多能記住了，稍微複雜的故事在心裡面記個幾遍也就能給別人講了，更複雜一些的要記十遍以上。像有句逗的故事，一般要記上上百遍左右。他自己就說：「書要苦讀，田要勤耕，一點點時間把它練不出來。[28]」也就是說，講故事的本事不是從天而降的，除了興趣，還需要勤奮地練習。

魏大爺小時候也喜歡看川劇，經常有意識地記下川劇裡的臺詞和段子。他常央求么叔公帶他去看戲。爺倆買不起票，就坐在戲園子外的茶館裡，或者擠在看戲的人群裡過過癮。魏大爺從川劇裡面學到了很多精彩的故事，像《珍珠衫》、《杜十娘》等故事，都是從川劇裡面學來的。

第二個對魏大爺的講述本領發生重要影響的是當地有名的山歌能手謝瑞成。十三歲那年，魏大爺與么叔公結束了闖

---

[28] 根據筆者二〇〇一年七月二十八日與魏大爺的談話紀錄。

蕩的生活，回到村裡。因為家境貧寒，十四歲開始，魏大爺就給謝瑞成家裡放牛，直到十六歲。這段經歷對魏大爺來說十分重要。走馬鎮的山歌本來就遠近聞名，尤其是薅秧子的時節，在田土中勞動的人們一邊薅秧子，一邊唱山歌以解除疲勞和溝通感情。謝瑞成是其中唱山歌的佼佼者。他歌謠庫的豐富，創作方式的靈活多變，都給魏大爺以震撼，以致多年後他回憶起來還說：「謝大爺有時吃過晚飯，坐在自家門前休息，想起來，張口就唱。他肚子裡的詞多，調子也多，每一次唱的山歌，幾乎不重複。他的故事也多，扯起來幾天幾夜都扯不完。」魏大爺在謝瑞成的影響下，也開始自己創作山歌，摸索山歌的各種唱法。用他的話說就是「同一個調調不唱出幾十種詞來各人[29]都不服氣！」這是魏大爺大量積累民間故事和表現方式的時期。

父親是魏大爺走上民間文學之路的第三個重要人物。十六歲開始，魏大爺跟隨父親蓋房子。魏大爺煙酒不沾，加上手藝比較出色，在司鼓、慈雲、大石、桂花等地方出了名。據他自己回憶，有人房子壞了，寧願多等一段時間都要等到他去修。那段時間他和父親在一起的機會比較多。他父親在當地是有名的「故事大王」，「龍門陣」多。父親覺得，做活的時候，一邊跟主人家聊天，一邊丟草、上瓦等，幹活不累。有的主人家還特別喜歡聽講故事。有時主人家講一個故事取笑，魏大爺自己如果講一個更取笑一些的，博得主人家的認同，他就覺得很有面子。這樣，他不僅注意積累故事，而且還開始琢磨怎樣把故事講得好聽。他發現，「人家講故事就談那一點，我拿過來，就不能只講別個（人）那一點點了。結構上啊，轉捩點啊，都要動動腦筋。我在這些地方都下了功夫的」[30]。

從這個時期開始，魏大爺跟著別人幹過幾年「送財神」。所謂「送財神」，就是過年的時候，挨家挨戶地上門，給別人唱上一段吉利的歌，恭祝人家發財。進了人家大門以後，送財神的人得見什麼唱什麼。不管唱的是什麼，最後都要落實到「發財」、「興旺」、「多福」等等字眼上來。要達到這個效果，得靠歌唱者隨機應變的能力和深厚的講唱積

29　各人，重慶方言，「自己」的意思。
30　根據二〇〇一年七月二十八日與魏大爺的談話紀錄。

累。所以，不是隨便誰都能唱的。魏大爺唱財神一般選在初一、初二。剛開始，他並不會，只是給唱的人打打雜。可是，唱財神的人那種靈機應變的唱法深深吸引了他。他發現，不管歌唱的人遇到的是什麼，他總有一個套路，能夠把自己的話說「圓」了。「這是個本事！」[31]對有興趣的東西，魏大爺學得很快。不久，他就能獨當一面地唱財神了。他自己覺得，唱財神讓他認識到，唱的東西本身是固定的，但是歌唱者是靈活的，聽眾也是多樣的，一個好的歌唱者，著力的地方就在於針對不同的對象、不同的聽眾，把自己的詞兒說「圓」了。只要是自己知道的，不管它原來是戲上的、書上的、生活裡的，都可以改頭換面，用在「圓詞兒」上。

一九四九年走馬鎮解放了，成立了人民政府。魏大爺因為在走馬鎮上出名的能說會道，被群眾推舉為鄉政府的辦事員。一九五二年「土改」的時候，魏大爺已經是鄉幹部了。這一年十二月，魏大爺當選鄉長。一九五六年改選後，他調職到白市驛市區公交部當副部長，管市裡二十一家煤廠。那時候生活很困難，工人們不願意在工廠，逃出去挖紅薯，魏大爺要逐一地做工作，勸說工人們回來。魏大爺覺得作為「公家人」工作的這幾年，由於在公眾面前發言的機會增加了很多，使自己的口頭表達能力和社會交往能力得到了進一步的提高。他說以前覺得自己文化水準低，在一般群眾面前擺龍門陣固然「不虛場合」[32]，但是一到正式發言的場合就發揮不好，而經過這幾年的鍛鍊，即使在千人的大會上發言也毫不畏懼了。

一九六五年，「四清」運動開始後，魏大爺搞的「土地下戶」[33]，被認為是搞「兩極分化」，因此他成為被清算的對象。他被撤銷了副部長的職務，遣送回司鼓村。房子被沒收了，田土也沒有了，家裡被清了好幾次，一貧如洗。有一

31　根據二〇〇一年七月二十九日與魏大爺的談話紀錄。
32　不虛場合，重慶方言，意思是「不害怕」。
33　土地下戶政策是指以種豬飼料的名義，把土地下放到戶，拿給大家開荒，標準是「一條豬三分地」。但是，人們隨便開荒，種麥子，村裡並不過問。魏大爺告訴筆者，這條政策在那個特殊年代保證了不少當地農戶的溫飽。

段時間他只好重操舊業，以給人蓋房子為生。「文革」中，他一直在家務農，被劃為「敵人」，遭到批判，家人也跟著受牽連。直到「三中」全會後，落實了政策，清理冤假錯案，才為魏大爺平了反。

「文革」十年，人人草木皆兵，說錯一句話都要遭殃。魏大爺沒有開口講過一次故事、唱過一次山歌。但是那些來自過去生活的故事和山歌，已經在魏大爺的心中扎了根。不能說、不能唱，並不意味著十遺忘。相反，生活的磨練使魏大爺更冷靜地思考一些問題，比如什麼是權力，什麼是官場，什麼是名利。這些思考在他後來的故事創編中都可以看到痕跡[34]。一九八三年，當時任走馬鎮文化站幹事的嚴小華受命採錄民間文學作品，想起了就住在他家後面院子的魏大爺，於是拎著收錄機找到了他。魏大爺一開始有顧慮，不肯講。嚴小華多次向魏大爺宣傳政策和「民間文學三套集成」的目的、意義，甚至動員自己的母親錄下要講的故事，放給魏大爺聽。魏大爺終於被打動了。這一下一發不可收拾，他一口氣講了七八個故事。嚴小華眼睛一亮，這些故事與別人雷同不多，雖然短小，卻「麻雀雖小，五臟俱全」。用的雖然是傳統的人物和典故，講的卻是現實的事。於是，他開始「追蹤」魏大爺。只要一有空閒，他就拎著答錄機到魏大爺家裡請他講故事，幾乎風雨無阻。這樣，一個又一個的故事從老人的記憶中破土而出，而老人講述的故事也早已不局限於重複原故事的情節和結構。落雪天，錄音錄到深夜，嚴小華就住在魏大爺家中。魏大爺如果想到了什麼，就起來點起油燈，把故事大概記在紙上。有時候一晚上能想到三四十個，要拖到凌晨三四點鐘才能入睡。白天呢，魏大爺也把大部分精力放在編故事上，他說：「那時候連抽根煙都能編成故事。」

時任巴縣文化局副局長的李子碩看過嚴小華採錄的故事後很興奮，大力支援了走馬鎮文化站的錄音設備。魏大爺和嚴小華的幹勁更大了。他們連續不停地工作，不僅採錄故事，還採錄山歌、俗諺等。到一九九五年，已經採錄了故事一千三百六十七則，歌謠四百六十四首，諺語、歇後語九百三十五則。一九九〇年，魏大爺被重慶市文化局命名為「特級

34 如魏大爺自己創編的〈海龍王招女婿〉、〈玉皇作風最壞〉等故事皆為藉傳統題材諷刺現代社會中的不正之風。參見《魏顯德故事集》（重慶出版社，一九九一年）。

民間故事家」，並出席了「河北耿村國際民間文學研討會」。一九九一年重慶出版社出版了《魏顯德民間故事集》。一九九五年，由聯合國教科文組織和中國民間文藝家協會聯合授予他「中國民間故事家」的榮譽證書。另外，《重慶晚報》等報紙也多次報導過他。[35]

面對這些榮譽，魏大爺表示看得很淡。他說，重要的是讓他有機會走出司鼓村，去和外面的故事家們交流。他尤其提到一九九〇年出席「河北耿村國際民間文學研討會」的經歷，他說在那次會上，他聽到來自耿村的故事，發現「他們有他們的故事，我們有我們的故事。有些故事我們編不出來，因為（故事裡的文化背景、歷史背景等構成因素）我們這裡沒得。但是也有很多故事是一樣的，只是大家的講法不一樣」。從會上獲得的《耿村民間故事集》成了魏大爺的心愛之物，裡面的每一個故事他都仔細地讀過。他的這種學習是「自覺」的。他說：「看得多了，講起來就豐富一些。你看到別人啷個[36]編的，你各人也啷個編一個，編得久了，你就琢磨編得比他還好些。恁個慢慢兒的[37]，你就編得起故事了。」

「出了名」的魏大爺不時被邀請到重慶市裡和鎮上的老年人協會等機構去講故事。他的表演在一定程度上變成了真正的舞臺表演。這使得他更加自覺地醞釀故事的各種構成因素，打磨故事的各個細節，力求盡善盡美。而經過再三打磨的故事，他就喜歡反覆地講述，認為那才拿得出手。這些故事組成了他的「積極的語料庫」（active repertoire）。在面對筆者的採訪時，他常常先講這些故事，並不厭其煩地重複地講述。《大禹治水》神話就是其中的一個。

至筆者調查的二〇〇一年，魏大爺已經退休在家十多年，與老伴一起生活。家裡兩男三女五個孩子都已經各自成家。老人至筆者調查的二〇〇一年仍然喜歡與人攀談，「吹吹牛」，「擺擺龍門陣」，自得其樂。一說到講故事，村裡

35 以上獲獎材料由魏顯德本人提供。
36 啷個，重慶方言，意思是「怎樣」。
37 恁個，重慶方言，意思是「就這樣」。

人一般會首先想到魏大爺，他們會告訴你：「魏大爺講故事，那才了得到！」[38]

二、魏大爺講述的五則《大禹治水》神話

（一）古籍中的大禹治水神話

大禹治水的神話，早在《山海經》裡就有記載。

洪水滔天，鯀竊帝之息壤以湮洪水，不待帝命。帝令祝融殺鯀於羽郊，鯀復生禹。帝乃命禹卒布土以定九州。

（《山海經・海內經》）

《楚辭・天問》中也有相關的神話片段記載：

鴟龜曳銜，鯀何聽焉？順欲成功，帝何刑焉？永遏在羽山，夫何三年不施？伯鯀腹禹，夫何以變化？
洪泉極深，何以填之？地方九則，何以墳之？應龍何畫？河海何歷？鯀何所營？禹何所成？……
阻窮西征，岩何越焉？化為黃熊，巫何活焉？咸播秬黍，莆雚是營；何由並投，而鯀疾修盈？

《荀子・成相篇》記載道：

38 了得到，重慶方言，意思是「了不起，厲害」。

「禹有功，抑下鴻，辟除民害逐共工。」

而《越絕書・外傳記地》中已經將神話地方化了：

「禹始也憂民救水，到大越，上茅山大會計，爵有德，封有功，更名茅山曰會稽。」

《尸子輯本》中則增加了授禹河圖的情節：

「禹理水，觀於河，見白面長人魚身出，曰：『吾河精也。』授禹河圖，而還於淵中。」

《拾遺記》卷二還記載道：

「禹盡力溝血，導川夷嶽，黃龍曳尾於前，玄龜負青泥於後。」

而《吳越春秋・越王無余外傳》則增加了大禹的婚娶一事：

禹三十未娶，恐時之暮，失其制度。乃辭云：「吾娶也，必有應矣。」乃有白狐九尾，造於禹。禹曰：「白者吾之服也，其九尾者，王者之證也。塗山之歌曰：『綏綏白狐，九尾龐龐。我家嘉夷，來賓為王。成家成室，我造彼昌。天人之際，於茲則行。』明矣哉！」禹因娶塗山，謂之女嬌。

《呂氏春秋・音初篇》也有相關記載：

禹行水，竊見塗山之女，禹未之遇，而巡省南土。塗山氏之女乃令其妾候禹於塗山之陽。女乃做歌，歌曰：「候人兮猗！」實始作為南音。

《漢書・武帝記》則又增加了禹的兒子啟出生的傳奇情節：

禹治鴻水，通軒轅山，化為熊。謂塗山氏曰：「欲餉，聞鼓聲乃來。」禹跳石，誤中鼓，塗山氏往，見禹方做熊，慚而去。至嵩高山下，化為石，方生啟。禹曰：「歸我子。」石破北方而啟生。

兩千多年過去了，這個迷人的神話依然保持了旺盛的生命力，在民間廣為流傳。從二十世紀八〇年代以來的「民間文學三套集成」的宏大工程，在全國範圍內挖掘出大量大禹治水神話。其數量之龐大、形態之多樣，令人歎為觀止。筆者的田野調查發現，在司鼓村，大禹治水的神話也為人們廣泛傳播。走馬鎮入口處至今還矗立著一座「禹王廟」，就在鎮上最大、最漂亮的戲臺的對面。據老人們回憶說，每年農曆的六月十六日，是禹王菩薩的生日，到了這一天，走馬鎮遠近的人們都要攜家帶口到禹王廟燒香禮拜，祈願今年雨水豐足，大吉大利。筆者一提到大禹，很多村民都會先給其定位成「勞苦功高」、「神人」、「大禹菩薩」，他們也會給你講大禹疏通河流、治理洪水、三過家門而不入、請黃龍開道等故事。或零碎，或完整，但都反映出大禹王在這個社區內的知名度和在人們心目中的重要地位。在眾多的關於大禹王的故事中，魏大爺講述的「大禹治水」與眾不同，別出心裁。

（二）魏大爺講述的五則《大禹治水》神話

以下將介紹魏大爺在前後十三年中（一九八八至二〇〇二年）講述的五則《大禹治水》異文。據魏大爺自己說，這則神話是他小時候聽父親講的。該神話的第一次採錄是一九八八年六月。當時司鼓村下了好幾場瓢潑大雨，時任走馬文化站站長的嚴小華在魏大爺家中採錄民間文學作品，雨太大而不能走，就留宿在老人家中。看著連天的大雨，小時候聽父親講過的神話躍入魏大爺腦海。就這樣，《四季和二十四個節氣的來歷》這篇異文被嚴小華採錄下來。

這五則異文分別來自《中國民間故事集成・重慶市巴縣卷》、《走馬鎮民間故事》、《魏大爺故事集》和筆者自己的採錄資料。這五則異文的具體採錄情況分別如下：

《重慶市巴縣卷》由李子碩任責任編輯。他是較早參與司鼓村民間文學發掘採錄工作的幾個人之一，非常熟悉司鼓村的情況。據《中國民間故事集成・四川卷》的編委會成員之一、四川大學中文系的吳蓉章教授介紹，巴縣卷在採錄時嚴格遵循《中國民間文學集成工作手冊》的要求，盡可能地按講述者的講述「一字不易」地記錄下，方言土語也都儘量保存完好，不擅自刪改加工。吳蓉章教授認為，巴縣卷是做得非常認真、比較成功的一個範例。《走馬鎮故事集》是聯合國教科文組織、中國民間文藝家協會、四川省民間文藝家協會聯合編輯出版的。一九九六年十二月七日到十一日，由以上三個機構的專家學者組成的考察組，對走馬鎮十六位主要的故事家的講述進行了採錄，然後將採錄的內容整理為錄音磁帶和文字紀錄資料，最後由四川省民協根據錄音帶用文字進行忠實記錄，隨後出版。《魏大爺故事集》是由西南師範大學中文系彭維金教授和巴縣民間文學集成辦副主任李子碩共同主編的，所依據的材料是嚴小華、李子碩以及西南師範大學中文系師生組成的采風隊，自一九八七年十月到一九八八年七月，在司鼓村採集到的魏大爺的民間傳說故事七百零二則、歌謠四百六十九首、諺語六百七十六則、歇後語二百七十七則。筆者曾經在走馬鎮文化站閱讀過一九八七至一九八八年西南師範大學采風隊採錄的故事手抄本，經文化站站長鍾守維介紹，他們是採用先錄音、再遵循忠實記錄的原則將錄音轉化為文字資料。筆者閱讀中感到這一原則確實貫穿紀錄的始終。講述人的話語風格和講述個性從文字中凸現出來，十分明顯。而筆者自己在採錄過程中，也盡己所能做到一字不易，忠實記錄，另外對講述時講述人的神態、表情和現場的聽眾、氛圍等也有所記錄。

總之，筆者選用的五個文本基本上都能夠反映魏大爺的講述風格和講述技巧。

【異文二】四季和二十四個節氣的來歷

講述人：魏大爺
採錄人：嚴小華
採錄時間：一九八八年六月
採錄地點：司鼓村

1. 場景

傳說，很久以前，洪水時常氾濫，只要稍微落點雨，水就滿成災，淹沒大片的地方，淹死不少的人。

2. 禹父治水

大禹的老漢[39]帶起人去治水，

---

39 老漢，重慶方言，「父親」的意思。

他們四處築些堤壩，想把洪水攔住。
殊不知大水一來，堤壩都遭沖垮了，洪水照常氾濫成災。
他活了一輩子也沒把水治好。

3. 繼承父業

大禹決心繼承父業，把水治好。
他認為老漢那種辦法要不得，
只有疏通九河，叫水流大海，落雨的時候水才不得滿□

4. 動員人們

他對人些[40]說，治水是為自己和後輩兒孫造福的一件大事，不把水治好就沒得辦法過日子。大夥覺得他的道理對，都願聽他的。

5. 三過家門而不入

大禹帶起人些疏通九河，一搞就是好多年。
為了早點把水治好，他三回跟到屋門口過都沒有進去看看。

6. 妻尋大禹

堂客[41]默到[42]他變了心（格），就迢[43]去找他，

40 人些，重慶方言，「人們」的意思。
41 堂客，重慶方言，「妻子」的意思。
42 默到，重慶方言，「暗暗以為」的意思。
43 迢，重慶方言，「跑」的意思。

他一天忙這忙那，也沒得功夫陪她耍哈兒[44]。

7. 妻子放人

人些好多年沒有回去，都想家了，

他們找到大禹的堂客，哭哭啼啼地對她說：

「我們出來恁多年，屋頭還有老父老母、堂客啊、娃兒崽崽那些。你給大禹王說，叫他放我們回去看看嘛。」

大禹的堂客看到人些恁個苦，離家多年，確實也該回去看看，就悄悄把人給他支些走。

有人一叫苦，她又給他支走一些。

一回又一回的，先走的還沒有回來，後頭的又在走，人就慢慢少了，活路就做不走了。

8. 大禹排班

大禹曉得了，心想：

恁個都要得呀，哪陣才能把九河疏得通？

他覺得成年累月做一夥，點氣都不歇還是要不得，就叫人些做一段時間就耍一天。

開頭要齊頭班，一耍滿都擱起耍[45]，

後首才開始耍蓑衣班，你耍一天，我耍一天，錯開耍。

殊不知，耍一夥弄得沒得個頭緒了，外搭[46]像恁個還是要不得。

（大禹）就把一年的時間按天氣的冷熱分成四份，不冷不熱的陣讓年紀大點的做，

44 哈兒，重慶方言，「一會兒」的意思。
45 擱起耍，重慶方言，「什麼事都不做地玩」的意思。
46 外搭，重慶方言，「再說」的意思。

人些要的時間和做活路的時間都成堆了，要的時間就回去和家裡人團聚得到了，做的時間就幹得比原先賣力得多，活路做得也比原先更快。

一年分成春夏秋冬四季，就是從那陣開始的。

9. 埋怨妻子

堂客把人些支起走了，大禹就埋怨她。

10. 曬枯洪水

她出不到氣，在那裡東翻西翻的，把大禹的二十四顆夜明珠翻到了。

那二十四顆夜明珠有紅的、黃的、綠的和白的四種。

她見水老是不消，就把二十四顆夜明珠全部拿出來照起，想把水曬枯了好做事。

11. 二十四夜明珠

大禹見了，趕忙叫堂客把夜明珠都收回來，

堂客不幹。

大禹才給堂客說：

「那二十四顆夜明珠是專管二十四個節氣的，一顆管一個節氣，半個月後又換第二顆。綠的六顆專管春季，頭一顆拿出來照那天就是立春，春天就開始了。以後依次是雨水、驚蟄、春分、清明、穀雨；紅的六顆專管夏季，頭一顆拿來照，那天就是立夏，夏天就開始了，以後依次是小滿、芒種、夏至、小暑、大暑；黃的專管秋季，頭一顆拿來照那天就是立秋，秋天就開始了。以後依次是處暑、白露、秋分、寒露、霜降；白的六顆專管冬季，頭一顆拿來照起那天就是立冬，冬天就開始了。以後依次是小雪、大雪、冬至、小寒、大寒。你恁個搞是要不得的，節氣都遭你搞亂了。」

12. 結局

堂客一聽，曉得戳了笨[47]，趕忙把夜明珠收回來，照大禹說的恁個做，再也不敢亂來。

那天正好是夏至，二十四顆夜明珠一照，就把太陽引下了地，從那天起，天氣就要熱一段時間，白天也要慢慢變長。

以後，每年到了這一天，太陽都記到[48]像恁個做，一直到現在。

【異文二】四季和二十四節氣

講述人：魏大爺

採錄人：嚴小華

採錄時間：一九八九年

採錄地點：司鼓村

1. 場景

傳說很久很久以前，洪水經常氾濫，大片地方被淹沒，數不清的人遭淹死。

47 戳了笨，重慶方言，「做了蠢事」的意思。

48 記到，重慶方言，「記住」的意思。

2.禹父治水

大禹的老漢帶起人去治水，
他們到處築堤壩，想把洪水攔住。
殊不知大水一沖，堤壩都垮了，洪水照舊氾濫。
他搞了一輩子也沒把水治好。

3.繼承父業

大禹決心繼承父業，
他認為老漢的辦法要不得，
只有疏通九河，讓水流入大海才是辦法。

4.動員人們

他對人們說，
治水是為自己和後輩子孫造福的大事，不把水治好就沒法過日子。
大夥認為他說的對，都願聽他的。

5.三過家門而不入

大禹帶著人們疏通九河，一搞就是好多年。
為了早點把水治好，他三回路過家門口都沒有進屋去看看。

6.妻尋大禹

堂客默到他變了心，就跑去找他。
他一天忙這忙那，也沒的功夫陪她耍哈兒。

7. 妻子放人

人們好多年沒有回去，都想家了。

他們找到大禹的堂客，哭哭啼啼對她說：

「我們出來恁多年了，家頭還有老父老母、妻室兒女，你跟大禹說，叫他放我們回去看看吧。」

大禹的堂客看到人們恁個苦，離家多年，確實也該回去看看，就悄悄把人放走。

有人一叫苦她就暗中讓他回去。

這樣，一回又一回，先走的還沒回來，後頭的還在繼續走，人手慢慢少了，活路就做不走了。

8. 大禹排班

大禹察覺後，心想：

恁個都要得呀？那陣才能疏通九河！

可是他又覺得讓人們成年累月地做，氣都不歇也不是個辦法，

就叫人們做一段時間耍一天。

開始是耍齊頭班，一耍，大家都耍。

後來改為耍蓑衣班；你耍一天，我耍另一天，錯開來。

殊不知耍一陣弄得沒的個頭緒了，外加耍的時間不連續，人們想回家也不行。

大禹想了想，就把一年的時間按冷熱分成四份，不冷不熱的那陣讓年紀大的人做，熱的那陣讓中年人做，冷的那陣讓年輕人做。

恁個一來，人們做活路的時間和耍的時間都成了堆，耍的時間就可以回家去看望家人了，做的時間幹起活來就比原先賣力得多，活路就比原先進展快些了。

一年分成春夏秋冬四季，就是從那陣開始的。

9. 埋怨妻子

大禹的堂客放走了很多人，大禹很埋怨她。

10. 曬枯洪水

她出不了氣，就把大禹的行李拿來東翻西翻，翻到了大禹的二十四顆夜明珠。那夜明珠分紅黃綠白四種顏色。

她見水老是不消，就把夜明珠拿來照河水，想把河水照枯些，人們好幹活。

11. 二十四顆夜明珠

大禹見了，趕忙叫堂客把夜明珠收回來。

堂客不幹，

大禹對她說：

「那二十四顆夜明珠是專管二十四個節氣的，一顆管一個節氣，半個月後換第二顆。綠的六顆管春季，頭一顆拿來照那天就是立春，春天就開始了。以後依次是雨水、驚蟄、春分、清明、穀雨，紅的六顆管夏季，頭一顆拿來照那天就是立夏，夏天就開始了。以後依次是小滿、芒種、夏至、小暑、大暑；黃的六顆管秋季，頭一顆拿來照那天就是立秋，秋天就開始了。以後依次是處暑、白露、秋分、寒露、霜降；白的六顆管冬季，頭一顆拿來照那天就是立冬，冬天就開始了。以後依次是小雪、大雪、冬至、小寒、大寒。你恁個搞要不得，節氣都遭你搞亂了。」

12. 結局

堂客一聽，曉得自己戳了笨，趕忙把夜明珠收回來。

那天正好是夏至，二十四顆夜明珠一照，把太陽引下了地，

從那天開始，天氣就要熱一段時間，白天也要慢慢變短。以後每年到了這一天，太陽就要下地，一直到現在。

【異文三】四季和二十四節氣的來歷

講述人：魏大爺

採錄人：走馬民間文學考察組

採錄時間：一九九六年

採錄地點：走馬鎮

1. 開始

一年要分春夏秋冬四個季節和二十四個節氣，這是從什麼時候興起的呢？

傳說是從大禹疏通九河的時候興起的。

2. 場景

那時，大禹還小，就和父親一起治理洪水。

看到洪水經常氾濫，大片土地被淹沒，許多人遭淹死。

3. 禹父治水

父親就用土辦法，這裡挖點泥巴擋一下，那裡挖點泥巴擋一下。

水漲猛了，泥沙又被沖走了。

這樣反反覆覆治理，父親累死了。

4. 繼承父業

大禹想這樣下去不光我這輩子治理不好洪水，下一輩子也要受洪水害。他決心換一種新的辦法，先疏通小河，把河水引到大海裡去。

5. 動員人們

不過，這個工程很大，要動員很多人參加才行。

大禹一戶一戶地去動員，

大家看他真心實意治理洪水，為老百姓造福，就跟著他幹。

6. 三過家門而不入

大禹起早貪黑的帶領大家治水，一幹就是好幾年。

有三次路過自己的家門都顧不得回去。

7. 妻子找大禹

他妻子不高興了，心想：

你三次路過都不進屋，你到底咋個回事嘛，未必[49]心變了嗎？

他妻子就跑去找他。

8. 妻子放人

跟著大禹的人也很久沒有回家了，這時見了大禹的妻子，就向她哭訴說：

「我們出來好久啦，家裡還有老父老母，妻室兒女。你跟大禹說說吧，讓我們回趟家吧。」

[49] 未必，重慶方言，「難道」的意思。

大禹的妻子見大家很辛苦，離家多年，是該回去照應一下家裡，就悄悄把人放走了。
這樣一來，陸陸續續放走了不少人，工程慢下來了。

9. 大禹排班

大禹察覺後，非常著急，
心想：這樣要多久才能疏通九河呢？
可是讓大家都想自己一樣長年累月地做，不歇口氣，不回家也不是辦法。
於是，他叫大家做一段時間，歇一天工。
有時遇到歇工時正好漲水，他又改成輪流耍的方式。
但是時間長了，又容易搞混。
大禹正在考慮咋辦時，見妻子正在看他的二十四顆夜明珠，大禹靈機一動，就把夜明珠的綠、紅、黃、白定為春夏秋冬四個季節，人們按歲數分在四季裡做活路。
夏天熱，最耗體力，當然是年輕的去做。其他人就可以歇工回家，照顧家庭。
這樣分工很合理，人們的幹勁大，工程的進展很快。

10. 二十四顆夜明珠

大禹又吩咐妻子：
「以後你來掌管夜明珠，二十四顆分管一年的二十四個節氣。一顆管一個節氣，半個月後換第二顆。綠的管春季，第一顆管立春，春天即從這天開始。以後依次時雨水、驚蟄、春分、清明、穀雨；紅色的六顆管夏季，第一顆管立夏，以後依次是夏天的小滿、芒種、夏至、小暑、大暑；黃的六顆代表秋天的立秋、處暑、白露、秋分、寒露、霜降；白的六顆表示冬季，分別代表立冬、小雪、大雪、冬至、小寒、大寒。你得認真負責，千萬不能搞錯阿。」

妻子按大禹的吩咐照著做，也很負責。

從此，一年就有了春夏秋冬四季和二十四個節氣。

11. 曬乾河水

但是有一次河水漲得猛，妻子見河水老是不退，慌忙中把二十四顆夜明珠都拿來照明，就把太陽引下了地。

那天正好是夏至。

所以從這天起，天氣就格外熱一些，白天也從這天開始慢慢變短。

【異文四】大禹治水

講述人：魏大爺

採錄人：張霞

採錄時間：二〇〇〇年八月

採錄地點：司鼓村

1. 開始

（比）大禹再早的時候，有個大王，就是老漢。大王都治過水。

2. 場景

那陣洪水氾濫於天下，稍微落點雨就淹（an），就沒有疏通九河。

九河呢，像重慶的長江才算一條河，嘉陵江都算不到[一條河]。

（它們）都是小河。

3. 禹父治水

大王治水，原來只是很少一些人，少數幾個人在搞。

這裡掏個溝溝，那裡鑿個凹凹，把水短[50]一下。一漲大水就沖了。

4. 繼承父業／動員群眾

大禹他才沒法，發動群眾，疏通九河。

喊到的老百姓都來，大家來幹。

5. 三過家門而不入

他的女人在家裡，大禹頭一回從他家門過，他沒回去。

都是一年大半了，他卻沒回去，

二的一回，又有一年了，還是沒回去，

三的一回，也有三年的時間了，疏了一年大半的時候了，還是沒有回去，

哎呀他那個女人就有點冒火，

「啊，你變了心麼還是啷個的？這個人的心腸不好。」

6. 妻尋大禹

追起來。大禹已在工作，挖喲，人工挖個嘛。

這就是三過家門而不入，那女人對他有意見，這麼來的。

---

50 短，重慶方言，「攔」的意思。

女人一打聽，一問呢，還不是他不對，他在工作來疏通九河。

大禹當時就跟他女人說了。

這樣他女人思想解決了，大禹沒得毛病。

這麼呢大夥都歡歡喜喜的。

7. 禹妻分節氣

他就安排二十四顆夜明珠給大禹屋裡[51]管，分春夏秋冬四季都是它分出來的。

原來大禹三年沒回去，這些人就搞啷個燈兒[52]呢，都偷偷摸摸的跑回去，（時間久了）。他個人都有個家撒[53]，他們要不要兒就跑起回去。今天走一個，明天走兩個，哎呀，上班都沒得好多人了。

大禹屋裡看到起不對頭，把二十四顆夜明珠拿來分，分作四季：正月立春、雨水，二月驚蟄、春分，三月清明、穀雨，四月立夏、小芒，五月芒種、夏至，……

就像這樣分分分，分作一堆一堆的，把這些人呢掂到哪一坨，你就轉去。

比如掂到正月間，正月立春、雨水，這十個人呢你就回家休息，二月驚蟄、春分，好！這一批又轉去，前一批又轉來，它叫蓑衣班，

開始要齊頭班，齊頭班要起，那一走滿都走了要不得，先頭這樣。

大禹說：

「你這樣像個內當家。」

51 屋裡，重慶方言，「妻子」的意思。
52 搞啷個燈兒，重慶方言，「怎麼做的」的意思。
53 撒，重慶方言，語氣詞。

原來大禹懷疑他女人不對，他女人懷疑大禹不對，結果兩個人都不對路。
大夥一工作呢，他說：「你還像個內當家。」

8. 禹分四季

好，又分了秋冬四季，老年人要立夏、小滿，不冷不熱的老年人做活路。冬夏如果冷凍大了，老年人可以回去，青年的又上來。

9. 結局

過夏至就是二十四顆夜明珠一起翻出來，太陽曬那時，青年就不回去，就頂到做好。分秋冬四季，就是適合勞動力，人家沒有意見，就這樣疏通了九河。從前洪水氾濫於天下，稍有點雨就沖得不得了。這下沒得啥大洪水，都開了槽，所以，大禹繼承了父親大王，疏通了九河。

10. 男女平等

男女平等也是那個時候興的，
原來大禹是看不起他的女人的，很仇視她，吃飯不做的[54]，女人家就是恁個。
其實她發揮她的作用，女人家不一定都要去挖，她出的計策好，分配的活路好，比挖還要得行點，力量多大。

【異文五】大禹治水

講述人：魏大爺

54 吃飯不做的，重慶方言，「只吃飯不做事」的意思。

採錄人：張霞
採錄時間：二〇〇一年二月
採錄地點：司鼓村

1. 開始

這個故事我開始講了。

2. 人物

這個人叫大禹，又叫大水。

3. 禹父治水

不光是他動手，是他的老前輩，他的父親就在搞這個燈兒[55]。

4. 場景

架勢[56]唉，那陣洪水一漲就氾濫於天下。淹死很多人。都是壩子，平的，沒得河的。

5. 繼承父業

後首唉，大禹就設法。

55　搞這個燈兒，重慶方言，「這麼做的」的意思。
56　架勢，重慶方言，「一開始」的意思。

他看他們父親一漲水就去掏，掏溝溝，掏那個溝溝攢那點泥巴，砸[57]也砸不住，擋也擋不了。他後首他才組織人，找那些他們一堆住的，去掏那些溝溝。

他去一掏阿，還是不得行。

6. 趕山鞭

後首他找到一個朋友，那個朋友是個討飯的人。

他有個趕山鞭，把山個趕得走。

他把他找到了，費了很多勁兒才找到他。

他把那些擋到水的，沒得水路的啊，他把他掏個溝溝啊，拿趕山鞭把石頭趕起走嘛，泥巴就拿人來掏。

7. 發動人們

他搞的時候呢，團轉[58]這些老百姓帶起弄。

他去發動這些人，說

「不光是我們這輩人，如果不把水疏通，後輩兒孫得不到安全。」

這些人想一下，也是，也信他說。

架勢他把老百姓組織起。

他搞啊搞的，有些搞傷[59]了，有些就不幹了。

57 砸，重慶方言，「堵」的意思。
58 團轉，重慶方言，「周圍」的意思。
59 傷，重慶方言，「乏味」的意思。

他有些[60]不幹了，他就去慢慢的動員。

8.
禹分四季

他用那個二十四個節氣，正月立春、雨水，二月驚蟄、春分……

他像不冷不熱啊，他分成季節，老百姓去做。

他分成季節是啷個的呢？

像那個不冷不熱的，就有老年人做。

他這個時間這樣一分，大家就有信心了。

9.
大禹排班

還有，過去呢，一放假啊，老百姓滿都走了，滿都走了就沒得人得。

一漲水呢，就給他沖垮了，又不得行。

他就要成蓑衣班，

他有齊頭班，原來是齊頭班，一放滿都放了。

他不用齊頭班，用蓑衣班。

蓑衣班是樓梯換，你去了歇稍[61]，我又轉來，我轉來了呀，你又歇稍，那些人又轉來。

10.
禹妻放人

大禹他那個女人在屋裡當家，他在門前，他女人就在家。

那些人望到她哭哦，哭的，要轉去哦，

60 他有些，重慶方言，「他們」的意思。
61 稍歇，重慶方言，「休息一陣子」的意思。

那個女人阿，她心慈的個，她就給他放了。

哎呀，那一回發大水的損失硬是大，把那些堤坎給它沖垮了。

一個人都沒得在那裡救。

11. 曬乾大水

她有二十四顆夜明珠，去就把它曬乾了來。夜明珠把水曬乾了來，乾了來又做。（哎呀，我記不起了）

12. 三過家門而不入

當時大禹路過家門三回，他路過門前就走了，看一哈兒[62]。

眼睛瞟一下，看一下他堂客有毛病沒得，屋裡有其他人沒得，有往來沒得。

他就這個瞟一下，就走了。也沒的其他啥子的。

就這樣三回，當門[63]路過三回都沒有回去哦。

他堂客就想：你還有點毛病呢，未必你門前[64]找的有女人嗎？

男的默到女的找的有男的，女的默到男的找的有女的。

13. 禹妻幫忙

女的在屋裡，還是做事，不是沒有做事。

她給他發動人，說：

62 看一哈兒，重慶方言，「看一會兒」的意思。

63 當門，重慶方言，「就在門口」的意思。

64 門前，重慶方言，「外面」的意思。

「我們這個男人，三回都不回家，你們都悠到[65]在屋裡。呵呵……在屋裡做啥子哦？二到[66]一漲水，後輩兒孫都沒得了，淹死完，洪水氾濫於天下。」

她要團轉的人像她男人那樣，三回都不回來。（就是恁個的）。

三、異文分析

在以上五則異文的基礎上，筆者準備就異文的一致性和差異性進行分析，深入探究產生一致性和差異性的原因，進一步研究講述者在口承神話表演空間中的角色和作用，進而探討神話傳承和變異的規律。

（一）異文的一致性和差異性

從以上的五則異文來看，即使不同異文中的情節和主題有一定程度的差異，《大禹治水》神話的核心情節並沒有發生大的變化，可以說是一個比較成形的故事。故事的主要情節脈絡，在五則異文中都是清晰可見的，大致可歸結為：

（開始）→場景（洪水氾濫）→禹父治水→（大禹）繼承父業→動員人們→三過家門而不入→妻尋大禹→妻子放人→（大禹／妻子）排班→四季和二十四顆夜明珠→曬乾河水→（結局）

我們可以看到，整個故事有頭有尾，矛盾衝突從產生到解決，十分完整。尤其是採錄時間比較接近的異文【一】

65 悠到，重慶方言，「老想著」的意思。

66 二到，重慶方言，「以後」的意思。

（一九八八）和異文【二】（一九八九），不但故事的敘事單元完全吻合，其統一性令人吃驚的高，甚至一些句子也是幾乎一字不差。比如：「堂客默到他變了心（格），就迢去找他，他一天忙這忙那，也沒得功夫陪她耍哈兒」（一九八八）和「堂客默到他變了心，就跑去找他。他一天忙這忙那，也沒得功夫陪她耍哈兒」（一九八九）。再比如「他覺得成年累月做一夥，點氣都不歇還是要不得，就叫人些做一段時間就耍一天」（一九八八）和「他又覺得讓人們成年累月地做，氣都不歇也不是個辦法，就叫人們做一段時間耍一天」（一九八九）。……類似的地方還有很多。在其他年份的異文裡，我們同樣可以發現這樣的高度統一性。如：「開頭耍齊頭班，一耍滿都擱起耍」（一九八八），「開始耍齊頭班，齊頭班耍起，那一走滿都走了」（二〇〇〇）與「原來是齊頭班，一放滿都放了」（二〇〇一）。

在所有的異文中始終存在兩個關鍵性的人物，一個是大禹，另一個是禹妻。在一九八八、一九八九、一九九六年三則異文中，大禹和禹妻的角色類型是一致的，那就是始終處於矛盾衝突的兩個極端：禹妻的表現是誤解大禹，阻礙大禹工作進程，始終是處於「陰」面。而大禹繼承父業，三過家門而不入，分四季，設節氣，處於「陽」面，形象十分光輝。在這三則異文中，大禹的英雄形象被渲染得十分突出。而禹妻則相對處於一個陪襯的角色位置。

但是在反覆講述同一個故事的時候，講述者從來不簡單地「重複」他的講述。他以不同的方式對故事有所側重，講述時語氣發生變化。根據情境不同，講述者會對細節做各種相異的處理，處理的方式因人而異。異文所反映出來的差異也是非常明顯的，而且這種變化，作為被講述者重複創造的結果，其變化的程度也各有千秋。

下面，筆者將五則異文的敘事單元排列出來，列成一表，從這個表，我們可以較明白地看出異文變異的大小和變異的地方（見下頁）。

這五則異文，從組成的敘事單元上看是有差異的，異文【四】、【五】較異文【一】、【二】、【三】差異更為明顯。在前三則異文中均存在的「妻子放人」、「大禹排班」等敘事單元在異文【四】、【五】中都未出現。而異文

【四】、【五】出現了禹妻為主角的敘事單元，那就是「禹妻排班」、「禹妻幫忙」：原先是大禹的配角的禹妻站到了故事舞臺的聚光燈下。「繼承父業」和「發動群眾」，在異文【一】、【二】、【三】中，原本是大禹的重要功績，在異文【四】中則合二為一。異文【五】中也只以較小的篇幅提到。

表一　異文變異比較一覽表

異文／敘事單元	二〇〇一	二〇〇〇	一九九六	一九八九	一九八八
開始				×	×
人物			×	×	×
場景					
禹父治水					
繼承父業		這兩個敘事單元合二為一			
動員人們					
趕山鞭		×	×	×	×
三過家門而不入					
妻尋大禹					
妻子放人	×	×			
大禹排班	×禹妻排班	×禹妻排班			
埋怨妻子	×	×	×		
曬枯洪水		×			
二十四顆夜明珠					
結局	×		×		
男女平等			×	×	×

注：×標示沒有該敘事單元

從主題上看，五則異文也是有區別的。前三則異文的主題比較接近，主要是講述大禹繼承父業、排除家庭矛盾和勞力分配等種種困難，終於成功治水的種種業績。然而從第四則開始，神話主題發生了質的變化，特別是在最後一個敘事單元，講述者明白地說道：「男女平等也是那個時候興的……。女人家不一定都要去挖，她出的計策好，分配的活路好，比挖的還要得行點，力量多大。」也就是說，異文【四】的主題是「男女平等是怎麼來的」。異文【五】在最後的評論部分中說「女的在屋裡，還是做事，不是沒有做事。」說明異文【五】強調的是女人在勞動中的作用，男女在勞動中的不同角色分配。在這則異文裡面，講述人想說的還是異文【四】的主題：男女是平等的。

五則異文中，異文【一】與異文【二】比其他的異文都更要相似。但是如果仔細觀察，仍然會發現差異。異文【二】的用語較異文【一】更加簡潔、書面一些。比如：

他們找到大禹的堂客，哭哭啼啼的對她說：

「我們出來恁多年，屋頭還有老父老母、堂客啊、娃兒崽崽那些，你給大禹王說，叫他放我們回去看看嘛。」（一九八八）

而到了異文【二】裡面，這一段成了：

他們找到大禹的堂客，哭哭啼啼對她說：

「我們出來恁多年了，家頭還有老父老母、妻室兒女，你跟大禹說，叫他放我們回去看看吧。」

再如：

大禹曉得了，心想：
恁個都要得呀，哪陣才能把九河疏得通？（一九八八）

大禹察覺後，心想：
恁個都要得呀？那陣才能疏通九河！（一九八九）

從「老父老母、堂客啊、娃兒崽崽」換成了「老父老母、妻室兒女」，從「曉得了」到「察覺後」，以及把字句變為主動句，這樣的變化雖然微小，但是就熟悉本地方言的人看來，卻差別甚大。異文【一】中的語言更接近平日講述的形態。而異文【二】則有更多在正式場合才採用的詞彙，如「妻室兒女」，講述者似乎更偏重舞臺表演，追求用詞莊重、正式的效果。

（二）異文一致性分析

正如戴格在她的著作《民間故事與社會——一個匈牙利農村社區中的故事講述》中提到的一樣，很多研究者把異文的一致性看成是講述者良好的記憶力的結果[67]。無庸置疑，優異的記憶力是成為優秀的講述者的一個不可或缺的條件。根據戴格的研究，一個出色的故事講述人的語料庫是非常大的，真正的故事家知道的故事不應該少於四十個左右[68]。而實際上，根據八〇年代開始的對中國民間故事家的調查，很多故事家的語料庫都是龐大得驚人。僅僅在一個走馬鎮，就發掘出能講一千個以上故事的故事家二人，講五百一千的故事家三人，講二百至五百則故事的故事家十人，講一百至二

[67] Linda Dégh, *Folktales and Society—Story-telling in a Hungarian Peasant Community*, p. 166.
[68] Linda Dégh, *Folktales and Society—Story-telling in a Hungarian Peasant Community*, p.168.

百則的故事家十五人。另外，很多講述者在講述的時候會指出他們的講述是按照他們一開始聽到的樣子來的，他們自己並沒有增加或者減少些什麼。但是戴格認為，根據經驗和紀錄表明，所謂的「忠實於故事原貌」只不過意味著對故事主題的保持，而不是在詞彙上的一成不變，講述者也許能忠實於故事的內容，但是在形式上卻有變化[69]。從筆者所調查的事實來看，大多數情況也是如此：每一個講述者的記憶裡必須儲存成千上萬的故事材料，在講述的時候，如何能夠完全忠實於故事原貌？但是筆者認為，戴格堅持認為異文的一致性「不過是一句空話」[70]，這似乎過於絕對了。斯卡拉在《口頭敘事的闡釋》中就曾提到，一些講述者的反覆講述可以做到字句不移[71]，而筆者在司鼓村的採錄也發現了類似的情況，比如上面提到的異文【一】和異文【二】就是很好的例子。

那麼講述者是如何做到字句不易的呢？斯卡拉的研究具有相當啟發性。她認為首先這與講述者儲存講述材料的記憶機制有關。敘事單元和意義單元的重現表明多次講述的內容被很好地儲存在講述者的腦海裡，講述的方式也被同樣地儲存起來。故事材料，更精確地說是敘事實體部分，一個一個的母題，是以一定的結構按適當的順序存儲在講述者的腦海裡的。儲存的方式是由講述結構決定的。講述結構的基本構成元素是一些建立在「語義內容」（semantic content）的「功能關係」（functional relationships）的基礎上的小的「記憶組織套裝程式」（memory organization packages）。這些小「套裝程式」（packages）包括一小堆材料，他們的聚合方式是給講述者提供他所需要的資訊：開始↓場景↓行動和事件↓結束↓評價[72]。就像在以上五則異文中所見到的那樣，大禹治水的神話被按照矛盾發生、發展直到解決的順序排列起來，儲存在講述者腦說海裡。即使有一些不夠完美的記憶，導致講述的缺憾，核心情節卻不會變化。

---

69 Linda Dégh, *Folktales and Society—Story-telling in a Hungarian Peasant Community*, p.167.
70 Linda Dégh, *Folktales and Society—Story-telling in a Hungarian Peasant Community*. p. 167.
71 Anna-Lenna Siikala, *Interpreting Oral Narrative*, pp. 46-47.
72 Anna-Lenna Siikala, *Interpreting Oral Narrative* ,pp. 80-86.

一個明顯的例子就是，二〇〇一年筆者在向魏大爺老人採錄《大禹治水》的時候，他由於幾年前腦溢血後記憶力減退，有一些情節已經記不起來了。講到「曬枯洪水」，他很抱歉地說：「哎呀，記不得了。」筆者檢查了他前面已講到的部分，發現在從前的異文中存在的一些敘事單元缺失了，如「三過家門而不入」、「二十四顆夜明珠」、「妻尋大禹」等。儘管如此，講述者卻能將這些缺失的敘事單元以其他的方式重新納入到故事的情節鏈中。比如，在魏大爺後來補講的部分中，「三過家門而不入」、「男女平等」的敘事單元被補充進來，而「二十四顆夜明珠」等敘事單元被縮減成意義單元融入到其他的敘事單元裡面去。如「他用那個二十四個節氣，正月立春、雨水，二月驚蟄、春分……他像不冷不熱啊，他分成季節，老百姓去做。他分成季節是啷個的呢？像那個不冷不熱的，就有老年人做。他這個時間這樣一分，大家就有信心了。」這一段中，就揉和了「禹分四季」、「二十四顆夜明珠」等情節。在講述的時候，老人由於記憶力的衰退，常常需要停下來思考一下，嘗試著往下講。他常常先說出一個關鍵字，比如「齊頭班」、「蓑衣班」，然後開始回憶並講述這兩個關鍵字包容的情節。此講述過程正好為斯卡拉的論點提供了一個有力的佐證，證明在講述人記憶的時候，材料是以有結構的套裝程式的形式按一定的順序儲存在記憶中的。正因如此，講述人補充的部分是以語義內容包的形式出現的，而揉和到其他的敘事單元中的情節也是以這種聚合體的形式，並以關鍵字顯示，如「二十四節氣」、「二十四顆夜明珠」、「齊頭班」、「蓑衣班」等。這些關鍵字在斯卡拉的著作中被稱為「反覆出現的短語」（recurring phrases），他們似乎是存在於講述者頭腦中賴以懸掛記憶的鉤子[73]。講述者總是有意或者無意地重複這些詞彙。實際上，重複的過程是一個記憶連接的過程。

[73] 同上，頁八四。

（三）異文的差異性分析

異文之間，內容的變化是最容易發現的。造成這些變化的原因當然很多，而講述者在其中起到的作用是非常重要的。筆者經過分析認為，講述者造成的異文差異的原因主要有以下三個方面：

1. 講述者對大量故事程式的把握和不同程度的活用，是造成神話變異的一個原因。

講述者都有自己的語料庫，他們在把握和活用故事程式的能力上各有千秋。日本學者野村純一曾將故事講述者劃分為兩種類型——純傳承型與創造型。西方學術界根據講述者的這個特徵對其進行的分類也不在少數（參見前文）。而對走馬鎮的民間故事做過多次調查、非常熟悉當地情況的西南師範大學民間文學專業教授彭維金在他的〈中國「民間文學之鄉」的啟示〉[74]一文中，將走馬鎮的民間文學講唱者分為三類：

第一類為「民間文學知聽者」：在民間文學講唱者群體中是多數，他們都喜愛民間文學，可講可唱，甚至還講唱得不少，但是常常去頭忘尾，丟三拉四，或者表達無序，口齒不甚靈巧。

第二類為「民間文學傳播者」，分為三種類型：

轉述者：通常稱為「故事簍子」，其特點是記憶力好，口齒清楚，能將聽來的故事、歌謠，清晰地複述、重唱給人聽，基本上保持作品的原貌，是民間文學的保存者。他們所講的故事、唱的民歌，多半是「大市貨」，有自己特色的不多。

綜述人：通常稱為「文墨人」，他們多把聽看來的戲文、小說或者民間說唱唱本，民間故事、歌謠集子中的作品，加以融會，前唐後漢，東扯西連，講成很長很長，拉不斷理還亂的長龍陣。這種人，村民一般特別地佩服，被視為「鄉

74 參見彭維金，〈中國「民間文學之鄉「的啟示》，《重慶市・廣島市的民俗文化動態研究》（一九九六年度廣島市立大學特定研究報告書）。

裡秀才」、「有學問的先生」。

講述人：這些人腦子裡儲存了許多故事、歌謠，通過自己的巧嘴說出來，既符合原型，又具有自己的特點和個性。他們講的故事多是完整的單個故事，少有雜揉、扯串的情況。

第三類為「口頭創作家」：是民間文學講述者的最高層次。他們的民間故事，不僅帶有自己的特點、個性，而且傳中有創、傳創結合。「別人編的頭，我編的尾。」他們善於借用傳統民間文學作品的因由、情節和思緒，創作出嶄新的民間文學作品來。比如，魏大爺講的許多神話、仙化題材的故事，都與傳統故事不盡相同，而且具有現實意義，令人耳目一新。

彭維金教授的這一分類是比較有說服力的一種。民間故事家們依據個人才能的不同，自覺或不自覺地去表現他們所認識的世界。他們憑藉所掌握的故事的結構章法、程式和套路，如故事程式化的主題、情節結構、表達方式，可以靈活調用、隨時利用已經內化的知識。他們能夠根據不同的情境，聽眾的不同反應，對故事情節進行取捨、組合和優化加工。「口頭程式理論」的代表人物洛德（Albert Lord）認為：「程式的豐富積累會導致更高水準的創造和再創造的變異；主題和故事的積累會導致限度之內產生大量同類變體。」[75]司鼓村一些講述者對故事程式和母題非常熟悉，他們可以信手拈來，運用自如，有時候甚至改變了神話的講法而聽眾和研究者都很難察覺。他們對故事程式和母題的掌握和運用恰恰證明了這一論點的正確性，也道出了神話文本產生變化的一個重要原因。

神話故事的人物就像磁鐵一樣，有力地吸引眾多的母題聚合在以他（她）為中心的地方。講述者在講述的時候，可能隨意地把他所認為合適的母題聚集到一起，放到以某一個人物為主角的故事中。異文【五】就是這樣。這個異文中出現了「趕山鞭」的母題。在其他四則異文中，卻沒有出現過這個母題。「趕山鞭」見於許多的民間故事，著名的有《九

[75] 參見葉舒憲，《文化與文本》（北京：中央編譯出版社，二〇〇〇年），頁一五三。

龍女智取趕山鞭》[76]、《秦始皇鞭出秦坡澗》[77]等。在魏大爺的語料庫裡面，有一個故事也具有這個母題，那就是地方傳說《轉山坪》，在這個故事裡面，吞了夜明珠變成孽龍的小夥子就是用趕山鞭來趕大山，想把四川堵起來，變作汪洋大海。老人在為筆者講述《大禹治水》的故事時，突然加入了這個母題。講著講著似乎「順手拈來」地加入一個母題，甚至完全改變了講述的方向和主題，這種情況在民間講述者的表演中會經常見到。彭維金教授總結的「綜述人」類型的講述者的表演中就常常屬於這種類型。司鼓村六隊的張紹文可以從《女媧聖母補天》講到《哪吒鬧海》，再到《張三豐封神》，一個母題接一個母題地講來，在母題和母題、情節與情節的相似處接頭，比如共同的地點、相似的武器、相同的情景等，都可以導致從一個母題進入到另一個母題的變化。司鼓村當地人曾經點評張紹文的這個特點說：「他曉得的很多，就是每一個故事都講不完，像是拼起來的。」

2.出色的講述者對情境往往有著高度的敏感性。

隨著聽眾、環境的不同，講述者會主動調節他的講述內容和所講故事的類型。一般說來，故事在比較固定的程式之外都能給與講述者在不同情境下進行發揮的空間。講述者可以根據不同的時間、地點、聽眾、環境等對故事進行用語、內容、結構甚至主題的改動。每一位講述者的每一次講述都可能使故事原有的母題發生一些變化，其中的部分原因是由於記憶，部分則是為了使故事更符合講述者自己的觀點和口味。講述者由於情境的變動而對神話進行的改動，導致了大量的神話異文的產生。具體說來，這些變異的因素有：

（1）故事表演空間中的聽眾的存在，及其與講述者的互動是異文產生的一個重要原因。

首先，聽眾影響到講述者的表演內容，講聽互動往往產生一些在書面上無法看到、唯有在現場的互動情境中才能體

76 該故事情節：秦始皇為了修長城用趕山鞭將大山趕到海裡，九龍女為了保護龍宮的安全，自告奮勇去接近秦始皇，最終騙到趕山鞭，並把它扔到海裡。秦始皇失了趕山鞭十分惱火，下令抓壯丁來修長城。

77 該故事情節：秦始皇登常熟庸山，想用趕山鞭將大山趕到海裡。不想趕山鞭對庸山無法施威，秦始皇只好作罷。

會出的故事的附加意義。以異文【四】為例。異文【四】與前三則異文存在較大的差異，這種變化表面上看發生在意義單元、敘事單元的增加、缺失、替換、融合，但如果深入一步分析的話，敘事單元的變化是跟隨著故事主題的變化而來的。在前面的三則異文中，故事的主題是突出大禹的英雄形象，大禹是主角。所有的矛盾衝突都圍繞著治水展開。而異文【四】中，衝突的重心轉到了處理夫妻矛盾和男女平等這一主題。正因如此，講述者將故事的部分內容做了相應的調整，例如加大了「三過家門而不入」的篇幅，而不是像前三則異文一樣輕輕帶過。在前三則異文中，「分四季」和「二十四節氣」都是大禹的功勞，到了這則異文中，一變而為大禹妻子的功勞了。而前三則異文中大禹妻子阻礙大禹工作的不太光彩的情節消失了，反過來，大禹被描述成具有「看不起妻子」這樣的特徵。

魏大爺向筆者介紹了前三則異文採錄的情境：其採錄者分別是走馬鎮文化站嚴小華和走馬民間故事考察組（由中國民間文藝家協會、四川省民間文藝家協會、聯合國教科文組織聯合組成）。嚴小華採錄的方法是先用答錄機錄下魏大爺的講述，再用文字忠實記錄成文本，為了力求一個安靜的採錄環境，兩人常常爭取把錄音時間選在無第三者在場的時機。而民間故事考察組的方法是將講述者請到鎮上，給每個講述者一定的時間，講述自己最拿手的故事。因為有聯合國以及中國民間協會的官員在場，場合是比較正式的。因此，在前三則異文講述的具體場合下，參與的聽眾與異文【四】有所不同。

講述異文【四】的情形十分有意思。在筆者採錄的現場，除了筆者和魏大爺，還有他的老伴陳培書在場。筆者在魏大爺家裡採錄的時候，大多數時間都有陳培書相陪。陳培書並不十分在意老伴講述的故事，她在意的是什麼時候該添點茶了，該生火了，該做點飯了。因此她有時候會打斷訪談，問問魏大爺想吃點什麼或者筆者要不要開水這樣的問題。這對相濡以沫幾十年的夫妻，人到晚年，子女各自成家，只有老兩口相依相靠。陳培書喜歡到大兒子家打麻將，每天午飯後一定要過癮到日落黃昏。魏大爺每天到黃昏時候一定到大兒子家接老伴去。每天晚飯後，陳培書和魏大爺會到門前的大路上散步。有時候老伴在兒子家玩到天黑了，魏大爺定找一把手電，前往接送。魏大爺的衣食由陳培書全權負責，從兩人年輕時就是如此。兩人一共養育了五個兒女，都已經成家，子孫繞膝，四世同堂。可以說幾十年的風風雨雨，兩個人相依相扶一起走過。講述這個異文的時候，魏大爺老人講到「其實她發揮她的作用，女人家不一定都要去挖，她出的計策好，分配的活路好，比挖還要得行點，力量多大」，看著陳培書一笑。這一笑，顯示了老人輕鬆的、帶點玩笑心態的態度。當時的氛圍是極其溫馨的。與其說這個故事是老人為作為聽眾的筆者講的，不如說是為未參與採錄工作的他的老伴講的。由於這個聽眾的特殊性，魏大爺即席改變了故事的內容，用了《大禹治水》的神話故事的材料，但講的是「男女平等」的事，為的是間接地讚揚老伴的貢獻。而這些變動完全在包括筆者在內的聽眾未知覺的情況下進行的。

帕里（Milman Parry）和洛德認為，口承藝術與其說是記憶的複現，不如說是藝人與聽眾一起進行表演的一個過程。在故事表演空間中，聽眾與講述者之間的互動非常頻繁。聽眾的在場會刺激表演者的表演欲望，決定表演者的表演內容[78]。異文【四】就是一個很好的例子。這樣類似的情形在對很多民間故事家的研究中也有發現。例如：「武德勝講故事能根據不同層次、不同年齡、不同性別、不同職業的聽眾在故事種類上進行有選擇的講述。比如對幹部講秉公守法、為民做主的清官故事；對老年人講晚年得好的故事；對青年男女講幸福甜蜜的愛情故事；對中年婦女講孝敬公婆得好報應、壞繼母受懲罰的故事；對孩子則講有趣的童話、神話，逗得孩子哏哏直樂。」[79]

再如：故事家譚振山的「三不講」原則：女人在場不講「葷故事」，若故事中有「葷」，點到為止；小孩子在場不講鬼故事，若情節中有鬼出現時，便故意丟點、拉點，或者在後面縫合幾句，說這鬼是人裝的，唯恐嚇壞孩子；人多的場合不講迷信故事，擔心給自己惹來麻煩。這時候，他往往亮出「看家段兒」，講那些到的訓誡故事。他說，教人學好的故事，給啥人講都行[80]。由此可見，講述者表演的內容與聽眾密切相關。

---

78 參見葉舒憲，《文化與文本》（北京：中央編譯出版社，二〇〇〇年），頁一五三。

79 中國民間文學集成‧遼寧卷喀左縣卷編委會：《準喀喇沁資料本》（遼寧喀左：一九八七年），頁一；轉引自江帆，《口承故事的「表演」空間分析》，《民俗研究》二〇〇一年第三期。

80 江帆，〈口承故事的「表演」空間分析〉，《民俗研究》二〇〇一年第三期。

其次，聽眾是表演者施展才華的助燃劑。聽眾的反應往往直接左右著講述者的情緒，講述熱情離不開聽眾的刺激。魏大爺講到，一九八八年、一九八九年嚴小華做走馬鎮文化專幹的時候，是他的忠實聽眾。他在嚴小華的鼓勵下，從一開始的「三緘其口」到後來「知無不言、言無不盡」，最後，他完全沉浸在故事創造的快樂當中，吃飯、睡覺都沒有心思了，連抽一根煙都會思考能否作為材料講個故事。在一九九六年由聯合國教科文組織的官員和中國重慶民間文藝家協會的領導們組織的調查團來到司鼓村的時候，面對這些「上面來的人」，面對他們對自己講述能力和才華的肯定，包括魏大爺在內的很多講述者都十分激動，「不少故事家在講述的時候不願停歇，他們說連講幾天都沒有問題，希望能一次多讓其講幾個故事」[81]。由此可見聽眾對講述者講述熱情的影響之大。

（2）研究者的在場也會極大地影響到講述者的表演

在講述者眼中，研究者不是一般的聽眾，他們對故事表演的介入，將會對講述者構成新的互動，直接作用於故事文本的形成。

首先，研究者的介入對講述者設計表演策略發生影響。搜集時間最晚的異文【五】，故事的主題依然和異文【四】一樣，但是其採錄的過程十分有趣。在採錄到一半的時候，魏大爺突然說「記不請了」，要求採錄停下來。筆者藉此機會查看了一下筆記，並倒帶聽了一下剛剛講完的「大禹治水」故事，發現和上一次他所講述的《大禹治水》故事相比，重新出現了「禹妻放人」的情節，分配四季和二十四節氣的功勞又重新回到大禹身上了。筆者於是向魏大爺老人提出這個問題，並提到上一次採錄時候的故事的內容。老人一笑，在隨後的採錄中，即補充了「三過家門而不入」和「禹妻幫忙」兩個敘事單元。這一次，雖然禹妻沒有分配四季和二十四節氣的功勞（因為在故事中已經被設計成大禹的功績了），但是她卻在家裡給大禹做宣傳工作，發動群眾。最後故事還是落腳到了妻子作用大、男女要平等這個主題上來。

81　參見聯合國教科文組織、中國民間文藝家協會、四川省民間文藝家協會編《走馬鎮民間故事》（一九九七年），頁一二。

異文【五】實際上是在作為訪談者的筆者和作為講述者的魏大爺的共同參與下產生的。筆者的介入，改變了講述者的講述意圖和故事的主題，進而轉變了故事文本的面貌。後來，在筆者問魏大爺，「為什麼您當時要那樣改動」的時候，魏大爺說，也許因為筆者是個女性，而且似乎希望聽到那樣的內容，所以他就順勢改變了意圖方向。可見講述者會針對研究者而調整其講述策略。

其次，研究者與講述者的熟悉程度會直接影響到講述者對表演內容和方式的選擇。與研究者相處時間長了，講述者瞭解了研究者的工作性質，自然將其與一般的聽眾區別開來。有時候會主動給研究者講一些「不好講出來的故事」。有時候前後的態度會差異很大。例如，筆者第一次到司鼓村，在採錄了幾天魏大爺的故事後，魏大爺很誠懇地對筆者談到一九九六年日本學者加藤千代到司鼓村做調查的情況。他對加藤的印象非常好，說那是一個「了不起的女人」。由於對方是學者，並且年齡比較大，所以魏大爺當時沒有禁忌，什麼故事都講，包括「葷」故事。他接著說：「對你就不行了，你就跟我孫女一樣的年紀。我們的規矩是長輩、晚輩之間不講這些東西的。」筆者當場表示理解，並且表明如果有機會，還是願意採錄，因為這是筆者的工作職責。當時老人只是一笑。筆者第三次到司鼓村的時候，與魏大爺一家人已經熟悉了，筆者直呼他為「爺爺」。一次採錄的時候，魏大爺對筆者說：「我開始不放心，你年齡小，有些東西不好說，不好講。你是工作同志，你的任務是記錄故事的，我如果有些講、有些不講，你將來寫出來的東西可能不對頭哦。恁個的話還是我害了你。我跟你說，我有些故事不好拿出去講的，你是工作同志，我可以跟你講。」然後魏大爺講述了他知道的一些「不好講出去」的葷故事。這真是筆者始料未及的。

再次，研究者可能會導致講述者對解釋的變化，這是神話文本發生變化的重要原因之一。解釋是講述者對講述環境和聽眾的特別要求的回答。一個典型例子是，當講述者在講到一些地方化的事物時，講述者擔心城裡來的研究者聽不懂，就要增加一些特別的資訊加以解釋，即使是在講述十分定型的故事時，也有這種現象。異文【四】中，在講到「疏通九河」的時候，魏大爺自己為筆者在「河」上加了個「注釋」：「九河呢，像重慶的長江才算一條河，嘉陵江都算不到（一條河）。（它們）都是小河。」老人擔心筆者不能理解九河的「河」有多大，他知道筆者從重慶來，自然想到用長江和嘉陵江的大小來做比。這樣故事文本就發生了變化。而這個變化在以前的異文和以後的異文中都沒有出現過。真可謂「每一次講述都是新的」。

（3）自我距離導致講述文本的差異。

斯卡拉在《口頭敘事的闡釋》中提出了「自我距離」（ego-distance）這個概念，指講述者自己和傳統之間的距離。當一個講述者認識到他在講一個「故事」，他會在這個故事和他本人及其觀點之間拉開距離。故事被當成「故事」在講述，因此講述者往往需要按傳統的方式和內容去講，無法隨意發揮得更多，特別是評論和解釋的成分會減少很多。可是，如果講述者覺得他是在講一件真實的事情，他會更容易根據具體情形，強調不同的重點，更容易從不同的角度看這件事情，並且更多地說出自己的意見，不需要逐字逐句地重複他所講的內容。斯卡拉由此認為，講述者的自我距離導致的評論、解釋方法以及對他們的表達，是保持敘事作品穩定的關鍵因素。[82]

在筆者的田野調查中，確實發現存在自我距離問題。一個比較明顯的現象就是，當講述者確實在表演一個「故事」時，如果由於記憶力的原因，講述人記不清楚了，他通常會嘗試著努力回憶。這說明講述者希望能按傳統的講法來進行講述，在傳統與自己之間拉開距離。反過來，當講述者在講述一件他認為真實發生過的事情時，幾乎不會出現「追憶」的現象。比如，大多數村民都能講幾個當地人崇信的「小神子」作祟的事例，不論是號稱「親眼所見」還是聽別人「吹的」（閒談的），多數人都表示相信是真的。每個講述「小神子」的人幾乎都是八仙過海、各顯神通，將其說得神乎其神，沒有人回憶從前是怎樣講的；而且每個人都有關於小神子的觀點，有的認為小神子有好壞之分，有的認為小神子專門捉弄人，不分好壞……說法不一而足。

82 Anna-Leena Siikala, *Interpreting Oral Narrative*, p.120.

但是，筆者也發現，自我距離的說法並不能涵蓋所有的情況。有時候，即使講述者知道他自己講的是故事，他也並不遵照傳統的講法，而是和講述真實的事情一樣，自由發表自己的解釋和看法。比如異文【四】中，魏大爺知道他講述的是「故事」，可是他仍然根據現場的聽眾（妻子和女性的研究者）和環境（家中），適當地調整了故事的內容和主題，並未感到有保持傳統講法的責任。而且，在以上的五則異文中，恰恰是在主題有所改變的第四則、第五則異文中，講述者給出了他對故事的評價和看法。他認為：

「其實她發揮她的作用，女人家不一定都要去挖，她出的計策好，分配的活路好，比挖還要得行點，力量多大。」（【異文四】）

「女的在屋裡，還是做事，不是沒有做事。」（【異文五】）

可見「自我距離」一說符合一些講述的情況，但是表演現場的情況是異常豐富的，僅用一個「自我距離」，雖然可以說明一些變異的緣起，卻不能涵蓋所有變異的原因。另外，自我距離還是形成講述者的講述傾向的一個重要原因。在下文筆者將較詳細地談到自我距離和講述傾向的問題，此處不贅言。

小結

通過以上對魏大爺從一九八八年到二〇〇一年十三年間所講述的五則《大禹治水》神話異文和現場表演情況的分析，筆者發現：

（一）民間故事，包括神話，其材料是以一定的結構按適當的順序存儲在講述者的腦海裡的。講述結構的基本構成元素，是一些建立在語義內容的功能關係的基礎上的小的記憶套裝。這樣的資訊儲存方法，具有「雙刃劍」的作用。一方面，它便於記憶者將成千上萬的故事材料和故事程式牢牢地儲存在腦海中，是敘事作品的文本能夠多年保持一致的重要原因之一。儘管語詞、表達方式等或許會有改變，但是異文的核心情節往往沒有變動或者變動不大。可以說，口頭敘事作品的穩定性和傳承性與故事材料的這種記憶儲存方式是分不開的。但是，另一方面，這種儲存方式也恰恰是導致神話變異的一個原因。正是由於有結構的記憶套裝程式化的儲存方式，使得講述者能夠不依賴對神話情節的機械背誦，而是憑藉掌握神話的結構章法或套路。故事的程式化特點使得講述者能夠靈活地調用故事的主題、情節結構、表達方式以及多年積累的語料庫。在表演現場，講述者可以隨時根據他所處的環境、面對的聽眾和不同的講述目的對故事做改動，因此口頭敘事作品的變異情況幾乎處處可見。

（二）故事表演現場的情境是口頭作品發生變異的一個重要原因。出色的講述者一般對表演空間的情境都十分敏感，處於與聽眾和研究者的不斷的互動之中。聽眾的存在使故事的功能實現成為可能，他們引發講述者的表演欲望，影響表演者的表演內容和表達方式。固定聽眾群的存在還影響到一個出色的講述者的自信和自尊。研究者的存在則可能影響到講述者的表演策略，刺激講述者的表演欲望；研究者的意向和提問往往介入講述人的表演，甚至重構故事的講述。實際上，在現實的表演空間中，往往存在講述者、聽眾的角色互動和互換。如果是幾個實力相當的講述者在一起，有時候很難截然分清誰是講述者，誰是聽眾。研究者的角色也不是一成不變的，他的介入有時候也會對故事的最終面貌產生很大的作用。

（三）講述者的「自我距離」在解釋講述者與神話變異的關係這一問題時的確是一個獨到的視角，但是講述者對於傳統材料的處理絕不僅僅受「自我距離」一種因素的影響，在某些情況下，他即使在自我與傳統之間拉開距離，意識到自己講述的未必是真正發生過的事情，卻仍然會自由發揮，而不感到需要忠實於傳統講法。因此，從「自我距離」的角度來探討講述者對待傳統的態度時，必須區別對待。如果簡單地以「自我距離」來解釋講述者對所講述故事的處理方式，恐怕有失妥當。

（四）講述者在故事表演中的自由不是沒有限度的。所有傳統的口頭作品，包括神話，都有一個大體相對固定的、成形的文本，在很多場合，故事文本的基本內容並不可以隨便改動。即使講述者被允許調整一些方面，或者引入其他的附加的意義，也必須要找到故事原有的意義與所附加內容的連接點，同時還要適應講述情境中各種因素的互動。特定的知識是否能夠被納入既定的故事規則體系，要看它是否具有能夠適應的品質。故事的表演空間既賦予講述者以某種自由，同時也對其存在一定的限制。

第四節　個人講述傾向與神話的變異——不同講述者對同一類型神話的講述

在上一節中，筆者通過考察同一個講述者對同一類型神話的不同講述，討論了講述者根據記憶機制、情境、自我距離改變神話的講述的可能性和局限性，以及變化中的一些規律。但是，在觀察講述者對神話進行處理使其變異的過程中，除了以上所提到的因素會導致講述者改變神話的講述，還有一個重要的「誘因」，那就是講述者的「講述傾向」（narrative tendency）。這種傾向的組成因素有：講述者的語料庫、講述模式和講述者作為傳統承載者的地位。影響到講述傾向形成的因素則包括：講述者的經歷和價值觀、自我意識、社會交往能力[83]。在這一章裡，筆者力圖通過對五位

83 Anna-Leena Siikala, *Interpreting Oral Narrative*. pp. 109-134.

講述者所講述的同一類型神話的分析，對上述有關講述傾向的問題進行進一步的探討。

一、講述傾向與作品變異

一個出色的講述者的語料庫是極其豐富的，而在公眾面前講述的時候，他並不是講述自己所知道的全部。他必須做出選擇：哪些故事該講、哪些故事不該講、該怎樣講，這樣的選擇往往是由表演現場的情境所影響的。然而講述者還有一種很重要的選擇，那就是根據自己的口味，以及與心理需求相應的情緒來選擇講哪些故事，不講哪些故事。

出色的講述者有著鮮明的個人講述風格。戴格在《民間故事與社會——一個匈牙利農村社區中的故事講述》中提到：首先是表演者的語言吸引了聽眾的注意力，從不同地區來的講述者，或者即使是來自同一個村莊的講述者都能以所使用的不同詞彙來區別彼此。其次是講述者的態度，即是否遵循該口頭作品的傳統形式。有的講述者喜歡按傳統的講法來講，有的講述者則喜歡用自己的風格來詮釋，甚至其風格還非常戲劇化。講述的時候，講述者體驗故事中角色的行為，不僅用語言還用姿態表達自己。有的講述者有他們自己的戲劇化動作，在講述達到高潮的時候，便以動作示意[84]。同時，斯卡拉也指出：一個口頭作品的意義會根據講述者的闡釋角度而發生變化。一個作品傳統上的意義必須適用於講述者的目的，否則他不會有講述它的願望。而對作品母題的選擇、解釋和評價反映了講述者的動機、意見、信仰、態度等等。這些無意識的因素與有意識的目的一起形成了講述的方式和風格。斯卡拉稱之為「講述傾向」。她在田野調查中發現，每個故事幾乎都被它的講述者從同樣的角度重複講述著。多年的反覆採錄發現講述者對同一個故事的評論都未發生大的變化。她認為這不僅歸功於記憶能力，也歸功於講述傾向。當講述表演的空間內各種情境因素刺激了講述者的動

[84] Linda Dégh, *Folktales and Society—Story-telling in a Hungarian Peasant Community*, p.184.

機和目的時，形成講述傾向的動機和目的就被實現了。如果這些動機和目的在很大程度上重複出現或者合乎邏輯地延續，可以推測它們表達了對講述者個性和世界觀來說十分重要的因素。也就是說，口頭作品被解釋、被表演的方式在很大程度上反映了講述者的個性和世界觀[85]。戴格認為，講述者由於個人的人生經歷、體驗、個性和世界觀的不同，會導致對同一個類型的故事的演繹產生極大的差異。這一問題的研究十分重要，但是在以前的研究中，並未得到應有的重視：講述者的個性和文化背景沒有被考慮進去，雜揉在故事中的講述者的個人經驗、生活方式和看法評價也還需要更多的關注[86]。

戴格在對匈牙利的村莊Kakasd所做的民間故事的調查中，便將這些講述者的生活史和他們的個性考慮進去，融入到她對講述者的講述表演的分析中去。斯卡拉則將不同的講述者對同一個故事的表演進行對比分析，她認為講故事並不僅僅是講故事，它更是一種情感、經驗、價值觀的交流。因此，故事中評價和解釋的傾向反映了講述者的興趣，這興趣引導了講述者對傳統的態度、對主題的選擇和對形成故事內容的方式[87]。斯卡拉對講述者和其生活史、觀念、價值的研究為如何探究口頭作品的變異提供了富有啟發性的方法。筆者擬以司鼓村五位民間講述者講述的同一類型神話《伏羲姊妹製人煙》的五則異文為例，參考斯卡拉的上述研究方法，從探究這五則異文的構成成分、故事與講述者的生活的結合等方面入手，探討神話變異與講述者的講述傾向的關係。

選擇這個神話作為範例的原因是：

（一）這個神話在當地流傳比較廣泛，很多人都能講述整個神話，或者一些關鍵性的情節，至少也知道葫蘆、洪水、百家姓這樣的關鍵字。從筆者訪談的材料看，當地流傳的《伏羲姊妹製人煙》神話都屬於鍾敬文先生

85 Anna-Leena Siikala, *Interpreting Oral Narrative,* p.110.

86 Linda Dégh, *Folktales and Society—Story-telling in a Hungarian Peasant Community,* p.37.

87 Linda Dégh, *Folktales and Society—Story-telling in a Hungarian Peasant Community,* pp. 87-109.

曾經考證過的「洪水後兄妹再殖人類神話」。在鍾先生的文章中，他考察了漢族民間所傳的紀錄材料，同時參考了少數民族所傳的同類材料，並參證以周圍一些民族同類型或同母題（兄妹結婚母題）的神話傳說，認為，這個神話產生於「血緣婚還在流行（至少也是還被允許）的時期，而在後代長期傳承的過程中，才被自覺或不自覺地修改成現在我們所看到的這種樣子」[88]。同時，他還認為：「其中前後兩個母題的存在，很可能是由於後來的拼合，而不一定是原來所固有的。」前後兩個母題指的是「洪水氾濫釀成了大災難，毀滅了地上的一些生物」（這可以簡稱「洪水為災」母題）與「僅存的人間兄妹（或姊弟），經過某種方式（占卜、覓藏等），或聽從神命，結為夫妻，傳衍後代」（簡稱為「兄妹結婚再殖人類」母題）[89]。在司鼓村所搜集到的該神話的所有異文都包含這兩個母題。

（二）這五位講述者經歷各不相同，職業身份各異。從他們所講述的同一類型神話中可以明顯地看到生活經歷的不同給作品變異帶來的影響。戴格提出：每一個異文都是從講述者所生活的土地上產生的[90]。講述者總扎根於他所生活的社會階層的具體經驗中。他把自己的觀點傳輸進、把自己的經歷也捲入到故事的場景中。因此如果故事研究只著重在故事結構的比較上，那就會忽略導致變化的背景的研究。因此筆者在這裡試圖從講述者的生活背景入手做一些有關口承神話變異的嘗試性的研究。

88 鍾敬文，〈洪水後兄妹再殖人類神話——對這類神話中二三問題的考察，並以之就商於伊藤清司、大林太良教授〉，《鍾敬文學術論著自選集》（北京：首都師範大學出版社，一九九四年），頁二二八。
89 同上，頁二三二。
90 Linda Dégh, *Folktales and Society—Story-telling in a Hungarian Peasant Community*, p.181.

二、五位講述者的《伏羲姊妹製人煙》神話

早在敦煌變文裡面，「洪水後再殖人類」型的神話已經在中國開始被記錄[91]。在本世紀三〇年代末、四〇年代初，中國南方的少數民族，尤其是苗族和瑤族的這種類型的神話，曾經引起了一些人類學者、民族學者、考古學者和文藝學者的注意，產生了芮逸夫的《苗族的洪水故事與伏羲、女媧的傳說》（一九三八）[92]、馬長壽的《苗瑤之起源神話》（一九四〇）[93]，以及常任俠的《重慶沙坪壩出土之石棺畫像研究》（一九三九）[94]和聞一多的《伏羲考》（一九四二）[95]等力作。新中國成立後，隨著少數民族普查運動的開展，這類神話在東南、西南少數民族的口承作品紀錄有所增加。八〇年代以來，「三套集成」工作在全國展開，挖掘出大量流傳於漢族地區的這種類型的異文，不僅數量增加，而且出現了不少新資料，新異文。同時，許多學者，如李子賢、姜彬、烏丙安、陶陽等人都對這個神話有所探討。

從司鼓村索搜集到的這五則異文和其講述者的生活簡史如下：

【異文二】伏羲姊妹製人煙

講述人：魏大爺

採錄人：張霞

91 呂微，《神話何為——神聖敘事的傳承與闡釋》（北京：社會科學文獻出版社，二〇〇一年），頁三三六。

92 芮逸夫，〈苗族的洪水故事與伏羲、女媧的傳說〉，載史語所《人類學集刊》第一卷第一期（一九三八年）。

93 馬長壽，〈苗瑤之起源神話〉，《民族學研究月刊》第二輯（一九四〇年）。

94 常任俠，〈重慶沙坪壩出土之石棺畫像研究〉，《時事新報・學燈》一九三九年第四十一、四十二期。

95 聞一多，〈伏羲考〉，《人文科學學報》第一卷第二期（一九四二年十一月五日）。

時間：二〇〇一年二月二十七日

伏羲姊妹[96]製人煙那個事啊，是傳說。伏羲姊妹呢，他只有兩姊妹。他的娘、老子都死了，他兩姊妹呢種了一點田土。那個時候啊，田土很少，家庭很貧苦。那個哦，莊稼該做的時候呢，本來是按季節，但是他聽到雀兒在喊種瓜，這個哥哥回家就問那個妹妹呀，他說那個媽死了呀，莊稼哪個時候做啊。沒得人指示得。聽到雀兒在喊種瓜呢就去找瓜子來種下去。問那個妹呀，那個妹呀到處找瓜種啊，找不到呀。最後在個角角[97]裡找到起幾盒。有幾顆是凹癟癟的，有一顆呀飽滿點，她哥哥拿去點呀，生了一根瓜藤，把那根瓜藤是弄得好得很。隨時上水鬆土，隨時消除蟲害，把那兩根瓜藤保了呢，也得開花，開花呢只有一根瓜藤，瓜呀要有雄雌二蕊的才能結果。光是一根瓜藤呢，也不知是雄是雌。結果呢，哥哥就上山上去找。去找跟那個瓜相同的瓜。到處都找了，找都找不到。結果看到那個石岩岩裡呀，有一個野瓜。長得很茂盛，也開了一朵花出來。似乎看起來呢就跟他那根瓜開的花相仿。他就想去弄那個粉，費了很多力氣爬呀爬呀，爬到頂頂上去，頂頂呢也彎下來了，也找不到。他扭到起從半中腰下去，才把那個花粉弄起轉來。弄轉來呢，他那一根瓜藤的花高起也長成了，結了一個瓜，結了一個瓜呢，（姊妹倆）找起來一個鍋，就想把它辦起來吃[98]。這個妹呢，就說不吃，拿來做種。最後哦，兩姊妹都統一留下來做種，這個瓜呢就越長越大，長啊長得呀，長起呢腳腳一個大垮垮[99]，高低[100]呢長個葫蘆形。這個瓜呢長得個葫蘆的樣子。長得大得很，甚至像小點的一個屋子那麼大。啊，後來一到成熟的時候呢，那個藤藤也黃了，就那個瓜來就長成熟了。那兩姊妹就把它收進屋來，那個瓜收進屋呢放到那裡，捨

96 姊妹，重慶方言中不論兄妹還是姊妹都可稱為「姊妹」。此處指「兄妹」。
97 角角，重慶方言，「角落」的意思。
98 辦起來，重慶方言，意思是「張羅起來」。
99 大垮垮，重慶方言，意思是「往下墜的形狀」。
100 高低，重慶方言，意思是「上面」。

不得吃它，最後呢就把高低那個呀垮垮車[101]開了個洞。車了就把裡面的籽籽摳出來，摳出來呢，一天天那個瓜就乾了。乾了呢，她有些東西呢都放到這裡。比如像那些吃的呀、穿的呀、貴重的家具呀，以至好吃的都拿來放到屋裡。像間屋子，保管得很好。

把那個瓜呢，就遇到黃水上天，那個水啊越漲越大，越來越大，架勢[102]漲水那幾天，看到水漲得大了呢，那個妹妹跟哥哥商量，她就說要是那個水淹到我們那個坡坡來了呀，那個哥哥你就把我背起。嗯，我跑不贏呢，你就朝高處走。

這個哥哥呢想一會兒也還是可以，後來就看到呢，那個水越是漲起攏來，越漲越高，越漲越高，沒得法的。他想我把你背起，那個水漲起攏來，要是把我淹到了，淹攏我的嘴巴，你都還在。要是把我的嘴巴封了口的話，我還不是倒到地上。我把你背起，你還不是死啊。他說我們兩姊妹都不存在了喲，唧個辦呢？

他說我們就像唧個[103]，我們兩姊妹呢就鑽到那個瓜裡頭去，那個瓜呢水漲高點它就浮高點，水消矮點呢它就浮矮點。那個幾天幾夜漲水呢，漲起來山都淹完了喲，到處都看不到山坡了，他說這個普遍通天下都是一片汪洋大海了。成了這個黃水朝天了。就在那個瓜裡天天呢就望那個黃水哪天消[104]。今天起來呢，看到那個水還是那麼高，明天起來呢，看到那個水還是那麼高，看來看去這個水不得消哦。只有回頭躲到，還好有東西吃。放的東西都要吃完了，都要勻倒（他）[105]吃。一天吃很少一點來吊到點命[106]。吃完了水不消呢，我們兩姊妹都要餓死。這兩姊妹都做了商量，一天吃很少一點東西來吊到性命。東西要吃完了，水就消了。一天一天的，山坡也現出來了。現出來了呢，那個瓜呢就在那個山

101 車，重慶方言，意思是「鑽開」。
102 架勢，重慶方言，意思是「開始」。
103 就像唧個，重慶方言，意思是「就這麼做」。
104 消，重慶方言，意思是「消退」。
105 勻到，重慶方言，意思是「節省著」。
106 吊命，重慶方言。在這裡意思是「保命。」

角角裡擱起了。

兩姊妹呢就在角角住下來了，水一消了呢，又沒得個人，雞犬都沒得，啥子都淹死完了，就只有他兩姊妹，他兩姊妹呀就在考慮這個事情。普天底下沒得人了，又沒得禾苗，又沒得莊稼，只是看到一些樹子都是枯枝落葉沒得活的。光是些枝枝。他就在那個角角上住下來，那兩姊妹就在那兒住下來。住下來了呢，有個烏龜，爬到角角上來曬太陽呀，有時候遇到怕水淹起來呢，牠就爬，往高起爬一會兒呀，爬起來一會兒去來。有時候那個烏龜爬一夥呢，牠一到黑的時候呢爬到水裡邊那個石縫裡面去了，牠到白天家呢，那個太陽一顯呢，牠就爬起出來了。那一天呢，一男一女，那個烏龜呢是個精怪，是龜精。牠看到那個一男一女呢，牠（呢）先（呢）打算（呢）去做個媒，牠不曉得他們是兩姊妹。牠跟伏羲姊妹做個媒。它（要）那個女的呀跟那個男的結婚。結婚呀以後呢就有人煙。於是去說呢，（跟）那個妹一談呢，那個妹就不承認[107]。又去找那個哥呢，那個哥也不承認。最後盡那個[108]說呢，說了八次，那個哥就承認了，（承認了）那個妹呢，不承認。妹不承認呢，那個烏龜精牠的臉皮很厚，隨時都來扭到[109]妹妹。那一天呢又來扭到她。前前後後談了幾十次。那個妹妹把牠頗煩了，她在洗衣服，那個妹就將就[110]那個衣裳棒棒給牠一頓打：「你臉皮又厚又討嫌，還來給我做媒人。我早就撤了你的銷的[111]，你盡到[112]扭到起糾纏。」她打了呢，就把牠的殼殼打爛了，打了些渣渣。嗯，把烏龜殼殼打爛了。那個烏龜呢把那個殼殼撿來鑲起。幾板幾板[113]變成個人。牠又來跟她纏。那個妹沒得辦法，之後就承

107 承認，重慶方言，意思是「認可，同意」。
108 盡那個，重慶方言，意思是「一直不停地」。
109 扭到，重慶方言，意思是「糾纏」。
110 將就，重慶方言，意思是「就用」。
111 撤了你的銷，重慶方言，意思是「拒絕了」。
112 盡到，重慶方言，意思是：「一直」。
113 幾板幾板，重慶方言，意思是「滾了幾下」。

認了。所以從前流傳到做媒要臉厚呢，給別人談個婚事要談得成呢，要經過多次的耐煩的談，勉強她介紹一會兒來，有時候談不攏去呢。這個是這樣流傳起來的。她這樣談成了呢，那個伏羲姊妹兩姊妹就成了婚。成了婚呢，兩姊妹呢就商量，她說原來爹媽生我的時候呢就是要九個月呢才能產生一個人，他說我們那個要做人煙，那個普天底下都沒得人了，我們要做人煙。那個要天下人多，要很快把人煙製造起來，很不容易。他們那個妹就沒個辦法。她月經來了呢，她的月經帶呢經血就拿去掛到李子樹高起[114]，掛了呢三天（哈）就看到那個樹子燒煙煙了，就有人煙了，所以有些人呢，在李子樹上的姓李，在桃子樹高起的就姓陶，烏龜來做的媒是亡起命來談的，把那個媒談成了。烏龜上面有個王字，就姓王。當時呢，張、王、李姓呢就是正姓，所以那個年辰一久了，一代傳一代的，那其餘的姓呢，又是外孫喲、外侄喲，一代傳一代的就傳起有其他姓來了。那個姓張那個姓呢，它是啷個的[115]。那個妹嘲哥哥，你聽媒人說我們兩姊妹開心，那才髒人[116]呢。那個哥他說，（那個）大的個娃兒，他就姓張嘛！就是張、王、李姓就是這樣子的。所以流傳到以後呢，就說張、王、李姓是正姓。那個其餘的那些姓就是由於時間久呢，一代傳一代的。

魏大爺個人生活簡史：在上一章已介紹過，此處不贅述。

【異文二】伏羲姊妹成人煙

講述人：余國平

採錄人：張霞

114 高起，重慶方言，意思是「上面」。

115 它是啷個的，重慶方言，意思是「它是這樣的」。

116 髒人，重慶方言，意思是「丟臉」。

時間：二〇〇一年八月二日

天皇四萬六千年，地皇有二萬四千春，人皇是一萬六千年，那才有伏羲姊妹。伏羲是哥，女媧是妹，遇到了洪水連天，就把這些人些淹死完了。洪水一發，伏羲姊妹沒辦法，遇到了一個葫蘆，葫蘆很大，看到起沒得逃處得了，這兩個伏羲姊妹就逃到葫蘆裡面，打開它過後，就在葫蘆頭裡去躲到，因此就浮起來。浮在孝子鄉，洪水淹了七天七夜，在那裡一去的話，洪水消了，葫蘆也不走了。太白星呢，才把葫蘆給他們打開了，伏羲姊妹兩個才出來看到，人煙被淹死完了。伏羲就說：「到處人煙都淹死完了，我們如何來製人煙？我們倒不如姊妹成婚了，把這個人煙製起。」當時妹妹女媧就說：「哥哥說法不對，只有養兒討媳婦，哪有姊妹成婚呢？」伏羲當時就說：「妹妹你難道不知這個情況：之所以到處人煙淹死完了，為了要把這個人煙興起。」「好，」這個妹妹說，「要以一個東西來為憑，過去都要以一個東西來為憑據。」妹妹說：「要以磨子為憑。」哥哥一扇，妹妹又撈[117]一扇。老實的，如果這兩扇磨子走來混合，兩個就可以成婚。嘿，就真的走起，東一走，西一走，又走來會合了。會合攏，女媧就說：「這個不為憑據，要以香煙為憑，如果說香煙點起往上沖，兩柱香煙都會合在一起才能為憑。」老實的[118]，點起兩股煙往上沖，起了一點風，就把兩股煙吹來會合到了一起。這一會合攏來，伏羲就要以這個為憑據。女媧又說：「這個也不為準，我們一個走東，一個走西，如果兩個都走攏來了，會合到一起的話，就可以成婚。」「也要得。」女媧的道法要高一些，就拿迷魂水給伏羲吃了的。老實的，一個走東邊，一個走西邊，這一走呢女媧就是設計的這個計，就是等他走在迷魂陣裡找不到開頭了，車[119]過來一看呢，女媧就沒見了。女媧就走在松林子裡面去躲到了。

117 撈，重慶方言，意思是「扛」。
118 老實的，重慶方言，意思是「於是」。
119 車，重慶方言，意思是「轉過身」。

伏羲就走在那個洞口上，洞口就出現來一個道人，叫金龜。他說：「你要見女媧呢，你必須就要尋松林子。」老實的，他吃了迷魂水頓時就清醒了，清醒了以後回頭一看，就看見一棵大松樹。走在那個大松樹角上一看呢，女媧確實是在那裡躲到起的。像這樣呢就沒有什麼話說了。好，就上拜天地，下拜眾神，擺過以後，這個就說：「到處洪水把人們淹死完了，為了要把這個人煙興起，就說姊妹成婚。」當時就這個了。成婚三年過後，就身懷有孕，一經月數滿了過後，就生了，生下來一個肉坨坨，一無眼睛，二無耳朵，三無鼻子，他兩個就說這個是個妖怪，就將他一歇[120]拿來宰成個肉醬醬，拿火弄來燒，燒了來過後就燒成了灰去了，又遇到起風，那個風到處一吹，就吹得遍地山河都有了。這一有了過後，第二晨早起一看，就把人煙興起了。女媧說，我們姊妹成了婚要謝媒人。女媧是早有準備的，兩姊妹一走起去的話，會到起金龜道人，撿起磚頭就朝金龜道人一些亂砸了來，就把這個金龜道人砸死了。又有一個道人把他醫了起來，當然醫不活了。女媧和伏羲就把金龜道人的骨頭拿來鬥[121]成八卦。之所以市面上的八卦就是伏羲造的。八卦好多長的、好多短的，長的是管十二個月，短的是二十四合。就管二十四節氣。所以盤古王開天地，伏羲姊妹製人煙就是這麼來的。

余國平個人生活簡史：男，一九二九年生於走馬鎮司鼓村。小時家中貧窮，十一歲時父母將他送到附近的道觀學徒，希望他能吃口飽飯。余國平聰明好學，記憶力很好，師傅很喜歡他，三年以後正式拜師學習做道場。師傅病逝以後，道觀香火淡薄，無以為繼。道人各自散去。余國平回到村裡，租賃田地種植糧食為生，也經常替人做法事。他做法事認真負責，在走馬附近的幾個村子小有名氣。他在道觀受過教育，識文斷字，能夠閱讀一般的書籍報刊。對民間故事、尤其是道教故事很感興趣，並注意積累。他所講的故事帶有明顯的道教色彩。當地人稱：「要說來歷，要推根本，

120 一歇，重慶方言，意思是「一口氣」。
121 鬥，重慶方言，意思是「湊」。

找余老抽。」[122]

【異文三】伏羲姊妹製人煙

講述人：羅明東

採錄人：張霞

時間：二〇〇一年七月二十六日

伏羲姊妹製人煙。伏羲兩姊妹，因為現在是黃水朝天呢，他就坐葫蘆。水好高呢，那個葫蘆就好高。葫蘆有個把把，他就坐在角角高頭。後來嘛，水一消，那個葫蘆阿，就在旱地上了。因為葫蘆裡面通得到氣，他就還在裡頭。原來的葫蘆有個眼呢。過去老年人說裝些紙啊那些，他不回[123]（撒）。他們就出來了，因為黃水朝天嘛，就只有他們姊妹（撒）。那時出來，哪裡還有糧食米吃嘛！餓了嘛，那時黃水朝天，草草都難得找哦。那壩壩頭還有啥子啊，還有螃蟹些吃得。把螃蟹殼剝了啊，就吃了啊。後來嘛，就只有他兩姊妹，因為懂了事，就曉得是兩姊妹（的嘛）。他兩姊妹（撒），因為不是親親娘的姊妹（撒），兩個都是姓陳。一個耳東陳，一個禾口程。已經現在是避難了（嗒嘛），當然哦，那時候男女穿啷個衣服嘛，毛又深，就像那野人啷個，還有尾巴（呃）。他們兩姊妹呢，那時草草就多一點了。他兩姊妹，在那個岩洞，那個石包包都是一處的哦。當然囉，一天天就大了，雖然成了野人了，就同了宿。同了宿了嘛，就生了小孩兒了。後頭就生了小野人了。頭一胎生了，後來呢漸漸就多了。（多了，）他哥哥說：「現在是百家姓（撒）。」所以說百家姓不是哪個來編的，百家姓呢，是一個人見啥子，就姓啥子。就是恁個來的嘛！這一代長大了，

122 老抽，重慶方言，是村人對道士的一種戲謔的說法。

123 回，重慶方言，意思是「變質」。

又同宿起了，後一代長大了，也同宿了。黃水朝天啊，後來就是幾百人了（嗒嘛），五百人哦。所以說一天天人就多了。多了就不好辦了，滿都姓陳嘛？他說有十八陳呢。先有兩個陳，為啥子後頭有十八個陳呢？

「陳家陳家」，它硬是有十八個陳哦。「陳」就多了，滿都姓陳不好搞（撒），就見到樹樹啊、秧子啊，或其他啥子，它都有個名字（撒）。比方說，魚家嘛，就是見到魚，好，就姓余。我今天見到一張葉子，就姓張。姓王呢，就是見到野人「汪汪」叫了（撒）。所以說它有一定的來歷的。百家姓，名字呢還是編的。哎，姓張、姓王、姓李。實際上，陳家是第一把，先有陳，伏羲姊妹製人煙，先就姓陳，陳家是二十八個字輩，百家姓就是這樣來的。古人恁個說嘛，那陣的人不懂得科學。這個姓古書上有說法的。我就不曉得了。

羅明東個人生活簡史：男，一九三七年出生於內江永東鎮東心區。家裡是佃農。有姊妹七個，他排行第五。從小家境十分貧苦。羅明東參加工作以前沒有讀過書。但他小時候有一個叫李湘亭的鄰居，這個人經常走門串戶、見多識廣，非常會擺龍門陣。羅明東會講很多內江的傳說故事，大都是小時候聽老人或者是這位鄰居講的。

一九五八年，重慶第二鋼鐵公司招工人，羅明東被錄取。在嘉陵汽車廠，他學會了識文斷字，能讀書、看報、寫信等。一九六〇年公司下派分隊，羅明東被提拔為隊裡的團組織委員。一九六三年他入黨以後，做工會的組織委員，經常做群眾工作。一九六五年他被分配到廠子弟校做黨支部組織委員，一九六八年申請回廠裡做技術工人，一九七三年被分配到天津的分廠做工人，直到一九九〇年回鄉。

【異文四】伏羲姊妹製人煙

講述人：魏小年

記錄人：張霞

時間：二〇〇一年二月二十五日

那個，那個啷個說呀，那個，你要說嘛，就要從孫猴子說起走，孫猴子千番[124]，把王母娘娘的聖水給她打倒了，那從啷個說起走咯。那一打倒了，就黃水朝天，就要淹完。它一淹完就沒得人煙得。土地菩薩，土地公公就給伏羲兩姊妹說，他兩個的心比較是最好，他就跟他們說：「明天啦，要發大水，今晚上就要漲水，黃水朝天，你們兩姊妹要想逃過這一關呀，就坐在那個水缸頭坐到，就淹你不死，隨水而漂，水漲好高你就好高，淹你不死。」他們就跑到裡面去坐著。黑了就漲水，漲得大得很，淹攏天。玉皇大帝一看這個水淹攏天了確實不好搞，他又把這個水收了。收了，陸地上就沒得人煙了，地球上就剩了兩姊妹。這兩姊妹後來不好整，既然沒得人，兩姊妹住恁大個地球又住不完。喊他們造人煙，女媧娘娘說的。造人煙，啷個造法呢？喊他兩姊妹結婚。兩姊妹啷個可能結得到婚呢？不可能。就把那個磨子，下磴呢，磨盤呢，搬到山腳腳，磨磴呢，搬到山頂頂上去擂[125]，擂得下來合得起呢，就兩姊妹成親，合不起就不成親。他就搬到山頂上去lwei，lwei下來合得起，兩姊妹就成親。時間長了呢，那個伏羲姊妹，那個妹就懷了孕，懷的時間滿了，生了一塊血巴巴來，那個女媧娘娘跟她說，割成一百坨，見到門前的樹子就開掛，所以百家姓，百家姓，它只有一百個大姓。所以開頭我說姓張的，為啥子姓張，是樹子高頭沒有掛得穩，lwei（滾）到地下來了，鑽出來姓「張」。所以彎弓張，立早章，彎弓張是從地下撿起來。

筆　者：你拐起彎兒說喲[126]！

124　千番，重慶方言，意思是「頑皮」。
125　擂（音），重慶方言，意思是「滾動」。
126　筆者姓張，魏才開講故事說，「張」是從地上撿起來的，意思是很髒，是有意開筆者的玩笑，所以筆者也開玩笑說他拐著彎罵人。

魏小年：（笑）

筆　者：那立早章呢？

魏小年：lwei到地下來，撻[127]得「摫展」[128]的就是立早章，撻得yuan來yuan去[129]的就是彎弓張。

筆　者：我姓張，就是在地下擂了的？

魏小年：哦，我不曉得。（笑）

筆　者：你說製人煙的嘛，啷個沒看到人製出來，光只得姓啥子姓啥子。

魏小年：哦，人煙嘛……

人煙，就是伏羲姊妹掛在樹上那些肉坨坨，第二天起來一看，呵喲！到處都在冒煙煙，那些肉坨坨哈[130]變成了人囉。

人就是恁個來的。

魏小年個人生活簡史：男，一九六五年生於司鼓村第五生產隊，魏大爺的侄子，初中文化。初中畢業後在家務農。他從小就喜歡說唱，聰明伶俐。對民間故事興趣濃厚。一九九〇年拜魏大爺為師，學習講故事兩年。他能讀書、看報，喜歡與人攀談、交往。西南師範大學中文系采風隊一九八八年與一九九二年兩次采風，魏小年講述故事二十個左右。一九九五年三月、九月、十一月日本廣島大學的加藤千代教授三次到司鼓村進行田野調查，每一次都是魏小年陪同。魏大

127 撻（音），重慶方言，意思是「摔」。
128 摫展，重慶方言，意思是「平整好看」。
129 yuan來yuan去，重慶方言，意思是「捲曲不平的」。
130 哈，重慶方言，意思是「全部」。

爺很喜歡這個侄子，說他天份好，會識字，學故事快。

【異文五】伏伯與雷公之鬥

講述人：張紹文

記錄人：張霞

時間：二〇〇一年二月二十五日

伏羲的老漢[131]叫伏伯。伏伯要到西天去開會，就叫伏羲帶著妹妹照到屋[132]。他到天上去了，結果，雷公管天下，他就管地下。雷公要打雷才下雨，不打雷就不下雨。雷公不安逸[133]伏伯，就不給下雨，不下雨就沒得收成。因為收成雷公沒得到。他啷個給你打雷呢？伏羲跟他幹起來，就有套活路做（撒）。他就跟伏羲打起來了，打不贏就被伏羲關起來了。又不拿給他吃。伏伯要到西天去開會，伏伯給伏羲兩姊妹說了，別拿東西給他吃喲，他兇得很，他吃了要討嫌。他就走了，他一走呢，伏羲和女媧兩個東跳西跳，跑去看雷公。雷公歡喜得很，就在地下打滾，還作怪相給他們看。哈哈兒[134]樣都不做了，扭都不扭了，兩兄妹沒得看頭，就說：「做呀，又做怪相給我們看。」雷公說：「我不做了，我要吃東西才幹。」「吃東西？父王說了不准你吃。」「東西不給我吃，給我一點水嘛，又不要你們費力。」兩姊妹就給他水吃，哎呀，他水一吃下去，嘩啦一聲打雷，把籠子打垮了，他就跳出來。他也曉得那兩個娃兒救了他，他給兩個娃兒一

131 老漢，重慶方言，意思是「父親」。
132 照到屋，重慶方言，意思是「照看屋子」。
133 不安逸，重慶方言，意思是「對……有意見」。
134 哈哈兒，重慶方言，意思是「過了一會兒」。

個葫蘆，他說：「拿去點起，沒得吃得就吃葫蘆。」兩兄妹就拿起點。哎呀，一點起那葫蘆看到看到就長大。兩姊妹餓了，就吃。越吃越深，吃多大的空空。

他們就鑽到空空裡面去了。雷公（個老子）滿起打雷喲，水越漲越高，伏伯在天上往高頭爬，逐漸逐漸的就爬彎了。（狗日的）那個邊邊上就摔下來了。他爬不起了。淹死的人多得很。伏伯也摔了。啷個搞的呢？結果就把天升高，天公就發怒了。那兩個兄妹呢，就箍在葫蘆裡，一會浮向這邊，一會兒浮向那邊，淹不到。伏伯回來看到姊妹倆都不在了，嚇慘了。實際上他們沒有死，一個在山這邊，一個在山那邊。後來成了婚，製了人間。所以說雷公兇得很哦，平常一般莫要去得罪他。打雷這些你要把耳朵捂到起，要不然遭他看到了，就要打死人。

張紹文個人生活簡史：男，一九一九年生於司鼓村多子山偏岩子。小時候念過三個月的書。父親在川北一帶賣藥、算八字、做布生意，見多識廣，很會擺龍門陣。小時候居住的偏岩子，是走馬讀書人聚居的地方。鄰居是一個鄉秀才，經常看一些古書，閒下來，常給張紹文講書上的故事，如《封神榜》、《山海經》等。張紹文的故事主要來自父親和這個秀才。十歲那年，他去給遠方來賣椅子的人做學徒，生活很艱苦，受盡師傅打罵，但是學到了一手做椅子的好手藝。解放後就沒有離開過司鼓村，為公社修理器具。他經常在勞動間隙擺龍門陣作為休息。「文革」期間，禁止講故事。直到一九九二年采風隊下來做調查，發動群眾講故事，他才開口。一九九二年西南師範大學中文系采風隊採集到他所講述的故事十七個。

三、五則異文的分析

上述五則《伏羲、女媧製人煙》神話異文都由兩個核心母題組成：第一個母題是「洪水氾濫」，而洪水氾濫的原因分別是：無解釋、孫悟空鬧天宮、伏伯與雷公之鬥。第二個母題是「兄妹成親」，有的異文詳細地講述了兄妹求證天意的經過，有的異文說是女媧娘娘的命令，有的異文說成是烏龜的點子，有的乾脆沒有提到細節。

雖然大體結構一樣，五則異文間的差異卻是非常明顯的。

首先，五則異文的大體情節結構以圖示意如下：

異文【一】：

姊妹種瓜↓瓜中避洪水↓山腳落根↓烏龜做媒↓妹打烏龜↓妹妹掛月經帶製人↓龜殼上的王字和姓氏的來歷

異文【二】：

洪水氾濫↓姊妹瓜中避洪水↓經受考驗（磨子、追趕）↓生下肉團↓砸死金龜道人↓八卦的來歷

異文【三】：

洪水氾濫↓姊妹瓜中避洪水↓同宿生子↓百家姓的來歷

異文【四】：

孫悟空大鬧天宮↓洪水氾濫↓姊妹缸中避洪水↓滾石磨↓生下肉團↓肉塊成人煙↓百家姓的來歷

異文【五】：

雷公、伏伯之鬥↓伏伯被擒↓伏伯脫身↓姊妹瓜中避洪水↓成親製人

除了異文【五】沒有明顯的解釋事物的由來外，其他的四則異文最後都落腳到解釋一種事物的來歷：異文【一】、【三】、【四】解釋百家姓的由來，異文【二】解釋八卦的由來。

同一類型神話由不同的講述者來講述，所呈現的姿態是如此多樣。原因何在？顯然，一個重要原因是講述者之間的差異。在多次田野調查中筆者均借住在司鼓村中，對上述講述者的生活經歷、個性特徵、講述風格有一定程度的熟悉和

瞭解。以下筆者擬對五位講述者各自的特點和風格，及其與作品變異的關係做進一步分析。

魏大爺在講述《伏羲姊妹製人煙》的時候，態度是非常輕鬆的。他特別喜歡講一些逗人發笑的故事。他說：「故事講來要讓別個聽起發笑，覺得好耍，才吸引人。」所以在他第一次接受筆者訪談的時候，準備的故事大部分都是幽默故事，像《被蓋還仇》、《過河》、《默咯（死了）》等都有一些逗人發噱的段子。這些生動有趣的故事不僅逗得聽眾哈哈大笑，也逗得他自己發笑。《伏羲姊妹製人煙》這段異文講述的雖是一個洪水氾濫天下、伏羲姊妹重造人煙、百家姓如何起源的神話，魏大爺講到好笑處卻時常輕輕地笑起來。這種調侃的講述風格把神話講述理論上有的莊嚴氣氛消釋於無形。這一方面說明，在司鼓村，在筆者搜集這個神話的時候，神話講述的情境不同於民族誌上經常記錄的以神話來追溯某個宗族、部落歷史的莊嚴場合，老人的笑聲很好地說明了他並不把古老的事件當真，而是僅僅在講述一個未必真有的「故事」而已。從老人在故事細節上下的功夫也可以看出他這種態度。他在種葫蘆、找葫蘆花、烏龜做媒、妹打烏龜等情節上使用了大量的描述性語言。尤其是烏龜做媒一段，烏龜被描述成一個厚臉皮的形象，而且用來影射現實中的媒婆。這樣使得整個神話充滿生活情趣，缺乏神聖的講述風格，而近似於一個生活故事。

余國平的異文則和他一貫的講述風格一樣，仙化色彩十分明顯。不僅開頭出現「天皇、地皇、人皇」之說，還出現了太白金星。在另外三則異文中充當媒人的烏龜，在這則異文中成了「金龜道人」。特別值得一提的是在魏大爺和余國平的異文中都出現了「妹妹砸碎龜殼」的情節，但不同的是，前者用這個情節是為了說明烏龜背上的裂紋如何來的，而後者則附會到八卦的來歷上面，道教的氣息非常濃厚。這是和余國平本人的成長背景和生活經歷緊密結合，不可分割的。

羅明東的風格又有不同。在他的異文結尾處說：「古人惩個說嘛，那陣的人不懂得科學。這個姓古書上有說法的，我就不曉得了。」這說明他並不認為故事中發生的事情是真的。他相信的是「科學」、「書本」。因此他把同宿在岩洞中的伏羲姊妹描述成「野人」。而其他的講述者並不這樣描述伏羲姊妹的形象。這表明講述者似乎把自己生活的這個「文明」的時代與古老時代對立起來。講述者最想說明白的就是百家姓的來歷，因此不把兄妹成婚這個過程當成描述重點。從文本來看，羅明東的異文與魏大爺的異文相比，沒有那麼多描述性的場景或人物對話。由於想說明「陳」是最早的姓，其他的姓都是演化來的，也就省去姊妹生出肉團的情節。當筆者問道：「其他人說生的是肉團啊。」講述者解釋說：「科學的說，兄妹是不可以結婚的。那是三代親屬，不可以的。但是野人他不曉得……那陣沒得科學嘛！肉團的話就不得要他了，他就沒得姓氏。」可見，講述者篤信現代科學知識，態度是務實的。

魏小年的講述比較見機、靈活，這個特點在他的講述中表現得較為突出。這可以從以下兩件事看出來。第一是在魏小年講述《伏羲姊妹製人煙》神話以前，筆者請羅明東講述了《女媧娘娘造人》的神話，但是這並不是羅明東語料庫中的主要故事，因此講得不很清楚。本來是作為聽眾的魏小年於是對《女媧娘娘造人》神話適時地主動進行了補充，並以「百家姓」為連接點把故事自然延續到了《伏羲姊妹製人煙》：神話中伏羲姊妹奉女媧娘娘的命令成婚。這在魏小年一九九二年的講述中是沒有的（原來的文本中，結婚的要求是哥哥提出來的）。其次是在採錄的時候，筆者提到了《馬桑樹為什麼長不高》這個神話，其最後結局是孫悟空大鬧天宮造成人間洪水氾濫，和《伏羲姊妹製人煙》中的洪水剛好可以連接。魏小年於是以洪水為連接點乘勢把這個神話納入到《伏羲姊妹製人煙》當中來，成為解釋洪水氾濫的情節。可見，他很善於從講述的情境出發，處理故事中的材料和母題。比如神話中「姓張的怎麼來的」這段情節，來由主要是因為筆者的在場。魏小年想藉筆者的姓跟筆者開玩笑，因此故意說姓張的是從樹上掉下來弄髒了的。藉這個玩笑，講述者與研究者之間一下子拉近了彼此的距離。難怪加藤教授三次來訪，都點名要魏小年做嚮導了。

張紹文的異文與上述幾則異文的不同在於，神話內容重點不在兄妹成婚，而在於洪水氾濫的起因。這個異文中，洪水的始作俑者不是孫悟空，而變成了雷公和伏伯，洪水是雷公報復伏伯的一種手段。整個故事以兩姊妹成親製人煙結束，但並沒有提到百家姓的來歷，似乎故事就是要講述整個人類是如何被毀滅又被再造的，並不特意解釋某種事物的由來。張紹文在其中沒有直接談到他是否真的相信神話講述的內容，但他認為雷公、伏伯的本領很高，所以把他們歸屬為超現實的世界。老人最後一句警戒的話表明他講述的時候是很認真的，認為雷公降下洪水的事情是曾經發生在古老年代裡的事情。

從以上比較同一類型神話在不同異文中的差異可以看出，神話不僅會隨著講述時機、情境的不同發生變異，也會隨著講述者的不同而產生差異，特別是講述者不同的講述傾向，會導致神話產生差異。

（一）不同的講述者，因為不同的講述傾向，會對同一個類型甚至同一個母題的神話做出符合自己喜好的調整。這種調整最明顯的表現就是講述者在對各種各樣傳統母題進行選擇時所表現出的不同興趣。例如，魏大爺老人喜歡講述滑稽故事，他擅長採用傳統的題材，以幽默的手法，影射現代的事情，或嘲弄，或批判，或警示。他的許多作品，如《玉皇作風最壞》、《海龍王招女婿》等都是藉古老神話的因由，抒發他自己對人對事的看法，十分有趣。他講故事善於發揮，當觀察到聽眾對什麼情節感興趣，他就多講，細緻刻畫，力求達到聽眾會心而笑的效果。比如他所講述的《伏羲姊妹製人煙》中，對烏龜的刻畫就非常別出心裁，其目的在於藉烏龜的事由諷刺現實中媒婆的無恥嘴臉。如果換一個人講，也許不會在這樣的細節上大做文章。

而到了余國平的異文裡，同一類型洪水後兄妹再殖人類神話的釋源母題變成了「八卦是如何來的」。這是因為余國平喜好講述道家故事，因此一個傳統的神話故事，從他口中講出來就被增添了許多的道教色彩，對這個神話的解釋也就發生了相應的變化。

（二）講述者的個性、表演能力和表演願望是形成其講述傾向的重要因素。個性外向、樂於表演並且具備相當表演水準的講述者，其語料庫一般較大，可選擇的講述模式較多，是不可多得的傳統承載者。由於個性、表演能力和表演願望的差異，即使講述同一類型神話，不同的講述者所獲得的效果各有千秋。

講述者的個性有外向、內向之別，表演能力有高下之分，表演願望則有強弱的差異。一個出色的講述者，或者一個表演欲望比較強烈的講述者，在他/她感到興味的時候，會表現得比平時更加出色。一般來說，當講述者面對研究者的時候，尤其是面對錄音、錄影器材，往往會感到一點壓力。但正是這種壓力，可能會刺激他把自己最出色的表現展示給聽眾和研究者。他們期待來自研究者的肯定。一個個性較外向、經驗豐富、善於表現的講述者面對研究者往往顯示出充分的自信。魏大爺就是這樣一個性格開朗、表演能力較高、表演欲望較強的人。他不害怕在人前說話，人越多，他越有興致，一些對著一兩個人不講的故事，卻可能被聽眾多場合激發出來。從他講述的《伏羲姊妹製人煙》中可以看到，他在可以表現自己講述技巧的地方不遺餘力地展示自己的幽默、生動的講述風格，因此這則異文的篇幅較長。

筆者從調查中發現，一個講述者的表演能力和表演欲望，與他的個性有一定的聯繫。魏大爺能說會唱，年輕的時候就是走馬場上有名的「快嘴」。從小跟么叔公闖蕩江湖練就了他見人說話不害怕的個性。他說話風趣幽默，很容易和人交上朋友。他在政府工作過，當過村長和白市驛市區公交部副部長，經常做群眾工作，因此得到不少鍛鍊口頭表達能力的機會，交際面也比一般的人要廣一些。他說：「我說話的本事是一點一點練出來的。」由於會講故事，魏大爺還結識了不少朋友。原任巴縣縣委書記就是在聽了他講的故事後和他認識的。退休後兩人不時寫信聯繫。二〇〇一年筆者在走馬調查的時候，剛好臨近桃花節，這位縣委書記還讓人帶信來邀請魏大爺一起去桃花節上飲酒聊天。

和魏大爺比起來，羅明東的表演激情要相對少一些，這可能與其性格較為安靜內向有一定關係。他也曾在工廠和學校裡面做過群眾工作，並且表示自己的發言能力正是在這些工作中鍛鍊出來的，但是他特別說明自己並不太喜歡當眾發言的場合。他覺得最本份的是做一個技術工人，因此一九六八年主動申請離開子弟校的黨委行政工作，回到工廠做工人。他說做群眾工作要特別注意影響，說話都要思前想後，感到自己並不太適應。退休回到村裡，羅明東的生活比較低調，他承包了一片梨樹林，平時種點自留地，和老伴相依為命。如果說魏大爺是村裡的公眾人物，羅明東則不那麼「公眾化」。在講述故事的時候，他更多的是按照傳統方式講述，自己創造的成分比較少。在細節的地方，不像魏大爺那麼喜歡發揮。

魏小年也是一個活躍份子，在司鼓村這個社區裡小有名氣。他的表演欲望非常強。在一次講述活動中，他原本作為聽眾在場。當他發現講述者對故事的記憶模糊的時候，他就想站出來補充，有時候甚至「侵犯」到講述者的正常講述。

最後講述的主動權常常被他爭奪到手。上面的異文就是魏小年那次講述的紀錄。他對筆者感興趣的事表現出關注，總是主動講述他所知道的故事。在講述的時候，也很關注在場的人們的反應。比如他把筆者的姓拿來開玩笑，使得在場的人們開懷大笑，他也就更加意興盎然，後來又連續講述了多則故事。

余國平最為村人稱道的是他做的「道場」。村裡的民眾大都相信，在做道場這件事上誰也不如余國平懂得多。每一件法器、每一個程序的由來，余國平都能津津有味地講出個「道道」來。一個村民告訴筆者，別看老余平時不聲不響，你問到他道家的事情，他可以給你講上三天三夜。在調查中，筆者發現，情況確實如此。余國平老人對道教故事感到講得最好，最有把握，也最喜歡講。在採錄的時候，講到道教故事，他就精神一振，而在講那些與道教關係不大的故事時，他往往三言兩語就結束了，而且告訴筆者自己記不清了，講得可能有錯誤。

張紹文的社交面與生活範圍和以上諸位講述者相比可能是最狹窄的。由於住在高山上，加上年事已高，親人離散，他每日深居簡出。二〇〇一年七月二十五日筆者訪談到他的時候，他告訴筆者他已經三個多月沒有下山了。他以編竹椅為生，生活十分簡單。老人對研究者態度雖然是配合的，但顯然缺乏其他講述者那樣的極大興趣。他的故事基本上是重複傳統的講法，而較少個人的創新。雖然筆者根據事先的瞭解，知道他的故事不在少數，真正採錄到的卻並不多。

可以說，講述者講故事的能力與其在社區中的社會地位和聲望有關，且與他們的個人經歷關係十分緊密。魏大爺在司鼓村甚至整個走馬鎮的知名度都很高，他對自己在這個社區的地位也很自信。每年春天，走馬鎮都要舉辦「桃花節」。屆時，鎮上要出面請一些出色的講述者到桃花節上為前來遊玩的客人們講故事。二〇〇一年春天的桃花節上，鎮政府專門為魏大爺製作了與真人同等大小的巨幅照片，擺放在講故事的地方。能夠被鎮政府請到桃花節上講故事，被走馬鎮很多故事講述者看作是一種殊榮。鎮上的另一個故事家劉遠洋就不無驕傲地對筆者談到，政府每年只請三至四名故事家去講故事，而他每年都被邀請，還曾經在重慶九龍坡區的民間文化活動廣場講過故事。出色的講述者多把講述故事看作一種有價值的社會交流，他們的故事令人愉悅。他們和社區其他人發生聯繫的一個重要舞臺就是講述故事。他們的故事讓他們走向社區，他們的表演能力和表演願望在社區的承認中得到進一步的提升。

（三）講述者的自我距離的不同也會造成敘事作品的差異。

筆者在前文曾探討過自我距離在講述者評論和解釋神話中所起的作用和局限性。這裡，筆者還想從另一個角度來進一步探討自我距離對講述者的講述傾向的影響。講述者由於在自我和傳統之間拉開的距離不同，他們在運用傳統材料表達自己的觀點的時候，其方式就有所不同。因此，自我距離是導致講述者具有不同講述傾向的一個原因。斯卡拉在《口頭敘事的闡釋》一書中就以自我距離為重要的一個標準把講述者分為六類：

A類是在自己與傳統之間拉開距離並且非常想表演的一類講述者。他們是最出色的講述者。這些講述者意識到他們是在處理虛構的材料並且把它靈活地編織到故事中。他們能夠靈活運用傳統材料來表達自己的觀點和看法。這個類型的講述者是幽默的和現實主義的，他們避免採取立場，而是讓故事自己說話，這樣他們的解釋和意見在講述時縮到最小，但是從他們的姿態、表達和風格中卻能清楚地看到他們的解釋。這類講述者善於社交、善於與人相處、外向、獨立和自信。

B類是在自己和傳統之間拉開較少的距離。對他們來說講述傳統故事是一種評價和思考這個世界的方式。他們不是很在意得到一個表演的機會。他們把個人回憶或者個人意見加入到所講的主題中。他們的表演模式是不僅僅被表演的需要所控制，更多的是被所掌握的主題所引導。他們非常嚴肅地表達他們的講述傾向。他們外向但是在社交中不如A類講述者那麼主動，缺乏獨立性。

C類是自我距離非常小。他們認為故事講的都是真實的和重要的事情。他們不僅尋找他們認為值得講述的故事或者故事中的教育意義，還尋找進入經驗世界的進口。他們並不是很想表演。這類講述者不關心社會法則，並不想對他們的夥伴進行道德教育。他們的興趣在於超現實的現象。這類講述者在社會交往中比較被動而且明顯的內向。

D類是把故事表演當作宣揚自我觀念的手段。他們十分關注自我，缺乏社會交往興趣。

E類是希望從超現實故事中找到解救自己的途徑。對社會交往缺乏關注，對自己也很缺乏信心[135]。

從筆者在司鼓村的調查來看，自我距離確實極大地影響了講述者講述神話的面貌。也許由於筆者調查力量和範圍的有限，筆者並未發現D、E類的講述者。但是不可否認，以上五位講述者，他們的自身與講述傳統之間有著不同的距離。魏大爺的語料庫和他講述時的態度表明他屬於A類講述者。他很懂得如何把他要講的故事講好，包括如何構思、如何借助傳統的材料、如何製造令人發笑的噱頭等。他的態度完全包含在他所講的故事中，很少直接評價什麼，似乎「一切盡在不言中」。魏小年在這一點上和魏大爺非常近似。他也很少在故事中發表直接的評論，而是通過掌握的故事材料創造他自己喜歡的講法。不過，魏小年從故事程式的積累和講述技巧上都較魏大爺稍微遜色。

羅明東和余國平屬於B類。羅明東在談到他講故事的目的時曾告訴筆者：「講故事一定要教人好，產生好的影響。別個聽你的故事，曉得啥子該做，啥子不該做，就對頭了。」[136]他在講述神話的時候，一再強調這是源於古人不懂科學，他的態度是實際和嚴肅的。他並不把作為表演的「故事現實」和現實十分清楚地分開。而余國平把自己的道教信仰也摻進了這個故事，對神話中出現道家的神仙並無懷疑。他們都在把故事看成一種觀察世界的方式，希望故事能夠對周圍人的思想發生一定的影響，而不僅僅是娛樂。

張紹文可以歸入C類。他相信故事中所講的伏伯和雷公的鬥爭是曾經發生在古代的真實的事情。他並未意識到在表演一個並非真實的「故事」。在講述的時候，他個人的創造比較少，而且常常把好幾個故事的傳統的講法連綴起來，用一些連接點串成一個故事，即使有時候這幾個故事之間並沒有邏輯上的聯繫。

---

135 Anna-Leena Siikala, *Interpreting Oral Narrative*, pp.143-167.

136 根據二〇〇一年八月與羅明東的訪談筆記。

小結

綜上所述，神話的每一次講述都是一次新的創造。神話中不可避免地被其講述者打上了他個性和生活經歷的烙印。正因如此，即使同一個神話，被不同的人傳講，其變化是非常巨大的。

（一）講述者的講述傾向，即講述者明顯地偏向某一種意義的選擇，從而形成一定風格的講述內容和模式，與講述者對神話的評價和態度緊密相關。講述傾向反映了講述者的興趣，這種興趣引導著講述者對傳統題材的態度和對傳統題材的選擇，因此同一個講述者對如何處理神話的選擇是具有一定穩定性的。講述傾向的形成絕非偶然，講述者的人生經歷、世界觀、信仰，與動機等都會影響到講述傾向。所以，講述的傾向實際上反映了講述人的世界觀和個性。

（二）每個講述者的個性、表演能力與表演願望都有差異。當面對聽眾和研究者的時候，不同個性的講述者不同程度的表演願望和表演能力，會導致同一個神話的講述面貌各異。表演能力出色表現願望強烈的講述者，往往盡情發揮他的所長，不放過表現的機會，對這類講述者而言，重要的不是遵照傳統的講法，而是如何表現自己的才能。故事的講述在某種程度上被講述者當作社交的手段，通過講述故事，通過再創造，他們可以表達自己的觀點、意見、看法。表演出色的講述者一般在社區中有著較好的口碑並受到聽眾的尊崇，反過來，社區人群的首肯又增強了他們的自信心，促使他們爭取更好的講述效果，形成良好的循環。

（三）講述者的分類是一個龐大的課題。斯卡拉按照講述者的語料庫和自我距離對講述者進行分類，是具有啟發意義的。筆者的訪談對象似乎也可以以斯卡拉的分類標準進行劃分。但是，由於筆者的調查能力所限，筆者的訪談對象並不能涵蓋司鼓村所有的講述者的類型。因此，這個分類只是極其基本的、初步的，更精確的分類還有賴於今後調查工作的進一步推進。

總之，講述者的喜好、個性、表演能力、表演願望、自我距離等眾多因素都深深地影響了神話文本的面貌，而這些因素又和講述者的文化背景和生活背景緊緊地聯繫在一起的。口承神話的變異是多種因素交叉作用的結果。

第五節　結語

神話，不僅僅是遠古時代的產物，不僅僅是古籍中的隻言片語，也不是社會現代化進程中的活化石、遺留物。在現代化高速推進的今天，它並沒有消失，而是處在不斷演變的狀態中。本章將神話看作是一個不斷被傳承、被創造和不斷變化的動態過程。通過把考察的範圍聚焦到一個具體的社區內，本章考察了在特定的社會文化背景下，講述人這個重要的因素以其各不相同的成長背景、生活經歷、個人傾向、個性特點在神話傳承和變異過程中扮演何種角色、起到怎樣的作用。

司鼓村是重慶市九龍坡區治屬下一個普通的村子。由於特殊的地理位置和悠久的歷史文化背景，它養育了一代又一代出色的故事講述者，保存了大量的民間文藝資源，包括相當數量的神話和能夠講述神話的人群。即使面臨現代化急劇發展和生活方式的巨大改變，也沒有使司鼓村人停止他們的說唱。這個村子正在進行的神話資源的保存、利用、再創造活動，是千千萬萬處於現代化進程中的中國村落的縮影。正是在這樣一個特定的舞臺上，讓我們能夠有機會觀察口承神話真實而具體的表演空間，從而為我們瞭解和研究全國乃至世界的現代口承神話的生存和演變狀況，提供了一個基礎。

筆者通過對這個社區中現代口承神話生存和傳承狀況的具體考察，通過比較不同的講述者講述的同一類型神話的不同異文，以及不同講述者講述的同一類型神話的不同異文，來探討神話在具體情境下和在具體講述者那裡傳承和變異的一些規律。通過實際考察和比較分析，筆者認為：

一、講述者的記憶神話的機制，是神話經過反覆講述而不改變核心情節的一個重要原因。講述者將傳統資源的材料以一定的結構按適當的順序存儲在其腦海裡。傳統資源的程式化，使講述者能夠記住可能極其龐大的材料，並靈活取用。但是，這種儲存方式同時又是導致講述出現巨大差異的一個原因。講述者可以不依賴對故事情節的機械背誦，而是憑藉掌握故事的結構章法或者套路來積累語料庫。講述者能夠靈活調用故事的母題、情節、結構、表達方法等，隨時根據講述現場的情況調整神話原來的敘事單元和講述方式。這種機制使得口頭敘事作品的變異時時發生、處處可見。

二、從前的很多研究都強調講述者在神話傳承中的重要角色和作用，實際上，講述者在神話的變異中，也發揮著巨大的作用。而這種變異往往是應場景而生，應具體的社區文化背景、甚至時代特徵而生，是神話具有彈性、富有生命力的表現。講述者往往都會考慮表演現場的互動、聽眾的喜好等情境因素，表演者處於與聽眾（包括研究者）的不斷互動之中。聽眾的存在引發講述者的表演欲望，影響者講述者的表演內容和表達方式，共同實現了故事的講述，固定的聽眾群的存在還是一個出色的講述者自信、自尊的來源。研究者的存在則影響到講述者的表演策略，刺激講述者的表演欲望，並可能介入到表演空間當中，有時候會導致神話的講述發生巨大變化。

三、講述者對傳統的神話資源的處理方式和態度，不僅僅根據具體的講述情境來變化，他們還根據自己的講述傾向來選擇神話的講述內容和講述方式。由於不同的人生經歷、體驗、個性和文化背景，講述者會對同一類型神話進行不同的演繹。出色的講述者往往生活經歷豐富，社會交往能力比較強，善於控制自己的人生方向，在社區裡知名度比較高，講述故事是他們成功利用傳統資源、表達個人思想、觀點和看法的一個有力武器。

四、講述者的自我距離是導致神話變異的一個重要因素。由於講述者在自我與傳統之間拉開的距離不同，導致他們用不同的模式來運用和處理傳統材料，採用不同的方法來評價和解釋傳統材料，從而影響到口承神話的變異。

此外，自我距離還是產生不同講述傾向的一個原因。講述者出於各自的自我距離，採用不同的材料和模式來講述神話，因此，即使同一類型神話的講述在主題、內容、情節、結構等方面往往都不會相同。

五、但是，講述者對傳統的利用不是無限制的，對神話的變異也不是無原則的。講述者在隨情境、隨個人的心理情緒改變講述策略的時候，必須考慮神話原來相對固定、成形的文本，並不是可以隨便改動神話的基本內容。倘若講述者希望將一些新的資訊納入到講述中，必須看它是否和原文相適應，與故事原有意義是否有切合點。因此，神話的變異在一定意義上既是自由的，也是不自由的。

後續的話

需要說明的是，由於寫作時筆者的田野調查時間、深度和所能獲取的資料的有限，研究視野和能力的局限，本章留下了許多將來需要進一步探討的問題。例如：當地的歷史傳統與整個中國社會的高速現代化，這雙重力量如何在講述者的表演中起作用？講述者的性別是否對神話講述起到相當重要的影響？此種影響在高速發展、日新月異的中國社會中是否持續不變，還是處於持續變化當中？距離筆者調查的二〇〇一年至今的十四年間，司鼓村的經濟、人口、文化、社會各個方面發生了哪些變化？司鼓村的神話講述又因此會出現怎樣的新變化？……

這些問題對於研究中國口承神話的表演、傳承和變異都是相當重要的。筆者希望自己能夠再接再厲，在今後的學習和工作中，繼續努力，探索解決這些問題的有效途徑。

最後，本文成稿於二〇〇二年，距今已有十三年時間，筆者也從初試牛刀的碩士研究生成為在異國求學的學子和高校執教的教師。在北美多年的求學執教生涯中，不論是課堂上關於田野調查問題的激烈爭論，還是課下讀及中西方人類學者的田野經歷，都會牽動筆者對司鼓村田野調查的諸多回憶和反思。人類學在西方的出現和發展，是與殖民時代歐洲強國與世界其他國家和社會的關係緊密聯繫。當殖民者遭遇與其文化習俗差異甚大的人群（他者）時，他們迫切地需要重新組織其知識系統，需要理解文化的多樣性。應運而生的人類學和人類學者在大眾視野中的形象，似乎始終與對所謂的「他者」的描述與再現分不開。特別在馬林諾夫斯基之後，田野工作方法與民族誌描述體系成為了民族誌寫作的正宗範式。在實證主義的研究方法的影響下，人類學者多致力於研究一個封閉的「遙遠」的社區，對該社區進行如同攝像機一樣的全方位的描述，並將這種描述作為對他者的絕對真實的知識帶到他們（她們）自己的文化中。在那樣的模式下，人類學者對他者的再現是具有權威性的。然而在上個世紀七八〇年代（或者更早），傳統人類學寫作範式的權威性遭到了來自後現代主義、後殖民主義、新批評等多方面的挑戰和質疑。不僅傳統人類學寫作範式的「科學性」和「真實性」被質疑，人類學者作為「權威的」文化代言人的身分，以及人類學本身作為一種「社會科學」的地位也遭到批評和反思。與此緊密相關的，是人類學及其他社會科學學科，對西方與非西方權力關係和再現政治（the politics of representation）的反思。在傳統人類學，之前處於不可見狀態中的人類學者的田野經歷，和在田野中與被採訪人之間的權力關係，以及互動過程，被帶到人們的視野中，成為眾人聚焦的問題。對此問題的關注，與對民族誌書寫的知識的本體認識密切相關。當民族誌書寫的權威性遭到瓦解，其科學的神聖性已然不再，是否人類學者對他者的再現只是自由發揮、隨意書寫的文學創作？作為人類學者的我們，承認對他者的寫作只是一種「再現」而非「事實」、民族誌寫作只能代表「部分真實」之後，又該如何繼續對他者的寫作呢？事實上，與被訪談者的互動過程正是民族誌書寫的知識的產生過程，這樣的知識是在雙方的共同建構中生成的。因此，人類學者有義務且有必要將該知識的生成過程展現在民族誌的書寫中，而這正是當年筆者的學識和眼界所不能達到的。因此，本章的寫作缺失了筆者田野調查經歷的講述，也少提及筆者與當地村民和相關人員的權力關係問題，現在想起來是個不小的缺憾。

在對司鼓村進行田野調查時，筆者深刻地感受到中國社會轉型和現代化進程，對這個位於大山環抱中的小村落無處不在的影響，在本章中也對此進行了一些描述。然而，在成稿的二〇〇二年，同樣由於學識和眼界的限制，筆者未能將對神話傳承與變遷的考察放在這個更大的背景中進行考察。作為中國西南地區的一個村落，司鼓村的方方面面都與經濟騰飛中的中國有著千絲萬縷的聯繫，也包括神話的傳承和變異。筆者的原稿對司鼓村的經濟、文化、政治、環境的描述還是比較靜態的，未能展現作為中國社會文化縮影的司鼓村，在全球化浪潮與中國社會轉型的關鍵時刻，如何在村落、地方、國家與全球各個層次的不同力量的合力下，保持並變革其神話講述的動態過程，這不得不說是本章的另一個遺憾之處。此外，本章對講述人的生活背景與神話講述的關係，因為筆者當時的眼界、能力和調查時間的限制，也比較有限。以上的遺憾之處，只有留待筆者在今後的學習和工作中，在繼續民族誌寫作的不斷錘鍊中，再行修正和補益了。

主要參考書目（以出版先後為序）：

一、專著

（一）中文部分

1. 袁珂編著《古神話選釋》，北京：人民文學出版社，一九七九年。
2. 鍾敬文，《鍾敬文民間文學論集》（上、下），上海：上海文藝出版社，一九八二、一九八五年。
3. [日]大林太良著，林相泰、賈福水譯，《神話學入門》，中國民間文藝出版社，一九八八年。
4. [蘇]李福清著，馬昌儀編，《中國神話故事論集》，中國民間文藝出版社，一九八八年。
5. [美]塞・諾・克雷默著，魏慶征譯，《世界古代神話》，華夏出版社，一九八九年。
6. 孟慧英，《活態神話——中國少數民族神話研究》，南開大學出版社，一九九〇年。
7. 張振犁，《中原古典神話流變論考》，上海文藝出版社，一九九一年。
8. [美]阿蘭・鄧迪斯著，朝戈金等譯，《西方神話學讀本》，廣西師範大學出版社，二〇〇六年。
9. 馬昌儀編《中國神話學文論選萃》（上、下），中國廣播電視出版社，一九九四年。
10. 中國民俗學會編《中國民俗學研究》（第一輯），中央民族大學出版社，一九九六年。
11. 楊利慧，《女媧的神話與信仰》，中國社會科學出版社，一九九七年。
12. [日]關敬吾等著，張雪冬、張莉莉譯，《日本故事學新論》，遼寧大學出版社，一九九九年。
13. 朝戈金，《口頭史詩詩學：冉皮勒〈江格爾〉的程式句法研究》，廣西人民出版社，二〇〇一年。
14. 葉舒憲，《文化與文本》，中央編譯出版社，二〇〇〇年。

15.呂微，《神話何為——神聖敘事的傳承與闡釋》，社會科學文獻出版社，二〇〇一年。

（二）外文部分

1. Dégh, Linda. *Folktales and Society—Story-telling in a Hungarian Peasant Community.* Translated by Emily M. Schossberger. Bloomington and Indianapolis: Indiana University Press, 1968.
2. Glassie, Henry. *Passing the Time in Ballymenone.* Bloomington: Indiana University Press, 1982.
3. Bauman, Richard. *Story, Performance and Event-Contextual Studies of Oral Narrative.* New York: Cambridge University Press, 1986.
4. Siikala, Anna-leena. *Interpreting Oral Narrative.* Helsinki: FF Communications, No.245, 1990.

二、論文

（一）中文部分

1.王銘銘，〈小地方與大社會：中國社會人類學的社區方法論〉，《民俗研究》一九九六年第四期。
2.王倩予，〈工農村村民的信仰狀況〉，《廣島市立大學特定研究報告書》，頁一九至三八，廣島市立大學國際學部，一九九六。
3.陳建憲，〈精神還鄉的引魂之幡——二十世紀中國神話學回眸〉，《河北師範大學報（哲社版）》一九九八年第三期。
4.楊利慧，〈民間敘事的傳承與表演——以女媧神話為例〉，在「民俗學學科建設和人才培養大會」上的發言稿，二〇〇一年十一月三日。

（二）外文部分

1. Finnegan, Ruth. "Observing and Analysing Performance," in her *Oral Traditions and Verbal Arts: A Survey to Research Practice*. London and New York: Routledge, 1992.
2. Gilbert, Lisa. "The 'Text/Context'Controversy and the Emergence of Behavioral Approaches in Folklore," *Folklore Forum,* vol. 30, 1/2 (1999): 119-128.

三、其他故事資料

1. 重慶市巴縣民間文學三套集成編輯委員會編《中國民間故事集成・重慶市巴縣卷》，一九八九年。
2. 《魏顯德故事集》，重慶出版社，一九九一年。
3. 侯光、何祥錄編《四川神話選》，四川民族出版社，一九九二年。
4. 《廣島市立大學特定研究報告書》，廣島市立大學國際學部，一九九六年。
5. 聯合國教科文組織、中國民間文藝家協會、四川省民間文藝家協會編《走馬鎮民間故事》，一九九七年。

第三章　現代口承神話演述人及其神話觀研究

——陝西安康市伏羲山、女媧山的個案

李紅武

第一節　引言

一、本課題的學術簡史

從一定意義上說，現代口承神話屬於廣義的口承故事的一部分，而且，對口承故事演述人的研究，與本文對現代口承神話演述人的研究，具有直接的參考和借鑑意義，因此，本學術史的梳理，將包括口承故事演述人研究和現代口承神話演述人研究兩部分。

二十世紀世界範圍內口承故事的研究，「大都受芬蘭學派的地理—歷史研究方法的影響，一般把記錄的口頭傳說故事規範化，然後，從中擇選出任意的類型和主題，與文獻傳承進行比較，應用文獻、歷史的方法進行溯源考證，以確定其發生的場所、時代，以及分布的範圍等傳統方法」[1]。而中國學者對於口承故事的研究，基本上也秉承了這樣的學術傳統，而對口承故事的演述人沒有給予足夠的重視。但實際上，「傳統對母題類型廣泛分布的研究很有趣，但是，對母

1 [日]關敬吾，〈故事講述家的研究及其展望——從平前信老人談起〉，載張冬雪、張莉莉譯，《日本故事學新論》（瀋陽：遼寧大學出版社，一九九二年），頁一。

題範圍的單純描述，並不能回答民間故事存在的理由，因此，我們有必要調查母題與主題，還必須對他們的傳承方式，他們在演述人闡釋中展示的故事文本的普遍意義和個人意義加以考察」[2]。因此，對口承故事演述人的研究，不僅有助於我們更好地理解口承故事的起源、傳承、變異乃至本質等問題，而且也是我們解讀個人與傳統關係的一把鑰匙。

儘管學界對口承故事演述人的研究相對薄弱，但是並非完全闕如。對這些學術成果進行縱向的梳理和橫向的比較，有助於我們在繼承的基礎上尋找新的突破口，從而沿著他們的足跡前行。

（一）國外對於演述人的研究

對口承故事演述人的關注，是在口承故事的搜集整理的過程中逐步形成的，但是最初的大部分學者只是從故事文本搜集的角度來關注演述人，只有極少數的學者從主體角度來研究他們。隨著各國學者學科意識的發展，他們逐漸認識到演述人對於故事研究的重要性，於是開始從不同的角度對演述人進行研究，並取得一定的成就。

國外學者對於口承故事演述人的研究，受各自學術傳統和學科意識的影響，發展極不平衡，但從整體來看，他們對口承故事演述人研究大致經歷了三個階段：

1. 演述人理論的萌芽階段，主要以俄國為代表。

這一時期演述人理論主要是以發掘演述人的故事文本為主，學者開始朦朧地意識到口承故事演述人與故事傳統之間的關係，但沒有給予足夠的關注。十九世紀六〇、七〇年代，當各國的學者還在為Folklore的涵義、起源及其社會功能爭論不休的時候，俄國學者已經開始關注文本背後的演述人，在他們看來「民間文學的傳承人並不僅僅是古代傳統性文化的保存者。他們是積極參與民間文學創作的有才能的人」[3]。因此，他們在對搜集起來的民間故事進行集輯出版的時

2 轉引自Anna-leena Siikala, *Interpreting Oral Narrative*, p.9.

3 [日]齊藤君子著，陶范譯，劉曄原校，〈從傳承人理論看俄羅斯民間文藝學〉，《民間文學論壇》一九九二年第四期。需要指出的是，日本學者高

候，打破了傳統的按照體裁進行分類出版的原則，給演述人出版專輯。這表面上看來只是在故事出版方面的變化，卻直接啟發了學者對故事演述人的關注。這一時期的代表是П. Н. 雷布尼科夫、А. φ. 吉利費爾金格和П. Н. 薩多夫尼科夫。尤其是П. Н. 薩多夫尼科夫，他「第一個注意到活生生的人，即故事的講述者」[4]。他幾乎在自己搜集的每一篇文本後面都要注明講述者，這一細小的變化反映出一種新的學術意識的轉向。他在搜集過程中發現，一些傑出故事演述人不僅會講述儲量豐富的故事，而且風格多樣，講述才能也是罕見的。在《薩馬拉地區的故事和傳說》一書中，薩多夫尼科夫詳細介紹了他所遇到的每一位故事家，他這種在關注文本的同時，將目光轉向演述人的視角，為以後故事演述人理論研究奠定了第一塊基石。

2. 演述人理論的發展階段。

主要集中在十九世紀末二十世紀初期，仍然以俄國為代表，日本也取得了比較大的成績。這一時期的學者在秉承以往學術傳統的同時，也對演述人理論進行了拓展。其主要特點表現在：第一，學者進一步嘗試著根據演述人來編排故事。H. E.翁丘科夫在他搜集整理的故事集《北方的故事》（一九〇八）中，完全採用了按照演述人來編排故事的原則，並在文後附有每個演述人的小傳和自己的評述。翁丘科夫的方法直接影響了以後故事搜集的實踐，重要的代表人物如澤列寧、索科洛夫兄弟、M. K.阿札多夫斯基等人都是沿著他的軌跡並向前發展的。第二，把演述人作為獨立的對象，從演述人的角度對其文本加以解讀。一九二四年，阿札多夫斯基對西伯利亞女故事家H. O.維諾庫洛娃所講的故事和講述風格專門撰述長文進行了探討。他在綜合翁丘科夫、索科洛夫等前輩的理論基礎上，結合自己的田野實踐，擴展並深化了演述人理論。他認為傳統的傳記式的方法對於演述人的研究是遠遠不夠的，應該從講述者的創作個性、故事總目和講述風格等方面著手，從而擴大演述人理論的研究範圍。第三，採錄演述人講述故事的方法逐步走向規範化。這主要以日本

木立子糾正說，「齊藤君子」被錯譯，應該是「齋藤君子」，是前日本民俗學著名的學者。鑑於出處問題，本文仍沿用「齊藤君子」。

4 轉引自賈放，〈俄羅斯民間故事研究的「雙重風貌」〉，《北京師範大學學報（社會科學版）》二〇〇一年第六期。

為代表。在俄國演述人理論的影響下，一九二二年，佐佐木喜善出版了《江刺郡昔話》，成為日本最早的演述人故事專集。一九二七年，他又出版了《老媼夜談》，這是一本以女性演述人為主的故事專集。此後，日本口承故事演述人的故事專集如雨後春筍般湧現。一九三六年，為了規範和推動日本口承故事演述人的研究，發表了《民間故事採集手冊》。該書明確地表達了人們對傳承人的重視[5]。

此後，阿札多夫斯基的文章傳到其他國家，在國際民俗界產生了廣泛的反響，越來越多的學者開始從演述人的角度來反觀民間故事的研究。阿札多夫斯基的演述人理論不僅奠定了俄國故事理論在國際上的地位，而且引起了國際民間故事研究的一場革命，正如琳達・戴格所指出的：「俄國學派的最大的成就是在社會學和文體批評以及美學原則下，對演述人個性研究的介紹，和一種個體演述人講故事的分析模式的建立。」[6]

3. 演述人理論向縱深發展。

主要是在二十世紀六〇年代以後。隨著學者對人們講故事的原因和講述意義的追問，一種新的民俗學理論——以「表演」為導向的民俗學理論（performance-orientation folkloristics）在美國出現。該學派指出，以往學者注重對敘事文本的研究，而對敘事生存的情境（context），尤其是對那些創造、傳承敘事文本的主體缺乏足夠的關注，他們認為：「傳統的對母題類型的分布的研究很有趣，但是對母題範圍的單純描述並不能回答民間故事存在的理由。因此我們有必要調查母題與主題，還必須對母題和主題傳承的方式、在演

美國著名民俗學家和語言人類學家理查德・鮑曼（Richard Bauman），採自鮑曼著，楊利慧、安德明譯，《作為表演的口頭藝術》一書。

5 [日]野村純一著，白希智譯，〈日本民間故事講述家的研究〉，遼寧民間文藝研究會編《民間文學論集》，頁三七九。

6 Linda Dégh, *Folktales and Society—Story-telling in a Hungarian Peasant Community*, pp. 55-56.

述人闡釋中所展示的故事文本的普遍意義和個人意義加以考察。」[7]基於這樣的認識，他們將注意力轉向了對口頭傳統的交流與表達價值的關注，把口承敘事作為一種表演實踐來加以探討，對在自然場合下揭示出的民間故事的情境意義給予了特別的強調。在表演理論的主要代表人物之一的理查德‧鮑曼看來，「表演」是「一種言說的方式」，「一種口頭語言交流的模式」，是對語言上的技巧和效力的展示[8]，表演的意義是由表演者和觀眾在特定的時空範圍內「動態地創造（be created dynamically）」[9]的。因此，運用「表演」的視角來闡釋民間口承敘事，打破了以往學者單純重視文本的局限，促使我們從演述人、聽眾、演述場合等多重角度，來反思民間口承敘事的意義及其民間文學的特徵。這一時期演述人理論的主要特點，就是將演述人的研究放在特定的文化區域裡，考察演述人與文化傳統之間的關係。讓演述人回歸到其生活的文化傳統中，將死的文本與活的傳統結合起來，一批關於演述人研究的力作紛紛面世。其代表人物主要有琳達‧戴格和安娜—麗娜‧斯卡拉。戴格在其一九六九年出版的《民間故事與社會——一個匈牙利農村社區中的故事講述》一書中，以Kakasd地區為個案，不僅對民間故事存在的因素給予了探索，而且把故事演述人放在特定社區內進行了系統的研究[10]。而斯卡拉在一九九〇年出版的《口頭敘事的闡釋》（*Interpretation Oral Narrative*）一書中，同樣將演述人置於特定的區域——Kauhajoki，對民間故事、演述人和傳統之間的關係進行了全景式的描述。她特別注重故事演述人的個性因素、世界觀和對社會環境的態度如何影響了演述人在特定社區中的社會地位、演述人作為傳統承載者的品質和演述人作為民俗傳承者的能力，指出演述人的敘述傾向（narrative tendency）與傳統取向（traditional orientation）有著密切的關係，並按照演述人與傳統之間的關係，對演述人進行了劃分[11]。

7 轉引自Anna-leena Siikala, *Interpreting Oral Narrative*, p. 9.
8 [美]理查德‧鮑曼著，楊利慧、安德明譯，《作為表演的口頭藝術》（桂林：廣西師範大學出版社，二〇〇八年），頁一二。
9 Timothy R‧Tangherlini,"Performing through the Past-Ethnophilology and Oral Tradition", in *Western Folklore*, vol. 62,No.1-2,2003,p. 144.
10 Linda Dégh, *Folktales and Society—Story-telling in a Hungarian Peasant Community*, trans. Emily M. Schossberger (Indiana University Press, 1969).
11 Anna-leena Siikala, *Interpreting Oral Narrative* (Helsinki, 1990).

綜上所述，各國學者立足本土實踐，對口承故事演述人進行了較為深入系統的探討，形成了各國的學術傳統，他們的這些學術成就，為我國口承故事演述人的研究提供了彌足珍貴的經驗。

（二）國內對於演述人的研究

與國外演述人研究相似，我國學者對於口承故事演述人的關注，也是伴隨著對口承故事文本的搜集開始的。嚴格來講，中國學者對於口承故事演述人的研究，開始於「五四」運動之後。大約可以分為三個時期：（1）「五四」運動時期——一九七〇年代末，這一時期開始初步關注口承故事的演述人，主要的視角是演述人的身世與講述故事之間的關係問題；（2）一九八〇年代至一九九〇年代，伴隨著民間文學「三套」集成的編纂，對於口承故事演述人的研究也達到一個高潮，開始從民間故事演述人的個人生活史、傳承路線、性別意識、講述風格等方面來研究演述人主體，從而將口承故事的研究大大地向前推進了一步；（3）一九九〇年代末以後，對於口承故事演述人的研究，除了秉承以往的學術傳統外，一些學者還借鑑西方的先進理論，如表演理論等，來關注中國的民間故事演述人，拓展了口承故事演述人研究的領域。

1.「五四」運動至一九七〇年代末。

這一時期的演述人研究又可以分為兩個小階段：第一小階段為「五四」運動到一九四九年以前。這一小階段的特點是在搜集整理民間故事文本的同時，對民間故事演述人的研究有了朦朧的關注意識；第二小階段為一九四九年以後到七〇年代末。這一小階段的特點是隨著民間故事採集過程的進一步展開，各民族都發現了一些儲量豐富的民間故事演述人。這一時期學者的視角主要集中於民間故事文本的搜集整理，著重於挖掘各民族民間故事的歷史、社會、文化的意義和價值，對於演述人的關注也只是從個人的生活史與其講述故事內容方面的聯繫為維度來研究的，但由於這時處於特殊的歷史時期，這種研究很快就銷聲匿跡了。第一階段主要是從民族自覺、民族覺醒意識開始關注口承故事的演述人的，也就是說，當時對於口承故事演述人的關注是服務於政治需要的。在二〇、三〇年代，劉大白、鍾敬文等就開始在自己的家鄉搜集民間故事，這些前輩在搜集民間故事文本的同時，也把故事文本的提供者及其簡略的情況附在文本的後面，如在自己所搜集的故事文本後面寫上演述人的姓名、年齡等。這為我國口承故事演述人研究提供了較早的一筆。第二階段則主要是伴隨著全國性的民族民間文學普查活動展開的。中國民俗學界的泰斗鍾敬文早在一九五〇年寫的《談談口頭文學的搜集》一文中就提出了在搜集整理民間口頭文學需要注意的問題。這雖然是一篇談論民間口頭文學搜集整理的論文，但文中也談到民間故事演述人和演述情境等問題[12]，顯示出學界前輩敏銳的學術眼光和前沿的學術思想。此外，孫劍冰[13]、董均倫[14]等也在相關的文章中也對演述人進行了精彩的論述。

2. 一九八〇年代至一九九〇年代。

這一時期是口承故事演述人研究的學術自覺時期。隨著八十年代民間文學「三套」集成（包括民間故事集成、民間諺語集成與民間歌謠集成）編纂，在大規模搜集整理流傳在民眾口頭的活的民間故事等文本內容的同時，還發現了大量優秀的民間故事演述人和民間歌謠的傳唱者，甚至發現了故事村、歌謠村等流傳故事、歌謠比較集中的地點。同時，這一時期出版界對民間故事文本的及時出版為民間故事文本及演述人的研究也起了推動作用。概言之，這一時期對於演述人研究，主要涉及以下幾個方面：

（1）演述人個性與共性問題的討論。在對演述人共性與個性研究方面，學者雖多有論述[15]，但是論述最為精闢的

12 鍾敬文，《民間文藝談藪》（長沙：湖南人民出版社，一九八一年），頁三一三。

13 孫劍冰，〈略述六個村的搜集整理工作〉，《民間文學》創刊號一九五五年四月。

14 董均倫，〈搜集整理民間故事的幾點體會〉，《民間文學》一九五五年七、八月號合刊。

15 關於這方面的研究，學者多有論述，如裴永鎮在《民間故事的搜集方法淺論》一文中對於民間故事講述家的鑑別提到以下幾點：除了一個講述者具有的素質之外，還要從「情節是否完整，講述是否嫻熟是否具有個人風格特點；是否具有群眾基礎」。作為一個故事講述家，不僅記憶力好，而且口才要好，也就是說話巧，這才能成為一個名副其實的民間故事傳承人（《民間文學論壇》一九八五年第二期）。袁學俊在《石家莊地區的故事家群》一文中也提到了民間故事演述人的共同性問題：他指出，故事家的共同特是生活曲折、閱歷豐富、記憶力好，文化水準比以前公布的一百多位故事家文化水準偏高，從而對已有故事的再創造和新故事的編創能力較強，不是職業故事家，口頭表達能力強（《民間文學論壇》一九

首推許鈺。他在對演述人共性與個性表現形式的分析的基礎上，指出，口承故事的演述人可以分為「傳承型」與「傳承兼創作型」兩類。[16]

（2）對演述人傳承線路的研究。從傳承的角度來研究演述人，是傳統演述人研究的重點，我國學者對於演述人傳承線路的研究，論述也比較充分[17]，而用力最勤的要算張紫晨了。張紫晨指出了民間故事從傳承來源到故事演述人，再到接受者的系統的完整的過程，文章還提出了族源系統的傳承與親緣系統的傳承等問題[18]。

（3）從性別的角度對演述人進行研究。學者對於故事演述人性別的關注，是從演述人的傳承路線研究開始的。著名民間文藝學家劉守華通過對三十二位民間故事講述家的綜合考察，得出了女性家族傳承和男性社會傳承的差異[19]，而這種差異直接導致了演述人所傳承故事種類、故事集散場地、個人講述風格等方面的不同。江帆則從活動特點、文化背景和兩性差異等角度對遼寧女故事家群的特徵進行了論述，並指出性別研究在故事演

八七年第五期）。在另一篇《耿村民間故事村調查》中，他進一步提到故事家的確定標準：一、有一定數量的作品，有自己的代表作。二、有一定的講述（演唱）能力（不強調其舞臺式表演水準）。三、有較強的記憶力，善於傳承或創造。四、有一定的社會影響，起碼得到過村民公認（參見《民間文學論壇》一九八九年第一期）。還有月朗在《民間故事傳承路線研究》一文中從演述人性格方面提到了演述人的共同性問題，他指出：幾乎所有的故事傳承人都具有熱情、開朗、大方、善談的外露式性格（《民間文學論壇》一九八八年第三期）。許鈺在《口承故事論》一書中也提出了自己對傳承人的標準，指出客觀界定講述家的條件，可以概括為三個方面：第一，故事講述家都能講較多的故事，在這方面，一般以能講五十個故事為起碼的條件；第二，故事講述家講述的水準較高，所講的故事結構完整、生動有趣，具有一定的個人特點；第三，在群眾中有一定的影響〔許鈺，《口承故事論》（北京：北京師範大學出版社，一九九九年），頁二〇三至二三一〕。

16 許鈺，《口承故事論》，頁二三〇至二四一。

17 參見月朗，〈民間故事傳承路線研究〉，《民間文學論壇》一九八八年第三期；烏丙安，〈耿村故事傳承論析〉，《民間文學論壇》一九九一年第六期；李溪，〈侗族一個故事之家傳承諸因素調查〉，《民間文學論壇》一九八六年第五期；劉守華，〈文化背景與故事傳承——對三十二位民間故事講述家的綜合考察〉，《民族文學研究》一九八八年第二期；袁學俊，〈耿村民間故事村調查〉，《民間文學論壇》一九八九年第一期；樊更喜，〈從耿村故事家群看不同年齡段對傳承內容的選擇〉，《民間文學論壇》一九九一年第六期等。

18 張紫晨，〈關於民間故事講述家的傳承活動〉，《民間文學》一九八六年第二期。

19 劉守華，〈文化背景與故事傳承——對三十二位民間故事講述家的綜合考察〉，《民族文學研究》一九八八年第二期。

述人的研究中所具有的意義：一方面它（性別研究，筆者注）貫穿於故事家故事活動的全部過程中，對故事集散的場所、規模和特徵有著內在的作用；另一方面，它積澱於故事傳承過程中的主體意識產生潛在的影響，直接或間接地制約著故事的題材、風格和語言[20]。

綜觀這一時期我國對故事演述人的研究，我們可以看出，這一時期對於故事演述人的研究與七〇年代以前相比，無論研究的力度還是研究的廣度，都大大向前邁進了一步。但這一時期對於民間故事演述人的研究，側重點是對演述人整體特徵的研究，而對於演述人的個性探討則略顯不足。儘管這樣，我們仍然可以說，這一時期對於民間故事演述人的研究而言是一個繁榮期。

3. 一九九〇年代至今。

二十世紀九〇年代以後，隨著我國學術理論逐步走向成熟以及學術視野的拓展，一些學者開始利用西方的理論來關注中國傳統的口承故事演述人。在眾多西方理論中，對我國演述人研究影響最大、成就最顯著，而且越來越引發學者興趣的要算表演理論了。對表演理論的研究與探索，楊利慧可謂貢獻較多的一個學者。近年來，她一方面致力於介紹表演理論的先進成果，一方面也在積極地實踐表演理論。她在談到如何通過演述人的表演，將傳統的文本與神話的講述結合起來進行研究時，強調：「表演者的研究，十分注重在特定社區中，個人在傳統的保持、延續、變更中所起的作用，從而探討個人與社區文化、傳統之間是如何互動的。」[21]她發表的其他兩篇重要論文〈表演理論與民間敘事研究〉以及〈民間敘事的傳承與表演〉，對表演理論進行了集中的探討。前一篇論文全面介紹了表演理論產生的學術背景、理論主張、影響與貢獻以及存在的不足[22]，而後一篇論文則是對表演理論的具體實踐與檢驗。她通過對河南淮陽人祖廟會上的兩次兄

20 江帆，〈論遼寧女故事家活動的文化特徵〉，《民間文學論壇》一九九〇年第二期。
21 楊利慧，〈民間敘事的傳承與表演——以女媧神話為例〉（在「民俗學學科建設和人才培養大會」上的發言稿，二〇〇一年十一月二十三日）。
22 楊利慧，〈表演理論與民間敘事研究〉，《民俗研究》二〇〇四年第一期。

妹婚神話的表演事件進行深入細緻的考察，探討了在實際講述過程中，表演者與參與者之間、傳統與個人創造性之間的互動關係等問題，為我們如何在實際的神話講述活動中，運用表演理論提供了有力的個案[23]。此外，江帆在對我國近二十年民間故事研究理論反思的基礎上，指出我國在故事理論研究上的滯後，在實際研究中缺乏對故事「講述情境」——即「表演空間」的關注，並以遼寧故事講述者為對象，運用表演理論對表演空間中的講述者從「表演者的識別、知識構架、講述者對故事程式的把握，及講述者在表演中的自由與限制」等方面對表演理論進行了本土化研究，指出：「故事在講述中傳達的並非只是文本的內容與意義，講述過程還附加著很多與文本相關的特殊意義，對故事的分析只有將文本還原田野，扼住文本由來的那個特定的『講述情境』，將其與存在的『上下文』結合考察，研究才有意義。」[24]

雖然我國對於表演理論的引進比較晚近，但運用表演理論來關注我國口承故事演述人，打破了傳統研究中孤立地對演述人進行研究的局限，而把演述人放在整個故事演述的情境之中，結合具體的演述時機、地點、聽眾和研究者對故事演述的影響加以研究，從而為我國民間故事演述人的研究開闢了新的研究視域。同時，表演理論對演述人的研究更關注的是個體的研究，注重在特定情境下對特定演述人及其故事演述的分析，因而也彌補了以往注重集體性的研究而缺乏對個體的關注的不足。

這些有關口承故事演述人的研究為研究現代口承神話演述人提供了極其珍貴的經驗。

（三）我國現代口承神話演述人及其神話觀研究

如本書總論中所指出的，我國現代口承神話的研究已經歷了百年學術歷程，也取得了驕人的成績，但是，其間也存在不少問題：總體而言，我國學者對於現代口承神話的研究，如同對待其他口承故事一樣，都將主要的精力用於現代口

23 楊利慧，〈民間敘事的傳承與表演〉，《文學評論》二〇〇五年第二期。

24 江帆，〈口承故事的「表演」空間分析——以遼寧講述者為對象〉，《民俗研究》二〇〇一年第二期。

承神話文本的搜集和整理，並將之與古代典籍神話相比較，從而對我國神話做來源、性質、歷史內涵乃至功能方面的闡釋，而對現代口承神話演述人則沒有給予足夠的重視。學者將現代口承神話演述人、尤其是漢民族的現代口承神話演述人納入自己的研究視野是非常晚近的事。直到二十世紀晚期，在民間故事（狹義）傳承人理論和表演理論的啟示下，一些學者才開始逐漸把目光投向現代口承神話演述人。

1. 我國現代口承神話演述人研究

我國口承神話演述人研究雖然比較晚近，但也出現了幾部有一定分量的研究成果。需要指出的是，現階段我國學者對口承神話演述人的研究，與少數民族地區史詩藝人的研究相比，漢民族地區的口承神話演述人的研究異常薄弱。

在筆者查閱的相關資料中，較早對神話傳承人給予關注並進行專章論述的是孟慧英。孟慧英在《活態神話》一書中對於神話傳承者的歷史演變進行了比較詳細的分析和大膽的推測，文中指出，隨著歷史的發展，神話的傳承者經歷了「平常人、非專職祭司、專職祭司和歌手與故事家」的發展規律，並對未來神話的傳承的趨勢進行了大膽的預測，她認為，「神話傳承者在我國各少數民族中幾乎都存在，但主要還是形成中的祭司和祭司兩類。然而歌手傳播已經成為趨勢」[25]。神話與史詩有著密切的關係，很多創世史詩實際上講述的就是神話，因此，有關史詩傳唱藝人的研究對於口承神話演述人的研究也有著借鑑意義。彝族學者巴莫曲布嫫在其博士論文《史詩傳統的田野研究——以諾蘇彝族史詩「勒俄」為個案》指出：在發掘史詩傳統的過程中，史詩傳承人至關重要，因為「過去乃至現在的每一個史詩傳承人在演述史詩時，都積蓄了大量的口頭表述經驗，都是一個活生生的、有痛苦、有歡樂、有思想、有欲望的存在。他們演述的史詩是其生命體驗和口頭經驗的結晶，是與整個鄉土社會的地方知識與集體記憶過程息息相關的。如果我們不以人的眼光，研究主體的視角審視史詩傳承的軌跡，就無法洞悉史詩傳統中那個真實的、有時甚至是深隱的史詩世界，因而也就

[25] 孟慧英，《活態神話》（天津：南開大學出版社，一九九〇年），頁一三三至一五一。

無法真正地把握史詩傳統的生命本質」。基於這樣的認識，巴莫從史詩傳承者生活的環境、個人成長的經歷、學藝經歷等方面給予「深描」，指出，「只有從歌手那裡才能恢復史詩演述與演述傳統的創造性價值與文化意義」[26]，從而將傳承者的研究提到一個較高的地位。這對本章的寫作具有極大的啟示，從歌手的演述來恢復史詩演述人傳統，以及歌手的創造性價值直接啟發筆者從神話演述人來反觀當地的演述人傳統，以及演述人對傳統的貢獻這些問題。此外，像李子賢、陳崗龍等對少數民族史詩藝人都有比較精當的論述，這裡就不一一贅述了。

由此可見，對演述人的研究，目前主要集中在少數民族中間，而對漢民族現代口承神話演述人的研究，則顯得異常匱乏，就筆者目前所掌握的資料來看，只有楊利慧和她指導的研究生們在做這方面的研究——本書各章即集中地體現了這一學術旨趣，個人在神話傳承與變異中的作用受到了特別的關注。

2.對於神話觀的研究

從上面的分析中我們可以看出，以往無論是少數民族史詩藝人的研究，還是漢族口承神話演述人的關注，強調的都是演述人對於演述傳統的重要性，以及演述人在文本傳承與變異中的作用，而對這些演述人的神話觀則很少有人涉及。但是，演述人的神話觀對於現代口承神話的研究非常重要，因為只有通過研究演述人看待神話的態度與方式，我們才能夠更深入、細緻地認識神話的意義、本質和它們在實際生活中發揮的功能。因此，神話觀的研究是神話學中應有的重要內容。

國內外學者對於演述人神話觀的研究均十分有限。美國民俗學家阿蘭・鄧迪斯在給山陀爾・厄爾代茲（Sándor Erdész）的文章《故事家拉約什・阿米對世界的見解》寫的導語中指出：儘管每一位神話學家對神話研究的終極目標會根據自己的理性偏好做出回答，但是，這些神話學者卻在一點上達成了共識，即：「在研究神話的各種各樣的動機中，

26 巴莫曲布嫫，《史詩傳統的田野研究——以諾蘇彝族史詩「勒俄」為個案》（北京師範大學博士畢業論文，二〇〇三年），頁三六、七四、七五。

最重要的一條是探究人是怎樣認識自己的世界的。」[27]他在導語的末尾提供了其他一些相關研究成果，如邁克爾·卡尼（Michael Kearney）的《世界觀理論與研究》、馬賽爾·格里奧爾（Marcel Griaule）的《與奧戈泰梅利的談話：多貢宗教思想導論》等。山陀爾·厄爾代茲在《故事家拉約什·阿米對世界的見解》一文中指出，拉約什·阿米（Lajos Ámi）本人對世界結構的解釋與他故事中體現出來的世界觀相同，因為他本人確信故事中的奇蹟的確發生過，對他而言，故事世界不是一種空想的「夢幻世界」，而是古時候發生在今日匈牙利土地上的真實事情。因此，通過研究拉約什·阿米對故事中世界結構的看法，可以看出他本人的世界觀[28]。厄爾代茲的研究告訴我們：故事家在故事演述中表現出對故事世界的看法，實際上就是故事家本人對現實世界的看法，即，其中體現出故事家的世界觀，因此，關注神話演述人對於其所演述的神話的評價，也可以看出他的神話觀。

國內學者對神話觀的研究，迄今主要集中在對知識份子神話觀的評述上。例如鍾敬文與楊利慧曾經撰長文針對中國自先秦至近代一些重要學者的神話觀進行了比較系統的梳理，並從認識論的角度對孔子、屈原、王充、應劭、羅泌、朱熹等古代學者的神話觀形成的原因進行了探討。他們在文中指出，古代學者在對神話的解釋與論說上，主要表現為「神話史實說」與「神話虛妄說」，究其根源，這兩種觀點的形成源自於這些學者試圖將神話「合理化」，即，用「現實的邏輯去權衡神話的真實性」。文中還提到，在一些學者身上，會同時出現這兩種觀點，這種矛盾的神話觀與「他們對神話性質的不瞭解和並未徹底摒棄對超自然力量的信仰（包括對聖人及經典的迷信）」密切相關[29]。謝選駿認為神話歷史化是由於後世學者對其做出「智性」的闡釋，在神話歷史化的過程中，形成了「希臘式」、「中國式」與「希伯萊式」

27 [美]阿蘭·鄧迪斯編，朝戈金等譯，《西方神話學讀本》（桂林：廣西師範大學出版社，二〇〇六年），頁三八一。
28 [美]阿蘭·鄧迪斯編《西方神話學讀本》，頁三八三至四〇二。
29 鍾敬文、楊利慧，〈中國古代神話研究史上的合理主義〉，《中國神話與傳說學術研討會論文集》（臺北：漢學研究中心印行，一九九六年），頁三三至五九。

三種具有代表性的方式[30]。郭於華在《論聞一多的神話傳說研究》一文中集中探討了著名學者聞一多的神話觀。她指出，聞一多在研究神話傳說問題時，把神話傳說放入到他們賴以產生和存在的社會文化的整體結構中去，從而得出比較客觀的見解。從聞一多對圖騰神話與原始先民生殖信仰溯源的考察與文化意義的縝密論證，我們可以看出聞一多歷史化的神話觀[31]。此外，潛明茲在《神話學的歷程》一書中，對於孔子、魯迅、茅盾、顧頡剛等學者的神話觀也有精彩的論述，筆者就不一一列舉了。

雖然國內學者對神話觀的探究已有一些成績，但這些研究始終集中在知識份子身上，絕少對傳承神話的演述人的神話觀給予關注。有鑑於此，本文將以陝西省安康市伏羲山、女媧山區現代口承神話演述人為個案，運用田野作業、口述史及以表演者為中心的研究方法，結合當地的地方誌資料，通過他們對流傳於當地的伏羲、女媧神話的個人闡釋來探討他們的神話觀，並對其形成神話觀的差異的原因作初步的分析，以期對現代口承神話演述人神話觀的研究進行有一定突破意義的探索。

二、主要理論與方法

本文主要使用的理論和方法有：

30 謝選駿，《神話與民族精神》（濟南：山東文藝出版社，一九八六年），頁三三五。

31 郭於華，〈論聞一多的神話傳說研究〉，見苑利主編《二十世紀中國民俗學經典・學術史卷》（北京：社會科學文獻出版社，二〇〇二年），頁二三九至二五三。

（一）田野作業

在選點之前，陝西安康伏羲山、女媧山區對於筆者而言，是一個完全陌生的地方；對當地人而言，筆者也是一個十足的「局外人」。如何進入田野，融入當地民眾的生活，讓自己由「局外人」變成「局內人」，從而既能夠保持「局外人」的問題意識，也能夠用「局內人」的眼光來看待這些問題、思考這些問題，成為筆者的當務之急。因此，田野作業法成為筆者的首選。筆者分別利用節假日對當地進行了三次實地調查，第一次是二〇〇三年十月二日至六日，筆者隨導師楊利慧教授一起出席平利縣舉行的「女媧文化學術研討會」，利用會後休息的時間，對曾參與當地民間文學「三套集成」的鄒慧珊老師和民間藝人黃鎮山進行了訪談，從而對當地的現代口承神話演述情況有了一個大體的瞭解，初步確定將該地作為自己的調查地點；第二次是二〇〇四年一月初至二月初，為時近一個月。這次調查主要是確定田野合作夥伴，即，確定現代口承神話演述人，並對當地的民俗文化進行全面的把握，問題主要涉及演述人生活的環境、與神話演述相關的習俗、現代口承神話在當下的演述狀況以及過去的情況、演述人演述的與神話相關的故事和歌謠、演述人簡單的生活史等內容，主要採用的是參與觀察的方法，同時對於個別的演述人則進行了深度訪談；第三次是二〇〇四年四月底至六月初，歷時也是一個月左右。本次主要對筆者選定的三位合作者進行了深入的訪談，內容涉及他們的個人生活史、演述的神話、各自對神話的看法以及神話演述對於他們當下生活的影響等，主要使用的是深入訪談的方法。

本文之所以選擇陝西安康伏羲山、女媧山區作為筆者的調查點，理由如下：

首先，伏羲山、女媧山區有著獨特的地理環境和人文景觀。該區地處陝西南端，與湖北、四川接壤，形成了「亦南亦北」的獨特地理環境。這裡，除了有以人類始祖伏羲、女媧命名的兩座山以外，還有許多與他們相關的地名，如磨溝、卦影壇、胥姑埡等，圍繞這些地名，形成了數量不等的神話故事，當地的老年人對這些故事都比較熟悉，這為筆者調查現代口承神話奠定了基礎。

其次，該區有著悠久的演述傳統，尤其是在集體勞動時期，形成了許多遠近聞名的「大唱家」（當地俗語，即能唱許多山歌的人），這些大唱家唱的歌謠中涉及到很多神話內容，而且他們也可以用故事的形式來演述。至今，當地在「老了人」（去世）之後，還盛行「唱孝歌」的習俗，而這些孝歌中也有很多是關於人類始祖伏羲、女媧的故事。雖然在八〇年代初期一些地方學者為編纂民間文學「三套集成」進行過普查，但仍然有大量的現代口承神話資源可供發掘。此外，隨著當地旅遊事業的發展，一些地方民間藝人開始自覺地利用這些民間口承故事來為當地的旅遊服務，圍繞伏羲廟、女媧廟的重建，一些地方知識份子和民間藝人搜集整理伏羲、女媧的神話傳說並散發一些小冊子，同時對一些民間老藝人加以保護。這些民俗事象都引發了筆者探索的興趣。

第三，該區是以漢民族為主的聚居區，這為筆者考察漢民族地區現代口承神話及其演述人提供了基礎。

在實地田野作業中，筆者主要採用參與觀察與深度訪談的方法，同時還使用了社會學的問卷調查法。訪談的對象總計有八人，其中三位是筆者的主要合作人，分別是黃鎮山、陳貴友和柯尊來。

（二）口述史方法

無論口述歷史被用作「文字史料和實物資料的印證」[32]，還是「大眾歷史意識的重建」[33]，口述歷史都以其反映生活的廣泛性與一定程度上的客觀性吸引了許多學科學者的關注，而從民眾的表達方式來「認識可以辨認的模式」[34]正是民俗學者的目的之一。

---

32 楊雁斌，〈重現與印證歷史的歷史學——口述歷史學的客觀性質管窺〉，《國外社會科學》二〇〇二年第四期。
33 龐玉潔，〈從往事的簡單再現到大眾歷史意識的重建——西方口述史學方法述評〉，《世界歷史》一九九八年第六期。
34 Barbara Allen, "Oral history: The Folk Connection," *in The Past Meets the Present, Stricklin and Sharpless*，參見唐諾•里奇著，王芝芝譯，《大家來做口述史》，（臺北：遠流出版公司，一九九七年），頁六一。

本文考察特定區域的現代口承神話演述人，對他們的瞭解主要是通過錄音訪談的方式獲得的。訪談中這些演述人演述的神話以及表達的神話觀很大程度上與各自的個人經歷密切相關，因此，對他們個人生活史的瞭解也成為調查的重點之一，這些資料的獲得，筆者主要採用了口述史的研究法。當然，本文並不是為這些演述人寫個人傳記，但是，對他們過去生活經歷的追溯，有助於我們更深入地理解他們為什麼至今都在演述神話，以及形成今天這樣的神話觀的原因。

（三）以表演者為中心的研究方法

本文也在很大程度上借用了琳達・戴格創立的「以表演者為中心」的研究方法（參見第二章）。此外，芬蘭學者斯卡拉對演述人理論的補充與修正也是本文寫作的重要依據。斯卡拉根據自己的研究指出，不同的演述人不僅對不同的故事有著各自的興趣，而且對同一故事也有著不同的看法。在長期的演述活動中，形成了比較固定的解釋和看法，之所以這樣，是與演述人的「傳統取向」（traditional orientation）和「敘述傾向」（narrative tendency）密切相關的[35]。

本文以伏羲山、女媧山區現代口承神話演述人為對象，探討了演述人在當地神話傳統傳承與變異過程中所起的作用，而且對不同演述人對於同一地方傳統表現出的差異性的原因進行了分析，這種分析模式主要借用了「以表演者為中心」的研究方法。

三、相關概念的界定

為了本文敘述的方便，下面就筆者使用的幾個關鍵概念進行一下界定：

---

[35] 參見Anna-leena Siikala, *Interpreting Oral Narrative*, Helsinki, 1990, Suomalainen Tiedeakatemia Academia Scientiarrum Fennica.

（一）神話觀

學界對「神話觀」並沒有明確的界定。筆者認為，演述人的神話觀是指演述人在長期的神話演述實踐中，形成的對神話的本質、功能和意義等較為穩定的看法。演述人在演述活動中，告訴我們的不僅僅是一則故事，實際上，神話演述還是他們自我表達和自我實現的途徑。他們往往將自己對神話的看法，在演述活動中自覺不自覺地表達出來，體現出他們對神話的認識。研究演述人的神話觀，對於我們正確理解他們如何看待神話、如何利用神話以及對神話持何種態度等問題非常重要。

（二）神話演述人

對於演述人，學界往往將其歸入傳承人中，至於其性質、標準和分類，至今依然眾說紛紜。張紫晨將「傳承人」定義為「長期直接參與民間文藝活動，並通過自身進行演唱或講述民間作品的傳承者」[36]。這一界定雖然抓住了傳承人的主要特徵，但所說的傳承人主要是職業的民間藝術家。實際上，在現實生活中，有許多這樣的人，他們也能演述很多故事、歌謠等民間文學，但是，他們並不主動演述，也不以此為職業，可是在民間文學的傳承中，起著不可小視的作用。因此，筆者認為，凡是參與民間文學的所有個人，無論他們是有意識還是無意識，是積極還是消極、主動還是被動，只要他們在自己的生活當中，掌握了一定的民間文學知識，我們就可以把他們叫做民間文學的傳承人。對於傳承人，不同的學者從不同的角度進行了分類。有兩分法、三分法、四分法甚至五分法等。比如許鈺就根據傳承人對作品態度將傳承人分為「傳承型」與「傳承兼創作型」兩類[37]。勒沙・阿佛爾（Leza Uffer）則根據講述者的態度，將傳承人分為三

[36] 張紫晨，《民間文藝學原理》（石家莊：花山文藝出版社，一九九一年）頁一〇六。
[37] 許鈺，《口承故事論》（北京：北京師範大學出版社，一九九九年），頁二三一。

類，第一類是消極的講述者，他們知道故事但不講述；第二類是偶爾的講述者，他們知道故事，在適當的場合並被要求時才講述；第三類是有意識的講述者，他們有傑出的創造力，其創造性為公眾認可，他們樂於講故事，並以自己的記憶力而驕傲，一旦在講述中忘記，他們可以臨場發揮，加以修飾，而且，他們一般只講特定種類的故事[38]。而斯卡拉則根據講述者與傳統的關係以及對傳統的態度將講述者分為五類[39]。她的分類略顯繁瑣，這裡不再贅述。

總之，對於傳承人的分類，筆者認為阿佛爾的分類比較實用，既簡單，又具有可操作性，因此，本文選擇阿佛爾的分類方法。

筆者文中所用的演述人，屬於阿佛爾分類中「有意識的講述者」。他們具有如下一些特點：（1）有著驚人的記憶力；（2）有著儲量豐富的故事庫；（3）必須富有創造性；（4）具有自己的風格特點；（5）有一種將故事傳承下去的責任感。總之，這些演述人的演述，不僅傳承和創新著古老的敘事，而且還通過演述，把自己的審美理想、價值取向等個體思想傳達出來，影響聽眾，甚至影響社區生活。

需要指出的是，本文使用「神話演述人」這個概念，並不是說這些演述人只會講神話，而是想說明本文關注的視角主要是現代口承神話。其實，在他們的日常生活之中，除了講述關乎神的故事、演唱人類始祖的歌謠之外，還有豐富多彩的民間故事、傳奇、笑話等內容活在他們的口頭。同時，用「演述人」代替「講述人」，主要的目的是想說明，在陝西安康伏羲山、女媧山區，這裡的民眾不僅用散文的形式講述著神話故事，而且在他們的歌謠中也有著豐富的神話內容。與「講述人」相比，用「演述人」更能概括當地現代口承神話的生存狀況。

38 轉引自Linda Dégh, *Folktales and Society—Story-telling in a Hungarian Peasant Community*, p.174.

39 Anna-Leena Siikala, *Interpreting Oral Narrative*, pp. 146-169.

第二節　伏羲山、女媧山區的歷史地理和人文概況

口承神話總是在一定的時空背景下傳承的。特定地域的演述人在演述神話的時候，其言談舉止不可避免地會帶有地方特色。神話的傳承環境不僅對於神話文本意義的生成有著重要的作用，而且，對於我們理解演述人的個人經歷、個人演述的特點、個人對神話的闡釋乃至其世界觀的形成有很大影響。因此，在對神話演述人及其神話演述進行考察之前，有必要對演述人生存的自然環境、人文環境進行概要的介紹。

本文調查的地點在陝西省安康市，主要涉及伏羲山、女媧山兩山之間的三個村子，為了敘述的方便，本文將它們作為整體加以介紹。

一、「兩山夾一川」：演述人生活的自然環境

安康，地處秦巴山間，屬於南北過渡地帶，北有秦嶺為障，南有巴山護堤，兩山之間，漢江由西向東奔向長江，形成了「兩山夾一川」的獨特地貌，是陝西最南端的一個市區。區內伏羲山、女媧山屬巴山餘脈，在北緯31°42´至33°49´，東經108°01´至110°1´之間，屬典型的山區。安康市，屬古之庸國，古稱金州，明清時期改為興安州／府。自秦設郡以後，建制一直為郡或州，民國時期設立安康專區，二〇〇〇年，撤區建市，即，今天的安康市。安康市雖然幾經易名，但其行政機構主要集中在安康縣。安康之名，源自晉太康元年（公元二八〇年），因安置巴山一帶入境移民，設立安康縣，取「萬年豐樂，安寧康

伏羲山、女媧山區的地貌。

泰」之意。現在的安康市管轄一區九縣，與陝、豫、鄂、川四省交界，是陝南重鎮。

安康境內峰巒疊嶂，溝壑縱橫，總的地勢為南高北低，東高西低，呈梯形走向，海拔差距很大，約在300至2917.2米，因而有農諺云：「低山菜花開，高山雪皚皚。」這我們從安康地區的一些縣誌對各自地形的描述中可見一斑。「安康，……，距省七百二十里，萬山重疊，漢水橫帶」[40]；「陝之漢中屬邑有曰平利縣者，在萬山中」[41]；「邑境山桑成林」（《漢陰縣誌》）等。其氣候屬於亞熱帶濕潤季風氣候，年均氣溫為15.5°C，降水量八百至千一百毫米，四季分明，春秋溫煦，夏不甚炎熱，冬也不太寒冷。

由於安康梯形分布的地理特徵和亞熱帶季風氣候，加之南北過渡的獨特位置，使這裡物產豐腴，南北兼備。山區茂林修竹，森林覆蓋率達40%，藥材繁多，特產層出，平利縣有著「巴山藥庫」和「山貨之鄉」美譽，而紫陽毛尖則香飄萬里。丘陵地帶稻黍飄香，以小麥、稻穀、玉米、紅薯、馬鈴薯為主。再假之以漁獵，使得安康人民生活優裕，不憂凍餓。故《興安府志・卷十六》載：「火耕水耨，民食魚稻，以漁獵伐山為業，果蓏蠃蛤，食物常足，故呰窳媮生而無積聚，飲食還給，不憂凍餓，亦無千金之家。」[42]這我們從後面安康人的生活習慣中還可以看出，這裡暫不敘述。儘管這裡「山林密，物產甚多」，但是「惟以風氣閉塞，工業落伍」[43]，因此，安康地區以農業為主，雖然礦藏豐富，但工業並不發達，主要以輕工業為主。

雖然大自然給了安康南北兼濟的獨特地貌和物產豐腴的生態環境，但過多的天災人禍使得「萬年豐樂，安寧康泰」這一美好的願望成為當地人民過去久遠的期盼。

40 荊鳳翔，《安康縣鄉土志》，民國二十八年（一九三九年）。
41 劉博，《重修平利縣治記》，載《續修平利縣誌・卷之十・藝文志》（平利縣誌編纂委員會辦公室刊印，一九八五年）。
42 李國麒，《興安府志》，乾隆五十三年（一七八八年）刊刻。
43 荊鳳翔，《安康縣鄉土志》，民國二十八年（一九三九年）。

安康地區受地形和季風的影響，自然災害頻繁，尤以乾旱和洪澇為最。其中因為水患而導致安康和平利兩縣被迫遷址。據清代嘉慶二十年（一八一五）的《安康縣誌》載：「康熙三十二年（一六九四），屢備水災，隨加修治，四十五年（一七〇七），漢水又溢，乃遷新城。」又清乾隆《平利縣誌》載：「雍正六年（一七二八）五月，大雨連夜，平地湧水，沖塌老縣城。」清光緒《平利縣誌》載：「嘉慶七年（一八〇二）多水災，舊治（今老縣）累被水沖塌，移治白土關（今縣城）。」其餘像「十年大水」、「十五年淫雨」、「十八年秋澇」等這樣的記載只要我們翻翻當地地方誌資料，隨處可見，傾城水災在當地民眾的記憶中難以磨滅，而顆粒無收、江河斷流的乾旱在民眾的頭腦中的記憶同樣深刻。清代光緒《平利縣誌》載：「嘉慶五年（一八〇〇）秋大旱，成災七分。光緒三年（一八七七）彌年不雨，四鄉饑民蜂起。」而平利縣民政部、統計部的資料也表明，從建國到八〇年代末，僅平利一縣大的乾旱就達六次，尤以一九八六年伏旱為最，當時乾旱使得全縣八個區、二十九個鄉受災，四百五十條河溪斷流，堰乾二百零八條，井乾四十眼，高溫達39.4°C[44]。水旱災害之外，獨特的地質構造也讓安康民眾心裡不踏實。該地在唐德宗四年（七八八）就發生過里氏6.5級的地震，據《陝西省志•地震志》載：「（貞元四年正月）乙亥，（京師）地震，金、房尤甚，江溢山裂，廬舍多壞，居人露出。震級6½。」[45]此外，霜凍、暴風、蟲害等也時刻威脅著當地人民的生活。

如果說以上是天災的話，那麼盜匪出沒、頻繁戰亂等人禍同樣給當地百姓的正常生活造成了嚴重的危害，某種程度上甚至比天災還要厲害。安康屬三省邊防，為陝西門戶，荊襄鎖鑰，巫峽之泄尾，歷來戰亂頻繁。明、清時期統治階級為了鎮壓各個義軍，戰火連綿不斷，使安康地區長期處於「農夫少於兵卒，戰馬多於耕牛」[46]的境地，這些戰亂導致

---

44 參見平利縣地方誌編纂委員會編，《平利縣誌》（三秦出版社，一九九五年），頁一〇七至一〇八。
45 轉引自陝西省地方誌編纂委員會編，《陝西省志•地震志》（地震出版社，一九八九年），頁二〇。
46 參見《平利縣誌》（三秦出版社，一九九五年）頁四九五。

「土著者流徙死亡，十居其九，土地由此荒蕪」[47]。以後四川、湖北、河南、江西、安徽等移民攜妻負子，來此開墾度日，形成了五方雜居，南北交融的人口結構。

頻繁的天災人禍，不僅使具有民間具象意義的象徵物，如家譜、廟宇、碑刻等不同程度地成為歷史的塵埃，當地民眾的流徙死亡，也造成了他們對地方記憶程度不等的斷裂，五方雜揉的人口結構導致了當地文化的多元化，這一切不僅讓學者對當地的研究感到困難重重，就是當地民眾試圖重構地方歷史也變得撲朔迷離。同時，安康的多災多難也將當地民眾渴望「安康」的理想破滅，對現實的無奈使他們轉向對神靈的企盼，多次戰火和運動之後倖存的神廟的斷壁殘垣和依然流傳在當地百姓口頭的有關神的故事歌謠，綿延著民眾的心中不滅的希望。

二、「亦秦亦楚，融巴匯楚」：演述人生活的人文底蘊

安康南北過渡的地理位置，當地土著與多方移民的長期交融而以移民為主的人口結構，不僅在安康文化中得以反映，而且從安康人的個性特徵和生活習俗中也可窺見一斑。

（一）形成安康文化的因數

安康地處秦頭楚尾，長期戰亂和多方移民使其文化受到荊楚文化、巴蜀文化、秦隴文化和中原文化等的影響，在這些文化中，對安康文化影響最大的是荊楚文化和巴蜀文化，長期的文化交融，形成了「亦秦亦楚，融巴匯楚」的文化特色。

春秋戰國時期，諸侯爭霸，百家爭鳴，各諸侯國為了擴張自己的疆土廣納賢良，客觀上營造了一個相對自由的文化氛

47 荊鳳翔，《安康縣鄉土志》，民國二十八年（一九三九年）。

圍，民族間交流異常頻繁。到了戰國後期，楚國以長江為屏障，占據了長江中下游及其數個支流流域，形成了與秦國對峙的局面。漢江是長江最大的支流流域，楚人富於幻想，「信鬼巫，重淫祠」（《漢書・地理志》）的風俗不可能不影響到地處漢江流域的安康。這我們從一些考古資料和地方誌記載以及當地的民俗風情中可見端倪。一九九二年八月三十日《中國文物報》據丹江口水庫區發現春秋戰國時期的楚國貴族墓，根據千餘件出土的文物「證明丹江是楚文化的發源地」[48]。說明漢水流域是楚人活動比較集中的地方，有可能是荊楚文化的發源地。而安康距離丹江口只有百里之遙，而且同屬漢水流域，在長期的交往中，必然會受到楚文化的影響。《興安府志・卷十六》引《寰宇記》載：「興安州獵山伐木，深有楚風。」（安康在明清時期歸興安府管轄，當時的行政機構就在今天的安康縣，筆者注）《平利縣誌》載：「民間婚娶多以布疋為禮，不甚論財。近因楚民僑居，間亦有論財者，然土著之家，猶仍古風。」《漢陰縣誌》載：「邑境近楚，巫風滋盛。」其餘像「習尚近楚」、「好視鬼神」這樣的記載在陝南各地均有。所以，清代安康詩人葉世倬有詩云：「今日入秦仍入楚，秦山大半楚人耕。」這種影響也可以從安康風俗民情上看出來。安康百姓「有病信巫不信醫」，在飲食方面「尚滋味，好辛辣」、「甘其食，美其服，安其居，樂其俗」[49]等均與湖北、四川相似，可以說，楚文化影響到了安康文化的方方面面。

安康文化在受荊楚文化影響的同時，也深受巴蜀文化的浸潤。巴蜀居民地處我國西南，都在漢水中上游一代活動。這不僅從一些史志可以看出，而且也有考古發掘的資料作為佐證。《後漢書・西夷西南夷列傳》云：「巴郡，南蠻郡……皆出於武落鍾離山（今湖北長陽縣境）。」《華陽國志》：「巴族開疆域，『東至魚腹，西至僰道，北接漢中……』」古之漢中為廣義的漢水中游。巴蜀居民很早就在漢水中上游地區活動，據文物考古證明，從一九五五年至一九八八年，在漢中、安康等地區有多起考古文物出土，分別發現了早期的巴蜀尖底罐等陶器、中期的銅器群和石棺墓、晚期流行的巴式柳葉劍，從而確立了漢水中上游為巴蜀文化。而安康境內出土的文物和現存的習俗，與巴蜀也極為相

[48] 轉引自談俊琪主編《安康文化概覽》（西安：陝西人民出版社，一九九七年），頁一〇。
[49] 談俊琪主編《安康文化概覽》，頁一四。

似。比如距安康市五里出土的立髮紋身面紋戈、巴式劍、蟬紋矛，平利縣出土的漢畫像磚等都可以說明巴蜀文化與安康文化之間的淵源關係[50]。境內隨處可見的懸棺葬和老人洞與巴人的懸棺葬相關，境內山區居民的服飾、招婚、轉房、老了人以後唱夜歌等習俗都與巴蜀極為相似。

安康文化在與周邊文化長期的交流碰撞中，一方面頑強地保持著自身固有的傳統，一方面也不斷地吸納周邊文化，形成了「風氣兼南北，語言雜秦蜀，亦秦亦楚，亦巴亦蜀」[51]的基本特徵。

（二）伏羲山、女媧山區的神話傳統

不同社區的民眾在其長期的實踐活動中，會形成與其生產生活相適應的獨特的傳統，即使是同一社區的不同群體之間也會有符合該群體特徵的行事方式，從而區別於其他的群體。那麼，何謂傳統？「傳統」是「一個外延很寬、反映客觀事物最一般規定性的概念」[52]，其最基本的涵義是指「從過去延續到現在的事物」，是「圍繞人類的不同活動領域而形成的代代相傳的行事方式，是一種對社會行為具有規範作用和道德感召力的文化力量，同時也是人類在歷史長河中創造性想像的沉澱」[53]。希爾斯認為，凡是延續三代以上、被人類賦予價值和意義的事物，比如一個社會特定時刻所繼承的建築、紀念碑、景觀、雕塑、繪畫、書籍、工具以及保存在人民記憶和語言中的所有象徵結構（symbolic construction），同時，傳統還指人們世代相傳的圍繞一個或幾個被接受和延續的主題而形成不同變體的時間鏈[54]。正是

50 談俊琪主編《安康文化概覽》，頁一四至一六。
51 談俊琪主編《安康文化概覽》，頁一七。
52 中國人民大學科學研究所主編《傳統文化與現代化》（北京：中國人民大學出版社，一九八七年），頁二三。
53 [美]愛德華・希爾斯（Edward Shils）著，傅鏗、呂樂譯，《論傳統》（臺北：桂冠圖書股份有限公司，一九九二年），頁二。
54 [美]愛德華・希爾斯，《論傳統》，頁二。

因為傳統的存在，才使得我們在「不同的代際之間、不同的歷史階段之間保持了某種連續性和同一性」[55]，從而使生活於該傳統中的人有一種認同感和歸屬感，而且，傳統為我們的文化創新奠定了基礎。傳統不僅是歷史的，也是現實的，它是「現存的過去，是現在的一部分」[56]。傳統一旦形成，就作為一種隱性的機制作用於生活在這一傳統中的人們，影響他們的言行舉止，制約著他們的生產與生活方式並強化著他們的共同記憶。

一個社區的集體記憶，除了內化於群體心靈的集體意識之外，還有一些外化的具象表徵。具體到伏羲山、女媧山區的民眾而言，這種具象表徵主要表現為當地的民眾將積澱於其記憶深處的現代口承神話中的許多專名，比如伏羲、女媧等神話人名具化到該地的地方風物上，像伏羲山、女媧山、磨溝村等，在這些地方又假之以廟宇等象徵符號來強化他們對伏羲、女媧的信仰。這使得伏羲山、女媧山區的民眾無論在口承敘事方面，還是在民間信仰方面都在建構著該區獨特的神話傳統，並世代相承。具體而言，這種神話傳統主要表現在如下幾個方面：

1. 神話與地名水乳交融，形成了濃厚的地域特色。

筆者在伏羲山、女媧山區進行調查時發現，除了當地民眾口頭流傳著比較多的關於伏羲、女媧的神話之外，當地還存在許多與神話相關的地名。比如筆者研究的一位重要的神話演述人黃鎮山給筆者提供了一則歌謠《伏羲、女媧把親合》，內容如下：

洪水滔天人煙莫，哥妹二人逃命活。
多虧一個大葫蘆，鑽進裡面把難躲。
水漲葫蘆漂上天，水退葫蘆把地落。

55 [美]愛德華・希爾斯，《論傳統》，頁三。
56 [美]愛德華・希爾斯，《論傳統》，頁一四。

葫蘆落地沒扳破，正好落進水田河。
妹樂一對活神巫，哥愁身後斷香火。
妹問我倆怎麼好？哥答只好把親合。
妹想合親急如火，偏打主意難哥哥：
隔河梳頭隔河拜，頭髮絞合親也合；
哥哥下水過西河，哥妹頭髮絞成砣。
頭髮成砣妹又變，看哥硬石幾經磨。
汝河栽竹隔河拜，竹尾絞合把親拜；
隔河栽竹都拜活，兩根竹尾絞成砣。
哥哥你莫早快活，妹妹主意實在多，
蛇溝山下去捉蛇，兩蛇交尾把親合；
哥妹分頭捉來蛇，兩條蛇尾絞成砣。
妹動心思又難哥，庹壩隔水兩面坡，
隔坡燒火齊冒煙，兩煙相絞把親合；
兩股青煙相絞著，妹妹還是不願合。
哥哥仰天長歎氣，妹妹又把點子說：
卦影潭裡看日月，日月同潭人相合；
中秋看到重陽節，日月合潭妹不合。
妹費心思難哥哥，兩座山頂滾石磨，

各人一扇滾下坡，兩扇合攏人相合；
妹妹登上女媧山，伏義山頂哥落腳，
哥妹對山滾石磨，滾進磨溝正好合。
兩扇石磨合攏了，看妹主意有好多？
石磨合了妹不合，皂角梁上繞樹捉，
若是哥哥追著我，妹拉哥哥把親合；
日出追到日西落，繞了一天沒追著，
看到歸巢花喜鵲，盤旋反轉落了窩。
哥哥突然回轉身，迎面張臂攔截著，
妹妹一頭撲進懷，哥哥抱住跑不脫。
妹妹急中生智多，無媒怎能把親合？
哥妹一路找媒婆，來到龜嶺剛歇腳，
見一烏龜把話說，天授使命地委託，
我給哥妹把媒作，陰陽相合化育多。
伏義、女媧把親合，化生子孫千萬多。
想合怕羞去問卦，求子嫌醜奉香火。[57]

57 黃鎮山採錄的伏義山民歌手抄本。

我們暫且不論這首歌謠的藝術性，單從內容上而言，短短的三十九行歌詞，就包含了洪水滔天、兄妹卜婚、兄妹成婚、生育人類等神話母題，同時，我們從最後兩句也可以看出當地民眾有向伏羲、女媧求子的習俗。除此之外，黃鎮山還告訴筆者，歌中涉及伏羲山、女媧山區的十一個地名：水田河、西夷河、汝河、蛇溝道、庹家壩、卦影潭、女媧山、伏羲山、磨溝、皀樹梁、龜嶺等。而筆者在伏羲山、女媧山區走訪時也發現，一些四十歲以上的人基本上都能夠以不同的形式或多或少地說出這些地名的來歷。逢年過節，這裡的老百姓還在伏羲廟、女媧廟的遺址上燒香祈願，燃放鞭炮！而且圍繞這些信仰，形成了特定的食俗，如庖氏紅豆包、女媧香腸、甜稈酒等，延續至今。

這些與神話相關的地名和地名背後的故事為伏羲山、女媧山區的民眾記憶傳統提供了依託，因為這些地名本身就具有維繫記憶的功能，它們為當地民眾記憶神話提供了「空間的停泊處」[58]，有了它們，該區的民眾才能在一種共用的基礎上回憶、操演這些神話，理解這些神話，並傳達給外人——當年洪水滔天的時候，救命的葫蘆就是落在水田河這個地方，伏羲、女媧滾磨成親的地方就在伏羲山和女媧山，而磨子落下去合在一起的地方就是現在的磨溝村等等，利用這些地名來記憶傳統，表達認同成為當地神話傳統的一個顯著特色。

2.婚喪嫁娶、田間地頭等日常的神話操演強化著民眾的神話記憶。

在伏羲山、女媧山區，隨著當地生產方式由過去的集體勞動轉向以家庭為單位的個體勞動，以及近年來打工潮的出現，神話演述人依靠大型集體場合來演述神話的機會越來越少，但是，這種演述活動在民間婚喪嫁娶儀式中依然存在。如前所述，在伏羲山、女媧山區民間的結婚和喪葬場合中至今依然存在著「鬥歌」、「諞故事」的習俗，這些歌謠和故事有很多涉及到伏羲、女媧的神話，這些演述場合為當地民眾記憶神話提供了具體的情境和記憶的框架，正是在這樣的場合下，他們不斷地回憶、記憶、傳承乃至重新建構著他們的神話傳統。

[58] Nathan Wachtel, "Memory and History: Introduction," *History and Anthropolog*，12(2): 207-224。轉引自夏春祥，《人與空間的對話——從介壽路到凱達格蘭大道》，http://www.phen.nccu.edu.tw/Circle/activity/。

除了這些日常的場合之外，一些非日常的場合也強化著他們的神話記憶。一旦遇到天災人禍，人力無法回天的時候，他們就會想到庇佑他們的神靈——高王（伏羲）老爺和女媧娘娘。在過去，如果當地久旱無雨，他們就向伏羲老爺祈雨——抬著伏羲像在四野中遊視枯萎的禾苗，讓其知道旱情，從而普降甘霖，拯救百姓；如果遇到陰雨不斷，江河氾濫，則向女媧求晴——老太婆們用紙紮成女媧像，以雞蛋殼為頭，上畫披髮和五官，身著紅色左衽燕尾服、綠色人紋蛇筒褲，展開雙臂喇叭袖，左手握一枝高粱稈，右手持一把鐵鍬，用象徵五色雲的五彩絲線繫在長竹竿頂，豎立竹竿稍微傾斜，紙紮女媧在風雨空中旋轉舞蹈，稱之為「女媧掃天婆」。這些情景雖然不常見，但是這種關乎當地民眾集體利益的場合一旦出現，就會將他們對神話的集體記憶重新激發，同時也為新一代記憶傳統提供了生動的情境。

3. 伏羲廟、女媧廟的重建為神話傳統的復興進一步提供了契機。

伏羲山、女媧山相對而望，兩座山的山頭各自建有伏羲廟（當地叫高王廟、高望廟）、女媧廟。伏羲廟於二〇〇三年在當地民眾的努力下進行了重建，廟內供奉著伏羲和女媧的泥塑像，於二〇〇三年七月舉行了開光儀式並舉行了盛大廟會。女媧山上的女媧廟據說始建於漢代，廟內供奉女媧像。因為戰亂等原因，多次毀滅。廟內現有清代乾隆元年平利縣令古澧題的《中皇山女媧氏廟碑記》，該廟於一九五二年毀壞，於二〇〇五年四月復建，並舉行了開光儀式。圍繞這些廟宇，當地流傳著很多故事，比如《女媧·石牛·牛王漆》、《女媧斬黑龍》、《女媧山上太子墳》、《伏羲製八卦》等。這些廟宇的重建，對於當地傳統的復興無疑具有積極的作用。

如上所述，伏羲山、女媧山區現存的神話地名和現代口承神話成為當地演述人記憶傳統、表達認同的媒介。但是，在實際的調查中筆者發現，那些依靠傳統滋養的演述人對傳統的態度並不完全一致，對他們而言，他們只從傳統材料中選擇那些他們樂意演述、能夠用以抒發他們心中塊壘、而且聽眾喜歡聽的材料來演述，此外，這些演述人對同一類型神話的闡釋也不是完全相同的，他們對傳統材料的選擇與闡釋，有著強烈的個性特徵，實際上，演述人的神話演述是一種

「自我表達」（self-expression）和「自我實現」（self-realization）的過程[59]。

三、現代化進程中演述人生活環境的變遷

瞭解了地方史志和老人口述中安康的過去，再來看現實的安康，一個強烈的感受就是安康在變，而且變化日新月異。生活環境的變遷必然會影響到口承敘事的演述人，因此，對環境變遷的展示，有利於我們更好地理解今天演述人的生存狀況。

（一）演述人生活環境的變遷

外出務工是導致演述人生活環境變遷的重要原因。雖然安康地大物博，物產豐腴，但是靠天吃飯的他們常常受到天災年景的侵擾，加上山區閉塞的交通和通訊，即使豐年，農民的生活也只能保持一種「不憂凍餓」的狀況。過上山外城市人現代化的生活成為他們心中的夢想，於是，離開土地，走出大山，到外面去打工賺錢來改變他們生活的現狀成為早期的一種嘗試，這種嘗試帶來的直接的可見的生活的改善，以及新奇的見聞，刺激著那些依然在土地上苦苦掙扎的同鄉，那些早期出去的「前輩」希望在一個陌生的環境立足，需要同鄉的幫忙，而那些希望改善他們生活的人們則請求這些「前輩」帶著他們出去闖闖，一個你幫我帶的打工潮就這樣形成了。據筆者的調查，與筆者合作的三個主要的神話演述人中，每家都有在外打工的，黃鎮山的大兒子和兒媳婦、柯尊來的兩個兒子以及陳貴友的媳婦都在外面打工，而筆者所住的平利縣西河村，全村有一千一百六十八口人，其中有一百七十五人在外打工，如果把二十至六十歲作為青壯年勞

59 轉引自Anna-leena Siikala, *Interpreting Oral Narrative*, p. 11.

動力的話，西河村有七百零七人處於這個年齡段，那麼這些打工的人數大約占這些勞動力的25％[60]。村中剩下的大部分是老人、婦女和兒童。村民出外打工除了渴望迅速改變他們生活的現狀這一主要原因之外，退耕還林也是重要原因。安康山區多，平地少，因此，大面積的退耕還林造成了勞動力的剩餘，於是，無地可種也造成很多勞動力出外打工。

電子媒體走入尋常百姓家極大地改變了傳統的娛樂方式。在實行家庭聯產承包責任制以前，集體勞動、家庭互助使人們有大量的機會聚在一起，邊勞動邊諞閒。有時候白天勞動，不同生產組之間還形成競爭，為了激勵本組的戰鬥力，提高勞動效率，每組都會挑選一至兩名歌手來唱歌助威。晚上又常常因為趕活聚在一起，為了消磨時光，減輕疲乏，常請那些故事家來諞古今。實行承包制以後，這樣的場面幾乎很少出現。現在村裡很多人家都買了彩電，有的村裡還安裝了閉路電視，因此，看電視成了村民閒暇時主要的消遣。沒有安裝閉路的山區，村民們便安裝「小鍋蓋」（一種地面接受電視信號的設備），可以收到很多閉路電視。有些比較富裕的人家還買了VCD、DVD，利用冬天回家的機會從外面買一些碟片回來看。即使農閒，也很少有人串門，一般人都在家看電視，幹一些自己家的事情。

打麻將也是村民比較喜歡的娛樂方式。現在人們生活水準提高，手頭有了活錢，農活也不是那麼重了，人們在幹農活之餘便聚在一起打麻將消遣。

此外，村裡有的商店門口進行多種經營，在賣日常用品的同時，還備有檯球，這也是很多年輕人比較喜歡的娛樂方式。

總體而言，安康人的生活與過去相比，不僅生活水準有了很大的提高，閒時的娛樂也日趨多樣化了。

---

[60] 以西河鄉計生辦二〇〇三年年底的統計資料為標準，西河鄉計生辦黨金萍提供。

（二）變遷中的演述人

如前所述，故事演述總是在具體的情境中發生，情境發生變化，故事演述必然也會發生變化。很多來自田野的實踐都表明，社會情境是影響故事講述的重要因素。琳達・戴格通過對撒拉（Sara）長達十一年（一九四三至一九五四）的考察指出，由於生產方式的改變，故事講述在這裡停止了，但是故事家仍然保存著大量的故事，只是沒有聽眾，他們不再發揮作用了[61]。為了對安康現代口承神話演述人及其神話演述有一個大致的瞭解，除了三位合作者外，筆者以自己下鄉時的居住地——平利縣西河村為基地，於二〇〇四年五月二十日至五月二十一日對該村一百位村民進行了隨機調查。之所以選擇西河村，基於以下兩方面的原因：（1）該村距離伏羲山、女媧山比較近，翻過一座山梁即是磨溝，村民在結婚和喪葬的時候也有唱花鼓、唱夜歌的習俗，筆者認為該村村民應該對這些神話地名的由來比較熟悉；（2）出於調查的方便，筆者兩次調查都住在西河村，而且西河村不像其他兩個村子，這裡地勢相對平緩，村民居住也相對集中，因此，調查起來比較方便。

著名美國民俗學家琳達・戴格所著《社會中的敘事》，楊利慧攝，2001。

61 Linda Dégh, *Folktales and Society—Story-telling in a Hungarian Peasant Community*, p. 51.

筆者採用的問卷調查表如下：

關於伏羲山、女媧山區口承神話講述情況的調查[62]

（一）個人概況（表一）：

姓名	性別	年齡	職業	受教育情況

（二）問題設計：

1. 請問您知道高王老爺（伏羲）、女媧娘娘是怎麼一回事嗎？

A. 知道　B. 知道一些　C. 不知道

2. 如果知道，您能給我講講他們的故事嗎？

______

3. 這些故事您是從什麼地方、什麼時候聽來的？

______

62 需要說明的是，由於當時調查時間緊張，問卷設計有許多不合理、不完善的地方，但是，這些問題基本能夠涵蓋筆者比較關心的問題，比如演述人的職業、故事傳承的線路、演述的場合、故事內容等問題，反映的情況也只是一個大概，不是非常精確。這裡需要感謝的是房東大叔的女兒黨金萍，是她陪筆者進入農戶進行問卷，同時也充當了筆者的翻譯。同時，也感謝那些村民對筆者調查的合作。

4. 西河村附近有高王山（伏羲山）、女媧山、磨溝等地名，您知道這些地名是怎麼來的嗎？也就是說，他們為什麼會這麼叫？有什麼故事嗎？

A. 知道 ____________________

B. 不知道

5. 以前諞這些古今的時候，是在什麼樣的情況下諞的？您能把當時的情況說說嗎？

A. 過年過節　B. 田間地頭　C. 廟宇廟會　D. 紅白喜事

E. 其他（請說明）____________________

6. 這些故事您以前告訴過您的孩子們嗎？或者準備告訴他們嗎？

A. 告訴過，並將繼續告訴他們。

B. 沒有，但準備告訴他們。

C. 沒有，也不準備告訴他們。

7. 當您的孩子聽了這些故事之後，他們有什麼反應？

A. 很感興趣　B. 不感興趣

8. 您怎麼看待伏羲、女媧？

A. 他們是歷史曾經有過的人物，是我們的祖先。

B. 他們不是真實的人物，是人們為了好玩而胡編亂造的。

C. 其他 ____________________

關於問卷的幾點說明：

1. 在問卷過程中，一些村民不會寫字，筆者便根據其口述說明記錄。
2. 本次問卷採用隨機調查的方式，就是以筆者居住的房東家為點，沿路見門就進，有人就問，沒有經過選擇。
3. 本次問卷共一百份，其中填寫問卷或者回答問題的只有十九份，除去村民對於筆者比較陌生或者忙於其他事情、因而拒絕回答這一主要原因之外，也不能排除村民的確不知道這樣的可能，因此，筆者的分析，只能以這十九份問卷表為主。

表二　十九份問卷顯示的個人概況如下：

單位：人

	性別		年齡		職業		受教育程度	
	男	12	60歲以上	6	農民	10	高中	3
	女	7	40-50歲	1	幹部	4	中專	2
			20-30歲	10	學生	2	初中	11
			10歲以上	2	其他	3	小學以下	3
總計	19		19		19		19	

表三　對調查問題的回答結果如下：

單位：人

	回答情況				合計
問題1	A. 知道	男	7	9	19
		女	2		
	B. 知道一些	男	3	8	
		女	5		

問題	選項	男	女	人數	合計
	C.不知道	2	0	2	
問題2	A.可以講	7	5	12	19
	B.沒有講			7	
問題3	A.老人那裡聽來的			10	16
	B.書本上看來的			5	
	C.電視上看來的			1	
問題4	A.知道			13	19
	B.不知道			6	
問題5	A.過年過節			8	
	B.田間地頭			7	
	C.廟宇廟會			2	
	D.紅白喜事			1	
	E.其他			1	
問題6	A.告訴過，並繼續告訴			5	15
	B.沒有，但是準備告訴			7	
	C.沒有，也不準備告訴			3	
問題7	A.很感興趣			9	9
	B.不感興趣			0	
問題8	A.是歷史人物，人類的祖先			10	19
	B.虛構的人物，人們編的			4	
	C.其他			5	

從筆者的問卷調查中可以看出，現代口承神話在當地傳承中具有如下一些特點：

首先，口承神話的分布和傳承並非「均質地」[63]存在於社區的每一個民眾口頭。實際上，對於現代口承神話這一特

63 Bengt Holbek, *Interpretation of Fairy tales—Danishi Folklore in a European Perspective* (Helsinki, FFC, No. 239, 1987), p.140.

定的文類，從安康的情況來看，這一文類只是掌握在少數對此感興趣的民眾口頭，比如在筆者收回的十九份有效問卷中，只有十七人知道或者知道一些，而可以講述的只占十二人，沒有收回的八十一份問卷中，其中許多人都是因為不知道或者不感興趣才沒有回答。

其次，演述人並非限於宗教或其他神職人員，而是趨於多樣化。從年齡及其職業分布來看，神話作為一種比較古老的文類，被一些學者認為是一種「神聖性」的敘事[64]，只有那些年齡比較大，或者是特殊身分的人，比如巫師、祭司、薩滿、畢摩等，而且只有在特定的場合才可以講述[65]。但是，筆者在西河村調查時發現，演述人在回憶這些神話發生的場合時，主要集中在過年過節和田間地頭，這類回答人占回答總數的近80%，而且，這些神話演述人在給筆者現場演述神話的時候，他們並沒有把神話看作是神聖的故事，或者說只有在特定的時刻才加以演述的故事，而像日常諞古今一樣告訴筆者，不少內容還涉及到戲謔的成分。這些演述人有些是普通的村民，有些則是村裡的幹部，還有學校的學生。

第三，演述人存在性別偏差。性別問題是我們在研究演述人時不可忽視的問題，但以往的學者沒有給予足夠的重視，尤其是在現代口承神話領域，學者更是鮮有觸及。筆者在西河村調查時發現，在回答問卷的十九位被調查者中，其中知道神話的男性有七人，而女性則只有二人，男性人數大約是女性人數的四倍。為什麼會出現這種差異？一些學者認為主要是男性與女性的經歷不同造成的；而有的學者則認為之所以女性在故事講述方面比較差，是因為女性「沒有足夠的耐心來掌握篇幅宏大、內容複雜的故事」；還有的學者認為這與社會文化相關，認為「婦女在晚上還有活幹，而男人則聚在一起消遣和閒談」；而瑞典學者霍白克（Bengt Holbek）則從三個方面分析了造成演述人性別差異的原因：（1）與調查者的性別相關；（2）與當地的文化傳統有關；（3）可能與文化發展的不同階段有關[66]。但霍白克認

64 如阿蘭・鄧迪斯認為神話是關於世界和人怎樣產生並成為今天這個樣子的神聖的敘事性闡釋，見阿蘭・鄧迪斯，《西方神話學讀本・導言》。

65 孟慧英，《活態神話——中國少數民族神話研究》，頁一三三至一五一。

66 Bengt Holbek, *Interpretation of Fairy Tales—Danishi Folklore in a European Perspective*, pp.155-157.

為，前兩個原因不是關鍵性的因素，第三個因素才是造成性別差異的決定性因素。從筆者的調查來看，造成安康個案中男女性別差異的原因，除了筆者是男性，更容易與男性演述人接觸之外，當地的文化傳統是造成演述人性別差異的主要原因。雖然時代發生了很大的變化，但是現在農村男女性別依然有著比較明確的分工，沿襲著男主外、女主內的傳統，男性有著更多的話語權，女性很少參與到男性的話題中來，即使在吃飯時也是如此，如果客人在，女性和小孩很少上餐桌。這一地方文化傳統顯然對傳承人的性別有影響。

第四，新趨勢：傳承方式多樣化。口耳相傳一直是口承敘事傳承的主流，筆者的調查也證明了這一點，從老人那裡獲得故事的占總數的63％左右。但是，筆者的調查也發現一種新的趨勢正在出現，即，書面傳承、媒體傳承在口承敘事傳承中占的比重越來越大，大約占到總數的37％。可以預測，隨著鄉村現代化步伐的加快和教育水準的提高，現代口承神話的傳承越來越多元化，而且現代媒體在傳承神話方面將起著越來越重要的作用。

第五，不同民眾的神話觀往往存在差異。民眾對神話怎麼看待？調查顯示，即使生活在同一地方傳統中的民眾對於神話也有著不同的理解。具體到西河村這個社區，民眾對於神話主要有兩種理解，一種認為神話就是歷史，伏羲、女媧是人類的祖先，占總數的52.6％左右；一種認為神話是虛構的，不是真實的，只是為了消遣，占總數的21.1％左右。為什麼生活在同一地方傳統之下的民眾會對傳統有著不同的解釋？筆者將在下面專文論述，這裡不再贅述。

小結

本節主要介紹演述人生存的時空背景及伏羲山、女媧山區的神話傳統。

安康特殊的地理環境和獨特的人文因數不僅給生於斯長於斯的人們提供了賴以生存的物質保障，而且也給他們帶來了取之不盡的精神資源。安康人民渴望「幸福安康」的生活，但是過去安康的多災多難使他們對神靈充滿了企盼，於是關於神的故事、山歌就在對神的信仰中傳承下來，並形成了特定的習俗。

伏羲山、女媧山區有著悠久的神話演述傳統，這一傳統是民眾在長期的神話演述活動中逐漸形成的，其特點主要表現在當地民眾把現代口承神話與該地的許多地名結合起來，在一些特殊的場合中進行演述。這些地名和場合本身就有記憶的功能，它們為當地民眾記憶神話提供了現實的依託，而當地的婚喪嫁娶儀式場合則提供了神話演述的情境。

安康在變。演述人生存環境的變化，使得現代口承神話無論在神話內容還是神話演述、傳承方面都出現了新的特點。面對日益變遷的現代社會，神話這一古老的文類在多大程度上可以影響當地人的現實生活，則取決於那些創造性的個人。

第三節　黃鎮山：「神話是人們對歷史的曲解」

神話是在原始思維的基礎上產生的，但後世不少學者卻對其做出「智性的」、「歷史化」的解釋，從而導致了神話的歷史化。在很多學者看來，產生於原始思維的神話，「經過透視或還原，無非是一些變相的『人話』，是關於人的生活的系列描寫，是人間生活的折射」[67]。在中國，對神話做智性的解釋有著很深的學術傳統，並形成了「神話史實說」與「神話虛妄說」兩個主要的流派，但無論是「神話史實說」還是「神話虛妄說」，這些學者無非是用「現實的邏輯去權衡神話的真實性」，從而對神話的存在做「合理化」闡釋[68]。對神話的合理化闡釋，並不是學者的專利，實際上，有

[67] 謝選駿，《神話與民族精神》（濟南：山東文藝出版社，一九八六年），頁三三五。
[68] 鍾敬文、楊利慧，〈中國古代神話研究史上的合理主義〉，見《中國神話與傳說學術研討會論文集》，頁三三至五九。

一些普通民眾也持這樣的觀點，他們把神話中的諸神看作是「曾經受到崇敬的真實歷史人物」[69]。黃鎮山就是這樣的代表。

一、「『女媧造人』實際上是女媧在畫泥水畫」

與黃鎮山老師相識，緣自於二〇〇三年國慶期間筆者隨導師參加陝西省平利縣在安康市舉辦的「女媧學術研討會」。在當地旅遊局黎局長的引介下，我們對黃鎮山進行了初次訪談，雖然是第一次接觸，但是他對當地現代口承神話的瞭解與風土人情的熟悉讓我相信，他就是我要找的演述人之一。進一步熟悉之後，筆者發現他不僅可以演述當地的現代口承神話，而且對古典文獻中記載的神話也非常熟悉，更讓筆者驚訝的是他能夠結合當地的風土民情和流傳的歌謠故事，對神話做出自己的解釋。以下是筆者對黃鎮山的一段訪談，從訪談的內容中，我們不僅可以看出他對神話的理解，而且還可以對他的演述特點有一大概的瞭解：

李紅武（以下簡稱「李」）：黃老師，您好，上次（指二〇〇三年國慶期間）您告訴我們這個地方有兩座山，分別叫做伏羲山和女媧山，能說說為什麼這麼叫嗎？

黃鎮山（以下簡稱「黃」）：伏羲山、女媧山是相對望的，女媧山的名稱比較一致，但是伏羲山則有很多名稱，當地老百姓叫高王山、高望山、高媒山等，現在，為了旅遊的需要，對外稱伏羲山，但是這裡的老百姓一般還是叫高王山。山上原來有廟叫「女媧廟」和「伏羲廟」，裡面供奉著人類的祖先伏羲、女媧。

黃鎮山及其研究室。

69 [美]阿蘭・鄧迪斯編《西方神話學讀本》，頁七九。

李：伏羲、女媧是人類的祖先？您這麼看嗎？

黃：是的。在老百姓看來，伏羲、女媧是神，實際上，伏羲、女媧是活動在漢水流域的兩個部落首領。東漢・王延壽《魯靈光殿賦》載：「伏羲鱗身，女媧蛇軀。」晉・郭璞《玄中記》載：「伏羲龍身，女媧蛇軀。」以及很多關於女媧「人首蛇身」的說法，實際上，並不是說伏羲、女媧有龍的身子、蛇的軀體，而是他們崇拜龍、蛇，故而把它們作為氏族圖騰罷了。我們這個地方的老百姓把蛇稱為「神蟲」，如果路上遇到兩蛇相交，要急忙脫掉上衣蓋住，儘快取香表燒香禱告伏羲、女媧赦罪，否則會「背時」（當地方言，意思是背運）。因為兩蛇相交意味著人之來源，而俗人是不能看的。此外，當地老百姓認為伏羲生於農曆十月四日，日出辰時，辰屬龍；而女媧生於正月七日，早飯巳時，巳屬蛇。所以我們這裡在農曆的十月四日、正月七日要祭祀伏羲、女媧的。

李：是嗎？現在還在祭祀嗎？

黃：現在中斷好多年了，本來希望今年能夠舉行，但是，唉……

李：您能給我講講關於伏羲、女媧的故事嗎？比如說「女媧摶土捏人」、「女媧補天」之類的？

黃：關於他們的故事，你可以看看我寫的材料（在我第二次對黃鎮山進行訪談時，他給了我一份近二三十萬字的筆記，筆者注），那裡寫得比較詳細。伏羲、女媧是當時洪水滔天之後僅存的兩個人。

李：好好的怎麼會洪水滔天呢？是什麼導致了洪水滔天呢？

北京師範大學民俗學專業的研究生在採訪黃鎮山。

黃：哦，關於洪水滔天，是這樣的。古代有個魔怪，對人類不滿，有一種樹叫馬桑樹，能長上天，這個魔怪就經常從天上下到凡間，興妖作怪，擾亂人間。他經常下冰雹，造瘟疫。地上有個雷神，他啟發人類開天闢地，魔怪下冰雹時，雷神與魔怪搏鬥，雷神是個混沌神，（他把魔怪打到地上，）魔怪被碰到石頭上，疼了，但看不見是誰把它弄下來，以為土地這麼硬，於是從馬桑樹上爬上天去，把天上的一個雨盆，這個雨盆是一個神盆，用五個指頭沾一點水，到人間就是很大的雨，結果魔怪因為憤怒，把整個雨盆全倒了下來，而且還把馬桑樹一拔一擰，說馬桑樹長不高，長到三尺就彎腰。水全部倒下，發生了洪水，伏羲與女媧在山上，雷神與魔怪格鬥時拋下一個葫蘆，救了兄妹兩個，而他們（指雷神和魔怪，筆者注）兩敗俱傷，全死了[70]。

李：哦，原來洪水是這樣來的，那後來呢？

黃：伏羲、女媧兄妹二人坐在葫蘆裡面，奇怪的是這個葫蘆就在水田河附近轉來轉去，一直等到洪水退了之後，他們才出來。跑出來一看，全死了，就剩下他們兩個人了，怎麼辦呢？伏羲就要跟女媧成親來繁衍人類，但是女媧不同意。後來女媧想想，只有他們兩個人了，不結婚也沒有辦法，可是還是有點不好意思。於是對伏羲就說：「我們占卜一下吧，如果老天讓我們結婚，我就和你結婚。」伏羲說：「怎麼占卜呢？」「我們每個人扛一個石磨，你到伏羲山上，我到女媧山上，從山頂滾下去，如果石磨在山下合在一起，我就跟你成婚。」其實，女媧比較聰明，我們這個地方有一首民歌叫《伏羲、女媧把親合》裡面，提到女媧多次難他哥哥的。石磨滾到山底以後，真的就合上了，他們就結婚了。石磨相合的地方，現在就叫磨溝村，那裡還有一座廟叫「高王廟」，供奉的就是伏羲。他們結婚以後，開始生兒育女，繁衍人類。說到人類繁衍，我一直認為人類起源地之一在我們漢水流域，有很多考古資料都說明了這一點。此外，我們這個地方還有一首民歌是這樣唱的：「一個

70 關於這個故事，在當地百姓中流傳比較廣泛的是《馬桑樹為什麼長不高》，其中的魔怪有人認為是齊天大聖孫悟空，但是洪水的來源則是一樣的，都是推倒了雨盆所致。

葫蘆大又大，裝過伏羲和女媧，萬千子孫遍九州啊，葫蘆大得裝天下。」

李：關於人類起源，還有一種說法是女媧用黃土捏的人，這裡有的老百姓也這麼講，比如，陳貴友就是這麼跟我說的。您知道這種說法嗎？

黃：當然知道，我很小的時候就聽說了這麼一首歌謠，大概是這樣的：「伏羲、女媧摶泥巴，造出萬千泥娃娃；新廟梁有白土巴，羲媧造出白娃娃；冢爪溝有黑土巴，羲媧造出黑娃娃；風婦垌有黃土巴，羲媧造出黃娃娃。」一般老百姓都這麼認為，人是女媧用泥巴捏的，而且一些史書上也這麼記載，比如東漢・應劭《風俗通義》中就說：「女媧摶黃土作人，劇務，力不暇供，乃引繩絙於泥中，舉以為人。故富貴者，黃土人；貧賤者，泥人也。」我們這個地方有個卦影壇，就是那天你上伏羲山指給你看的地方，據說那個地方是伏羲根據觀察天象弄八卦的鏡子，也是女媧仿照自己的影子捏泥人的鏡子。實際上，女媧摶土造人，並不是真的造出人類，而是說她仿照自己的影子來捏泥像，而「引繩絙於泥中舉以為人」是在畫泥水畫，說明女媧是人類早期的一位美術家，並不是在造人類。

李：哦，原來是這樣的啊。那還有「女媧補天」呢？

黃：女媧補天，很多人都知道女媧煉五色石補天，但是天是怎麼破的，很多人都說不展（當地方言，就是「說不清楚」）。在《淮南子・天文訓》中說道：「昔者共工與顓頊爭為帝，怒而觸不周之山，天柱折，地維絕。」就是說，女媧時代，共工和顓頊為了爭奪帝位，發生了戰爭，共工戰敗之後，一頭撞到不周山上，不周山是支撐天的柱子，結果，不周山倒了，導致了天塌。天塌之後，各種各樣個怪物出來害人，於是女媧就用五色石來補天，斬斷鼇的足來把天重新撐起來，拯救人類。在我們這個地方，就是普陀山上還有女媧煉石用過的煉石爐呢，非常形象。在我看來，關於女媧「煉五色石以補蒼天，斷鼇足以立四極，殺黑龍以濟冀州，積爐灰以止淫水」，是指當時伏羲山、女媧山地區發生了一次大的地震，導致這裡江河氾濫，洞穴倒塌、破裂，女媧作為部落首領，就用爐中燃燒之後剩下的石炭灰來補洞穴，擋洪水，洞穴塌陷之後，用鼇足粗的木頭來立起四柱，搭建棚子供人居住。實際上女媧是帶領人們走出洞穴，走向地面居住的部落首領，所以晉・葛洪《抱朴子・釋滯》說：「女媧地出」，就是這個道理。我們這個地方民俗認為鼇魚是地震的象徵，當地老百姓有句俗語叫「鼇魚眨眼地翻身」。

…………

從上面的口述資料中我們可以看出，黃鎮山在講述神話故事時具有如下一些特徵：

首先，黃鎮山在神話演述活動中，喜歡引經據典。比如他在給筆者演述「女媧補天」的神話故事時，就引到《淮南子・天文訓》中關於「昔者共工與顓頊爭為帝，怒而觸不周之山，天柱折，地維絕」這樣的文獻記載，體現出他不僅對當地流傳的現代口承神話耳熟能詳，而且對於古典文獻中關於這些神話的記載也非常熟悉。

其次，黃鎮山在演述活動中重在對神話進行合理化闡釋，體現出其很強的歷史化傾向。在他的思想觀念中，神話原來就是歷史，人們將當地流傳的關於伏羲、女媧的故事看作神話，並對他們進行頂禮膜拜，這種做法實際上是對歷史的曲解，是後世人們對當時生活的想像與誇張而已。他認為，無論當地民眾口頭流傳的「女媧造人」故事，還是東漢王充在《風俗通義》中關於「女媧摶黃土作人，劇務，力不暇供，乃引繩絙於泥中，舉以為人。故富貴者，黃土人；貧賤者，泥人也」這樣的記載，在他看來，人是由泥巴捏的，這完全不是真實的。他認為，女媧是人類早期的一位傑出的藝術家，其「摶土造人」表明這位人類始祖為了美化當時的生活環境，是在畫泥水畫而已。實際上，這種對神話做歷史化的闡釋在中國有著很悠久的學術傳統。這種闡釋較早始於孔子。比如孔子把「夔一足」這樣的神話現象借助於中國語言中一詞多義的解釋為「像夔這樣的樂官一個就足夠了」；再如，孔子把「黃帝四面」的神話解釋為「黃帝依靠四位賢人治理四方」以及將「黃帝三百年」的神話解釋為「生而人得其利百年，死而人畏其神百年，亡而人用其教百年」，都體現出其合理化的傾向。孔子之所以形成這樣的神話觀，除了「儒家重史實和理性主義思想特點之外，還與文明和理性的進一步發展及人們（尤其是知識階層）逐漸用現實的、邏輯的頭腦來對待神話有關」[71]。黃鎮山神話觀的形成與此相似，對其神話觀形成的原因，筆者將在下文加以分析，這裡不再贅述。

第三，黃鎮山的故事演述有著鮮明的個性特徵。他的演述簡短，語句精煉，而且好引經據典。由於演述人生活環境的變遷，他的興趣發生了轉向。如他所言：「這些神話我都知道，以前我也跟別人講過，但是，現在我不想講了。」需要指出的是，與其說他不想講，還不如說隨著當地生產方式的轉變，他失去了講述的場合和聽眾了。「社會環境的變化會取消講述的場合，廢除古老的集體勞動，這樣故事就失去了其自然的前提。……故事家依然保留著他們的故事，但沒有一個聽眾，因此，他們不再發揮功能（文中主要指消遣功能，筆者注）。」[72]當故事的消遣功能不再被發揮的時候，演述人的興趣就會發生轉化，尋求故事的其他功能，具體到黃鎮山而言，他說：「我現在主要的精力一方面就像你一樣，搜集老百姓口頭流傳的故事，另一方面，對這些口頭故事中涉及到的本地地名，借助古典文獻記載，結合當地的民俗，來考證這些地名的由來，從而為發展地方旅遊提供歷史和現實的依據。」這些年，他確實也是這麼做的。他借助於發展地方旅遊的大環境，發動當地的民間精英，成立了「伏羲山研究會」，為當地民間廟宇的恢復花費了不少心血。

總之，黃鎮山在長期的演述實踐中形成了歷史化的神話觀，這種神話觀的形成，則與其自身的人生經歷和個人取向密切相關。

71　鍾敬文、楊利慧，〈中國古代神話研究史上的合理主義〉，見《中國神話與傳說學術研討會論文集》，頁三五。
72　Linda Dégh, *Folktales and Society—Story-telling in a Hungarian Peasant Community*, p.51.

二、「我從小就是一個『問事窮』」

從上文的分析可以看出，黃鎮山把神話當作歷史，是人們對歷史的誇張與變形，他之所以對當地的神話有著濃厚的興趣，一方面源自於他對神話與歷史的理解，另一方面也與其樸素的鄉土情結密不可分。要想比較深入地瞭解黃鎮山的神話觀，我們必須對其個人經歷有比較全面的把握。

為了對黃鎮山的個人生活史有比較明晰的瞭解，筆者根據訪談獲得的資訊，按照所謂的「轉捩點」（turn point）將其分為三個主要階段：

（一）童年：在故事、歌謠中成長

黃鎮山，男，一九五五年出生於陝西省安康市壩河鄉二郎村。他現在講的很多故事、唱的歌謠，很多都是小時候學來的。

據黃鎮山講，他出生在一個大雜院中，院中有十個老漢、老婆兒。由於當時這個大雜院中只有他一個小孩，加之其家特殊的關係（因為一個大雜院中房子非常緊張，而他們家的房子較為寬敞，所以鄰居來了客人都需要到他家借宿）。許多老人非常喜歡他，經常講故事、唱山歌給他聽。在這十個老人當中，其中有四個對其以後從事民間文化工作產生了重要的影響：首先一個是蘇貴林。蘇貴林是一個秀才，不僅識文斷字，而且多才多藝，會紮紙活，耍龍燈、獅子等民間藝術，尤其是蘇貴林一肚子的孝歌（祭祀歌）、故事給當時年幼的他（據黃說當時他只有兩歲）留下了美好的回憶，至今他還記得蘇教給他的一首歌謠：

伏羲、女媧摶泥巴，造出萬千泥娃娃。司卦溝有黑土巴，兄妹造出黑娃娃；風婦垌有黃土巴，兄妹造出黃娃娃；新廟梁有白土巴，兄妹造出白娃娃。

這裡，蘇貴林將伏羲女娃摶土造人的神話傳說與不同膚色人種的來歷進行了巧妙的粘連，而且將當地的許多地名也融合進去，比如新廟梁、司卦溝（當地也叫豕爪溝）、風婦垌，現在這些地方依然存在。儘管當時黃鎮山只有兩三歲，但這些瑰麗的神話傳說給其留下了深刻的印象，到三歲的時候，他就可以將自己學到的這些故事講給同齡甚至稍大一些的夥伴，很多小孩對他都刮目相看。

另一個對黃鎮山產生較大影響的是同院的陳益錄夫婦。陳益錄曾經讀十二年的長學，對一些歷史故事非常熟悉。不僅陳益錄擅長講故事，而且他的老伴也能講。在陳益錄給黃鎮山講故事的時候，他們夫妻之間往往因為觀點不同而發生爭執，這時又常常因為陳益錄肚子中的墨水更多而使他的妻子中途拜倒。比如，陳益錄給黃鎮山講述大門對面的伏羲山的故事的時候，他的老伴便說，那不是伏羲山，而是高王山。於是陳益錄便開始給黃鎮山講述「伏羲」二字的來歷以及與高王之間的關係，他的這種引經據典的解釋不僅讓兒時黃鎮山歎服，而且讓其老伴也無話可說。另外，陳益錄在講述故事的同時，還用手指蘸水教黃鎮山寫字，而這些字大部分是繁體字，這為黃鎮山以後閱讀古書奠定了一定的基礎。陳益錄夫婦認為伏羲、女媧是自己的祖先，在他們的家裡還供奉著伏羲、女媧的神像，逢年過節都要祭拜。這些耳聞目睹的事情對黃鎮山以後從事民間文學研究埋下了興趣的種子。

還有一個民間藝人對其在樂器和山歌方面也有很大的影響。此人也生活在當時的四合院

筆者在黃鎮山家採錄故事、歌謠，中間女孩為當地的小歌手，右前為黃鎮山。

中，叫朱世富，他早年喪妻，說話有點結巴，但吹起嗩吶、唱起山歌卻是無人可敵，當時被譽為「千首歌王」之一。黃鎮山從朱師傅那裡學會了不少的山歌，而且還初步接觸了民間樂器嗩吶、二胡等。這為其以後整理山歌奠定了一定的基礎。

黃的奶奶澎婆對其也有一定的影響，但主要在巴人文化方面。比如說當地隨處可見的「老人洞」的故事，當時澎婆就給他講過[73]。

黃鎮山從小就勤學好問，被人稱為「問事窮」，只要自己不理解的，就要刨根問底，直到得到滿意的答案為止。而一些連老人都解釋不出的問題，也沒有被有心的他忘記，而是萌發了長大以後搞懂的願望。聽著黃鎮山老師娓娓敘述他兒時的經歷，那種浸染在民間文化氛圍中的嚮往與留戀，那種無憂無慮、自由汲取民間文化養分的樂趣，那講述的語調，那複雜的眼神，既有對過去美好的回憶，又有人事滄桑的失落，此中滋味，也許，像我這樣的年輕人是永遠都難於體會到的。總之，兒時大雜院的十位老人成為其民間文化的啟蒙老師，為其以後從事民間文學研究打下了堅實的基礎。

（二）青年：「文革」使其因禍得福

黃鎮山七歲開始上小學，而這些老人也在這段時間中相繼謝世。在上小學期間，正是我國文化大革命鬧得比較厲害的時候，所幸的是當時他所處的黃家莊沒有受到太大的衝擊，使其得以順利完成小學。當時學校是上午上課，下午勞動。而黃鎮山則負責給隊裡放牛。當時與其搭對放牛的是一個叫王隆奎的八十多歲的老頭，他特別擅長講故事，唱山

73 據黃鎮山講：當時的人長著尾巴，尾巴乾了，人就快要死了，就被帶到老人洞，由親人送飯，直至其死亡。他們叫「巴人」也與當時人長著尾巴有關。筆者發現：在當地一些比較險要的山區，老人洞非常多，筆者曾經在嚮導的引領下實地看過，這些洞有的是天然形成的溶洞，也有後世鑿刻的人工洞，鑿刻的形狀就像現在當地的棺材一樣，是長方形，長約二百一十釐米，寬約六十釐米，高約九十釐米，洞口呈長方形，長約八十釐米，高約六十釐米，人可以自由進入。

歌，也是遠近聞名的「千首歌王」之一。他們一道上山放牛，當把牛趕到山上以後，爺孫倆就坐在一塊兒講故事，唱山歌。王隆奎是土生土長的伏羲山居民，對當地的一草一木都非常熟悉。王隆奎主要講述的是歷史故事，在講故事的時候，他總是強調他講述的故事是真實的。從小學四年級開始，黃鎮山就開始邊聽王老漢講故事、唱山歌，邊進行記錄整理。通過王隆奎的講唱，黃鎮山對幼兒時代自己學到的故事、山歌加以對照，而王隆奎見自己唱的山歌被記錄成文字，唱得就更帶勁了。

當時的集體勞動經常會出現兩隊對歌，鼓舞士氣、一爭高低的情形，而王隆奎經常被拉去唱歌鼓勁，當時那種賣力鼓勁，不爭出個高低不甘休的鬥歌習俗，甚至有時候還會發生打捶（打架）的現象，現在很難見到了。

此時的黃鎮山已經開始有意識地開始接受民間文化了，與王隆奎一起六年的放牛生涯，黃鎮山積累了大量的民間故事和山歌。

一九六六年，黃鎮山的一個遠房親戚馮朝喜來到黃家，對其也產生了不小的影響。馮本來就是壩河人，按輩份是黃鎮山的四爺。馮朝喜也是一個大唱家，而且上過六年學，因為有文化，講起故事來有板有眼，而且還將某些字寫出來教給黃鎮山，對黃鎮山在山上記錄的王隆奎的故事歌謠中有些不正確的、不準確的字都加以糾正。馮朝喜深諳世事，加之能說會道，當地出了一些糾紛都請他來解決，在當地非常有威望；他的學識，他的經歷，他的口才，他的威望，對黃鎮山產生了極大的誘惑力，從小，黃鎮山就想成為四爺那樣的人，甚至要超過四爺。

一九六八年，一位不速之客讓黃鎮山對伏羲八卦產生了興趣。該人姓譚，是一位職業道士，當時到黃家時已經八十多歲。譚道士對伏羲八卦瞭若指掌，但限於當時特殊的歷史條件，譚道士只有在晚間油燈下才可以談論這些被當時稱為「迷信」的東西，而黃鎮山在一邊旁聽，當時就對八卦卦象倒背如流了。一九六九年，黃鎮山一邊讀書，一邊開始擔任生產隊的會計。同時，譚道士將黃鎮山家中珍藏的一些古籍拿出來教其讀古書，半年的時間，讓黃鎮山獲益匪淺，使其真正進入了「文化層」。

進入初中以後，當時的中學校長張運熙也是多才多藝，見黃鎮山知識面廣，又勤奮好學，於是對其格外關照，在傳授課本知識的同時也向其傳授簡譜知識，這為其以後搜集整理民歌進一步奠定了基礎。在初中階段還認識了漢劇老藝人塗金星，從他那裡也學到了不少表演方面的技巧和漢劇的「本頭」及曲調。

一九七二年進入高中，高中三年是其知識突飛猛進的時期，由於當時一批下來勞改的名校老教授的加盟，客觀上給他帶來了福祉。尤其是在文學、史學和音樂方面有了長足的進步，而且得到了正規的訓練。當黃鎮山將家鄉的民歌唱給他的音樂老師白慧琴時，老師非常驚訝，認為非常奇特，在教授他樂理知識的同時，也鼓勵他堅持下去。當時的音樂老師也是西安人，她認為《周南》、《召南》說的就是渭南地區，漢水流域。

三年的高中生活，不僅是其知識的積累時期，也是思想觀念發生轉變的時期，與這些大師的文化交流，使其產生思想的火花，由此，黃鎮山開始從文學、史學、音樂三個方面來反觀民俗文化，更加增強了他對鄉土文化的深厚情感。同時他也利用民間的形式創作，多次在報刊、廣播上發表。

十年「文革」，對很多人而言是不幸的，然而對黃鎮山而言，則因禍得福。因為「文革」，才使他有機會跟這些民間藝人、大學教授學習，而這些知識積累不僅使他對鄉土文化有了獨特的認識，而且也為他以後從事民間文化的搜集、整理和研究奠定了堅實的基礎。

（三）中年：致力於民俗文化研究

高中畢業後，黃鎮山在其所在的鄉——勇敢鄉中學擔任民辦教師。酷愛寫作的他經常寫一些小文章。一九七五年是黃鎮山人生的轉捩點。他的文章經常在廣播裡播出，他的父親認為兒子已經成為了一個文人，便告訴他家裡儲存著一些「文物」，這批文物是過去作偽保長的黃鎮山的爺爺在挖戰壕的時候在伏羲山、女媧山區出土的。看了這些祖父留下的遺產，儘管當時黃還不懂，但他非常興奮，萌發了搞懂的欲望。在黃鎮山看來，這些文物就像家裡的古書一樣，是一種

黃鎮山家藏的畫像磚。

知識，只是書寫的載體不同而已，同時也有一種預感，似乎與兒時聽到的山歌、故事、神話有關，而畫像磚上的圖案，與當時搗毀的神像有一些相似。於是，他開始邊讀書邊工作，利用工作之餘，自修了陝西師範大學歷史系的所有課程。這些知識的積累，不僅為他繼續研究祖父留下的遺產有著重要的幫助，而且對於他從歷史的角度來看當地的現代口承神話有著直接的影響。

結婚以後，隨著自己第一個兒子的誕生，黃感覺到微薄的工資無法養家糊口，於是便辭職回家務農。為了繼續研究祖父留下的遺產，他順便做一些與文物有關的生意，一方面可以貼補家用，另一方面也可以將書本上學到的知識運用到實踐中去，而且，進行文物生意需要到很多地方、與很多人進行接觸，尤其是那些出土文物的地方，他更是經常光顧，這無形中也擴大了他的知識面。

進入八〇年代以後，中國大地上出現了一股「民俗旅遊」的熱潮，民俗文化變成了弘揚民族文化、展示本土形象的旅遊資源，而不再被簡單地視為「落後」、「迷信」的東西[74]。在這樣的背景下，黃鎮山以當地高王山（也就是伏羲山）和高王廟為依託，將當地一些民間藝人團結起來，在漢賓區文化旅遊局的大力支持下，成立了「伏羲山研究會」，對當地的民俗文化進行搜集、整理和研究，並於二〇〇一年農曆七月十五在伏羲山北的鳳凰胥姑埡舉行了民俗文化展演會，讓一些瀕臨失傳的民間藝術、年輕人已然陌生的民俗文化重新展示出

74 關於這方面的文章，可參見：王銘銘，〈中國民間傳統與現代化——福建塘東村的個案研究〉，《傳統文化與現代化》一九九六年第一期；賀學君，〈民俗旅遊的文化價值〉；李明德，〈旅遊與民俗文化〉；林繼富，〈民間傳說與旅遊文化〉；均見劉錫誠主編《妙峰山・世紀之交的中國民俗流變》（北京：中國城市出版社，一九九六）；劉曉春，〈民俗旅遊的文化政治〉，《民俗研究》二〇〇一年第四期。

來，在當地引發了很大的反響。現在的他，繼續在孜孜不倦地整理當地的民俗資料，而且還經常自費到各地進行交流，寫出了大約二三十萬字的手稿，這些手稿如《中國唯一的一座伏羲山——兼述相接的汝皇山和女媧山》、《安康傳說的虞舜文化》等文章中，他將古典文獻記載與當地的口承資料結合起來，對當地的地名進行合理的推測，我們姑且不論其論述是否科學、論證是否嚴密，僅從其給我們提供的資料來看，就具有較高的民俗價值。

如今，年近五旬的黃鎮山已經是四世同堂，但卻家徒四壁，兒女長年在外打工，而他則醉心於自己的民俗研究，家裡照顧老人、看護小孩以及所有的農活等重擔全部落在妻子一個人身上，他只有在農忙搶黃的時候才搭把手，但是，他的妻子對此毫無怨言。

在研究民俗文化的道路上，他可謂嘗盡酸甜苦辣。既有將民眾的口承故事與文獻記載結合起來，從而對當地地名得名緣由頓悟的快感，也有被人誤解，被人拒諸門外的失落；既有朋友、藝人對其工作的首肯，又有跋山涉水、走家串戶的艱辛；同時，他還得從自己本來就非常貧困的家境中拿出一部分錢來為那些民間藝人買禮物，忍受在漫漫長夜中，孤燈下整理資料的寂寞。但是，他認為：「我樂意這麼做，覺得這麼做有意義。」他對筆者說：「我接受的是民俗文化，在我看來，只有接受民俗文化，然後根據（現存）的實際地名，（再）結合史料典籍，（那麼）很多地名就可以迎刃而解了。」

從我們對黃鎮山一生的簡單解讀中，我們不僅可以看出他故事演述特點和語料庫中大量存在現代口承神話的原因，而且可以發現其歷史化的神話觀形成的原因：

首先，黃鎮山之所以能夠掌握大量當地的現代口承神話，與其生存的環境和個人境遇密切相關。我們在第二節談論演述人生存的時空環境的時候就已經指出，伏羲山、女媧山區存在著大量與神話相關的地名，而這些地名背後都有著一個動人的神話故事，此外，在黃鎮山小的時候，當地有著很盛的演述傳統，這種演述不僅是當地民眾記憶傳統的手段，也在集體勞動時被民眾用以鼓舞鬥志、婚慶時候用以增強喜慶氣氛、喪葬時候緬懷先輩、警示後人、漫漫長夜中消磨時光、度過饑荒的精神食糧。在這樣的氛圍下成長起來的他，這些故事、歌謠會自覺不自覺地存儲在他的記憶深處，而當地這些與神話相關的地名的存在和不定期出現演述這些故事的場合也強化著他的個人記憶。當然，環境的存在只為其掌握這些口承故事提供了客觀條件，他的語料庫中之所以能夠有大量的故事，還與其個人的興趣密切相關。從上面對其個人經歷的敘述中，我們發現，兒時的黃鎮山就對當地的「古今」充滿了好奇，被老人們稱為「問事窮」，遇到不明白的事情，不問清楚絕不甘休，而他周圍許多歌把式、故事家的存在，不僅滿足了他的好奇心，而且為其提供了記憶源。

其次，黃鎮山歷史化的神話觀形成的原因，與其所受的教育和發展地方旅遊的特定取向密切相關。早在童年時代，他就受到大雜院中一些有文化的舊式文人的薰陶，在他們的教導下，不僅記住了很多故事，而且還認識了不少古字，這為他以後看中國古典文獻奠定了一定的基礎。「文革」時期，譚道士避難其家，利用晚間休息的時間指點他閱讀家藏的古籍以及講解《周易》等文獻，進一步提高了他對中國傳統文化的領悟。而高中三年，在一批高校教師的指點下，則有了質的飛躍。自修陝西師範大學歷史系的課程，更加強化了其神話歷史化的觀念。黃鎮山多年持之以恆地演述神話，研究神話，有其特定的目的：對當地民眾口頭神話的搜集與整理，並與古典文獻中神話資料相對照，試圖證明這些地方確實是人類的始祖伏羲、女媧曾經活動過的地方，進而推測漢水流域是人類的發源地之一，從而為當地的民俗旅遊提供依據。比如，伏羲山區有一地名叫龍鳳山，據說與伏羲、女媧有關。為了增強其旅遊的歷史性，他引用《左傳》「太皞氏以龍紀」以及《春秋世譜》「華胥生男子為伏羲，女子為女媧」這樣的文獻記載，然後又結合當地民謠：「胥姑登山龍鳳山，一條青虹繞身纏；春心一動十二年，才和盤古結良緣。生兒為皇高皇山，結網漁獵八卦山；生女為皇汝皇山，摶土作人補洞天。」這樣，他將歷史的記載與當地的民謠結合起來，為當地的旅遊提供依據。

小結

在有著濃厚演述傳統的伏羲山、女媧山區成長起來的黃鎮山，對依然流傳在當地民眾口頭的神話故事和當地大量存在的神話地名產生了極大的興趣，這一興趣進一步激發其思考神話與歷史之間的聯繫。兒時長輩的故事和學校的教育讓其相信那些曾經吸引自己、現在依然在民眾口頭傳承的神話，其實就是人類的上古史，只是時隔久遠，人們無法理解，因而，曲解了歷史罷了。為恢復歷史的本來面目，同時也為當地的民俗旅遊尋找依據，他選擇神話來表達自我，實現自我，從而形成了他的敘述傾向，長期的演述實踐，逐漸形成了其選擇現代口承神話、引用古典文獻、進而加以闡釋的敘述模式，較好的教育經歷和發展當地民俗旅遊的特定取向對形成其歷史化的神話觀產生了重要的影響。

第四節　陳貴友：「神話是真實的事件」

神話到底是荒誕的故事還是神聖的敘事，抑或是真實的歷史？學者對這一問題至今難有統一的答案。其中，有的學者根據一些地方的民族誌研究成果，特別強調神話的「神聖性」，並把是否具有神聖性作為判斷神話的重要標準之一，比如威廉・巴斯科姆指出：「神話是散文的敘述，在講述它的社會中，它被認為是發生在久遠的過去的真實可信的事情；神話是信條的化身，它們通常是神聖的，並總是和神學和宗教儀式相結合。」[75]這些學者認為，對於傳承神話的當

[75] ［美］阿蘭・鄧迪斯編《西方神話學讀本》，頁一〇。

地人而言，不僅神話的內容是神聖的，而且神話的傳承過程也是神聖的，神話成為當地民眾的「篤信對象」[76]。

很多學者將神話與宗教儀式聯繫起來，並認為神話是對儀式的語言表達。對於它們之間的關係，筆者不敢妄加評述，但需要指出的是，神話並不總是和宗教儀式結合在一起的，它還可以作為一種獨立口頭藝術存在。伏羲、女媧在伏羲山、女媧山區民眾的心目中有著崇高的地位。筆者在伏羲山、女媧山區調查時發現：一方面，當地民眾逢年過節、初一、十五的時候，去伏羲廟、女媧廟燒香祈願，表達他們對伏羲、女媧的信仰；另一方面，筆者還發現，當地在演述關於伏羲、女媧的神話故事的時候，無論在演述內容、演述場合上還是神話傳承上，神話演述都不是一種神祕的行為，而成為一種大眾共用的娛樂方式。一面是對伏羲、女媧的神聖的信仰，一面卻成為民眾消遣的對象。是什麼造成了民眾對伏羲、女媧這種矛盾的心態呢？也許陳貴友的個案可以給我們一些啟示。

一、「人是女媧娘娘用泥巴捏的」

認識陳貴友，得益於平利縣旅遊局鄒慧珊老師的推薦。據鄒老師說陳貴友在年輕時是當地有名的歌手。與陳貴友見面，則在旅遊局給我安排的住處——黨叔家。之所以在黨家見面，是因為近幾年陳貴友及家人長年在外打工，只有在年關的時候才回家鄉租間房子過年，過年之後馬上又出去，而黨叔和陳貴友是很好的朋友，他們就像一家人一樣，因此，我們的見面就安排在黨叔家裡了。

我們第一次見面的時間是二〇〇四年一月十六日下午，經過黨叔的介紹，我們很快就

陳貴友在給筆者講述伏羲、女媧的故事。

76 [美]阿蘭・鄧迪斯編《西方神話學讀本》，頁三〇。

熟悉了。陳貴友非常健談，而且不拘小節，我簡單介紹了我此行的目的之後，我們的談話就轉入了我要調查的內容上。這裡還需要交代的是，由於陳貴友受其生計的影響，即使在年關，他也不得閒，經常要為了家人的生活而出去奔波，因此，我對他的訪談只能是斷斷續續，只要他有時間，我就抓關鍵的問題問一些。此外，黨叔也給我介紹了他的不少身世。這樣，我們也可以從這些斷斷續續的訪談中可以看出他在故事傳承、演述方面的一些特點以及他的神話觀。

以下是筆者對他的一段訪談：

李：陳叔，您好，您能說說女媧是怎麼一回事嗎？

陳貴友（以下簡稱「陳」）**：**對於女媧，一般老百姓都曉得，是一代一代傳下來的。小娃子的時候，沒有電視之類的（陳貴友家現在也沒有電視），覺得老人諞古，談起來新鮮，就喜歡聽；還有一種就是通過唱歌，大人唱，小孩聽，一代一代往下傳。

李：他們主要講些什麼，唱些什麼呢？

陳：就是伏羲、女媧啊、三皇啊，三皇結束了就唱五帝，五帝裡面就有堯舜故里啊、大禹治水啊，一代一代往下唱，往下講。

李：您能給我講講這些故事嗎？比如說女媧的故事。

陳：我就從磨溝說起吧。滾石磨。這裡有個磨溝河，磨溝村，現在已經改成高王廟村了。說是姊妹（兄妹）兩個洪水滔天以後呢，就沒有人煙了。水越來越大，大了以後呢，姊妹兩個呢被水逼得往山上跑，你水越大她就往山上爬，（所以現在人們就說啥子東西呢，就說多少地方修寨子啊、廟啊，為什麼廟宇要蓋在山頂上呢，也是這樣一種流傳。你不蓋在山頂上，老祖先已經吃過這樣的虧了，他不再往河邊蓋了，如果蓋在河邊，那麼，洪水來了，這些兒女百姓又要吃虧，又要上當了。就是這種流傳，所以蓋在山頂）。所以說逼上伏羲山以後呢，也就是高王山，雨還在下，水還在漲。我們怎麼辦？正在想呢，突然看見面前有個葫蘆，來了個很大的葫蘆。姊妹兩個說只有往這個葫蘆裡爬了，也什麼都不顧了，就爬到這個葫蘆上，海遊天下，轉到哪裡算哪裡。可是這個葫蘆轉來轉去，老是流不出去。水住了以後呢，這個葫蘆從水田河轉上去以後落到高王山了，他們兩個就在這裡生活。那麼生活以後怎麼辦呢？也沒有人煙了。所以伏羲對他妹子說，妹子，我們現在已經沒的人煙了，我們在這裡想法還要生活下去。這是第一次說。到第二次呢這個女媧始終還是沒有把這個事想開，姑娘家，始終心眼還是顧忌一些。所以這個伏羲第二次又向她求婚，直接就明說了，說，我們沒的人煙了，我們姊妹兩個成親吧，以後才有人煙。但是她妹妹還沒有答應，後來就說，第三次求婚，她妹子就說，哥哥，你多次向我求婚，我有個要求，如果有天意，那我們就（成婚）。這裡有一副石磨，那個時候的磨子是很簡單的，不像現在的石磨，實際上過去的石磨不叫石磨應該叫對磨，擱現在科學鑑定叫砸器。他們姊妹兩個把石磨分開以後，一個背到鴨鍋山，一個背上伏羲山，就往下滾，要重合，就說我們姊妹兩個有天意，那麼以後就結合，就傳宗接代；要不重合，就說明沒有天意，那麼，我們以後就沒有人煙了。磨子滾下去以後，他們到山底下一看呢，兩個磨子正正當當地合在一起了。所以，從此以後，簡單地說，姊妹兩個就成親，就開始生活。生活以後，靠人繁殖人，繁殖到什麼時候才能把人繁殖起來呢？所以，那個時候轉過來呢，就是神話了。那麼女媧就用泥巴開始做人，又有一種說法說，不是那黃泥做的，這是錯誤的，拿人身上的污垢，人身上一弄，弄成條條，往出一甩，成人了，那種說法不正確的。那麼，正確的是拿泥巴做人。拿泥巴做人以後呢，擺到一個地方，你要一下雨，怎麼辦呢，就開始蓋房子，用石板啊、樹皮啊，蓋起來，把他們養起來。那麼養起來以後，時間長了以後就成人了。成人了以後，第一次做的，第一次做的以後呢，從那以後呢，才有百家姓，所以說他們姊妹兩個呢，生一個呢，趙錢孫李，周吳鄭王（撒），生一個，一個姓。生一個下來呢，比方說，昨天生下來，按次序排，今天做的一批都姓一個姓，以後生的孩子呢，也是一個姓。所以，從那以後，才有百家姓。

李：原來我們都是泥巴捏的啊！（笑）我剛才聽您說女媧拿身上的污垢做人是不正確的，為什麼？什麼是正確的？

陳：為什麼呢？用污垢這麼一點小東西，那個形容不全乎，根本就不夠製一個人，拿泥巴做人，日子長了，他就成了人，這還有個道理（撒），為什麼人身上有污垢，不管你洗得過乾淨（方言，多乾淨），你慢慢搓，慢慢搓，還有那種髒東西呢，所以人就是那泥巴做的。女媧娘娘「摶土做人」，所以是洗不乾淨的。我們這裡還有一種俗語，就是當你說別人不乾淨的時候，他會反過來罵你，說「你乾淨！你是石頭縫裡蹦出來的？」說的就是這個事。

……

從筆者對陳貴友的訪談中，我們至少可以得出如下一些結論：

首先，強調神話是「真實的事件」是陳貴友神話觀的顯著特色。一方面他認為人確實是由女媧用泥巴捏的，反映出其比較古樸的神話觀。比如對於早期人類起源的問題，在他看來，洪水過後，兄妹兩個為了繁衍人類，只好成婚。但是，婚後的兄妹兩個為了使人口遍布九州，僅靠人繁殖人是不可能的，於是，他們就用泥巴捏人，日子一長，這些泥人就活了。所以，他認為，人是泥巴捏的，這並不是神話，而是事實，而作為事實的證據就是現在人們在身上搓的時候還可以搓下泥巴來，在他看來，用人繁殖人的說法才是「神話」。另一方面，他非常相信科學，在談到伏羲、女媧滾磨成親的時候，講到石磨，他告訴筆者，經過科學的鑑定，過去的石磨不叫石磨，而叫「對磨」，此外，他還特別相信書本、報紙、電視等媒體的宣傳，與老百姓口頭傳承的東西相比，他更相信這些媒體報導的東西，這也就是他雖然不認識幾個字但仍然經常拿出自己珍藏的「朝分歌」的手抄本來看的原因。從陳貴友對人類來源的闡釋中可以發現，他對神話的真實性毫不懷疑。關於神話的真實性問題，中外學者對此多有論述，除了一些學者將神話還原為上古的歷史，強調其歷史的真實性之外，一些學者還將其與宗教儀式相結合，上升到信仰的層面，強調神話的神聖性。美國學者阿蘭・鄧迪斯就把「神聖性」作為判斷神話的重要標準之一，而威廉・巴斯科姆也認為神話是神聖的，並將之與神學和宗教儀式結合起來，強調不僅神話的內容是神聖的，而是傳承的過程也是神聖的，神話是當地民眾的「篤信對象」[77]。我國著名的神話學者呂微同樣認為：「神話是通過解釋宇宙起源、人類起源以及文化起源等終極問題來認識世界，並為人類文化與社會制度提供神聖性的合法證明。」[78]由於這些學者將把神話看作是神聖性的敘事，因此，他們不僅強調神話的內容是神聖的，而且，與之相關的神話的傳承、演述也是神聖的，神話演述總是由特定的演述人，如少數民族的薩滿、畢摩、師公，漢族的巫婆、神漢等在特定的場合，如送靈、驅儺或者其他宗教性的場合中出現。對這些特定的演述人而言，神聖的東西必然是真實的，是不容置疑的。陳貴友是一個神話演述人，他對女媧造人的神話也確信不疑，但是他並沒有將神話看作是一種神聖的敘事，而是可以隨意演述的，體現出他對神話理解。此外，陳貴友所說的神話的「真」與黃鎮山將神話還原為「歷史」的「真」也是不同的。因為在與黃鎮山的談話中，筆者發現，在他的頭腦中似乎並不存在神話的概念，在他的眼中，神話是人們對歷史的曲解，而歷史則是真實的。因此，他試圖通過自己的努力，把神話還原為歷史。而陳貴友則根據一些生活經驗和當地流傳的一些俗語，認為神話本身就是真實的，根本不用還原。當然，在實際演述中，陳貴友還特別強調「科學」的影響，這使其神話觀略顯複雜。

其次，從傳承線路和傳承場合上看，陳貴友的故事主要來自老人的口傳心授，故事傳承的場合多在一些紅白喜事等人數比較集中的地方。

第三，從演述特點來看，他喜歡在演述過程中插入自己的評論，表達自己的觀點。比如他在講到廟址的選擇問題時，就談到人們對大洪水的深刻記憶。

77 [美]阿蘭・鄧迪斯編，《西方神話學讀本》，頁三〇。
78 呂微，〈中華民間文學史・神話編〉，見祁連休、程薔主編《中華民間文學史》（石家莊：河北教育出版社，一九九九年），頁三。

陳貴友之所以對神話感興趣以及在長期的演述中形成這樣的神話觀，這與其個人經歷密切相關。

二、「我從小就渴望成為一名『歌把式』」

（一）九歲便嶄露頭角

陳貴友，男，一九五七年出生於旬陽縣桂花鄉，後來搬到西河鄉東村居住。陳貴友出生於一個普通的農民家庭，有兄弟姊妹六個，他排行老四。由於家裡人口眾多，生活相當貧困，家裡沒有多餘的錢讓其接受正規的學校教育，因此他識字很少。

唱山歌是他們家的祖傳，他的祖父就是唱山歌的行家，後來他的父親是從他祖父那裡學得唱山歌的本領。陳貴友最初學習唱山歌，一方面是自己感興趣，另一方面則是其具備唱山歌的條件。因為在大生產的時候，不同的隊組之間會展開一些競爭，為了鼓舞本隊的士氣，每個隊都選擇一兩名唱歌的「把式」來唱山歌，這些唱歌的人不僅可以不幹活，而且經常成為各隊挖掘的對象。兒時的陳貴友覺得唱歌不僅可以出名，而且可以不幹活，便萌發了當「歌把式」的願望。於是，大人在前面唱，他則默默地跟著學。由於其記憶力非常好，加之嗓音洪亮，一兩遍下來就記住了。於是，父親便著意對其加以培養，除了平時對其加以點撥，還經常帶他出入各種婚喪嫁娶的場合，對其進行言傳身教。而陳貴友悟性也極好，到七八歲的時候，就可以在父親唱不下去的時候，幫助父親「過調」[79]。九歲的時候，在父親的帶領下，第一次開始在正式的場合亮相，儘管當時有些緊張，但長輩出於對晚輩的寬容以及

陳貴友在給筆者唱山歌，前為劉自學，後為陳貴友。

[79] 指喊調子的時候，由於主唱人氣上不來，就讓另一個人接著喊，以便自己換氣。

陳貴友出色的表現，贏得了眾人的喝彩，這增強了他進一步學習的欲望。

然而，不幸的是，就在他嶄露頭角之後，他的父親便永遠離他而去了。為了養育眾多的兒女，他的母親為他們重新找了一個父親。

巧的是，他的繼父也是唱歌的把式。他的繼父曾經是保長，而且有文化，家裡有很多古書，對於歷史也有一些研究，這對於陳貴友唱孝歌非常有幫助。他繼父的家裡有很多「朝分歌」[80]的手抄本。陳貴友從自己父親那裡主要學到了山歌和花鼓戲，而孝歌（喪歌）則主要是從他的繼父那裡學來的。

「朝分歌」中記載的故事一般從盤古開天地開始，一直延續，可以唱到當下的現實生活。夏朝以後的歷史，都有著比較詳細的記載，而像盤古開天、女媧造人等神話故事，則記載得比較簡略。而對於很多不識字的鄉民而言，這些遠古神話的記憶，主要是靠口耳相傳的。鬥歌場上，最容易被人問倒的，也是這些神話內容。因此，對這些神話故事瞭解得越詳細、越清楚，在歌場上就越有把握，這樣詳細掌握這些神話故事的來龍去脈便成為每一個歌把式追求的目標。

「朝分歌」的手抄本。

（二）十八九歲開始獨當一面

集體解散以後，單純依靠在紅白喜會上給人家唱歌根本無法滿足生活的需求，於是，陳貴友便給別人當學徒，幹起了木活。但是，即使在幹木活期間，他也沒有放棄其喜愛的歌謠，只要有機會，他便出現在歌場上，靜靜地聽，默默地

80 所謂「朝分歌」，是指歌手唱歌的底本，主要是手抄本，上面的歌詞大都按照歷史順序演唱。

記。如果遇到歌把式，當晚聽不夠，他總是想方設法打聽這個歌把式的住址，虛心地向他們求教。為了學得本領，他還以給人家做木活為代價，以求得他們教給其中的一些關鍵。功夫不負有心人，由於其虛心求教，博採眾長，到十八九歲的時候，他終於成為歌場上獨當一面的把式，而且在鬥歌中幾乎很少失手，正因為如此，他也成為主人家爭相邀請的對象，甚至會出現只要他一出場，便很少有人敢跟他鬥歌的場面。而他也盡情享受著別人羨慕的目光。有時候，即使在自己開拖拉機期間，無論時間多緊張，只要有歌場，他都會趕回去，不顧勞累地唱夜歌。慢慢地他也成為別人求教的對象，開始自己帶徒弟。

（三）三十歲以後逐漸丟棄

唱孝歌，不僅需要驚人的記憶力，豐富的歌場經驗，而且還需要有很好的體力。因為主人家請這些歌把式一般一請就是一晚上，甚至三個晚上，是非常累人的，沒有一定的體力和耐力，很難支撐下來，而且，給的報酬也相當低廉，因為歌師在當地並不是一個固定的職業，有時候純粹就是鄰里間的互幫互助，生活很難有保障。

二十世紀八〇年代，隨著中央政府改革開放政策的出臺，一些農民開始離開自己的土地，到大城市去打工賺錢以求迅速改善他們的生存條件。在這樣的背景下，陳貴友帶著自己的妻子和子女，離開土地，先後在湖北、河北、北京等地打工，一出去就是一年，只在年底的時候才回家過年，年後便又開始離鄉背井的打工生活，有時候甚至過年都不回來。這樣，長年沒有唱歌的環境，他的歌就慢慢被遺忘了。

因此，無論是講述故事，還是演唱歌謠，除了一個人必備的素質之外，環境也是至關重要的。陳貴友以及像他這樣的歌把式之所以不得不放下自己喜愛的歌謠，筆者認為，至少有兩方面的原因：一方面是由於唱山歌環境的消失。山歌在集體勞動時候最為火爆，幾乎每一隊都有一兩個歌手，組成對子進行演唱。在勞動的時候，兩隊互相競爭，如果一隊被鬥敗，則意味著這一隊今年的收成不好，可見歌手在一個生產隊中的重要性，不僅關乎著本隊的面子，還意味著隊裡今年的勞動收成。由此不難想像當時唱山歌之盛行，唱歌人之賣力，一些著名的歌手之火爆。現在，集體勞動消失了，那種集體勞動的熱鬧場面也不復存在了，而且，現在能夠演唱山歌的也屈指可數，經常只剩下一個人，很難將過去那種豪放悠遠的調子一個人獨立完成。另一方面則是受經濟的衝擊。過去唱歌，無論是山歌還是孝歌，幾乎都是義務性的幫忙，報酬基本上是象徵性的，根本無法養家糊口。包產到戶後，尤其是改革開放後，一些傳承民間藝術的藝人開始下海，多年不練，變得口生了甚至遺忘了。陳貴友就是這樣的民間藝人。

（四）重新開始回憶過去的歌謠故事

陳貴友在外打工十幾年，感覺有點累了，而且生活也極不穩定。同時，十幾年的打工生涯，讓他閱歷頗豐，看到別的地方利用當地的民俗文化把當地的經濟搞得紅紅火火，而自己的家鄉有著非常深厚的民俗底蘊，於是，他萌發了回家鄉利用當地豐富的民俗資源來發展當地旅遊的想法。

而與伏羲山相望的女媧山，不僅風光秀美，而且有始建於唐代的女媧廟，女媧娘娘在當地及周邊民眾心目中有著很大的影響，香火一直非常盛，只是由於「文革」的破壞，加上長年疏於修葺，現在的女媧廟已經破敗不堪。如果借助於女媧廟的香火，在女媧山發展民俗生態旅遊，前景將非常誘人。他的這種想法與平利縣政府靠旅遊來拉動地方經濟的政策相吻合，於是，他利用自身對當地民俗文化熟悉以及懂苗木管理的優勢，加上當地政府的政策扶持，在女媧山搞起了旅遊開發，並於二〇〇四年國慶期間成功地舉行了女媧廟的開光儀式。

現在的他，一邊在女媧山搞開發，一邊利用休息的機會，拿出家裡的一些「朝分歌」的手抄本來回憶過去的歌謠故事，遇到記不清的，還向一些健在的老人去打聽。在筆者對其訪談的過程中，他已經記起很多的歌謠，其中涉及到很多伏羲、女媧、鯀、大禹等神話故事，而且，他也能將這些歌謠的內容用講故事的形式講述出來。

從以上陳貴友的個人經歷中，我們可以發現：

首先，陳貴友之所以對傳統的神話及其他民間文學文類感興趣，一方面受其家庭的影響，另一方面，則是出於歌手在歌場中競爭的需要。陳貴友從小就在有著演述傳統的家庭中長大，他的祖父、父親以及繼父都是當地唱歌的把式，由於家庭的薰陶，使他從小就樹立了當歌把式的願望，對當地的歌謠產生了濃厚的興趣。多年在歌唱中的鍛鍊使他明白，要想在歌場上立於不敗之地，必須對別人不太熟悉的遠古的神話瞭若指掌，這樣，才能在鬥歌中不被別人問倒，從而戰勝對手。此外，演述歌謠還是一門謀生的技藝。貧寒的家境讓其想方設法增加其謀生的手段，雖然單靠在婚喪嫁娶上給別人唱歌難以養家糊口，但是多一門技藝畢竟比少一門好，而且，即使是出於相鄰間的互助，也有利於融洽鄉鄰之間的關係，何況有時候主人家還會有象徵性的紅包或者禮物。於是，他有意識地對伏羲、女媧神話的細節進行搜集整理，並在演述中形成了自己的「傳統取向」和「敘述傾向」，終於成為當地有名的歌手。

其次，陳貴友之所以對把神話看作是真實發生的事件，與其個人的生活經歷密切相關。陳貴友從小生活在一個比較貧窮的家庭，兄弟姊妹眾多，使其無法接受正規的學校教育，教育程度的不足，使其只能依靠自身樸素的經驗來對人類起源的神話加以闡釋。而作為一名歌手，他經常出入婚喪嫁娶這樣的場合，在這些場合中，他一方面通過演述神話、與別人鬥歌來消磨時光，另一方面，就是通過神話來教化當事人，而最具有教化功能的故事莫過於那些真實發生的事情。因此，他特別強調神話的真實性。對於神話的真實性問題，他有自己的一套判斷標準，在他看來，那些被大多數人認可的東西，在他看來就是真實的。另外，他也特別相信「科學」，相信「書本」，認為上了書的，廣播、電視、報紙等報導過的東西，他也認為是真實的。因此，在他的演述中，經常會用「科學」、「書刊報紙」等字眼來增強他演述的可信性。

第三，由於陳貴友在當地以唱歌出名，雖然可以將歌謠的內容用散文的故事講述出來，但講述的過程中在用詞造句方面顯然沒有黃鎮山精煉，顯得口語化。在故事的創造性方面，陳貴友則顯得比黃鎮山和柯尊來強。在黃的文本中，除了其對故事的闡釋之外，基本上引用的都是別人的故事和史書的記載，而柯尊來遇到問題，回答不上來的時候，則用「這是一個問號」或者「那時候怕是這樣的吧」來代替，而不做進一步的闡釋。陳貴友則不然，總是根據具體的情境來把握故事講述。比如，有一次他在我住的房東家黨叔家裡給我講關於伏羲、女媧滾磨成親的故事，當時除了我們兩人之外，還有黨叔和他的母親在場。當他講到伏羲、女媧扛著磨分別上山的時候，筆者插了一句，說：「女媧怎麼可以背得動石磨呢？」他告訴筆者那時候的磨子叫對磨，女媧畢竟是女的，能力小一些，所以拿的是上面的，比較輕的。這時候，他突然意識到黨叔母親的在場，於是趕緊就說，現在男女都一樣了，有時候，女的比男的還要強，女的能幹的事情，男的不一定就行，並舉西河鄉的女黨委書記為例，進一步加以證明，由此可見他對現場情境的把握和即興創造力。

小結

本節主要探討的是陳貴友神話演述的特點和演述活動中表現出來的神話觀，並對其神話觀形成的原因進行了探討。受家庭的影響，陳貴友從小就渴望成為一名歌手，因為一名優秀的歌手不僅可以贏得別人羨慕的目光，而且還是一門謀生的手段。別人的經驗和自己的實踐使其認識到，要想在歌場中立足，必須對別人不熟悉的古老的神話盡可能地瞭解，於是他想方設法地向那些有經驗的老歌手學習，精誠所至，金石為開，虛心的態度和長久的磨鍊使他最終成為一名遠近聞名的歌手。由於受其自身教育程度所限和個人經歷的影響，對於當地流傳的神話，他有著自己樸素的認識。一方面他認為神話是真實發生的事情，人類的確是女媧用泥巴捏成的，體現了其樸素的認識論思想；另一方面，他又對科學表現出充分的信任，比如對石磨的解釋，顯示出其比較複雜的神話觀。對神話母題的興趣形成了他一般的傳統取向，為了在演述活動中獲勝以及現在開發民俗旅遊的目的使其更加關注當地流傳的現代口承神話，形成了他的敘述傾向。長期的演述實踐，形成了其比較穩定的對神話的個人闡釋和演述特點。

第五節　柯尊來：「神話是神乎其神的故事」

在現實生活中，很多人總是用「神話」來形容那些難以置信、荒誕離奇的事情。但是一些具有特定職業的人，如少數民族的說唱藝人、薩滿、祭司、畢摩以及漢族的巫婆、神漢等，往往認為「神話」是非常「神聖的」，並不是任何人都可以演述，只能由特定的人在特定的時空背景下演述，否則會觸犯神靈，引發災難。然而，筆者在伏羲山、女媧山區結識了一位被當地人稱為「巴巫鑾道」的道士柯尊來，他卻把神話看作是神乎其神的、不可信的、可以隨時隨地演述的故事。

一、「神話是不可信的故事」

筆者能夠結識柯尊來，純屬偶然。二〇〇四年春節期間，筆者在安康對黃鎮山老師進行了為期一週的訪談，訪談結束後準備返京，黃鎮山盛情邀請筆者看看他的個人收藏，同時也看看他們的伏羲山研究會，也許會對筆者的論文寫作有幫助。於是筆者改變了自己的行程，隨其從安康返回伏羲山區。在那裡，筆者不僅見識了黃鎮山個人收藏的文物，同時也對現代口承神話在當地的傳承有了進一步的瞭解，更為重要的是，遇到了第三位合作者——柯尊來。時間是二〇〇四年一月三十日，我和黃鎮山從安康出發，去伏羲山。黃鎮山告訴筆者，柯尊來是一個道士，當地人叫其「巴巫鑾道」（因為他們信奉道教師祖張雲幕，所以稱為道士；但他們又自認為不同於武當山的道士，因此，被稱

柯尊來在接受筆者的訪談。

為「巴巫蠻道」，筆者注）。因為之前對此根本不瞭解，於是利用乘車的機會，筆者把黃鎮山寫的《巴道說源》匆匆看了一遍，有了一個大概的印象。到了柯尊來家裡，已經晚上七點多了，當時，他們全家正圍著火爐烤火。儘管有黃鎮山介紹，但是，初次與道士接觸筆者還是有點緊張，但事後發現自己的緊張是多餘的。柯尊來是一個非常和藹的人，說話慢條斯理，而且非常善於講故事，山歌唱得也很好，雖然我們初次見面，卻有一種一見如故的感覺。我們當晚就開始聊天，一直聊到凌晨兩點，如果不是其妻子催促，也許我們會一直聊下去的。正是這一晚的相識，筆者決定將他作為筆者的合作者之一。但當時學校正要開學，筆者只好跟柯尊來約好，下次來這裡做田野時再進一步對他進行訪談。

下文的一段訪談紀錄主要是根據在二〇〇四年五月九日錄音整理的，從這些材料中可以窺見柯尊來的講述特點和他對神話的認識：

李：柯叔，您好！這次呢還是想聽您諞諞關於伏羲、女媧的一些古今，以及希望能對您的個人經歷有進一步的瞭解。

柯尊來（以下簡稱「柯」）：哦，那可以麼。

李：您看，這裡地處伏羲山區，前邊就是伏羲山，下面就是胥姑河，而不遠的地方就是女媧山，民間流傳著許多關於伏羲和女媧的故事，您以前聽說過吧？

柯：那有啊，我以前也聽說過。

李：您能給我諞一諞嗎？

柯：原來我也知道一些故事，但我就沒有注意我們這裡很多地方跟故事上的地名聯繫，那時候就沒有聯繫上，現在聯繫起來才恍然大悟，確實是恍然大悟。那就是說故事與我們這個地方，與伏羲山確實是巧合了。

李：巧合？你認為是巧合？

柯：我認為確實是巧合，實際上也是巧合。

李：您能給我具體說說嗎？

柯：第一就說我們胥姑埡吧。胥姑埡的地名可不是幾十年的胥姑埡，自我一省事（能記事，筆者注）以後就是胥姑埡，但是我也沒有問老年人好多年的胥姑埡，但是我們伏羲山文化開發以後，就問一些老年人你知道這個胥姑埡嗎？人家也說他們記事就是胥姑埡，就說不清。

李：為什麼叫胥姑埡？

柯：就是說胥姑埡在伏羲山下，胥姑埡有胥姑廟，是個大殿，上殿、下殿，兩邊的廂房，道人有兩三個。再說胥姑河，那邊的新廟子，就是新廟梁，伏羲山在那個地方，那裡山勢險峻，主要是老百姓上伏羲山路比較遠，祭祀不方便，也就是說給伏羲蓋了一座新廟。我剛才說的一次性蓋了四個高王廟，就是為了祭祀方便。為什麼蓋這麼多廟，就是對高王爺不得不崇拜，不得不祭祀，祭祀多了廟也容納不了，你哪裡人就在哪裡祭祀。新廟梁，新廟梁，肯定是一個新廟子，老年人說是一個新廟子。在什麼時間這個廟沒了，是個怪事情。伏羲山朝這個方向來，十幾里路以外，這個地方呢我是聽平利磨溝有一個雷勝強說的，聽他說的，有一個脫耙坡，這個地名很少聽見人說。就是伏羲在這個山頂與女媧兩個互相在山上把這個磨子往山下滾，伏羲是男的勁大，人家可以把磨子背上去，女的怎麼辦呢，她把這個磨子，在這個平的地方沒法滾，她要拉到一定地方，能滾的地方放手能滾，她採了什麼辦法呢，做了一個就是這個耙。這個東西，用繩繩拉到一定的地方，把磨子滾下去。拉到這個脫耙坡這個地方怎麼辦呢，繩子斷了，繩子斷了以後，連耙帶磨滾下去了。滾哪裡了，就是滾在磨溝了，這個地方就在磨溝附近，這是雷勝強給我介紹的。這個地方怕是個很小的地方，我很少聽別人說過，具體地名我也記不太清了。反正是有「脫耙」兩個字，究竟是坡呢還是梁呢還是溝呢，就不太清楚了。

李：就是說，女媧和伏羲究竟是什麼樣的人呢？

柯：那就是很神奇的人吧。

李：怎麼神奇呢？

柯：因為他的父親就是雷神，他的母親，哦這個華胥，華胥和雷神相配以後生的伏羲，生的女媧。

李：華胥和雷神他們怎麼相配的呢？

柯：雷神是咱們當地的，是華胥為上神，是一個女性，是有這個造化，她是斷到這個地方，與雷神相配。

李：華胥是什麼地方的？

柯：是西北來的人吧，從西北來的。是天地的造化，她與雷神有姻緣之配，有可能是雷神為靜她為動，她來配雷神。

…………

李：您繼續說華胥和雷神。

柯：那就是這麼一回事。

李：就是生的伏羲和女媧，但是在我們這一帶流傳得比較廣的一個故事就是說洪水滔天。

柯：那天我不是給你講過嗎？

李：但是那天我有點忘記了，您能給我再講一遍嗎？

柯：可以麼。這個洪水滔天原因就是說，天地還沒有光線的時候，也沒有盤古的時候，地球內藏著四個大蛟龍，因為沒有光線他們就沒有出來，在裡邊昏睡吧。後來有了光線，他們就從裡邊出來了。出來以後怎麼辦呢，他們就作亂。作亂，作亂就是說誰有很大本事，誰來多大個事，有很大本事就做很大個壞事，就是一下了一場暴雨。原來，地球有光線以後，地球可以說是，走到哪裡，就跟平川一樣，根本沒有山，也沒有什麼河，也沒有什麼溝，整個就像圓雞蛋一樣，平平的。他們下了一場洪雨，特別大。四個大蛟龍，他們同時下，一下洪水大的，把這個地球打得，有土的地方是一股一股的，有山的地方，有石頭的地方，也是一梁一梁的，把這個有土的地方用水把土推出去，留下了山石推不動。所以後來地球上大山、大水、大河，就是把天下老百姓人類全部都滅了，誰也跑不脫。地球上四個大蛟龍從四方一路，同時下這個洪雨，誰能跑脫？淹死了。

李：那會兒地球像一個雞蛋的時候就有人類？

柯：對！

李：那個人類從哪裡來呢？

柯：這個人類也就是說從這個，盤古……

李：您不是說哪會兒還沒有盤古嗎？

柯：沒有盤古的時候地球下藏著四個蛟龍，地球有光線他們出來。

李：那會有沒有人呢？

柯：那就有人，他們出來這個時間呢，很長時間（就是多長時間，筆者注）他們才出來？這個是一個問號。盤古開天闢地有了光線，有了光線以後，也就是說，女媧是天下盤古以來第一個大皇帝，雖然沒有當皇帝，要承認為皇帝，造人啊。她一看，地球上有光線了，沒有人，什麼動物都沒有，這是個什麼世界呢？她想，這地球上要成為一個世界，有世界就要有人，所以她就用泥巴做人。她開始用泥巴做人的時候，她就仿照自己造人。她是個女的，所以專門做的是女的。後來她一想啊，這個女的將來一死，世界又沒有人了，她就又想像做一些男的，來配偶，上一代死了還有下一代，一代一代人就多了，就是做娃一樣。人家就說，那就是一種神話麼，她吹一口仙氣，全部變人。做好了以後，她上架，在地上不容易乾，容易乾。來了一場雨，這一場雨與這個蛟龍有可能有關係，到現在四大龍王，也就是四大蛟龍，下

柯尊來在給筆者講神話故事。

雨就是他們麼，一下，收都收不及，下的架也倒了。原來做好的時候，好的配好的，高的配高的，矮的配矮的，都配好了。一下倒了一鍋粥，弄得，原來配的那個也弄不展了，只要男娃娃和女娃娃就行了，是吧，就是搞不展了。最後一整，一下搬了個斷胳膊、沒腿的，就說是，現在世上人缺胳膊、斷腿呀，也有眼睛看不見的呀，千姿百態的人都有，也就是吃了你那麼一個虧，這人開始也沒有想要成為怎麼一個人。反正一口仙氣吹下去以後，叫他們能行動了，也就沒有說是穿衣裳了。女媧穿的是仙紗，亮亮的，就是仙紗。她也沒有想到這個衣裳怎麼弄。這一些人開始就是第一代就是猿猴，也不穿衣服，而且受到日月光華的照臨，長了一身毛，也不會說話，就是在坡上撿些野果子吃。最後就是一句話，通過勞動創造了人，從這一代猿猴，他們在生活當中，通過實踐，開始摘果子吃。最後，這個無形中石頭碰石頭，碰出了火以後，把森林給點著了，燒死野獸，他們撿這些野獸肉吃，感覺很香，很香以後他們就打獵，他們打獵，吃肉。這個莊稼這個東西都是野的，坡上長了一些這樣那樣的，長起來以後，他們肚子餓了，有火了，他們也就說是想像到，看這個東西好像能吃，拿來，掰一個麥穗啊什麼的，在火上一燒，用手一摩擦，把這個米一吃，很香。很香他們也就動腦筋，把這個摘來種。種莊稼，那沒有農具啊，開始就是用棍棍之類的，把種子灑到那裡以後，戳一戳，攢一攢，能長就行了。最後他們就感覺戳呀，啥子，就動腦筋製農具。其實這牛這東西，還是他們打獵的時候，獲取的一些野獸，大的他們就吃了，小的他們就餵著，餵長了，捨不得吃，看牠們勁大，能為我們出力。總的一句話是勞動創造人，通過他們的勞動實踐慢慢進化。（「剛才您說的是華胥拿泥巴捏人。」筆者問）我剛才說的就是洪水滔天以後的事情了。

李：華胥和女媧是同一個人嗎？

柯：那不是。根據我剛才說的這個順序就這麼來。華胥和雷神為上神，雷神地點在我們這裡，其實下凡造人是女媧。我上次給你說的那個經文（即故事，筆者注）很貫穿，通過洪水滔天以後，以前世上有人沒有人不知道，反正通過這個洪水滔天之後，天下是沒有人煙了。後來女媧降伏龍王，這四大蛟龍闖了這麼大的禍，給世間造了這麼大的孽。我們有女媧伏龍的那個神話小說，有那個本子，有女媧伏龍，騎到龍背上，抓住龍鬚，拿著寶劍，要斬他頭啊。斬他頭，龍就求饒。求饒行，就留你一條性命，你到世間上為天下老百姓風調雨順，國泰民安，東南西北四大海，你們一人任一個龍王，掌管天下的雨簿，風調雨順，五穀豐登。這就是後來的四大龍王，給他們也起上這個號。敖光就是東海龍王。女媧伏龍就風調雨順了，天下太平了，種莊稼。伏龍以後，時間與那個時代那個時間來說，一個故事分岔說。伏羲一看，天下後代斷絕了，洪水滔天以後後代斷絕了，伏羲也考慮他跟誰來婚配呢。需要婚配，天下無人，他妹子是女的，也沒有配的了，他就向他妹子求婚。求婚也是為了世上有人，話說轉了，他們兩個能贏得扯嗎？再說婚配以後，還想生兒嘛還是生女呢？所以就說女媧就是挖泥做人。

…………

李：他們怎麼想起拿泥巴捏人呢？怎麼能活呢？

柯：這就是神話。（笑）泥巴娃娃怎麼能成活？我們都不會相信這些事情。不過有些事情，你現在就說不清。世上老百姓，這個人究竟是從哪裡來的，又能說出這不是泥巴娃娃變的，誰又能說得清呢。從古今上看，許多事實、糾紛，從讀者來看這個事情怎麼下臺，他肚子餓要吃飯呢，還說這個事情不得下臺，用什麼辦法解決，沒辦法解決，最後還不是用一個神話小說來解決！這是一個解決的辦法。古今屬於人最高水準的生活，是一種人的生活水準，書上的生活水準，超過人的實際生活水準千倍萬倍。越怪的東西，越不相信的東西，才吸引他去看。

李：您給我講的這些故事，平時給別人諞嗎？

柯：很少諞。

李：那你做法的時候，是不是一晚上都做，有沒有空閒的功夫聽到其他人在講這些故事？

柯：我們作道，一去就忙，忙到差不多了，有點閒置時間就要休息，睏倦得不行了。

李：這些故事在像您這樣的年齡，您感覺知道的人多不多？

柯：不多。不多，就在我們五星村來說的話，要說說這些故事的話，現在沒有了。

李：那您覺得這些故事還會傳下去嗎？

柯：不可能了，沒有誰聽麼，沒有誰問麼，沒有誰追究這些事情。

李：我想冒昧地問一下，您認為什麼樣的東西是神話呢？

柯：就是不可相信的事情，沒有看見的事情，沒有現實看見的，而且是不可能的事情，但是人家說得很神乎其神，而且你還很愛聽，這一種說法就叫做的神話小說，而且說神、鬼，說得很生動活潑，這就叫神話小說。

……

從以上筆者對柯尊來的訪談中，我們可以看出其演述神話的一些特點和神話觀：

首先，柯尊來的神話演述與前面兩位演述人相比，他的演述更為生動，而且比較文學化。但他的故事演述缺乏創造性。這集中體現在他在演述的過程中遇到不明白的地方，不是發揮創造性加以補充，而是用「這是一個問號」來代替。

其次，在神話觀方面，柯尊來持「神話虛妄說」的觀點。與黃鎮山和陳貴友不同，他既沒有將神話作為真實的敘事，也沒有看作是被曲解的歷史，而認為神話「是不可相信的、看不見的、不可能的事情，人們把它說得神乎其神」的故事。比如說對於女媧用泥巴捏人的故事，在他看來，人是猿猴通過長期的勞動變來的，並不是什麼泥巴捏的，人們之所以這麼講，主要吸引聽眾的注意力。「古今不要錢，只要你編得圓」充分表明，神話在他的眼裡，只是一種人們用來閒時消遣的工具。談到「神話虛妄說」的觀點，我國學術史上最具有代表性的莫過於東漢唯物主義哲學家王充了。王充為了駁斥當時東漢出現的讖緯之風，他運用實地經驗和譬喻、類推的辦法，對儒書中記載和民間流傳的神話進行了大肆的批判。比如他對儒書中記載的「女媧補天」神話的駁斥。眾所周知，在《淮南子・天文訓》中有「昔者共工與顓頊爭為天子，不勝，怒而觸不周之山，天柱折，地維絕。女媧煉五色石以補蒼天，斷鼇足以立四極」的記載。但是，王充從現實經驗出發，認為「天非石體，四柱難支；鼇雖長大，難及天地；女媧為人，高難及天」等理由，進行了全面的駁斥，從而得出「女媧補天」純屬「虛妄之言」的結論[81]。從認識論的根源來看，柯尊來與王充相同，對於這些離奇的故事都持一種否定的態度。但是，與王充不同的是，柯尊來並沒有像王充那樣，試圖通過對神話的駁斥來達到「訂真偽，疾虛妄」的目的，而只是將其作為一種閒時消遣的工具。

第三，柯尊來在故事演述中強調「命運天定」的觀念，這顯然與其道士職業有密切關係。在他看來婚姻是天定的，不是人力可以左右的。比如，他認為來自西北的華胥就是上天指定來與雷神結婚的，認為這是造化。

在筆者的頭腦中，作為道士的柯尊來應該像少數民族的神職人員，如畢摩、薩滿等以及漢族的神漢、巫婆一樣，應該認為神話是一種只有在特定的儀式場合之下才可以演述的神聖敘事。但是，上面他對神話的闡釋大大出乎筆者的意料。通過進一步的接觸，在對其人生經歷及他對道士這一職業的認識有了一個大致的瞭解之後，筆者才明白形成他這樣神話觀的原因。

二、「我們的『道』是一種『藝』」

與黃鎮山、陳貴友不同，柯尊來出生於一個道士家庭。他的父親是當地的「巴巫蠻道」之一，他現在繼承了父親的

---

81 鍾敬文、楊利慧，〈中國古代神話研究史上的合理主義〉，見《中國神話與傳說學術研討會論文集》，頁三七至四一

衣缽，也成為當地的一名道士，經常被人請去做道場。按照「巴巫鑾道」的輩份來排，他是「沖」字輩，是現存道士中輩份比較高的一輩。同時他還是伏羲研究會的成員，是「巴巫鑾道」研究室（附屬於伏羲山研究會）的主任。他平時除了主持各種法事，為亡魂做道場之外，對五行八卦也比較精通，別人也請他相面、看手相，利用賦閒在家機會，他還紮紙活。柯尊來家現有五口人，上有年近九旬的老母，下有兩個已到成家年齡的兒子，現在這兩個孩子都在外打工。由於他不定期被人請去做道場，家裡的農活基本上靠他的妻子來操勞。

上文提到，柯尊來對於當地流傳的伏羲、女媧神話有著與黃鎮山和陳貴友不同的認識。在他看來，這些無論伏羲大帝拯救渭南民眾，還是女媧娘娘摶土造人，這些都是不可信的，是人們為了消磨時光，編一些「人們不可相信的事情，沒有現實看見的，而且是不可能的事情，但是說得很神乎其神，人們還很愛聽」的故事，他特別相信自己的眼睛和個人的經歷，除非自己親眼目睹，否則，再怎麼神乎其神，他也認為這是不可能的，是一種「古今」。在他看來，謅古今非常容易，只要你記性好，口才好，編圓就可以了，俗語有：「古今不要錢，只要你編得圓！」

他的思想也受到主流意識形態的影響，比如，他對人類的起源的看法，無論神話故事中說的多麼神奇，他在結尾總是用一句話結尾：「總之一句話，是勞動創造了人」。這種觀念的形成，也許他的人生經歷會告訴我們答案：

> 我是土改二年出生的，也就是一九五二年，從我記事的時候，那就是咱們吃食堂的時候，那時叫颳共產風，毛主席說馬上就要實現共產主義了，這是一個理想，整個就是大面積的老百姓，走到哪裡吃到哪裡，生產到哪裡，咱們這個地方的人可以調到十幾里以外的地方去做活，去了，就在那裡吃，住，那個時候確實是全國一盤棋，沒有小範圍。
>
> 集體勞動的時候，我們這個五星村、三星村、方星村這三個村成立一個俱樂部，請人家外地的「大把式」，我們這裡把「把式」叫做一號的，叫行家。當時我很小，還不懂事，常常在一些紅白喜事上湊熱鬧，聽老人謅

古今。當時我就特別喜歡，特別著迷，一旦這些老人停止不講了，我就會纏著他們不放，而且，我很有心，他講得累了，不想說了，我趕緊問一句，說：「那個事情究竟怎麼樣了？」所以我們生性愛聽，感覺這個有味道，我們很喜歡，跟吃飯一樣，愛吃。而且由於我父親是一個藝人，經常有人來我們家，老的少的都有，來了就亂謅一通，感興趣，我就聽，不感興趣，我就出去玩了，當時是小孩，不用勞動的。

我愛聽的故事一般是上了書的，像《封神演義》啊、《隋唐演義》啊、《西遊記》啊等，這樣的故事我愛聽。經常來我們家的人中，有一個人特別能講故事，他就是現在穌家鄉，也就是胥姑埡山梁那邊的有一個人叫張至藩。張至藩是我母親的親大舅，是個縣參議員，當時他的文化深，看的書很多。張至藩個子大，說話特別幽默，聲音不高不低，一臉笑，說話很逗人聽，隨隨便便說出來就很逗人聽。他的古今不知道有多少，他可以到你屋來，看見誰家有個啥事情，或者是喜事或者是啥矛盾事，他馬上說一個古今來對照你這個事情。那個老漢在你家裡玩十幾天，都不感覺討厭，大家都很喜歡他，我也特別喜歡，我把他叫舅爺的。在很多故事中，他給我們講的一個就是《封神演義》裡面的《哪吒鬧海》，我印象特別深刻。還有一個涉及到伏義，就是上次給你說的「伏義顯靈」的故事，就是說八大王要血洗伏義山居民，結果伏義顯靈，拯救了這裡的老百姓。這樣的神話小說，別的老漢也謅過，但是沒有人家張至藩老漢說得貫穿（即連貫，筆者注）。從小，我就特別佩服我的舅爺，就想成為像他那樣的人。

我上了五年半學。我從八歲上學，因為生的天性的問題，腦子比較混，哪怕開始

伏羲山下的柯尊來。

兩年是混過去了，三年級以後才進步大。後來，我大哥結婚以後，要分家另過了，因為一分家，家裡的勞動力不夠了，我就不能上學了。當我知道不能再去念書了，心裡馬上就警惕起來，所以，在屋子深造起來。我父母親就說：「我那個娃子一進屋就胡畫呀，就是找些紙、磨些磚畫，找些書看。」我很喜歡書法，但是家裡窮，買不起紙和筆，於是，我就磨了四塊大方磚，用水蘸著練。現在，我的書法還可以，我大兒子的書法也不錯，門上的對聯都是他寫的。

說到我父親對我的影響，有好的一方面，也有不好的一方面。因為他是一個道士，在學校念書的時候，人家就說你父親是一個道士先生，你們是迷信家，你們是最講迷信，這就是同學們揭我的二話（就是揭我的短），在破四舊、立四新的時候，人家對我的教育就是你們是迷信家庭，對我這麼個影響。我從思想上，對我父親這個藝沒有反對過，我認為不是一個壞事，我認為這是一個藝，需要有人接替他，群眾需要，接他去。他又學了這個東西，他又會，但是他作藝的過程中沒有做反動的事情，他沒有說反動的話。我父親不多言多語，我父親是一個好人，人家的威信也很高，我沒有見哪一個人對他不尊敬。即使在文化大革命的時候，他也沒有受到紅小兵的迫害，而且受到當地老百姓的保護。所以我的這些道具都還在，其他道士的道具都燒了，書也燒了。

對於我父親的這個藝，我不但不反對，還有點愛好，但是在六〇年代到八〇年代，國家一直禁止，老百姓做道，都是偷偷摸摸的。我學道比較晚，快三十歲了，而且已經結婚了，也很擔心自己能不能學成。當時是八〇年，鄧小平第三次上臺，正式

身穿道袍的柯尊來正在做儀式。

當了國家領導，說了一個百花齊放，當時一下子興起來了。這個藝興起來了，說明這個藝還是正確的，老百姓還是需要的。我再不學，我父親當時已經是七十多歲了，如果我父親一走，就把這個藝帶走了，就失傳了。二一個我們這個經書，就是這個寶藏，如果不學，也就沒有用了。我學我條件好，我能寫，能唱，困難就是年紀大了，記性不行了，但是下決心了，就開始學。但是我父親對我的年紀信心不大，只是抱著一種試試的態度，多次請求並試驗過以後，終於用心教我了。

而我下定決心，安心學道，也源自於一個偶然的機會。當時，我隨父親去給一個死了兒媳婦的老漢家做道場，這個老漢給我講了兩個故事，其中一個是孫武子生而知之的故事，另外一個是蘇秦學而知之的故事。尤其是蘇秦「頭懸梁，錐刺股」，歷盡艱辛終於成為六國宰相的故事給了很大的信心，下定決心一定要把我父親的藝繼承下來。

現在，幹我們這一行的，整個伏羲山區不到十個人，而且都年齡都已經在五十歲左右了，幹的人越來越少，有願意幹的年輕人缺乏天資，但是大部分受不了這樣的苦，真的擔心祖輩傳下來的手藝在我們這一代人手中斷送。

對於諞古今，現在基本上沒有人聽了。以前集體勞動的時候，因為肚子吃不飽，而且又不到吃飯的時間，於是，人們就要求我給他們諞幾個古今，我呢，也比較喜歡。這樣，人們圍成一圈，我就開始諞。因為這個，人家隊長還經常批評我不務正業呢。

柯尊來道士除了給筆者講故事之外，還是唱歌的好手，尤其善於喊調子，利用中午吃飯的時間，他和他的哥哥[82]以及汪德田[83]為筆者喊了一首山歌調子，內容涉及女媧用黃土捏人的神話故事：

82 柯尊來的哥哥柯尊清是一位退休的老教師，據黃鎮山講，他也是一位喊調子的高手。
83 汪德田，男，稅務局退休的幹部，說拉彈唱樣樣精通，尤其是喊起調子來，聲音渾厚、清越，非常有感染力。

女媧塘邊摶泥巴，伏羲後邊打土巴，打壞了泥娃娃；
打上了女媧猶自可，打上了泥娃娃出傻瓜，後代無發達。[84]

當時的演唱完全是為了我而唱的，但他們卻非常認真。我們選擇了一處比較空曠的山野，背後有松柏青翠，田野油菜綠得可人，柯尊來的哥哥站在中間，手拄鋤頭；左邊是柯尊來，右邊是汪德田，我則在一邊拍照，黃鎮山和另外一位中年人在旁邊聽。由於久不唱歌，儘管在唱前多次練習，唱的過程中還是出現不少接不上的問題，但那高亢深遠的歌聲在空曠的山谷中久久迴蕩，似乎訴說著女媧始祖摶土造人的動人神話與伏羲、女媧嬉戲時的歡樂情景，非常有震撼力。

柯尊來的自述告訴我們，之所以形成其「虛妄」的神話觀，與他所受的教育和對「道」的認識有著密切的關係。

從小生活在有著濃厚神話傳統的伏羲山、女媧山區的道士柯尊來對於那些情節比較神奇的故事非常感興趣，但他並沒有將神話看作是一種神聖性敘事，而是看作一種不可信的神乎其神的故事。這與其所受的教育、認識事物的態度不無關聯。如他所言，他是「生在新社會，長在紅旗下，接受的是毛主席的新政策的教育」，無論「女媧造人」的故事多麼離奇，他還是用「勞動創造了人」來收尾，表現出學校教育對其思想意識的影響。同時，他多次向筆者強調「眼見為實，耳聽為虛」，強調自己的直觀感受，除非自己親眼所見，否則別人說

柯尊來等三人在伏羲山下唱山歌。

84 據汪德田講，這樣的山歌需要四個人來演唱，原來只有汪德田和柯尊來兩個人，演唱時，正好碰上柯尊來的哥哥在田裡除草，於是邀其一起，才勉強唱起來，就是這樣，最後的調子還是沒有喊出應有的氣勢。

得再怎麼玄乎，他也不會相信的。另一方面，這種神話觀的形成也與其對道教的獨特認識有關。他雖然是一個道士，但他認為他所從事的這一職業不是迷信，而是一種「藝」，是在滿足老百姓的需要，因此，他不相信神話中出現的那些事情，認為這不過是人們閒時消遣的玩意兒而已。

小結

本節集中探討了柯尊來的神話演述的特點和演述中表現出的神話觀，並對其神話觀的形成進行了探討。

柯尊來從小就對情節比較離奇的神話故事比較感興趣。因此，無論是在聽別人演述還是自己給別人演述，他都有意識地選擇那些比較神奇的故事，從而形成其一般的傳統取向。由於受自身教育、個人經歷以及對道士這一職業獨特的認識，他對神話持一種比較否定的態度，認為神話是不可信的，只是人們為了消磨時光來諞那神乎其神的「古今」，因此，基於吸引聽眾的目的，他有意選擇那些「神乎其神」神話來演述，並在演述中逐步形成自己比較穩定的敘述傾向。

第六節　結語

現代口承神話的傳承離不開演述人，因此，對個體神話演述人的考察和研究，就成為探討神話傳承與演變規律最重要的途徑之一。本文即是針對現代口承神話演述人的研究，力圖反思和回答下列問題：在一個有著濃厚神話演述傳統的漢族社區，個體是如何記憶和傳承這一傳統的？同一地域神話傳統滋養下的不同個體，對這一傳統有著怎樣的個人闡釋？造成他們不同闡釋的原因是什麼？通過對陝西省安康市伏羲山、女媧山區三位現代口承神話演述人的個案研究，本文得出了如下結論：

首先，利用地名來記憶神話成為當地神話傳統的顯著特色。

傳統是特定社區民眾在長期實踐中形成的，基於過去的一種集體性重建的過程與結果。傳統一旦形成，就會成為一種隱性的機制，作用於這一傳統中的個人，模塑著他們的記憶，規範著他們的行為，強化著他們的認同。伏羲山、女媧山區有著濃厚的神話演述傳統，這一傳統有著顯著的地域特色，這一特色主要表現在當地有大量與神話相關的地名，而每一個地名後面都有著動人的神話傳說，這些與神話相關的地名和地名背後的故事為伏羲山、女媧山區的民眾記憶傳統提供了依託，因為這些地名本身就具有維繫記憶的功能，它們為當地民眾記憶神話提供了「空間的停泊處」，而婚喪嫁娶、田間地頭等場合為神話的代代傳承提供了契機，正是因為這些神話地名，該區的民眾才能在一種共享的基礎上回憶這些神話、操演這些神話，理解這些神話，並成為他們向外人表達地方文化認同的標誌。利用這些地名來記憶傳統、表達認同成為當地神話傳統的一個顯著特色。

其次，不同演述人在長期的演述活動中形成了鮮明的個性特徵和相異的神話觀。

伏羲山、女媧山區流傳最為廣泛的神話就是關於伏羲、女媧的神話，不同的演述人在自身的演述實踐中形成了不同於他人的個性特徵。黃鎮山的演述非常簡短，一般只演述神話的梗概，在演述過程中喜歡引經據典，他的神話演述重在闡釋，表達自己對神話的看法，而不在神話的內容。比如，他在講到「女媧煉石補天」這一則故事的時候，引述「煉五色石以補蒼天，斷鼇足以立四極，殺黑龍以濟冀州，積爐灰以止淫水」，是指當時伏羲山、女媧地區發生了一次大的地震，導致這裡江河氾濫，洞穴倒塌、破裂，女媧作為部落首領，就用爐中燃燒之後剩下的石炭灰來補洞穴，擋洪水，洞穴塌陷之後，用鼇足粗的木頭來立起四柱，搭建棚子供人居住。實際上女媧是帶領人們走出洞穴，走向地面居住的部落首領，所以晉代葛洪《抱朴子‧釋滯》說「女媧地出」，就是這個道理。陳貴友的演述富於創造性。他善於根據具體的情景來把握故事演述。比如，有一次他給筆者演述伏羲、女媧滾磨成親的故事的時候，講到伏羲、女媧背著石磨分別上山，筆者插了一句：「女媧怎麼可以背得動石磨呢？」他告訴筆者「當時的石磨叫對磨，女媧畢竟是女的，能力小些，背的是對磨中較小的一個」這時候，他突然意識到黨叔的母親在場，於是趕緊說現在男女都一樣了，有時候女的比男的還強，並以該鄉的女黨委書記為例加以證明，由此可見他有較強的現場情境的把控能力和即興創造能力。此外，陳貴友在演述中經常加入自己的評論，表達自己的觀點，不時用一些「科學」的論據來證明自己演述的真實性。與其他兩位演述人相比，陳貴友的神話演述比較口語化。與陳貴友、黃鎮山相比，柯尊來的神話演述最為曲折動人，而且比較富於文學化，他特別忠於故事的原文，對於不清楚的地方從來不進行能動的創造，而是用「這是一個問號」或者「也許是這樣的吧」之類的話語來代替。

對同一地域的神話傳統中三位演述人的不同神話觀的關注是本文重點。黃鎮山認為神話是遠古的歷史，人們之所以把歷史事件神化，是因為人們對亙古歷史的想像和誇張，是對歷史的曲解。所以他經常把神話加以合理化的闡釋，以求「還原歷史的真相」。陳貴友認為，神話演述的內容是曾有的事實，在遠古的過去確實發生過洪水滔天，而洪水過後，是女媧用泥巴創造了人類，否則，為什麼現在人的身上還會有泥巴，還有「你是石頭縫裡蹦出來的？」這樣的俗語流傳。而在柯尊來的眼裡，神話無非是一些不可見也不可信、神乎其神的故事，是人們閒時消遣的工具而已。因此，柯尊來總是選擇那些曲折動人、虛無飄渺的故事進行演述，以期吸引聽眾的注意力。

第三，不同演述人的神話觀的差異與其各自的個人經歷和自我表達的需求密切相關。

黃鎮山對神話的興趣一方面源自於試圖通過神話來解讀歷史，另一方面則努力通過神話的歷史化來為當地的民俗旅遊尋找依據。他通過對當地民眾口頭神話的搜集與整理，並與文獻中記載的神話資料相對照，試圖證明這些地方確實是人類始祖伏羲、女媧曾經活動過的地方，進而推測漢水流域是人類的發源地之一。之所以形成其歷史化的神話觀，與其良好的學校教育經歷和個人修養密切相關。陳貴友之所以對現代口承神話感興趣，一方面是他渴望成為一名優秀的歌手，另一方面則想獲得一門謀生的手藝。他經常出入喪葬場合進行神話演述，加上缺乏良好的學校教育，使他對伏羲、女媧神話中所發生的事情深信不疑，形成了比較古樸的神話觀。他的神話演述，目的主要有兩個：一方面是試圖在歌場上獲勝，另一方面，也試圖通過對人類始祖的緬懷來教育後人崇宗敬祖。柯尊來對神話的興趣則完全是被神話曲折離奇的情節所吸引。在他看來，神話不過是當地民眾為了消磨時光的工具。雖然他是當地的一名道士，但是較好的教育和對道士這一職業的獨特認知，再加上其獨特的人生經歷，形成了其不同於陳貴友和黃鎮山的神話觀。

總之，通過本文對同一地域神話傳統滋養下的不同演述人，對同一類型神話的不同闡釋的考察表明，傳統並不是僵化的教條，不同的個體可以根據自己的人生經歷和自我表達的需要對傳統進行能動性的創造，而在繼承的基礎上進行能動的創造正是傳統的生命力之所在。

由於時間、精力和個人能力所限，本文還留有許多與之相關的問題。比如，筆者在伏羲山、女媧山區調查的時候，當地民眾在傳承現代口承神話的時候，往往散文敘事和韻文敘事並存，這引發了筆者思考，到底哪一種方式更利於神話的傳承？為什麼？筆者調查的三位演述人，全部都是男性，那麼，傳承人的性別與文類之間到底有怎樣的關係？在民眾學校教育程度日益提高和大眾媒體日漸普及的今天，演述人如何看待文本、媒體神話與口頭神話之間的關係？等等，這些問題，將在我以後的學術生涯中做進一步的思考。

主要參考書目（以出版先後為序）：

一、專著

（一）中文部分

1. 袁珂編著，《古神話選釋》，人民文學出版社，一九七九年。
2. 鍾敬文，《民間文藝談藪》，湖南人民出版社，一九八一年。
3. 裴永鎮編《金德順故事集》，上海文藝出版社，一九八三年。
4. [日]大林太良著，林相泰、賈福水譯，《神話學入門》，中國民間文藝出版社，一九八八年。
5. [俄]李福清著，馬昌儀編，《中國神話故事論集》，中國民間文藝出版社，一九八八年。
6. [美]塞・諾・克雷默著，魏慶征譯《世界古代神話》，華夏出版社，一九八九年。
7. 潛明茲，《神話學的歷程》，北方文藝出版社，一九八九年。
8. [美]大衛利明愛德溫・貝爾德著，李培茱、何其敏、金澤譯《神話學》，上海人民出版社，一九九〇年。
9. 孟慧英，《活態神話——中國少數民族神話研究》，南開大學出版社，一九九〇年。
10. 李子賢，《探尋一個尚未崩潰的神話王國》，雲南人民出版社，一九九一年。
11. 張振犁，《中原古典神話流變論考》，上海文藝出版社，一九九一年。
12. [英]愛德華・希爾斯著，傅鏗、呂樂譯，《論傳統》，桂冠圖書股份有限公司，一九九二年。
13. [法]石泰安著，耿升譯，《西藏史詩與說唱藝人的研究》，西藏人民出版社，一九九三年。
14. [美]阿蘭・鄧迪斯著，朝戈金等譯，《西方神話學讀本》，廣西師範大學出版社，二〇〇六年。

15. 馬昌儀編《中國神話學論文選萃》（上、下編），中國廣播電視出版社，一九九四年。
16. 楊利慧，《女媧的神話與信仰》，中國社會科學出版社，一九九七年。
17. 許鈺，《口承故事論》，北京師範大學出版社，一九九九年。
18. [法]莫里斯・哈布瓦赫著，畢然、郭金華譯，《論集體記憶》，上海人民出版社，二〇〇二年。

（二）外文部分

1. Dégh, Linda. *Folktales and Society—Story-telling in a Hungarian Peasant Community.* Indiana University Press, 1969.
2. Bauman, Richard. *Verbal Art as Performance.* Waveland Press, .
3. Holbek, Bengt. *Interpretation of Fairy Tales—Danishi Folklore in a European Perspective.* Helsinki: FFC No. 239, 1987.
4. Siikala, Anna-leena. *Interpreting Oral Narrative.* Helsinki: FFC No. 245, 1990.

二、論文

（一）中文部分

1. 孫劍冰，《略述六個村的搜集工作》，《民間文學》創刊號一九五五年四月。
2. 董均倫，《搜集整理民間故事的幾點體會》，《民間文學》一九五五年七、八月號合刊。
3. 裴永鎮，《故事家故事的搜集方法淺論》，《民間文學論壇》一九八五年第三期。
4. 李溪，《侗族一個故事之家傳承諸因素調查》，《民間文學論壇》一九八六年第五期。
5. 劉守華，《文化背景與故事傳承》，《民族文學研究》一九八八年第二期。
6. 月朗，《民間故事傳承路線研究》，《民間文學論壇》一九八八年第三期。

7. 降邊嘉措，《〈格薩爾〉說唱藝人的靈魂觀念》，《民間文學論壇》一九八八年第三期。
8. 江帆，《民間文化的忠實傳承人——民間故事家譚鎮山簡論》一九八九年第二期。
9. 趙海洲，《民間故事講述家的個性》，《民間文學論壇》一九八九年第四期。
10. 江帆，《遼寧女故事家故事活動的文化特徵》，《民間文學論壇》一九九〇年第二期。
11. 烏丙安，《耿村故事傳承論析》，《民間文學論壇》一九九一年第六期。
12. 樊更喜，《從耿村故事家群看不同年齡對傳承內容的選擇》，《民間文學論壇》一九九一年第六期。
13. [日]齊藤君子，陶范譯，劉曄原校，《從傳承人理論看俄羅斯民間文藝學》，《民間文學論壇》一九九二年第四期。
14. 孫劍冰，《民間故事講述家秦地女自述》，《民間文學論壇》一九九二年第六期。
15. [芬蘭]安娜—麗娜・斯卡拉，龐建春譯，《講故事的個人意義和社會意義》一九九五年芬蘭國際民俗學會暑期參考十三期，列印稿。
16. 喬健，《傳說的傳承：藏族〈格薩爾〉史詩誦唱者與拿瓦侯族祭祀誦唱者的比較研究》，《中國神話與傳說學術研討會論文集》，漢學研究中心，一九九六年。
17. 鍾敬文、楊利慧，《中國古代神話研究史上的合理主義》，《中國神話與傳說學術研討會論文集》，漢學研究中心，一九九六年。
18. 江帆，《遼寧民間故事及其類型特徵分析》，《民間故事論壇》一九九七年第二期。
19. 江帆，《口承故事的「表演」空間分析》，《民俗研究》二〇〇一年第二期。
20. 賈放，《俄羅斯民間故事研究的「雙重風貌」》，《北京師範大學學報（人文社會科學版）》二〇〇一年第六期。
21. 楊利慧、安德明，《理查德・鮑曼及其表演理論——美國民俗學者系列訪談之一》，《民俗研究》二〇〇三年第一期。
22. 祝秀麗，《中國民間故事講述活動研究史略》，《民俗研究》二〇〇三年第一期。

23.[芬蘭]安妮基‧卡爾沃拉—波瑞貞霍，孟慧英編譯，《民間講述者》，《民族文學研究》二〇〇三年第三期。

（二）外文部分

1. Tangherlini, Timothy R. "Performing through the Past—Ethnophilology and Oral Tradition," *Western Folklore,* vol. 62,1/2 (2003).

三、學位論文

1. 嶽永逸，《天橋街頭藝人生活史研究——以技藝傳承為主》，北京師範大學碩士學位論文，二〇〇一年。
2. 張霞，《講述者與現代口承神話的變異——重慶市走馬鎮工農村神話變異的個案研究》，北京師範大學文學院碩士學位論文，二〇〇二年。
3. 祝秀麗，《遼寧省中部鄉村故事演述人活動研究——以遼寧省遼中縣徐家屯村為個案》，北京師範大學博士學位論文，二〇〇二年。
4. 巴莫曲布嫫，《史詩傳統的田野研究：以諾蘇彝族史詩「勒俄」為個案》，北京師範大學博士學位論文，二〇〇三年。

第四章　民間傳統的當代重建
——山西洪洞縣侯村女媧神話及其信仰的個案

徐芳

第一節　引言

近二十年來，民間傳統的重建如雨後春筍般在中國的大地上開展起來。一些民間神廟被修復，許多家族村落的祠堂被恢復，在民間廟宇和祠堂的修復的同時，一大批民間傳統的儀式和象徵也回到地方文化的舞臺上來。這些民間傳統的重建，有學者稱之為「傳統的再造」，也就是說：「鄉土的傳統可以在新時期特定的情況下，被民間加以創造，或恢復原來的意義，使之扮演新的角色。」[1]然而，重新恢復後的民間傳統，要想充分實現其社會作用，並不是件輕而易舉的事情。

「民間傳統」是「傳統」大範疇之下的一個小範疇。「傳統在現代意義上是英文tradition的漢譯，是指由歷史沿傳來的、具有一定特色的文化、思想、道德、風俗、心態、藝術、制度等，是一個外延很寬、反映客觀事物最一般規定性

1　王銘銘，《村落視野中的文化與權力——閩臺三村五論》（北京：生活・讀書・新知三聯書店，一九九八年），頁七六。

的概念。」[2]而「民間傳統」是與「官方傳統」相區別的，包含了民眾的文化、思想、思維方式、倫理道德、風俗習慣、心理素質傳統以及文字傳統等等的要素[3]。

女媧的神話與信仰是民間傳統的重要組成部分，從一些地方對其加以利用和重建的過程中，可以透視當代中國大地上如火如荼進行的「民間傳統的重建」浪潮的複雜圖景，同時，也可以發見現代口承神話傳承和變遷的一些規律。有鑑於此，本文將以山西省臨汾市洪洞縣趙城鎮侯村的田野研究為基礎，圍繞著該村女媧陵廟的修復、相關信仰的恢復以及女媧神話在當地的傳承和再創造，力圖展示在當代民間傳統重建的背景下女媧神話及其信仰的復興過程和變化特點，並揭示重建過程中各種複雜因素的相互作用和影響，以及個人在傳統復興中的作用。

筆者是山西人，二〇〇〇年七月至二〇〇二年二月間，曾先後對侯村進行了四次田野考察，總共歷時二個月左右。田野調查中，主要對村落廟宇的修復進行了全過程的跟蹤調查，同時也對村落中流傳的神話及信仰存在形態等進行了搜集和調查，共走訪了十八位資訊提供人。

第二節　侯村的歷史地理與民俗文化

神話及其信仰的發展變化往往離不開其生存所附著的特定語境。村落就是其中重要的組成部分，因為村落提供了神話及其信仰相互作用、相互影響的文化基礎結構（cultural infrastructure）。對於村落的社會、歷史等情況的瞭解，有助於我們深入認識重建的具體過程、原因、複雜性等，分析重建的一致性和差異性。在本節中，筆者將從社會—歷史的視

2 中國人民大學科學研究所組編，《傳統文化與現代化》（北京：中國人民大學出版社，一九八七年），頁二三。
3 中國人民大學科學研究所組編，《傳統文化與現代化》，頁二三。

角，對侯村的地理、歷史、村民的日常生活等基本情況進行詳細的描述，試圖為這個特定環境下女媧神話及其信仰的重建提供一個具體而豐富的語境。

一、侯村的歷史、地理及現狀

侯村，位於山西省臨汾市（二〇〇一年五月由「地區」改稱為「市」）洪洞縣趙城鎮東南約三公里，東依霍山，西近汾河，素有「洪洞第一村」之稱。趙城原來是獨立的縣，於一九五三年併入洪洞縣後改為鎮，一直沿襲至今。它地處中緯度的內陸，屬暖溫帶、溫帶大陸性季風氣候，這裡四季分明，冬季長而寒冷乾燥，夏季短而炎熱多雨，春季氣候多變，風沙盛行，秋天天氣溫和，降溫迅速。日照、熱量充足，但普遍缺水，大部分地方要依靠廣勝寺的水源來保證麥收。

侯村的村名，據說因此地為商周時期的諸侯受封之地而得來。但該村確切的形成時期，卻無從查證。從考古的角度來看，侯村所在地有著悠久的歷史。一九八四年，山西省考古研究所在侯村發現了陶窯一座、墓葬五座，還發掘到了許多新石器時代的骨器和石器。經過考證和研究之後，考古工作者將侯村這處新石器時代遺址確定為「陶寺文化侯村類型」，年代約從公元前二三〇〇年延續到公元前二〇〇〇年，持續發展了三百年左右，屬龍山文化之列[4]。

整個村莊東高西低，而南北基本持平。周圍環繞著許多行政村莊：北邊有耿峪、耿北、新莊，西邊王家堡、宋堡，南邊有永樂村，北邊有山西最大的山維尼龍廠。緊鄰工廠還有同蒲鐵路線穿過，加上靠近公路，這裡的交通非常便利，坐三輪計程車或是騎摩托車二十分鐘左右就可以到達趙城鎮中心。

據村裡七十九歲的喬福老人回憶，解放前，村裡有東西南北四座大門，上面都有氣勢恢宏的城樓。大門的四周都有

4 山西考古研究所，〈侯村新石器時代遺址調查報告〉，《三晉考古》一九九〇年第二輯。

鏟崖牆，不經過這四座大門很難進入村內。如今，鏟崖牆和東北門早已沒有了，南門只留下土牆，只有西門保存得還算完好。七○年代，村委會接受了在外工作的本村人的建議，組織人在西門上題寫了「女媧故里」幾個字，成為該村的一個標誌物。一九七三年，受到旁邊工廠規劃的影響，整個村莊按照城市格局進行了一次改造，村委會統一規劃房屋，修了土路，形成了「路直、房齊」的特點。

一九九七年，全村又統一規劃了路面，修築起三條柏油大路：青年路、供銷路（即原來的御路，也就是以前官員祭祀時要走過的路）、幸福路。經過這兩次大的規劃，整個村莊形成了一種包圍型的態勢：即村民居住在中間，周圍被耕地和工廠所環繞。加上逐步齊全的公共服務設施，如今的侯村已經初步呈現出城鎮化的跡象。全村有五千三百五十人、共一千一百六十戶，分為十七個村民小組。村民年齡遞增比較均勻，每個年齡數大約為一百多人，人口自然出生率為17%。長期以來，無外來人口入遷，民族均為漢族。

該村姓氏比較雜，主要是申（占全村人口的40%）、孔（占27%）兩姓，其餘還有李、高、劉等雜姓[5]。老支書劉雙喜[6]說：「解放前，村中在姓上有很大的不一樣，村裡的紅白事，一般都是姓申的和姓孔的來張羅、操辦，像劉姓這樣的雜姓連跑腿的份也沒有。解放後就不一樣了，我做了三十幾年的幹部，就說明大家都一樣了。」然而對於村中的主要姓氏申姓的來源，村民的說法不大一樣：有的說是從陸安府遷來的，也有說是從霍縣移民過來的。因此，申姓村民彼此之間並沒有形成明確的家族觀念。

解放以來，村民的受教育程度有了大幅度的提高。以三十五至五十歲年齡段來說，由解放初的以文盲和小學文化程度為主，改變為目前以初中文化程度為主。三十五歲以下的年輕人讀高中的比較多，而在九年義務教育普及之後，家長對孩子的學習更加重視了，現在村裡每年都可以出五六個大學生。這也是村民引以自豪的地方。

5 以上數字為二○○○年人口普查的結果，均由該村統計石　杵提供。

6 劉雙喜，男，七十二歲，小學文化程度，曾擔任村支部書記數十年，此次女媧陵廟修復的負責人之一。

侯村西門上書的「女媧故里」。

村落經濟狀況的好轉對於村民受教育程度的提高起著直接的作用。以前，侯村的經濟在趙城中起著支柱作用。劉雙喜說：「我聽人家王丕緒[7]說，過去女媧廟在的時候，侯村的經濟在趙城是比較發展的，每年廟會掙的錢就等於有的村子一兩年的總收入，加上做買賣的、錢鋪、當鋪，咱們村都有，還有跑運輸跑到河南、天津送棉花，侯村在這附近比哪個村子都富。」但是，經過歷年的戰爭與社會動亂，這些「經濟支柱」均告破產，女媧廟也在解放趙城的戰爭中被毀，村落的經濟從此萎靡不振。如今，侯村的經濟來源已經由解放初的以農為主轉變為農、工、商相結合的多種渠道。這種變化的主要原因是村裡農耕地的大幅度減少。該村原有耕地七千多畝，一九七〇年上級政府在村南建立山西山維集團，生產維尼龍，占去了一千多畝耕地。八〇年代以來又蓋了生產焦煤的三家私人工廠，加上居民建房，目前只剩下五千餘畝，村民人均耕地也由原來的二畝多銳減少為一畝。這樣一來，以農為主的局面大大改變。許多村民即使仍然以種植業為經濟來源，一般也要同時種植一些科技新產品。在他們看來，種小麥、玉米、高粱等雜糧投入高、收入少、見效還慢。而且，大多數村民都有了自己的家庭副業，比如做小本買賣、三輪焦煤短途運輸等等。此外，山維集團解決了部分的勞動力，許多村民「像城裡人一樣」，過起了早八點、晚五點的生活。下班之後，還可以幹農活，這些人因此有了農、工結合的雙重身分。耕地的減少也形成了部分青壯勞動力的外流。近年來村中年輕人經常外出經商、打工，這部分人人數不少，占到全村人口總數的將近三分之一。

7 王丕緒為前山西農科院黨委書記，侯村人。

二〇〇一年，村裡人均年收入有二千三百八十九元，比以前有了較大幅度提高。全村幾乎每家每戶都有電視，其中還有二百多戶裝上了有線閉路。近兩年以來，村中有半數以上的村民安裝了電話，與外界的聯繫步入了現代化。但是，村民們也說，現在生活是好了，可是村邊上的工廠也把他們害苦了，這些煤焦廠、尼龍廠的污染太厲害了，村裡的地被熏得什麼收成都沒有了。儘管有諸多的抱怨，侯村的村民們還是非常嚮往山維集團這種國有企業裡工人的生活，覺得到工廠裡上班比起種地來強多了，掙錢多，有保證。總的說來，工業化、現代化已經對這裡人們的生產生活發生了或多或少的影響。

二、侯村的日常生活

侯村的村民，同其他地方的農耕人群一樣，過著一種既相對穩定又富於變化的生活。

當地日漸減少的農業屬於旱作形式，傳統作物主要有小麥、玉米、高粱等，這影響到當地的飲食：以小麥、玉米等為主的麥麵雜糧為主食。在居住方面，解放前以土窯洞為主。二十世紀六〇年代，村民開始改造窯洞，用磚做頂棚，兩邊仍用黃粘土。到了七〇年代，大都改成全磚窯。九〇年代以來，年輕人結婚都蓋成平房了。但村裡的老人對窯洞大都有著深厚的感情，申繼亮[8]就說：「窯洞比平房省錢，而且它還冬暖夏涼，不用像平房那樣裝暖氣和電扇。窯洞中間的一間到兩間做客廳，東邊的一般給老人們住，西邊的是年輕的夫妻，當到孩子們長大，就在西邊的窯洞中間建個門，把另一邊讓給孩子們住。這種長幼順序可以分清楚。而如今，年輕人一結婚，就蓋了新房搬出去住了，只把老人留在窯洞裡。」在交通方面，同樣也是傳統和現代化並存的現象，在農家院落裡，既有馱載人、物的馬、牛、驢等自然工具，也有摩托車、三輪車等現代化「裝備」。

8　申繼亮，男，六十五歲，大學畢業，中學退休教師，此次女媧陵廟修復的負責人之一。

前面曾經提到的村裡農、工、商兼存的經濟形態改變了過去以農為主時期的人們的生活形態和節奏。首先，村民每天的生活節奏發生了變化。傳統的農業生產有著明顯的農忙和農閒之分。劉雙喜回憶起以前勞動的情況：「農忙時，早晨起來先上地裡幹活，吃早飯一般都在九、十點多，之後接著再去幹活，到了天黑之後才回來吃飯。農閒時，大家就有時間走動走動，拉家常。」可是現在的情況不一樣了。上班，或是經商、搞運輸，多種經營使得村民沒有了固定的作息時間，甚至一家人的分工都不一樣，一天中連吃飯都碰不到也變成了常事。另外，如前所述，耕地的減少和商業的參與促使年輕勞動力大量外流。在村中，承擔勞動的主要是婦女、老人和具有農、工雙重身分的人。即使這些年輕人，在農忙的時候趕回家裡幹活，但農忙一結束他們又繼續外出打工了。這樣，村裡日常的人際往來的走動也相對少了很多。村民再也沒有閒暇時間聚在一起了。

當然，這種走動的減少還與村落受到現代媒體的衝擊有關。現在村民家家都有了電視。看電視取代了以前的串門，成為瞭解外界的主要手段。電視對人們的吸引力幾乎是不可抗拒的，休息的時候，它把男女老幼都吸引到它的周圍。

村裡的這些變化，特別是現代媒體的衝擊，還引起了人們思想觀念的轉變。忙著自己的生計、忙著看電視，使人們逐漸淡化了村落集體活動的意識。據老人們回憶，一九五〇年代的時候，村委會組織成立了自娛自樂的團體像八音會、同樂會等，平時大家聚在一起吹拉彈唱，非常高興。逢年過節還有扭秧歌、唱蒲劇、踩高蹺等活動。申繼亮現在還記得剛解放宣傳婚姻法，他唱《小二黑結婚》、《小女婿》時的情形。他說：「那時候說演戲，就把老頭、老婆婆的衣服一借，自己穿上，上個胭脂，貼個鬍子，戴上白毛巾，就上舞臺了。」如今，這些社團和社團活動根本沒有人來組織，也沒什麼人參加了，看電視成為人們主要的休息和娛樂方式。這些變化還潛移默化地影響著人們的價值觀的轉變。一提到現在的年輕人，村裡的老人們都搖頭感歎，說現在年輕人的觀念和他們根本不一樣，不像他們以前那樣孝敬老人了。以前在他們看來，打架是件非常丟人的事，現在這些年輕人都不覺得了，打架鬥毆、賭博這些不良風氣在村裡不斷滋長。

儘管生活發生了很大的變化，但是春節還是村民們每年最隆重的節日。大掃除、蒸饅頭、買年貨……村民們從臘月中下旬就開始忙碌，一直到除夕之夜的守歲。大年初一村民們相互拜年，初二開始走親戚，一直要持續到正月十五看完社火、吃完元宵才算真正過完年。當地有句俗語：「盼了初一盼十五，盼了十五沒盼的，拉下臉來紡花哩。」這時候，春回大地，新一年的農忙和工作又要開始了。侯村人有「年時六節」的說法，也就是說一年中有六個重大節日，除了除夕、春節、元宵節之外，還有清明、端午、中秋。而其他一些傳承久遠的農曆歲時節日，如中元、重陽等，則逐漸被冷落遺忘了。除此之外，村民一年中還要到廟會上「趕趕集」，買些草帽、衣服、牲口、農具等生產生活必需品，聽聽戲，和很久沒有見面的親戚敘敘舊。不過，近年來，這些廟會越來越少了，人們都說，現在出門方便了，到城裡什麼時候都能買到要的東西，比去廟會上買方便多了。

在人們的日常生活和節日中，我們不難發現當地民間信仰的影響。然而，總的說來，在侯村居民的現代化生活中，民間神靈信仰的程度已經趨於淡薄，信仰行為也更趨向於簡單化。

村落的敬神活動，一般是在特殊的日子裡進行的。這種日子，主要是指各種節日、每月的初一、十五和廟會時。對於天地諸神（當地稱為「老天爺」）的祭祀，主要集中在春節期間。對於這些神靈的祭祀，一般是從臘月二十三祭灶神開始的。在該村，灶神既沒有神像，也沒有牌位，大都是在家中的灶臺設香爐，以之為神案敬奉。從正月初一開始，所有被祭拜的神靈變成了一個集中的群體，沒有了各自單獨的名稱。祭祀的程序上，與祭灶相同，在院中按方位設立神案，擺上饅頭等貢品，焚香叩頭祭祀。

從申繼亮提供的《侯村女媧廟的修復圖》可以看出，解放前，除了村東邊的女媧陵廟以外，村裡以前還有許多的廟宇建築，比如，村正中的「三官殿」，村北的「水神殿」，村西南的火神廟，女媧廟側還有禹王殿等，這些廟宇中供奉著各路神祇，如女媧、堯、舜、禹、送子娘娘、馬王爺、龍王爺等。喬福老人說，以前人們經常到這些廟裡上香，比如天旱時要到龍王殿裡祈雨，播種之後要到三官殿裡祈求風調雨順，沒有孩子的人家要到女媧廟裡求孩子。但是這些廟宇在解放前後的戰火和「破四舊」中均已被毀掉。由於失去了廟宇的依託，這些信仰大都在解放初期都被迫中斷了，或是變得零散、個人化。目前只有對女媧娘娘的信仰活動在廟宇的修復下重新變得活躍起來（見下文）。

相比之下，人們對於祖先的崇信和祭祀就要頻繁得多。除了春節期間與諸神一同進行祭祀祖先外，還在清明節、七月十五、十月初十和祖先的忌日，以家庭的形式進行單獨的祭祀活動。祭祀的過程與祭祀天地諸神的基本相同。唯一與之不大相同的是，家庭的祖先均有木製的牌位，上面明確地標出了祖先的身分。

與神靈和祖先相對的，在當地的民間信仰觀念中，還存在著一些給人們帶來不祥和災難的邪惡的力量，與之相應的，也就有對風水和某些特殊的日子等神祕力量的信奉。最常見的是，人們在蓋房、修整庭院、為死者選墳地時，都要舉行「動土」的活動，當事人先請陰陽先生——當地人稱為法師——看個好方位、選個合適的日子和時辰。到了選好的日子，法師在選好的地方附近插滿五色彩旗，嘴裡唸著咒語，把酒和煙灰攪和在一起，在彩旗周圍畫個圈，意思是說，這個地方的太歲已經搬家了，在這個範圍內動工，對誰都安全。近年來，這種做法在村中日漸盛行，村民們普遍認為，倘若不這樣做，就會犯「煞」，會導致家中人生病、事情不順等事端。不過，他們也說，這是「迷信，政府不讓這樣幹。但要不這樣做，也不行，對人會不好的。」

三、侯村的「古話」

侯村人對神話、故事等民間敘事文學形式沒有明顯的區分，都稱為「古話」。「古話，古代的話，也就是過去的事情」（劉雙喜語），它們有一定的意義，「有的是辛辣的諷刺，有的是勸人，不要作惡多端，不要發財以後忘恩負義，要積善行善，還有一些貶斥過去封建社會的三從四德。像盤古開天地、女媧造人則說明我們的祖先不僅勤勞、能幹，而且敢於和大自然做鬥爭。」（申繼亮語）講「古話」，幾十年前在侯村是非常普遍的事情。申繼亮回憶了他小時候的一些情形：

我們小時候一般晚上講故事，尤其是冬天，夜長，點上小煤油燈，老奶奶、大嬸串門來紡線，男人沒有事情幹就抽旱煙袋。我們這些小孩子不睡覺，就鬧著讓爺爺給講故事。他們多講一些故事，教育我們好好學習，要聽話，還有一些農村裡的笑話，非常有意思。但是關於女媧的不多，主要是怕犯忌，害怕說得不對，娘娘會怪罪的。

從中我們可以看出以前故事的講述時機、講述功能、講述人和聽眾等方面的情況：同一村落或是家庭的成員聚集在一起，通過故事的講述，達到娛樂、宣傳、教育等目的；故事的講述人，大都是村落或是家中的老者，聽眾則是村落中的其他成員，包括年輕人和孩子。同時，我們也可以看到，儘管在名稱上沒有太大的區別，神話的性質、講述時機、講述人的態度與心理等都與故事有所不同，前者的神聖性更大，講述人對之懷有的敬畏之心也較重，因而在故事講述的晚上，聽到的神話不多。

然而，時至今日，在侯村，上述各方面的情況發生了很大的變化：神話、傳說、故事的講述總體上呈現出一種萎縮的態勢。這些「古話不大有人講了，人們都各有各忙的」（申繼亮語）。以女媧神話為例來說，女媧廟修復之前，由於失去了信仰和廟宇的依託，已經不大有人再講了，一些年輕人只是在電視上聽說過女媧的名字，卻根本不知道女媧的「古話」。

不過，現在有一種新故事正在被侯村人饒有興趣地講述著。這種新故事的講述人大都是外出打工者或外出旅遊者。除了許多年輕人外出打工謀生，現在生活好了，村裡人也自發組織短途旅遊。這些打工者、旅遊者把外出的所見所聞、外地的風俗傳說等帶回來講給村人聽。二〇〇一年五月份，申繼亮和劉雙喜等六七人去了趟介休綿山，回來之後，他就給別人講了介休的風俗傳說和介子推的故事，還說：「在侯村待的時間長了，大家對原來的傳說故事，不是很感興趣，反而談到別的地方的事情會好一些。」

為什麼會出現這樣的狀況呢？其實，人們講「古話」的時機越來越少，並不僅僅是因為「古話」內容新舊的問題，而是它的講述人、講述情境和聽眾都發生了很大的變化。

變化最大的是講述情境。申繼亮告訴我，為什麼現在講述的機會少了，首先「咱講的不如電視講得好」，而且即使講，他也只是講一些小孩子喜歡聽的《西遊記》中的故事，比如孫悟空、豬八戒，因為他現在退休在家，主要的聽眾就是自己的小孫子。其他的「古話」，小孩子們不感興趣。而且「小孩們學業壓力大，放學回家之後要寫作業，吃飯一般要到七八點，只要再看上半小時的電視，就催他們去睡覺，根本就沒有機會講。」年輕人呢，則要忙著維持生計，也沒有時間和精力去聽。所以，「即使有人願意講，也沒有多少人愛聽。」對於那些在神聖場合裡講述的神話，由於大都失去了信仰和廟宇的依託，已經沒有了講述的場合。按照申繼亮的說法，廟沒有了，人們到了三月初十那天，都是自己來求個孩子、看看戲、湊湊熱鬧就走了，誰有時間聽老漢講「古話」呀。所以，講述時機的減少也就在所難免了。

此外，講述人也發生了變化。如今的講述人，不像以前的老者有著豐富的鄉土知識和經驗。劉雙喜說，他們年輕的時候，先是戰亂，後是破四舊、抓生產，喪失了從老人那裡學習古話的機會，因而，當他們開始講述故事時，從老人中傳承來的東西明顯地占不了主要位置。申繼亮也是一樣，他讀過大學，教過書，在村中處於「文化很高」的位置上。他自己說，小時候聽來的故事能夠記住的不太多了，現在講述的有一些是從書中看來的，他在講述的時候會揉進自己的理解和加工。而且，他現在能夠講述女媧的「古話」，很大程度上是因為他是女媧廟宇修復的主要負責人之一，他認為自己有必要知道這些，否則，就不能算是負責人了。看來，由於女媧廟宇修復這件事情，才為他們重新學習、掌握傳統知識並加以講述提供了新的動機和場合。

筆者認為，侯村「古話」發生如此變化的主要原因是社會變遷。首先是社會經濟的發展，使村民生活水準有了極大的提高，人們嘗到了發展經濟的好處。大家普遍關心經濟利益，想方設法要把自己的家庭生活搞上去，因此相當忙碌，忙完了田裡的，又忙家裡的，還有很多人要忙自己的生意。多種經營使人們沒有了固定的作息時間。於是，村民就沒有閒暇聚在一起，更何況講和聽「古話」呢。另一個因素是現代教育的大力推行。近十年來，隨著幼稚教育、小學教育、中學教育的普及，村裡識字的人多了，人們獲取知識資訊的方式也就變得多樣化了，不像以前那樣僅靠口耳相傳了。還可以提到的是現代媒體的產生和迅速發展。侯村如今家家戶戶都有了電視，為了提高收視率，還有許多人裝上了有線閉路。電視吸引了大家的注意力。有了電視，小孩子不願聽爺爺講故事。正如申繼亮說的，電視裡播放的是「有聲有色」的故事，他沒有電視講得好。有時候，講述人自己也參與到觀看電視的行列中了。

總之，各種社會、經濟、物質和文化力量的作用改變了侯村村民的社會生活。傳統上「古話」講述的一些功能尤其他事物取代，例如，講故事的娛樂功能由看電視、聽廣播等取代，其教育功能則多由體制化的學校教育取代了。社會的變遷也使得傳統的民間「古話」所傳授的生活知識和價值觀念看上去有些「過時」了，年輕人自有其獲取生活知識和價值觀念的新的渠道。加上講述人和聽眾越來越少，因此，侯村「古話」的講述活動也就逐漸由盛而衰了。

小結

通過以上的描述和分析，我們可以看出，侯村是晉南地區一個普通的村落。侯村在二十世紀八〇年代實行經濟體制改革以後，生產力得到了很大提高，農村剩餘勞動力大量轉移，這些都給侯村的民俗文化帶來了極大的影響。村裡的生產方式、人們的消費生活、信仰民俗等發生了不同程度的變化。在這個變化過程中，物質民俗由於其對異質文化具有很強的相容性，因此它的變遷走在了各種民俗文化變遷的最前列，緊接著與它密切關聯的精神和制度民俗文化也發生了不同程度的變遷。這種變遷是傳統文化和現代文化相碰撞的結果。在目前的情況下，侯村的傳統民俗文化仍然占據著重要的位置。「古話」和信仰作為傳統民俗文化的組成部分，雖然也隨著社會的現代化變遷而發生了諸多變化，但它們仍然在人們的生活、行為、世界觀等方面發生著作用。

第三節　女媧信仰的恢復與重建

民間信仰習俗通常被視為人類學、民俗學等學科研究領域中的重要範疇，也因此受到學者們的廣泛重視。但是在一九四九年之後，作為傳統的民間信仰被中國官方認為是落後的封建迷信，而遭到了嚴重的破壞，祭祀物品和建築大都被焚毀、搗毀或是另作它用；相關的一些調查和研究也受到了限制。一九七八年改革開放以後，祠堂重建、廟宇重修，各種祭祀活動廣泛地開展起來，民間信仰又逐漸恢復。民間信仰為什麼在遭到了嚴重破壞之後會如此迅速地重建？重建的過程是怎樣的？重建的結果又能說明什麼？

本節以侯村女媧陵廟的重修，以及在它的帶動下女媧信仰的恢復為例，來觀察當地民間傳統重建中的一些特點，並試圖對上面提出的問題有所回答。

一、女媧陵廟的位置和修復歷史

侯村女媧陵廟，位於村落東北的高臺地上。其中的女媧廟，在宋代碑刻上稱為「女媧廟」，元代碑刻上則稱為「媧皇廟」，村裡人大都叫做「娘娘廟」或「奶奶廟」。從尚存的宋元兩塊石碑的碑文以及清道光七年（公元一八二七年）《趙城縣誌》卷二十九「陵墓」、卷三十「藝文」[9]中的記載都可以看出，侯村的這座女媧廟是受歷代皇帝供奉和祭祀的國家正廟。村裡的老人們也說，以前這廟有很多房子，是完全按照皇宮的樣子建造的。

9　洪洞縣誌編纂委員會，孫奐侖修，張青點校，《洪洞縣誌》（山西：山西人民出版社，一九九二年），頁一〇四、一一二三。《趙城縣誌》是其中的一部分。

這座女媧廟始建於何時尚無確考，現存最早的文字記載見於《平陽府志》所記：「唐天寶六年（公元七四七年）重修。」[10]可見，在此之前，該廟宇已經存在。至於廟宇那次重修後因為什麼原因再次被毀，沒有明確的文字記載。到了「唐建中二年（公元七八一年）『霍山裂』」[11]。公元七四七年重修後的女媧廟，極有可能毀於這次大地震中。因而，宋開寶年間只得重新修建。根據如今保存尚好的宋開寶六年（公元九七三年）《新修女媧廟碑》（高5.7米，碑額雕龍，碑座伏龜）中的記載，這次「新修」是宋太祖親自下詔，由中央官員負責，動用國家資金，按照國廟規格進行的一次大規模的修建。

到了元朝，又對該廟進行了兩次大的修復。據《大元國重修媧皇廟碑》（形同宋碑）[12]所載，至元四年（公元一二六七年），道人張志一派其弟子申志寬組織修復，國家給予資金補助，但修復的原因並未記載。該朝另一次修復是因為公元一三二三年廟裡發生了一場火災，次年就對其進行了修復，詳細情況沒有記載。修復之後的女媧廟「廟貌宏敞，周圍約五里許」[13]。

在明代，根據明宋拯《敕建媧皇廟碑》的記載，女媧廟兩次均因廟會期間不慎，失火燒毀，都立即得到了修復。縣令帶頭捐款，鄉人贊助，修復工程都很順利。其中第一次因工程量過大，曾「請於朝，報可」[14]。

經過明代兩次修建，完善了女媧廟的國廟格局，使侯村女媧廟的建築規模達到了鼎盛。在清朝統治的二百七十三年間，女媧廟沒有大的損壞，也沒有大的修復工程，基本保持了原來的面貌。老支書劉雙喜曾聽老人們說，民國時候，縣裡也派人來修，花了一年多、兩年的時間，但具體的原因，他也不清楚了。修復之後，女媧廟是個相當大的建築群體：

10 章廷圭修，鄭維綱等纂，《平陽府志》（山西：山西人民出版社，一九八九年），頁五六。

11 洪洞縣誌編纂委員會，孫奐侖修，張青點校，《洪洞縣誌》，頁九四。

12 《洪洞縣誌》，頁九四。

13 《洪洞縣誌》，頁四九。

14 《趙城縣誌》卷三四，頁一三九。

由儀門、戲臺、鐘樓、鼓樓、宋元碑、正殿補天宮、子孫娘娘樓、古柏等部分組成。解放戰爭時期，女媧廟受到了嚴重破壞，大多數建築毀於戰火之中。解放後，村委在原址上建起了侯村小學，四周被村民的房屋包圍著，只有三株古柏和宋元石碑還保存尚好。

在女媧廟的背後，還有兩個大土丘。從文獻記載中看，它們是女媧的陵墓。

女媧陵，在縣東八里侯村。正副各一，皆在廟後，東西相距四十九步。各高二丈，周四十八步，居左者為正陵，其副陵相傳葬衣冠者。俗言鳥雀不類，蟲蟻不蝕，亦好事者之說也。[15]

而在民間，除了認為它是女媧的陵墓以外，還有一種說法：

傳說娘娘（女媧）的丈夫（爺爺）負氣出走，娘娘隨之追尋。當爺爺到達侯村正南十五里地的伏牛村時，娘娘已追到侯村，突然覺得鞋中有東西硌腳，便脫下鞋子磕出了兩堆土，這便是廟後「高二丈，周四十八步」的兩個土丘，兩丘間百餘米的間距就是女媧娘娘這一步之距。[16]

土丘在解放後也遭到嚴重破壞，現在只有正陵的土丘還保存著一半，副陵地貌大概可以辨出，但是土丘沒有了。

15 《趙城縣誌》卷二九，頁一〇四。
16 村民申正明所講，他還將該傳說寫入自己的文章《試解女媧廟中土丘之謎》中。

二、女媧陵廟在當代的重新修復

一九九四年的春天，山西省社科院研究員孟繁仁來到侯村，考察了女媧陵廟的現狀，並於一九九五年撰寫了《修復和開發我省珍貴的旅遊資源——女媧陵》的提案，「受到了有關領導的重視」[17]，這掀開了侯村修復女媧陵廟的序幕。

可以說，這次修復的初衷並非出自民間，而是「為了宣導現在的精神文明建設、發揚祖國傳統的優秀文化、同時也促進當地旅遊事業的發展」[18]。然而，修復工作進入實質性階段之後，民間的力量開始登上了舞臺，成為了表演的主角。

這些民間力量是一種「非正式權威」[19]的力量，由侯村的民間精英人物組成。他們大都是村裡的退休幹部和教師。前部分人曾經是國家權力的地方代理人，在他們淡出了政治領域之後，轉而從事鄉土傳統的重建。他們充分利用自己在位時所獲得的政治資源，在國家政策許可的條件下，為村落的民間傳統重建做了很多的努力。像劉雙喜這樣的人，在村裡做了三十幾年的幹部，「與上面的領導們都很熟，加上他的大兒子現在又在北京當官，聯繫外面、籌錢的事情多虧了他」（申國強[20]語）。可見，村落領袖的政治才華在女媧陵廟的修復過程中得到了新的展示，這也是對其如今政治才華無從施展的一種補償。而後部分退休教師像申繼亮、申國強等，大都是村人公認的知識淵博、經驗豐富的人，他們在村民中間有著很高的威信。比如，重修期間對女媧陵廟的來源、歷史等情況的「考證和研究」，村民們就比較信服他們

17 在調查過程中，總有村民向筆者說起，他們這次修復的報告直接遞到了第四屆世界婦女代表大會上，受到很大重視，冰心和陳香梅還給他們題詞呢。

18 洪洞縣女媧陵寢修復領導組編印《中華之母——女媧》，頁一至二。

19 王銘銘，《社區的歷程》（天津：天津人民出版社，一九九六年），頁一五五至一五六。

20 申國強，男，六十一歲，小學退休教師，中師畢業。他也是這次廟宇修復的負責人之一。

的觀點。大家認為：「他們讀過書，懂得多，一般他們說得比較準確。」因此，大家推舉他們出來組織這件事，還說：「這事不靠他們，就辦不成。」但是在這些「權威」看來，他們並沒有什麼特別的地方，只是覺得「國家給他們幾百塊錢的工資，在家裡坐著也是坐著，老了還可以給國家、村裡做些貢獻」。

這些侯村的民間精英首先發動成立了「修復女媧陵廟領導組」。這個組織除了以上兩類人之外，還囊括了縣鄉政府的領導和村委會的幹部。由於這次修復一開始就打著「恢復地方文化，發展地方經濟」的口號，因此這些精英們邀請縣政府旅遊局的領導來掛名擔任組長。這些領導作為中央政府政策的實施者，基本上遵照國家提供的文化建設規劃開展他們的工作。他們有時會與當地的民間權威發生衝突。女媧廟的修復還在計劃階段時，劉雙喜等人曾提出侯村小學占了女媧廟原來的地方，想把學校遷出來，在原址上建正殿。但這一想法遭到了縣旅遊局的堅決反對，他們認為「百年國策，教育為先」，不能因為要蓋廟就把學校挪個地方。最終，侯村民間權威的想法未能實現，新修的女媧廟建在了學校的旁邊。當然，有時候出於地方文化認同的原因，這些地方領導也會採取與國家不同的策略，對一些民間自發行為（比如「刨娃娃」這種與計劃生育像違背的做法）採取「睜一隻眼、閉一隻眼」的態度。

筆者在調查中發現，侯村民間的權威力量對於政府領導的表現比較滿意，因為政府的參與為這次修復提供了正式的制度保證和一定的資金來源。然而，他們對村裡的幹部卻頗有微詞，因為村長和書記在這件事上也只是掛個名而已，「有時候開會也不來，什麼事情都不管」。申繼亮曾經抱怨說：「村長只顧著自己開工廠，忙著撈取個人好處，對這種不掙錢的事情總是推三託四的。他們要不是害怕娘娘將來不保佑他們的官運和財運，才不會參加呢。」

由於要籌措很多的建設資金，民間權威還盡可能爭取村裡的「在外力量」。所謂「在外力量」是指那些大多數在年輕的時候就離開家園、外出闖蕩，如今大都已經取得社會的認可，並有了一定的政治經濟地位的人。懷著對家鄉的懷舊意識或是受地方親友的委託，他們願意幫助促成地方廟宇的重建。同時，他們也被當地政府視為重要的政治經濟資源，他們提出的一些觀點和意見，大都能被接受。這樣也對當地的傳統文化重建有利。

領導組成立之後，這些民間權威曾在一起開過幾次會，商量籌款、宣傳、分工等事情。為了擴大影響，他們印刷了一本宣傳侯村女媧廟修復的小冊子。這本小冊子名為《中華之母——女媧》，其前言中這樣寫道：

凡事都有個目的，我們出這個小本子，目的有兩個：一是遠古時代的「女媧精神」對於我們正在宣導的精神文明建設，發揚祖國傳統的優秀文化，藉古鑑今，同樣可以發揮重要的作用。……二是開發女媧陵廟這個人文景觀，除了其不可低估的歷史價值和文化內涵的現實作用外，對於發展地方旅遊業、促進經濟發展，同樣會產生很大的貢獻。

這個前言似乎是從官方的立場出發的，卻主要想說明地方象徵性建築和地方認同的重要意義。它借助官方的某些政策和口號為自己的所作所為爭取合法性和政府的支持。

在侯村這些民間精英的大力宣傳和精心組織下，大部分村民投入到廟宇的修復活動中。但是對於以上這些官方政策與民間精英的矛盾和互動，村民認為與他們的生活關係不大。他們關心的是，神明是否靈驗，能否滿足自己的要求，使自己過上更好的日子。他們如今出錢出力，是為了「將來廟會搞起來，有人來旅遊，就是賣冰棒、照相也能掙錢。」

由以上可以看出，在侯村女媧廟的修復過程中，地方民間力量一直具有主動性和支配性；村幹部則消極地被這種民間力量所吸納；廣大民眾從自己的利益和需求出發，其積極性也被充分調動起來。這個廟宇重建的過程是幾種不同力量從各自不同的目的出發，實施不同的文化策略所致的結果。

二〇〇〇年的農曆三月初十，修復之後的女媧廟舉行了新的廟會。這次的修復是按照一般的文廟規格進行的。修復後的女媧廟坐北朝南，東西長十五米，南北寬九米，加上外沿共十米。

申繼亮說，在廟宇的前簷上，本打算繪製女媧造人的圖，讓人們知道女媧的一些事蹟，但是因為沒有找到資料，加上工匠的水準有限，只好繪成山水圖像。

廟內正中供奉的就是女媧娘娘，沒有神像，只有高1.2米的木牌位，上寫「上古媧皇聖母之位」。《趙城縣誌》中記載了侯村女媧廟「拆塑更木」的原委：乾隆十七年（公元一七五二年），皇帝准太常卿金德英之奏，認為當地是「淫祀」，將侯村媧皇聖母廟中「袞冕執圭」的女媧彩塑拆毀，用木質牌位替代。自此之後，侯村女媧廟中就再也沒有塑像了。牌位的旁邊有一副對聯：「黃土摶人萬物皆生，煉石補天惟我獨尊。」牌位左右各有一泥像，只有泥胎，沒有上彩。村民們說，左為孔子，右是觀音。按照他們的設想，等將來正殿蓋成之後，就把女媧娘娘「請」過去，然後將這裡建成佛儒道混融的「三神殿」。木牌位的背後還有一泥胎，前有牌位上書「子孫娘娘之位」。其實，原來的建築中，子孫娘娘單獨供奉在子孫娘娘樓裡。據村民回憶，子孫娘娘像原是坐像，大約一人高，面目和藹，身穿紅衣服，手放在腿上，腿上還爬著幾個小孩。對於子孫娘娘的來歷，村民們的說法不一。申繼亮認為是女媧和伏羲的母親華胥氏，而申天則說女媧是最早的一個人，子孫娘娘不會比她大，但具體的來歷他也說不清楚。而大多數村民也認為第二種說法比較正確。

殿前右側放有一塊大石，一人之高，形狀非常不規則。申繼亮說那是補天石，但大多數村民不知道它是何物。廟前保留有明清時期的四通碑文，其中三通已經模糊，另一通只能簡單地辨出「清光緒年間」幾個字。此外，還有些近年來新立的碑記載著捐款的人名。修復領導組有個不成文的規定，若捐款五十元以上的就集體立個碑，一萬元以上要單獨立碑。在廟前的中央，有個用磚砌成的、一米高、直徑約兩米的牌位池子，這是村民用來「燒枷」的地方（詳見下文）。

在廟宇修復的同時，女媧陵的修復工作也開始了。副陵在原來的地形上重新堆起了土，

廟前的「女媧石」。

侯村女媧廟裡的牌位。

正陵則在原有的基礎上，築起了圍牆，還在前面豎起了「女媧陵」的大碑。另外，原來的戲臺，由於占地的原因，無法再復原，只好利用村西南的活動中心做戲臺，遠離了陵廟本身。

三、當地女媧信仰的恢復

在女媧陵廟轟轟烈烈的修復過程中，當地的女媧信仰也由女媧廟被毀之後的地下的、零散的消極活動轉變為公開的、大規模的積極傳承了。

（一）日常生活中的女媧信仰

在侯村，人們把正月二十這一天叫做「添倉節」，也叫「天倉節」。據說這與女媧有關。傳說女媧補天之後，天上又出現了許多小窟窿。女媧就製造了鏊（有三足，中間稍凸，這種器具原來在晉南地區普遍存在），在鏊下燒火加熱，把麵糊糊倒在上面，蓋上蓋子，很快就做成形狀類似天穹的餅，用它來堵「天蒼」的窟窿非常有效。在當地，每年舊曆正月二十，人們「拿喝剩下的米湯發麵，摻上玉茭麵、軟麵，在鏊子上攤成餅，也叫做攤煎餅、攤饃饃。把攤好的餅掰開，往房頂上扔一些，還有糧倉裡，添倉嘛。還要給家裡人分一塊，分給他就是給他添福了」[21]。這天，孩子們若是撿或偷餅的話，大人們都不能叫罵追趕。這種習俗在侯村一直沿襲著，可是大多數人多年來「只知其然，不只其所以然。」有村民說：「只知道每年正月二十要攤饃饃哩，也不知道為啥要做這個，反正從小我媽媽就是這麼做的。」而如今，女媧廟修起來之後，人們開始關注它，逐漸對這個節俗的來龍去脈有所瞭解。村裡的一些婦女也能講上幾句關於這

[21] 講述人：申國強；講述時間：二〇〇二年二月十五日；講述地點：其家中。

個節俗來歷的傳說了。

（二）女媧廟會

清末民國時期，女媧廟會曾經是侯村經濟發展的支柱之一。在申繼亮根據村裡老人回憶寫成的《三月初十侯村女媧娘娘廟會》一文中，他這樣描述清末民國時期廟會的盛況：「會期都有戲劇助興，一般情況下一臺戲唱四天，如遇豐年，就兩臺戲對著唱，老百姓叫『對臺戲』。會期京廣貨棚、飲食攤點、農具市場、牲畜交易，廟裡廟外，連成一片，差不多要占侯村面積的三分之一。來趕會的有本村的，也有安澤、浮山、汾西等周邊各縣的，年年都是人山人海，絡繹不絕。」解放前後，由於廟宇被毀，女媧廟會也由盛而衰。其後「破四舊」和「文革」期間還曾經中斷過。廟宇修復之前，這裡的廟會更像是「物資交流大會」，只有零散的個別人到陵前「刨娃娃」或是在原來廟宇的地方燒燒香。如今，伴隨著女媧陵廟的修復，農曆三月初十的女媧廟會又一次成為全村乃至方圓幾裡的信仰中心。

現今廟會上的主要活動有：

1. 求子還願

這是廟會的主要活動之一。在廟會這一天，人們（主要是婦女）湧向女媧正陵「刨娃娃」。在這個土丘中，有一些拇指大的小石子兒，當地人稱為「料角石」。求子者在廟裡燒過香，就到這裡來「刨」，如果從土丘中刨出來的石頭是長形的，就代表男孩。求子者悄悄把它用事先準備好的黃表紙包好，揣在懷裡，一路不說話。回家之後，悄悄把它壓在土炕的席子底下。要是三年之內得子，便是娘娘送的孩子。若刨出的石頭為圓形，就說明是女孩。求子者就在陵墓附近找一安靜處，大哭一場，用哭聲告訴娘娘今年沒有刨上兒子，明年還來。求子，可以自己為自己求，也可以婆婆為媳婦求。

如果求子成功，就要在來年三月初十這天到廟裡還願。還願的形式可謂是多種多樣。一般視還願者許願的大小和經濟狀況來決定。通常情況下，是自己蒸些饃，拿幾張黃表紙，到廟裡來獻（就是叩頭祭拜）；如果許了要還小孩，也要一併把紙或布做的小孩帶來，放在子孫娘娘像前；如果許下唱戲，就要在廟會這天唱大戲，唱戲的錢由許願人來出，而且他還要極力邀請村民和親戚們都來看戲。

在廟會上，村民們還常常會講到女媧廟會上求子靈驗的傳說。據說村裡七十五歲的申仁定當初就是其母親「刨娃」得來的兒子，當時他們家有錢，是富農，就許願要唱戲還神，後來真的唱了三天三夜。還有一位八十二歲的申白女，當初她沒有兒子，就過繼了其大伯（也就是丈夫的哥哥）家的男孩。六十歲時，她還沒有孫子，就到女媧廟上為兒媳求了個兒子。她說當時家境不好，就蒸了些饃，沒有唱戲酬神。

2. 祈福去災

廟會這一天，除了求子，人們還會帶著自己的兒女來到廟前「燒枷」，以求娘娘保佑孩子健康成長。這種「枷」據說是很久之前女媧娘娘防止老鷹叼吃小孩而發明的。它用穀稈圈成三角形，套在小孩脖子上。以前圈上還插滿刺尖朝外的皂角，現在改用黃表紙纏一圈。

「這種『枷』是侯村小孩的護身符。只要把孩子帶過的『枷』送到廟裡，在娘娘面前燒掉，就算是在娘娘那裡報了個名，娘娘會保佑這孩子平安長大的。」因此，廟會這一天，許多婦女都會在家給孩子戴好「枷」，然後領著孩子來到廟裡，先讓孩子在娘娘廟前磕三個頭，再到廟前的「燒枷池」中把「枷」燒掉。如果孩子年齡太小，就在家象徵性在脖子上戴一下，然後由大人拿到廟上燒掉。

這樣的活動要持續到十二歲孩子長大成人。村中現在還有著這樣的歌謠：

謝謝奶奶

遠古時候真可怕，

燒枷。

空飛雕鷹叼娃娃。
奶奶寶枷脖子圍，
長大才能卸下它。[22]

這一習俗也在廟宇重修之後重新「火」了起來。

3. 唱戲

廟會期間，除了唱還願戲之外，一般還有酬神戲。這種戲一般是由村委組織的。申繼亮聽老人們說，以前的戲從農曆三月初就開始，到三月十五左右結束。當年蒲劇界的老藝人曹福海、王存才等都在此獻過藝。當時還流傳著順口溜：「寧誤了吃肉喝酒，別誤了侯村廟會看存才的殺狗」」當初戲臺就設在正殿對面的戲臺上。唱戲的目的有兩個：一是娛神，讓女媧娘娘高興；二是娛人，趕廟會的群眾也在祭祀活動中得到快樂。如今廟會上的唱大戲，由於戲臺的轉移，第二個目的占據了主要的位置。唱戲時間也縮短為初九、初十和十一這三天，一天演兩場，多數是蒲劇，白天折子戲，晚上拉本戲。這些戲吸引了方圓幾里的人來看，熱鬧非凡，人頭攢動。

除此而外，廟會期間還有物資交流會。供銷路、青年路上攤點密布，賣的有「枷」、布娃娃、黃表紙以及布匹、衣服、各種小吃、日用品等，吸引了眾多趕廟會的人。

總的看來，現代的廟會多以神廟為中心，是融匯了由進香、祭祀、祈福、許願等組成的信仰活動，加上集市貿易、民間藝術、民間娛樂和小吃等組成的一種群眾性民俗活動。它所蘊含的功能在現代社會中對發展地方經濟、娛悅民眾生活、促進地方認同等方面的作用不可小看。

[22] 村民劉北鎮編著，《山西省洪洞縣趙城侯村女媧皇陵故事（一）》（二〇〇〇年十月），頁八。

四、問題和討論

侯村女媧陵廟的重建和女媧信仰的恢復，是一九八〇年代以來洪洞地方傳統再創造的一個組成部分，也是更為宏觀的場境當中所謂「民間傳統重建」的組成部分。為什麼現代化過程中民間信仰沒有隨著社會變遷的拓深而消失，反而在此過程中得到復興與重建呢？結合侯村女媧信仰的個案和其他地區民間信仰重建的相關資料，筆者認為其原因主要有以下幾個方面：

（一）官方意識形態控制的「鬆懈」和文化策略的改變

當代中國民間信仰的復興與重建，與二十世紀七〇年代末期以來官方意識形態對民間控制的相對「鬆懈」和中央政府文化策略的變化有關。十一屆三中全會以後，國家政策的中心由政治鬥爭轉為大力發展經濟。「集體致富、發揮地方優勢、保護農民利益以調動積極性等，是國家農村政策中所包含的一些新精神；與此同時，隨著將權力向地方下放，國家在對農村文化規範和行政建設方面採取了相對平和的滲透方式。」[23]在這種國家權力對民間意識形態的控制相對鬆弛的情況下，那些曾經被壓制的、被國家權力稱之為「迷信」和「封建」的、但在村民看來符合其生活和心理需要的民間信仰，就被村落的「領袖們」加以重建，並且在新的歷史條件下賦予其新的意義。

另一方面，改革開放以後，為了重新確立中華民族的認同意識，官方意識形態運用比較具有歷史文化內涵的象徵取代了以前的強制性政治認同。在此過程中，官方意識形態運用了許多民間傳統文化的因素，比如像黃帝、炎帝、孔子

23 劉鐵梁，〈村落廟會的傳統及其調整——范莊「龍牌會」與其他幾個村落廟會的比較〉，見郭於華主編《儀式與社會變遷》（北京：社會科學文獻出版社，二〇〇〇年），頁二九九。

等，許多政府部門還組織了對黃帝陵、炎帝陵等的紀念、祭祀活動。這就從直接的層面自上而下地為地方文化的自我發揮提供了空間。

由此可以看出，官方意識形態和民間文化不像比喻的那樣，是一種「游擊戰」、「蠶食」和「螞蟻啃骨頭」的關係，[24]它們之間不只是存在對立和衝突，也有互滲、合作和統一。在侯村的個案中，我們就可以看到官方和民間的複雜關係：女媧廟宇的重修，起始於政府「發揚精神文明、發展地方經濟」的宣導；重建過程中，民間權威通過各種方式爭取官方的支援和地方政府的參與，因為有了地方政府與民間權威的合作，廟會和信仰的重建才獲得了它的正當性和合法性；當然，地方政府和民間權威也有矛盾的一面，像前面提到的關於學校搬遷和重修廟宇的衝突就是一例。

（二）尋求地方經濟的發展

侯村的女媧廟和女媧信仰得以重建的另一個重要原因，就是地方政府力圖利用地方文化傳統來搞活地方經濟。其中之一是用傳統吸引遊客，開發地方旅遊事業。這一點在《中華之母——女媧》的前言中已經被明確地提出來了：他們重建女媧廟的目的之一就是為了推動地方旅遊事業的發展。這一動機和目的在全國各地近些年來的民間傳統重建浪潮中占據了很大的比重。

甘肅涇川王母宮的修復和西王母信仰的恢復就是其中一例。始建於西漢元封年間（公元前一〇七年左右）的涇川回山王母宮在「文革」期間遭到了很大的破壞。「一九九〇年，臺灣同胞通過資料的考證，認定涇川回山是西王母發祥聖地，紛紛組團前來朝聖。為了弘揚中華文化，擴大兩岸交流」[25]，從一九九二年八月起，在當地政府的帶動和海外團體的資助下，涇川縣自發成立的民間組織「重修王母宮經理會」開始了當地王母廟的修復工作。到一九九九年為止，

24 高丙中，〈民間文化的復興：個人的故事〉，見其《居住在文化空間裡》（廣州：中山大學出版社，一九九九年），頁四七。

25 彭金山，《西王母廟會及涇川風俗》，《甘肅涇川與西王母文化》（北京：國際華文出版社，二〇〇一年），頁六六。

建成了包括西王母大殿在內的民俗文化建築群落。重修之後舉行的西王母廟會重新有了廣泛的群眾基礎。每年農曆三月二十日，周邊市縣的西王母的信眾，還有許多臺灣同胞，不遠千里，前往回山朝拜西王母。「山上山下人聲鼎沸，回山瑤池熱鬧非凡。」[26]「國家實行政策開放和經濟體制改革以來，改變了原來西王母廟會只舉行祭祖、拜神的單一功能，逐漸演變為多功能綜合活動，使其成為當地的社會活動中心和物資交流的場所，人們利用這個場所出售產品，購買生產生活所需的必需品，當地的政府部門也利用這個場所來搞活經濟，促進社會發展。這種功能被稱為『文化搭臺，經濟唱戲』。」[27]因此，可以說：「西王母文化是涇川以發展旅遊事業而帶動經濟騰飛的一個契機。」[28]

由此可以看出，重建之後的民間信仰「被權力政治資本發明為能夠生產經濟效益和社會效益的文化資本，意欲通過它產生社會效益，帶動飲食、住宿、購物、交通、招商、引資等第三產業的發展」[29]。這樣一來，這些文化資本也開始介入到地方的現代化建設之中，而這些曾被視為「封建」、「迷信」的地方民間信仰才有可能在現代性話語中獲得合法地位，並獲得廣泛的社會聲譽。

（三）尋求文化認同的結果

民間信仰的重建並非只是為了旅遊開發，獲得經濟利益，它還代表著當地民眾對自我認同（self-identity）的一種努力，這也是民間信仰重建的重要原因之一。在村落裡，儘管彼此之間存在著許多的差異性，但是村民還是感受到他們之間擁有相同的地緣、同質的文化，因而要選擇和建構一種象徵的共同體，給作為共同體的村落製造一種特殊的感情和心

26 彭金山，〈西王母廟會及涇川風俗〉，《甘肅涇川與西王母文化》，頁六六。
27 何元智，〈西王母及其神話與信仰的功能〉，《甘肅涇川與西王母文化》，頁一四一。
28 王雲霞，〈西王母文化與涇川旅遊事業開發之管見〉，《甘肅涇川與西王母文化》，頁一九三。
29 劉曉春，〈民俗旅遊的文化政治〉，《民俗研究》二〇〇一年第四期。

理狀態。因此，當地民眾會「通過大眾媒體、印刷品、民俗復興以及向旅遊者展示等方式來表現自己的傳統」[30]。在這種表現的過程中，民眾突出自我定位，以便自己的傳統性得到注意，並藉此表達出對本地文化的自豪感。侯村的女媧陵廟和信仰的重建，也是人們為了增強和保持其地方文化認同、恢復地方民間傳統而付出的一種努力。當地人認為女媧曾經造福於侯村的人們，因此，她「最後長眠在趙城侯村這塊寶地上，完全是順理成章的事情」[31]。女媧廟則完全按照皇宮的形式建造，還受到過歷朝歷代諸多皇帝的祭祀，享受過「國家級」廟宇的待遇。此外，像「刨娃娃」、「燒枷」這樣的習俗，都是侯村所獨有的。由此，侯村村民借助這些來營造和保持村落裡的認同，也通過這些與其他村落區分開來。可以說，這裡的女媧陵廟、女媧信仰是村民社會文化認同的一種標識和象徵。

另外，民間信仰在當代的重建，還得利於炎黃子孫對根的文化上的認同。改革開放以來，被分割在大陸之外的炎黃子孫紛紛回國探望，在全國掀起了「尋根問祖」的熱潮。這種尋根問祖，首先是尋求一種文化認同（cultural identity）。所謂的文化認同是由共同的宗教信仰、歷史經驗、語言、民族、地理、經濟環境等因素共同形成，它可以超越政治和經濟，具有強大的凝聚力和感召力。這種文化認同一般有兩種表現形式：一是尋訪故里，二是尋找民族之根。近年來，許多民間廟宇和信仰的重建都是藉著這股熱潮開展起來的。侯村女媧廟和女媧信仰的重建，也是借助「中華之母——女媧」這個民族之根進行的。侯村民間精英們在宣傳冊中寫到：「在提倡『男女平等』、『尊重婦女』的今天，我們應該在紀念『炎黃』二帝這兩位偉大男性祖先的同時，不失時機地重新修復女媧陵廟，以永遠繼承和發揚女媧的偉大精神。」[32]

民間信仰的重建是一個複雜的過程，以上的原因只是民間信仰得以重建的幾個方面，這幾方面的原因經常交織在一起，共同對民間信仰的重建發揮作用。

30 〔美〕丹・本—阿默思，張舉文譯，〈承啟關係中的「承啟關係」〉，《民俗研究》二〇〇〇年第一期。
31 洪洞縣侯村女媧陵廟修復領導組編印《中華之母——女媧》，頁四七。
32 洪洞縣侯村女媧陵廟修復領導組編印《中華之母——女媧》，頁一八至一九。

另外，我們也看到，當代的重建並非是民間信仰完全意義上的復興，而是其在當代情境下，懷有不同目的、不同動機的人們對地方傳統予以不同選擇的「重建」過程，是人們選擇性地構架過去以與當代的影響共鳴。

從政府的角度來說，它在提倡地方文化傳統形式的同時，也排斥那些被認為與官方意識形態不同的形式，比如說，「封建迷信」的東西，因此，它不可能對原來的文化傳統全部吸收；從發展地方經濟的角度來看，為了使地方文化更具有吸引力，只能把該地區最具有傳統、最富有特色、最有影響力的民俗文化事項給予充分的恢復和展現，其他一些「普通」的民間傳統則被淡化或遺忘了；而對於民眾來說，他們對民間信仰也有自己的揚棄觀：神明靈驗與否是決定廟宇香火是否旺盛的主要因素。那些「能夠」解決人們現實生活中的苦難、滿足村民信仰心理的行為習俗日漸興盛，相反地則在社會發展過程中自然淘汰。

所以說，不論從哪種力量的角度而言，當代民間信仰的重建都是他們從各自不同的目的出發，根據不同的文化策略選擇出大同而小異的諸多民俗事項並有機地結合在一起，來為各自的現實生活服務。

小結

從以上的分析中可以看出，當代中國大地上掀起的這股民間信仰重建的浪潮是「特定時期的一種產物」，是極為複雜的社會現象。它的產生是多種原因相互作用的結果：它與二十世紀七〇年代末以來官方意識形態對民間控制的相對「鬆懈」以及中央政府文化策略的變化有關，是民眾和炎黃子孫尋求文化認同的結果，也是開發民俗旅遊事業，促進地方經濟發展的途徑之一。與信仰相關的廟宇的修復則是地方政府、村落民間精英、民眾等多種社會力量運用不同文化策略共致的結果。而信仰的恢復和廟宇的修復還是一個有選擇性的過程，這種選擇性因主體、目的、策略等的不同呈現出一定的多樣性。這些現象都值得研究者予以深入的關注和研究。

第四節　女媧神話的傳承與再創造

女媧神話和女媧信仰有著密切的聯繫。女媧神話中敘述的超自然力和事件，「至少從神話的產生來說，被認為是遠古時代確曾存在和發生過的。對神聖存在的虔敬和信仰，使神話具有了神聖的性質，往往與世俗的生活範疇分開，而與人們的宗教信仰緊密相連，甚至成為宗教信仰的有機組成部分」[33]。直到今日，依然有一些神話帶著對女媧及其事蹟的虔信和崇敬，成為當地民間女媧信仰的組成部分。因此，要研究女媧的信仰，不免會涉及其神話；而對女媧神話的探討，也往往需要結合相關的民間信仰習俗做參照。

與女媧信仰一樣，女媧神話也是民間傳統的重要組成部分，同樣也是侯村民間傳統重建中的一部分。在重建過程中，女媧神話發生了什麼樣的變化？這些變化有沒有呈現出一定的規律性？女媧神話的傳承與再創造與信仰恢復的關係如何？這些問題都值得深入探討。

此外，在女媧神話的傳承和再創造過程中，作為主體的村落裡的個人，他們在重建過程中發揮著重要作用。所以，結合講述人來探討神話的傳承與再創造，更加容易看到村落裡的個人如何結合自身的特點，在具體的情境下進行神話的傳承和再創造。

因此，本節將在前面提供的具體情境下，進一步揭示作為侯村地方傳統的重要組成部分的女媧神話被傳承和再創造的具體過程，同時也對社區中的個人在女媧神話的保持、延續和變更中所起的作用進行分析。

33　楊利慧，《女媧的神話和信仰》（北京：中國社會科學出版社，一九九七年），頁一二一。

一、神話的消極存在與積極承載

神話是一種以口頭語言為主要傳播方式的民俗事項，因此，有學者也將神話稱為語言民俗。任何一種民俗事項都不會孤立地存在於社會之中，它一定要與社會上的其他一些事項發生關聯。與神話關聯的其他民俗事項很多，但主要的是那些依附著神話的信仰民俗和由信仰民俗派生出來的行為民俗。在現在的生活中，神話這種語言民俗和信仰民俗、行為民俗相互影響、互為因果：「神話既會形成心理的文化積澱而產生信仰民俗，在信仰民俗的驅動下，人們將信仰用行為的方式表現出來，從而產生行為民俗。反過來，行為的民俗又會成為信仰民俗和語言民俗的依據。」[34]

侯村的相關情況正好體現了這一點。如前面提到的那樣，在這次女媧陵廟重修之前，由於失去了廟宇的依託，人們對女媧娘娘的信仰逐漸走向了淡化，表現出來的行為趨向了零散的個人化，神話也就「沒有什麼人講了」，變成了一種「消極的」存在，甚至出現了萎縮、消失的狀態。然而，隨著女媧陵廟的重修和女媧信仰的恢復，人們又開始虔誠地祈福求子了，對於女媧娘娘的信仰重新成為了全村乃至方圓幾裡的信仰中心。那麼，在信仰和行為都發生了很大變化的時候，神話還是在被消極地承載著嗎？神話的傳承會因此發生什麼樣的變化？

下面筆者將以調查過程中採集到的兩則女媧神話故事為例，來對上述問題進行探討。

【例一】

二〇〇一年的女媧廟會上，有許多婦女在女媧正陵上「刨娃娃」，不遠的地方還有一些年輕的旁觀者。有人不解地詢問「刨娃娃」習俗的來歷。申繼亮就給他們講了「為什麼要到女媧陵前來求子」的「古話」：

---

34 郭精銳，《神話與民俗》，轉引自程健君《口承神話》（河南：海燕出版社，一九九七年），頁一二。

傳說女媧娘娘用泥捏完人給他們配對之後，又一想，這些人如果出現了婚後不孕，那不又要絕後嗎？她就想出了一個辦法，用白堊土——也就是我們說的石灰——和了一池子泥糊糊。她又把繩扔到稀泥中，拉出來後，這麼一甩，白泥點濺得四處都是。等到曬乾後，娘娘就把這些白泥點收攏在一起，叮囑她的子孫說：「這些小白泥點就是小精靈。我死後，就把它們埋在我的墳堆內。要是有人結婚後不能懷孕，可以刨出一個來，帶回家中，放進土地爺爺神堂內，土地爺爺就會把消息傳給我，我知道後，便會給你們送來子女。」從此以後，人們要是沒有了孩子，就來這裡刨一個拿回去，很快就會有娃娃了。

聽完之後，立刻有人向申繼亮打聽細節，有人發出質問：「這種方法管不管用？」接著，有另一位年紀稍大的人補充講述了村民求子靈驗的事情。

【例二】

廟會過後第三天，申繼亮等幾個負責人到廟裡處理廟會之後的事情。學校上課的幾個學生過來湊熱鬧，問起幾天前大人帶著他們來燒枷的事情。申繼亮給他們講了「女媧是兒童的保護神」的故事。當時一同在聽的還有陵廟修復其他二位負責人申國強、劉雙喜以及陵廟看門人。

這個燒枷池燒的枷不是蘇三離開洪洞縣時戴的那種枷，而是兒童戴的枷。小孩子為什麼要戴枷呢？

傳說遠古時候發生了一場可怕的洪水，死了很多人，那些漂在水面上的屍體，就成了兇猛的老雕、老鷹的食物。後來，洪水退了，沒有了死屍，可那些猛獸已經養成了吃人肉的習慣，就只好叼小孩子來吃。女媧娘娘知道了，心疼得了不得。為了保護小孩，她就特製了一種防身用的枷。她找來一些穀稈，把它圈成三角形，在圈上插滿刺，長長的刺尖都朝向外面。小孩子出門的時候，就把它戴在脖子上，這樣一來，那些老鷹真的不敢再來吃小孩了。

現在，哪裡還有老鷹呢，倒是有不少的小孩子被村裡過來過去的車壓死、壓傷了。大人們給你們燒枷還是為了讓你們健康成長。

以上這兩則神話分別對廟會上的一些信仰行為的來源做了解釋。可見，神話、信仰和表現出來的行為在這次重建中同樣有著密切的關係。從講述中可以看出，伴隨著女媧廟會重新開始，有關女媧的一些信仰活動重新被人們積極地傳承起來，這些都使得當地的女媧神話改變了以往被消極承載的境況，有了積極講述的機會。

這裡所謂的「消極存在」，指的是一種自然狀態的慣習性的延續，而與此相對的「積極承載」或「積極存在」則是一種積極的、有一定創造性的延續。前以述及，在侯村的女媧廟被毀之後，關於女媧的「古話」在村中逐漸不再被人講起。然而，近年來，女媧廟的修復、女媧信仰的恢復改變了這種狀況，它們為女媧神話在當地重新被積極傳承提供了舞臺。這種由消極存在向積極傳承的轉變主要表現在：

其一，講述人從消極走向了積極。在此次重建過程中，女媧神話的講述人大都是女媧廟宇的負責人，像申繼亮、申國強等，他們講述女媧神話具有極強的現實目的：如宣傳侯村女媧廟以及侯村的風俗民情等等。而這些人，在修復之前，只能稱得上是女媧神話的消極承載者，他們並沒有太多的神話知識儲備，不大會主動講述女媧神話，神話「在很大程度上是一種以散漫的狀態流傳的」[35]。申繼亮曾經說過，自己現在能夠講述女媧的「古話」，是因為自己是女媧廟的

[35] [美]阿蘭．鄧迪斯編，陳建憲、彭海斌譯，《世界民俗學》（上海：上海文藝出版社，一九九〇年），頁二三二。

負責人，有必要知道女媧的事情，所以，從修復開始，他經常翻看書籍、走訪長者，掌握了許多關於女媧的神話故事，並對神話進行了積極的創造（詳見下文）。而且，作為廟宇修復的負責人，他們除了在別人詢問時講述女媧神話，在更多的情況下，為了宣傳女媧廟，他們都會主動講述女媧神話故事。比如，「辛村女媧廟的來歷」（見下文）的講述。可見，正是由於女媧廟宇的修復才給了他們主動瞭解和積極講述神話的機會。

其二，聽眾也積極參與進來，成為神話講述和傳承的一個有機組成部分。帕里（Milman Parry）和洛德（Albert Lord）認為，口傳的藝術（verbal art）與其說是記憶的復現，不如說是藝人在同參與的聽眾一起進行表演的一個過程[36]。在表演空間中，聽眾和講述人是互動的，兩者缺一不可。在女媧廟修復之前，侯村的大多數人、尤其是年輕人並不關心女媧及女媧神話，然而，從上述兩則女媧神話故事的講述中，我們可以看出，聽眾有了主動探求的欲望，這一定程度上會刺激表演者的講述，也會影響到講述人的講述內容。聽眾和講述人兩者之間的互動，構成了神話講述事件的發生，也促使神話講述由消極向積極轉變。

其三，廟會的恢復為女媧神話的講述提供了新的情境。以前，「廟沒了，人們都自己到土丘那兒求個孩子、看看戲就走了。誰有時間聽老漢我講『古話』」（中繼亮語）。廟宇修復之後，侯村的女媧廟會重新成為方圓幾里信仰的中心，趕廟會的人，不僅有本村的村民，還有附近縣鄉的信眾。他們來趕廟會，不僅是為了祈福、求子、聽戲、湊熱鬧，而且因為廟宇和廟會的恢復，使他們在一定程度上有了瞭解女媧神話和侯村女媧廟的需求。這一切構成了女媧神話講述的新場合。

從以上的分析中可以看出，神話、信仰以及行為在民間傳統重建過程中，發生著密切的聯繫。而侯村女媧廟、女媧信仰的重建，不論從講述人、講述情境還是聽眾方面，都促使當地的女媧神話改變了以往的消極生存狀態，成為被積極傳承的民間傳統的一部分。

---

[36] 葉舒憲編，《文化與文本》（北京：中央編譯出版社，一九九八年），頁一五三。

二、講述人與神話的再創造

前已述及，社區中的個人是傳統的傳承和再創造的主體，對主體的關注和研究使得我們的視角從強調集體性轉而為個人。美國民俗學家琳達・戴格（Linda Dégh）非常重視對傳統中的個人的研究。「有些學者認為，強調個體對民俗的貢獻是站在理解文化傳統的真實目的的對立面」[37]，她認為其實不然，傳統是一個大的理念，「個人是傳統鏈條中的一環」[38]，「傳統都是由個人來保存和延續的，如果忽略了個人的作用，泛泛地談論傳統只能是空談。[39]」因此，在她的研究中，特別重視個人在傳統的保持、延續和變更中所起的作用。在研究過程中，她並沒有把個人孤立起來看，而是把對個人的這種研究建立在整個社區的基礎之上，她注重社區中的個人、文化和傳統三者之間的互動。以上這些觀點和方法對現代口承神話的研究有重要的啟發意義。

長期以來，我們對現代口承神話的研究強調的都是集體性，而忽略了個人在神話的傳承和再創造中的重要性。戴格的研究告訴我們，社區中的個人才是傳統的承載者。神話作為一種傳統，常常被這些個人加以改變、改造，從而更好地為他們今天的現實生活服務。

在侯村當代民間傳統重建過程中，同樣也是村落中的一些個人，對女媧神話進行了再創造，為他們的這次活動服務。在這些個人中，最為突出的就是申繼亮。因此在這一節中，主要介紹他的個人生活史，以及他對女媧神話的講述情況，分析女媧陵廟重建中他對女媧神話進行傳承和再創造的具體過程，並在此基礎上關注民眾對口頭和書面的理解和態度。

37 Linda Dégh, *Folktales and Society—Story-telling in a Hungarian Peasant Community* (Indiana University Press, 1968), p.49.

38 Linda Dégh, *Folktales and Society—Story-telling in a Hungarian Peasant Community*, p.49.

39 楊利慧，〈民間敘事的傳承與表演——以女媧神話為例〉，在「民俗學學科建設及人才培養研討會」上的發言，其中談到了戴格的相關研究。

申繼亮告訴筆者：

我一九三七年出生，今年六十五歲。解放前年紀小，也算受過苦，一九四七年趙城解放，四八年我就在村裡小學念書，四八年後半年到趙城三高（也就是現在的第三高級小學）念五、六年級。一九四九年正月入賀龍中學，開始在臨汾，後來隨賀龍中學去了西安。到了西安之後，因為那時候才十三歲，部隊要往大西北開發，我們十幾個小孩就回來了。一九五〇年村裡辦起了夜校，因為我以前在賀龍中學比別人多認識幾個字，會中文拼音，就在夜校掃盲。（由於）表現不錯，參加共青團，一九五二年成立了趙城中學，在那裡讀了兩年書。一九五五年考到華北第二工業學校，學的是鍛沖專業。一九五八年畢業之後分到哈爾濱軍工廠做技術員，第二年帶工資到哈爾濱工業大學學習。後來回家探親，當時父親去世，母親年紀大了，我老伴有了大姑娘，家裡缺個主事的，我就申請調了回來，到趙城中學教語文，那是一九六二年正月。

「文革」期間，我被調到縣城中學當教導主任，後來還到縣教育局教研室工作過幾年。七八年調回來以後，就一直在高中教學，直到一九九五年退休。

獲過的獎勵太多了，每年基本上都是縣裡的先進，最高的表彰是山西省先進教育工作者，省級的。我帶的那些班，考走了二十幾個大學生，最後那一年還考了個全縣第一。

九五年退休之後，正趕上村裡重修這女媧廟，我就去幫幫忙，國家給了幾百塊錢的退休金，坐著也是坐著，老了還給國家、村裡做點貢獻。以前的苦日子都熬過來了，現在國家安定、子孫滿堂，我就好了。[40]

40 講述人：申繼亮；講述地點：申繼亮家中及女媧廟裡；講述時間：二〇〇一年七月二十一日。括弧中的詞為筆者所加。

中繼亮比較善於講故事，而且會根據不同的聽眾講不同的故事。他說：「（講故事）要看對象，有人來聽的話，要迎合迎合這些人的口味。」「以前帶著學生上哪兒去勞動，學生說，老師給我們講個故事吧。我就講給他們。（講的時候）有個時代性，比如說，過去講階級鬥爭，要講一些符合當時形勢的，比如說長工鬥地主的故事，講長工怎麼的聰明，地主怎麼的愚蠢。如今科技發達了，就講些科技方面的，現在的電視機、收音機，被稱為『千里眼』、『順風耳』，坐在家裡就能知道千里以外的事情，就可以聯繫這些講一些故事。現在退休了，在家裡替孩子們帶孫子，就多講一些孩子們喜歡聽的故事和笑話，像孫悟空、豬八戒。」

由於他長期擔任語文老師，因此「讀過好多書」，這也形成了他講故事的另一個特點：經常把書上看到的東西融在他的口頭講述中。他曾經講過「盤古開天地」、「女媧怎麼來的」、「女媧懲治昏君」等三則神話故事，並說明「這些（故事）書上都有記載，也是這麼說的，好像是《中國上古史演義》，（我）早在六〇年代就已經看過了。」

此外，他在講故事的時候還經常會有自己的聯想和創造。在他講完「女媧造人」之後，接著講了個「狗腿子的故事」，故事的結尾，他這樣講道：「女媧造人的時候是不是也用泥造狗了，這可說不好。」因為同是用泥捏東西，他就把兩個聯繫在一起講述，還認為說不定它們之間有前因後果的關係。這些就是他根據自己的理解，對神話和故事進行的個人再創造。

中繼亮在村裡屬於「有知識」的人。村民們說，這個人以前在外面見過世面，懂得多，脾氣又好，為人不錯，所以這次修復活動的文字宣傳工作就讓他負責。他參加了《中華之母——女媧》宣傳冊和其他宣傳材料的編纂過程。

修復工程的主要參與者。

二〇〇一年七月，他搜集整理了四則「女媧的傳說」，準備把它作為新的宣傳材料。在這份新的宣傳材料中，有一個明顯的特徵：先引用古文獻，再寫神話故事。他把兩者結合起來。比如，在第一篇《創造人類》中，申繼亮這樣寫道：

《風俗通義》記：「俗說天地開闢，未有人民，女媧摶黃土做人，劇務，力不暇供，乃引繩於絙泥中，舉以為人。故富貴者，黃土摶人也；凡庸者，引絙人也。」

話說，盤古開天闢地後，天上有了日月星辰，地上有了山川草木、鳥獸魚蟲。可是單單沒有人類。天地間顯得很是荒涼、寂寞。

……

筆者就這份材料以及這個特點與申繼亮進行了一次訪談。以下是這次訪談的部分內容的整理：

徐：你怎麼會想到把古文的話放在傳說的開頭，你可以直接說：很久很久以前……？

申：因為當時一開始，從理論上來說，也沒有這方面的知識，也缺乏這方面的探索研究，既然想修復女媧廟和女媧陵，那就得造點輿論。輿論從我們知道的就是這些神話傳說。沒辦法，就把以前看的書翻出來，就算是找個根據。

徐：古文下面的這些故事主要的來源在什麼地方？你以前聽過這些傳說故事嗎？你有沒有把聽來的這些用在裡面？

申：有一些是從《風俗通義》裡邊找來的，《中國通史》上面也有。把文言文變成白話文，再加一些演繹。以前聽過的，也都用上了。

徐：這些聽來的東西用在什麼地方？這些東西是基礎還是書上的東西是基礎？

申：作為素材，沒有什麼矛盾吧，我需要的時候就把它用上，為這個故事服務。如果有用的就把它用上。

徐：你寫的時候，是先查過資料才寫的，還是寫出來覺得不好，才去查資料補充？

申：二者兼有。有時候資料上有這個，就先把它翻譯過來，用通俗的白話文把它寫出來，有時候把原來的故事整理一下，整理的過程中，我再補充。比如，求孩子的那個，那就是村中流傳的：侯村的娘娘，你給我送的孩子，要聰明伶俐的，不要憨厚笨拙的，要什麼的。群眾的一些心願，就把它參照在裡邊寫進去。

徐：你在寫這些資料以前做過搜集嗎？怎麼搜集的？

申：做過。九五年我找了幾個七八十歲的老漢，農村的，那些人都提不起筆來，但是知道這些故事。幾個老漢坐在一起，我就說叔叔、老哥，給我說個故事傳說，講講女媧是怎麼回事。他們就講。他們也是東一犁，西一耙。你說一句，他說一句。比如說，這邊正說著女媧陵那裡有兩堆土，那邊老漢們又開始說爺爺廟的事了，我把他們說的記下來了，簡單地，然後再去整理。

徐：你在整理這些傳說的時候，有沒有給別人講過？

申：也講過，不多講，就是為了修這個廟，我們常去廟裡看看，碰到有人在一起談哩，我就坐在那兒聽。聽完之後，有人說，你說的那個不對，讓人家老漢（指申繼亮）說。我就說說。

徐：說的時候，和整理出來的有什麼不同嗎？

申：不太一樣，那些古文，記不那麼清楚，就把大概意思說說。[41]

從中可以看出，圍繞著女媧陵廟的重建，為宣傳這次活動，申繼亮對女媧神話在具體的村落情境下進行了新的創造。結合他自身的特點，就是讓書面和口頭互動起來：用神話傳說這種生動的、易於流傳的形式來宣傳女媧的功績和當

41　受訪人：申繼亮；訪談地點：申繼亮家中；訪談時間：二〇〇一年七月二十三日。

地的一些信仰，又在這些口頭神話之前加入了古籍中的記載，作為神話傳說的根據；在具體的編纂過程中，把書面口頭化或是以口頭為基礎進行書面補充；對於編輯成冊的書面材料，他也常常在口頭上進行講述。在這個具體的個人再創造過程中，書面和口頭結合在一起，共同發揮著重要的作用。

應當說，如今各種民間故事大都有了自己的文字紀錄本，民眾普遍的識字水準較以前大為提高，人們可以直接面對民間故事的文字「定本」。這就使得書面和口頭重新結合在一起，也使神話、傳說、故事等民間敘事形式的傳承有了新的途徑、發展變化也有了新的規律。

兩者結合之後，人們往往根據自己的審美意識和實際需要，有選擇地對書面記載和口頭講述加以利用。像申繼亮，在自己再創造過程中，他並沒有明顯地區分出口頭和書面的不同，而是覺得它們沒什麼矛盾，兩者可以兼用。他利用書面文本和口頭傳統之間的微妙關係，通過再創造展現了其個人的創作技巧，並讓女媧神話來為現實生活服務。

像申繼亮這樣對書面和口頭進行融合的現象並非特例。山東民間故事講述家宋宗科的故事同樣具有二者相容並蓄的特點：「既繼承了書面文學對人物的必要描寫和語言提煉等優點，又保持了從民間故事進程中表現人物的傳統方法，使書面文學和口頭文學融合為一體，趨向於統一，提高了民間故事的藝術欣賞價值，同時，也為民間文學的傳承和發展注入了新的活力。」[42]

對於民間文學研究來說，這是一種值得注意的現象。通過分析可以看出，書面文本和口頭傳統並不像早年一些學者所認為的那樣，兩者之間存在一條不可逾越的鴻溝，是彼此截然對立的兩件事情。「新的觀點更強調它們所形成的類似光學『譜系』式的關係：在譜系的兩端，是較純粹形態的書面創作和口頭創作。在兩端之間，還有大量的中間形態的，或曰過渡形態的現象。」[43]調查研究中，我們經常遇到這類現象，像申繼亮受過現代教育，宋宗科也粗通文墨，他們的

42 王太捷，〈書面文學與口頭文學的融合——再論宋宗科現象〉，《民間文學論壇》一九九二年第二期。
43 朝戈金，《蒙古口頭史詩詩學——冉皮勒〈江格爾〉的程式句法研究》（廣西：廣西人民出版社，二〇〇〇年），頁五七。

創作過程可以視作中間形態。此外，在當代條件下，口頭傳統和書面文本之間的關係，「也不是簡單的從口頭傳播到文字紀錄的單向過程，也有從書面重新流向口頭傳承的事例」[44]。因此，我們應該在對兩者的共同審視的基礎之上，來關注兩者在民間文學傳承過程中的相互影響。

三、女媧神話在重建過程中的地方化

「地方化」是指原本沒有特殊地域特徵或地域特徵不明顯的神話，在其流傳過程中，逐漸與所流入的特定區域的地理、氣候、風物發生粘連，使得神話帶有了鮮明的地方特色，以增強神話的可信性和真實感[45]。女媧是遠古時期的始母神，關於她的神話，在早期的流傳中並沒有明顯的地域特徵。但在以後不斷的流傳和擴布過程中，不同地方、不同人群往往根據他們自己地域或文化的特徵和特點對這公共資源加以附會，使之成為地方人群認同和傳播的新版本。

在調查中，筆者發現，在女媧廟修復之前，敘事的地方性因素已經是女媧神話在當地生存的要素之一。比如，村民們一般不能主動講述女媧和伏羲的神話故事，而只有當提起「爺爺廟」時，才會講到這個鄰村風物的來歷。侯村女媧廟進行重建以後，女媧神話的地方化傾向較修復之前更為突出、更加鮮明，並且有了服務於現實的目的，因此，村民的講述也變得積極起來。

首先，用女媧神話故事為侯村的風俗習慣、信仰行為、自然地理以及廟宇建築等進行詮釋，從內容上講，較廟宇和

44　朝戈金，《蒙古口頭史詩詩學——冉皮勒〈江格爾〉的程式句法研究》，頁五七。
45　楊利慧，《女媧的神話與信仰》（北京：中國社會科學出版社，一九九七年），頁一〇六；程健君，《口承神話》（河南：海燕出版社，一九九七年），頁九。

信仰恢復之前，變得更加豐富了。除了前面講到的「為什麼要到女媧陵前來求子」、「女媧是兒童的保護神」以及添倉節的來歷之外，還有對廟宇以及周圍情況的說明。比如，申國強講的「爺爺廟的來歷」：

咱們這有個媧皇聖母廟，也叫做娘娘廟，還有個爺爺廟，爺爺廟離這兒是十來里地，原來總說，在母系社會，女的掌權，有一次，爺爺給娘娘梳頭，梳得疼了，怎麼了，娘娘就踢了一腳，娘娘就把爺爺踢到了伏牛村，那有個廟，就叫爺爺廟，我們小時候去的時候，還看見爺爺像後邊有個女人的腳印，就是娘娘踢的一腳，一腳踢了九里十三步。那個爺爺廟現在沒有了。[46]

在侯村的廟宇修復和民間信仰的重建過程中，有了這種文學化的解釋，聽眾會產生一種真實感，認為這個神話故事就是在這裡發生的。這種解釋由於追溯到遠古時代的始祖母——女媧最初的奠定性行為——而獲得了肯定。而那些與遠古女媧發生聯繫的現實生活中的行為，也因此在人們中間形成認可。這種解釋還以其富有幻想的手段增強了感染力，使它本身更容易傳播和流傳。

其次，侯村的民間傳統重建過程的神話地方化有著明確的現實目的。首先是為了「名正言順」的需要。前面提到過，侯村這次重建女媧廟宇的目的之一，就是尋求對女媧這種民族之根的文化認同，也藉此契機推動地方經濟的發展。為了讓侯村的女媧陵廟得到社會的確認，他們必須為它「正名」，使它與侯村發生特殊聯繫。因此，重建過程中，民間精英們就選擇了在傳統中得到認可的公共資源——女媧神話，在其原有的基礎上進行了地方化的改造，使它滿足這次重建的需求。比如，第三節中提到的「侯村兩個土丘的來歷」，等等。

46 講述人：申國強；講述時間：二〇〇一年七月二十四日；講述地點：女媧廟前。

在這裡還可以舉出這樣一例。在侯村女媧廟重修的同時，相隔幾十里的汾西縣辛村的女媧廟也正在修復中。二〇〇〇年廟會時，辛村的廟宇負責人被邀請到侯村參加女媧廟的「開光」儀式。儀式之後，中國強給這些人講了「辛村女媧廟的來歷」：

我給你們講講咱這個廟為啥沒有塑像？這是個傳說，為啥沒塑像，原先是有個塑像的，以後就發了大水了，大水把這個像沖到西邊，西邊就是你們辛村。娘娘像到了辛村以後，停在河裡邊。村裡人到天亮聽見河裡邊有女人哭，不知道發生什麼事了，這些人就去到河邊，看見了塑像。有人說，這是娘娘的像，娘娘想住在咱們這，就把像抬回去，蓋了廟，辛村的娘娘廟就是這樣來的。所以說，你們那供的那個像就是我們侯村的。[47]

在當地人看來，侯村的女媧廟才是「正宗」，對它的修復，自然是天經地義的事情。像辛村這樣的女媧廟只是侯村這個「源」分出去的一個「流」。因此，在講述與侯村相關的女媧神話故事時，自然帶有了鮮明的功利色彩。

最後，民間精英在把女媧與侯村特定地域相附會的過程中，產生了新的女媧神話。像中國強講述的「爺爺廟的來歷」中，主人公已經不再是那位神通廣大、能補天除害、孕育人類的女始祖，而變成一個愛生氣動怒的普通女性。這類神話已經遠離了女媧神話的原始形態，與傳說、故事的界線變得模糊起來。

但是，這並不意味著樸實的、原始的神話不再被講述了。在神話地方化的同時，關於女媧的較為古樸的神話也同時被村落中的個人所講述：

[47] 講述人：中國強；講述時間：二〇〇一年七月二十四日；講述地點：女媧廟前。

原來有兄妹倆，當時沒有人，再往下繁衍，兄妹倆能不能結婚，所以他們就祈求上天，說：「如果我們兄妹倆可以結婚的話呢，有兩堆山火，那麼大的煙，煙上去以後，擰起來，匯合在一起，如果不允許我們兄妹倆結婚，煙就散了。」哎，上天就給他們說：「可以吧」。煙就和在一起了，他們兩個就結婚了。他們兩個結婚以後，還是女媧覺得兄妹結婚不對，她後來就提出不要近親結婚。一次，她在河邊洗澡，看見自己影子，覺得很漂亮，如果能造成像我這麼樣的人來就好了，她就在那裡把黃土摶成泥人。一個一個地捏泥人，擺在河灘上，讓太陽曬，曬乾了以後呢，那小泥人就跳起來了，蹦起來了。她挺高興的，她就繼續捏。後來有一天呢，突然狂風大作，她捏的泥人還沒乾哩，她著急了，趕快往起收，有的把胳膊斷了，有的把腿斷了，所以現在這人裡邊就有了缺胳膊少腿的啦！[48]

這種較古樸的神話與嚴重地方化的神話在現實生活中共同存在，一起流傳，這也是侯村女媧神話生存與傳播的又一特徵。

總的說來，地方化是侯村這次民間傳統重建過程中的一個重要趨勢。其實，神話地方化的傾向原本就存在於當地人的口頭講述中。只是在這次重建過程中，這種傾向表現的更為突出、鮮明，內容變得更加充實豐富，細節也更具體生動，並且有了強烈的現實目的，神話因此獲得了新的生命力和進一步流傳的力量。

小結

從上述分析中，我們可以看出，作為一種語言民俗，在民間傳統的重建過程中，女媧神話與信仰民俗、行為民俗有

48 講述人：申繼亮；講述地點：其家中；講述時間：二〇〇一年二月十二日。

著密切的聯繫：廟宇的修復、信仰的恢復為神話的傳承和講述提供了由消極存在向積極承載轉變的舞臺；神話的積極講述又反過來為廟宇的修復服務，為信仰習俗、地方風物進行詮釋，這也使得神話的地方化傾向更為鮮明。而以往較少被關注的村落裡的個人，則是現代口承神話傳承和變異中的重要因素，他們可以利用口頭傳承和書面傳承的雙重來源，為傳統的重建服務。這也從一個側面體現出書面和口頭的互動關係。總的說來，現代口承神話的傳承和變異是多種因素綜合作用的結果。

第五節　結語

綜上所述，作為民間傳統的重要組成部分的女媧神話及其信仰並不是社會現代化進程中的「異物」[49]，它們並沒有在現代化推進過程中褪化消失，而是呈現出一種重建的趨勢。事實說明，女媧神話及其信仰是一個不斷地被傳承、被創造和不斷變化的過程，本文力圖把它們置身於當代民間傳統復興的大背景之下，聯繫其發生、發展的具體的政治——文化背景在具體的社區內對它們的重建過程以及變化的特點進行考察和分析。

侯村，是晉南地區一個極為普通的、處於發展變遷狀態中的村落。從一九九九年開始，該村的女媧陵廟又一次在當代民間傳統重建的背景下得到了修復，與此同時，有關女媧的神話和信仰重新回到了村落地方文化的舞臺上，並在當地經濟與文化發展中扮演著積極的角色。該村的以女媧廟宇修復為外在表現的民間傳統的重建活動，是當代中國特定的大環境下的產物。

49 李靖，〈美國民俗學研究的另一重鎮——賓夕法尼亞大學民俗學文化志研究中心〉，《民俗研究》二〇〇一年第三期，頁一一五。

這次的重建呈現出一些特點：

其一，它是多種因素共同作用的結果。以女媧陵廟的修復來說，它是各種社會力量共同表演、相互協調和互動的結果：它是在地方政府的支持下，以「弘揚傳統文化、發展地方經濟」為宣傳口號，由村落的民間精英策畫、組織，多數村民的參與下完成的。而女媧信仰的復興也是有諸多原因的：它與二十世紀八〇年代以來官方意識形態對民間控制的「鬆懈」以及其文化政策的變化有關，它同時還出自於地方發展經濟、尋找文化認同的需求，等等。

其二，廟宇的修復、信仰的復興和神話的傳承和再創造三者之間有著密切的聯繫，共同構建起當地的這次民間傳統重建的浪潮。廟宇的修復激起了信仰的積極態勢；由於與信仰發生著密切的聯繫，神話得以重新被積極地傳承；出於廟宇宣傳、凸現地方文化特點等實際的需要，神話發生了明顯的地方化變化。

其三，侯村當代的這次民間傳統重建具有一定的選擇性。它並非是對民間傳統完全意義上的重建，而是不同的社會力量、不同個人從各自不同的目的出發，運用不同的文化策略，對侯村民俗傳統進行選擇，並將之予以重新組建和創造的結果。這些被重建的民俗事項，既與以往的傳統一脈相承，同根共源，又具有新的時代特點，為人們當代的現實生活服務。

其四，侯村此次的民間傳統復興過程中，村落中的個人，尤其是那些民間權威人物，發揮著重要的主體作用。以民間權威而言，他們不僅組織、策畫女媧陵廟的修復，同時也積極地進行女媧神話的傳承和再創造，來為現實的目的服務。而村中的多數人參與了廟宇的修復，還構成了女媧信仰的主要信仰群體；在神話的傳承和講述中，他們既是聽眾，也可能是今後的講述人，他們是神話傳承和再創造中不可或缺的部分。所以說，村落中的個人在民間傳統的不斷傳承、變化、重建過程中的作用不可小視。正如本笛克絲曾經說過的那樣：「社區裡的『民眾』不只是傳遞傳統，他們也生產、表演、展示自己要表達的文化，以滿足他們的需求。傳統只是個標籤，需要人們來發明、保存和改變它。」[50]

50 Regina Bendix, *Backstage Domains—Playing "William Tell" in two Swiss Communities*, p.17.

通過侯村民間傳統重建的個案，我們看到的是具體的村落中，在民間傳統重建的活動背景下，女媧神話及其信仰的動態變化過程。當然，侯村的民間傳統重建活動是當代中國民間傳統重建浪潮中的一個有機組成部分，「管窺見豹」，從中我們也可以領味到中國廣大地域範圍內民間傳統重建的一些特點和規律。因此，這個女媧神話及其信仰的復興情況的個案研究，也具有一定的普遍意義。

在文章的最後，筆者要說明一點：由於時間、精力以及財力的限制，一些與本論題有關的問題，比如說，現代口承神話在重建活動中的講述情況怎樣？作為傳統傳承和重建的主體，其他個人在傳承和再創造上，與申繼亮相比較，有什麼不同和相同之處？一般的民眾對包括神話和信仰在內的民間傳統的復興與重建有何理解？他們在其中扮演了什麼角色？等等。這些問題，都要留待以後，在經過更詳細的調查和擁有更豐富的資料的基礎上，繼續研究。

主要參考書目（以出版先後為序）：

一、專著

（一）中文部分

1. 袁珂編著，《古神話選釋》，人民文學出版社，一九七九年。
2. [日]大林太良著，林相泰、賈福水譯，《神話學入門》，中國民間文藝出版社，一九八八年。
3. 中國人民大學科學研究處組編，《傳統文化與現代化》，中國人民大學出版社，一九八七年。
4. [俄]李福清著，馬昌儀編，《中國神話故事論集》，中國民間文藝出版社，一九八八年。
5. 孟慧英，《活態神話——中國少數民族神話研究》，南開大學出版社，一九九〇年。
6. 李子賢，《探尋一個尚未崩潰的神話王國——中國西南少數民族神話研究》，雲南人民出版社，一九九一年。
7. 張振犁著：《中原古典神話流變論考》，上海文藝出版社，一九九一年。
8. [日]關敬吾等著，張雪冬、張莉莉譯，《日本故事學新論》，遼寧大學出版社，一九九二年。
9. 程健君，《口承神話》，海燕出版社，一九九七年。
10. 楊利慧，《女媧的神話與信仰》，中國社會科學出版社，一九九七年。
11. 王銘銘，《村落視野中的文化與權力——閩臺三村五論》，生活·讀書·新知三聯書店，一九九八年。
12. 楊利慧，《女媧溯源——女媧信仰起源地的再推測》，北京師範大學出版社，一九九九年。
13. 郭於華主編，《儀式與社會變遷》，社會科學文獻出版社，二〇〇〇年。
14. 朝戈金著：《蒙古口傳史詩詩學——冉皮勒〈江格爾〉程式句法研究》，廣西人民出版社，二〇〇〇年。

（二）外文部分

1. Dégh, Linda. *Folktales and Society—Story-telling in a Hungarian Peasant Community.* Translated by Emily M. Schossberger. Bloomington and Indianapolis: Indiana University Press, 1968.
2. Bauman, Richard. *Story, Performance and Event—Contextual Studies of Oral Narrative.* New York: Cambridge University Press, 1986.
3. Holbek, Bengt. *Interpretation of Fairy Tales—Danishi Folklore in a European Perspective*. Helsinki: FFC No. 239, 1987.
4. Bendix, Regina. *Backstage Domains—Playing "William Tell"in Two Swiss Communities*. Bern: Peter Lang Publishing, Inc., 1989.
5. Smith. Valenel, ed. *Hosts and Guests: The Anthropology of Tourism.* 2d ed. Philadelphia: University of Pennsylvania Press, 1989.

二、論文

（一）中文部分

1. 張餘，《晉南的神話與傳說》，《民間文學論壇》一九九〇年第二期。
2. 王太捷，《書面文學與口頭文學的融合——再論宋宗科現象》，《民間文學論壇》一九九二年第二期。
3. 高丙中，《文本和生活：民俗研究的兩種學術取向》，《民族文學研究》一九九三年第二期。
4. 王銘銘，《中國民間傳統與現代化——福建塘東村的個案研究》，《傳統文化與現代化》一九九六年第一期。
5. 王銘銘，《小地方與大社會：中國社會人類學的社區方法論》，《民俗研究》一九九六年第四期。
6. 孟繁仁，《中華之母——女媧》，《三晉文化論叢》第三輯，一九九七年。
7. 陳建憲，《精神還鄉的引魂之幡——二十世紀中國神話學回眸》，《河北師範大學學報（哲社版）》一九九八年第三期。

8.孟繁仁，《黃土高原的「女媧崇拜」》，《中國文化研究》一九九九年夏之卷（總第二十四期）

9.王銘銘，《地方政治與傳統的再創造——福建溪村祠堂議事活動的觀察》，《民俗研究》一九九九年第四期。

10.[美]丹・本——阿默思，張舉文譯，《承啟關係中的「承啟關係」》，《民俗研究》二〇〇〇年第一期。

11.彭兆榮、魏愛棠等，《新民俗傳說的地方化敘事》，《民俗研究》二〇〇〇年第一期。

12.鍾年，《民間故事：誰在講誰在聽？——以廩君、鹽神故事為例》，《民間文化》二〇〇一年第一期。

13.劉曉春，《民俗旅遊的文化政治》，《民俗研究》二〇〇一年第四期。

（二）外文部分

1. Gilbert, Lisa. "The 'Text/Context'Controversy and the Emergence of Behavioral Approaches in Folklore,"*Folklore Forum,* vol. 30, 1/2 (1999): 119-128.

三、文獻和地方誌資料

1.張振犁、程健君編，《中原神話專題資料》，中國民間文藝家協會河南分會編印，一九八七年。

2.章廷圭修，鄭維綱等纂，《平陽府志》，山西人民出版社，一九八九年，

3.《侯村新石器時代遺址調查報告》，《三晉考古》一九九〇年第二輯。

4.洪洞縣誌編纂委員會、孫奐侖修，張青點校，《洪洞縣誌》，山西人民出版社一九九二年。

5.《中華之母——女媧》，洪洞縣女媧陵寢修復領導組編印，一九九九年。

6.劉北鎖編著，《山西省洪洞縣趙城侯村女媧皇陵故事（一）》（列印稿），二〇〇〇年。

7.王建太、張懷群主編，《甘肅涇川與西王母文化》，國際華文出版社，二〇〇一年。
8.申繼亮搜集整理，《女媧的傳說》（列印稿），二〇〇一年。

第五章　神話、廟會與社會的變遷（一九三〇－二〇〇五）

——河南淮陽縣人祖神話與廟會的個案

仝雲麗

第一節　引言

神話並非僵硬不變的物質實體，在不同的社會文化語境中，神話傳統往往會發生相應的變化，從而處於不斷變遷和重塑的「動態過程」之中。對於中國的現代口承神話在自帝國時代結束以來的歷史傳承和變遷狀況，學界的研究一直比較薄弱，對口承神話在各個具體歷史階段——比如民國時期、文化大革命時期或者一九八〇年代以後——的講述和變異情況，遠未進行細緻深入的考察和梳理[1]。那麼，現代中國的風雲變幻對口承神話有無影響？在哪些方面有影響？影響的程度如何？不同時代的不同特點又為神話傳統烙上了怎樣的印記？……對於這些問題，國內神話學領域似乎都未曾進行過充分的考察。

[1] 迄今為止的中國神話史主要針對的大都是文獻紀錄的古典神話，或者比較泛泛地論及少數民族的口承神話，對口承神話在各個歷史階段的傳承和變遷狀況的考察則相對闕如。楊利慧、安德明曾在《中國神話手冊》（*Handbook of Chinese Mythology*, ABC-CLIO, 2005）一書中，闢有專節，對中國歷史上自先秦直至現今對於神話的記錄、評論和人們的神話觀等做了一番梳理，其中介紹了「三套集成」工程對現代口承神話的搜集成就，以及自己在田野作業中調查到的一九九〇年代河南淮陽人祖廟會上的兄妹婚神話講述事件。不過，總體而言，有關現代口承神話的歷史傳承和變遷狀況的研究十分稀少。

有鑑於此，本文將選取一九三〇至二〇〇〇年代河南淮陽的人祖廟會，以及廟會上的神話講述活動為考察對象，採取文獻分析與田野研究相結合的方法，從歷史以及權力與政治的視角，對人祖廟會以及相關的神話講述活動進行歷時性的考察。具體地說，本文將特別關注如下，這些在以往的神話研究中很少被討論的問題：在過去的七十多年中，中國社會發生的巨大變化，給當地的神話與民間信仰帶來了怎樣的影響？在不同的歷史階段，這些影響各有何特點？廟會的興衰與國家和地方政府之間存在怎樣的關係？民間信仰與廟會的變遷，又給與之密切相關的神話講述活動造成了怎樣的影響？影響主要在哪些方面？影響的程度如何？神話傳統的傳承者們，在社會的變遷中有何際遇？這些人生遭遇又為其講述神話帶來了怎樣的影響？等等。本文希望通過對這些問題的探討，將現代口承神話的研究進一步推向深入。

本文的民族誌描寫主要立足於筆者的田野調查。筆者曾分別於二〇〇五年一月底至二月初、三至四月初，兩次赴淮陽人祖廟及廟會現場進行田野調查，採訪了多位神話講述人，整理了訪談資料十餘萬字。選擇淮陽作為田野調查點的原因主要是：一、淮陽人祖廟會在豫東地區頗有影響，有關伏羲、女媧在天塌地陷之後兄妹成親、重新繁衍人類的口承神話至今在當地仍廣為流傳；二、關於該廟會及其口承神話傳播狀況，前人已有不少重要調查和研究成果（見下），為筆者提供了極好的比較資料；三、筆者是河南人，從小在農村長大，家鄉與淮陽的風俗文化有許多相通之處，因而在調查中能夠較好地和當地人進行溝通交流，易於理解當地的民俗文化。

本文之所以能夠選擇對一九三〇年代的淮陽人祖廟會及其相關的神話講述情況進行描述和分析，主要得益於一部重要的歷史文獻：鄭合成編纂的《陳州太昊陵廟會概況》[2]。一九三四年（民國二十三年）三月二十一日至四月十四日太昊陵廟會期間，河南省立杞縣教育試驗區與省立淮陽師範學校師生聯合對太昊陵廟會（當地俗稱「人祖廟會」）進行了「詳細調查」，調查成果由鄭合成編纂成《陳州太昊陵廟會概況》出版。書中對當時的太昊陵概況、人祖廟會趕會

[2] 鄭合成編，《陳州太昊陵廟會概況》（河南省立師範學校、杞縣教育試驗區印行，一九三四年）。

的群眾及交通、廟會上的商業、廟會遊藝、廟會概況及稅收、廟會雜話等都進行了比較詳細的描述，對瞭解二十世紀三〇年代的人祖廟會及神話講述活動具有極高的參考價值。本文對這一階段歷史狀況的描述還參考了蔡衡溪撰寫的《淮陽鄉村風土記》[3]。蔡衡溪為淮陽東北區人，一九二六在開封讀書時，曾利用暑假和寒假時機，回到故鄉淮陽，通過自己親赴各村訪問調查和委託朋友代為搜求的方式，把各處各村風土內幕所包括的材料搜集了一個大概，次年暑假將之編纂成《鄉村風土記》稿本。一九三一年春，他將其中一部分略加整理，送由《河南民報》發表。一九三四年又整理彙編成《淮陽鄉村風土記》鉛印發行。該書共分語言、風俗、集會三編，其後並附淮陽縣概況七項。書中對一九二〇年代和一九三〇年代的淮陽社會文化習俗（例如婚俗、俗語、民間基層組織等等）有一些描述。儘管該書對人祖廟會及相關神話講述活動著墨並不算多，但也為瞭解當時的淮陽社會和風俗提供了珍貴的參考資料。

本文對其他各歷史階段、尤其是當代淮陽廟會與神話的描寫，還參考了一九八〇年代張振犁先生率領「中原神話調查組」取得的相關調查成果（參見總論）、楊利慧於一九九〇年代對河南淮陽的調查研究成果（參見附錄），以及淮陽一批地方知識份子如駱崇禮、楊復竣、李乃慶等人的著述等。

針對文獻記錄的不足，本文還綜合使用了訪談和口述史的方法，主要圍繞口述人對過去的廟會和神話講述活動的記憶、社會文化變遷對口述人個人生活史的影響等主題展開交流。口述史的訪談幫助本文研究獲得了鮮活而豐富的資料。

另須交代的是：為保護資料提供人的權益，文中絕大部分的受訪者都使用了化名（地方知識份子除外）；所用圖片，如無特別說明，均為筆者所攝。

---

3 蔡衡溪，《淮陽鄉村風土記》（一九三四年鉛印本）。

第二節　「羲皇故都」的歷史地理與文化生活

口承神話的傳承和變異，與它所依存的特定地方的社會文化語境有著密切的關係——不同時期的神話講述活動總是在一定的時空背景下進行的，地域文化也一直在薰陶、塑造著一代代的神話講述人。淮陽富有特色的歷史地理與人文生態環境，構成了人祖神話講述賴以生存的具體而豐富的語境。

一、淮陽的地理歷史及人文概況

淮陽地處黃淮沖積平原，舊時境內有蔡河、古黃河、潁水、沙水、谷水等流過。黃河氾濫多次沉積，造成境內約占耕地面積27%的窪坡地出現，這些窪坡地面積大小不等、深度不一，昔日是發生洪澇災害的重災區，直到新中國成立後才基本根治澇災[4]。

如今的淮陽仍屬國家級貧困縣，轄域總面積一千四百六十七平方公里，其中耕地面積177.32萬畝，總人口一百三十五萬（二〇〇二年）。截至二〇〇五年十二月三十一日，淮陽縣轄六個鎮、十三個鄉。主要土特產有黃花菜、蒲菜和烏珠酒等[5]。縣城坐落在距河南省周口市東北方向三十二公里處，四面被風景優美的柳湖、東湖、南壇湖、弦歌湖環繞，在這1.6萬畝的「龍湖」中宛如水上明珠。

4 淮陽縣地方誌編纂委員會編，《淮陽縣誌》（鄭州：河南人民出版社，一九九一年）。此外還參考了河南淮陽政府官方網站公布的資訊：http://www.huaiyang.gov.cn。

5 http://www.huaiyang.gov.cn。

和全國其他悄然發生變化的現代城鄉一樣，淮陽人的生活既相對穩定又富於變化。如今邁步在淮陽縣城，舊式建築已難尋其蹤，小樓最多高三四層，默默彰顯著現代社會的變遷。服裝專賣店、電器行、超市、新華書店、網吧、照相館等隨處可見。每天，縣城的東西主幹道、環城路上車水馬龍，環城公車、夏利計程車、載客的麵包車、簡陋的三輪車川流不息。

淮陽的鄉村則與此不同。你站在綠樹掩映的村莊外，能看到瓦房群中傲然立著那麼幾座兩三層小樓，而走進村莊裡逛，卻還能見到土坯房。有的人家屋子寬敞明亮，現代家具一應俱全，也有不少人家的屋子低矮、潮濕，電燈泡發出的光微弱、昏黃。生活水準的差距由此可見一斑，鄉村的貧富分化日益明顯。

淮陽的農作物以小麥、玉米為主，人們在很多時候仍是靠天吃飯。若夏天逢上洪澇災害，莊稼地成一片汪洋，顆粒無收是常有的事。合著農業活動的節奏，人們在春耕、夏收、秋種時較忙，其他時間則比較空閒。如今，現代農業機械化耕作帶來了大批剩餘勞動力，很多無望依靠升學或從軍以走出農村的年輕人開始成群結伴地去鄭州、廣州、北京等地的工廠打工。電視等現代媒體加強了鄉民對外界的瞭解，打工者的歲末探親、與家人的電話交流等也源源不斷地將多元化的現代社會資訊帶入家鄉，鄉村不再閉塞。

淮陽歷史顯赫。據說早在六千餘年前，「三皇」之首的伏羲氏曾在此定居並以此為都，命名為宛丘。三千多年前，周武王封帝舜之後媯滿治陳，建陳國。春秋楚滅陳國置陳縣。西漢置淮陽國，以在淮水之北得名。一九一三年廢陳州府，改淮寧縣為淮陽縣。一九六九年起屬周口地區。

淮陽自古文化發達。中國文學史上第一部詩歌總集《詩經》曾載《陳風》十首。這裡相傳還是道家文化的發源地：道教始祖老子生於陳國苦縣，在淮陽附近的鹿邑縣至今尚存老子廟。淮陽也曾是儒家文化創始人孔子的重要遊歷地：孔子曾三次來陳。歷代文人墨客如曹植、李白、蘇軾、蘇轍、晏殊、范仲淹等文壇巨匠更留下歌詠淮陽的諸多名篇。

淮陽與太昊伏羲氏有著密切的關係。《三皇本紀》說伏羲「有聖德。仰則觀象於天，俯則觀法於地，旁觀鳥獸之

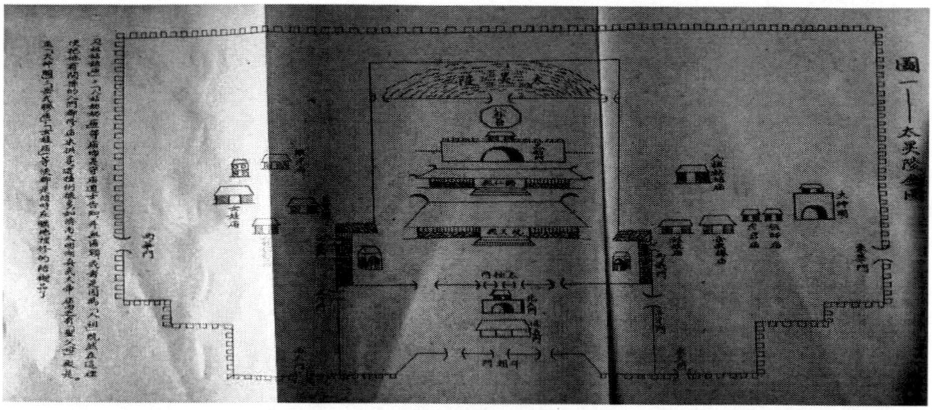

1934年的太昊陵格局示意圖，採自《陳州太昊陵廟會概況》。

文與地之宜，近取諸身，遠取諸物，始畫八卦。……造書契，以代結繩之政。……始制嫁娶，以儷皮為禮。結網罟，以教佃漁，……養犧牲以充庖廚」。傳說伏羲氏在位一百一十四年，死後葬於陳。後人為追念他的功德，尊他為先祖，很早以前就在宛丘（現在的淮陽）築陵、建廟。成書於五代的杜光庭《錄異記》中曾這樣記載：「陳州為太昊之墟；東關城內，有伏羲、女媧廟。……東關外有伏羲墓，以鐵錮之，觸犯不得，時人謂之翁婆墓。陳州雖小，寇賊攻之，固不能克，以其墓靈也。」據《陳州府志》記載，春秋時淮陽已有太昊陵墓，漢代曾在陵前建祠，唐、宋兩代帝王都曾下詔擴建陵園，祭祀太昊伏羲。後經明、清兩代多次增建修葺，太昊陵（當地俗稱「人祖廟」）最大規模時占地達八百七十五畝，南北長七百五十米，分外城、內城、紫禁城三道「皇城」。伏羲陵墓位於紫禁城內，「陵高十尋」，上圓下方，寓意「天圓地方」。根據鄭合成等人的調查，一九三四年的太昊陵裡，全部建築都分布在一條以陵墓為中軸的南北線上，由南向北依次是午朝門、玉帶橋、道儀門、先天門、太極門、統天殿、顯仁殿（右側壁上有子孫窯）、太始門等建築。太極門以內兩側有鐘樓鼓樓，內外城之間，左側有女媧觀、玉皇觀、三仙觀；右側有岳王觀、真武觀、太清觀。

一九四九年中華人民共和國建立後，為保存名勝古蹟，曾在一九五七年至一九五八年對太昊陵進行修葺整理，重修了午朝門、鐘鼓樓、殿宇樓閣，並浚玉帶河、築金魚池等。隨著文化大革命席捲全國，太昊陵廟內建築又遭嚴重破壞，周邊廟地也被大量民房和廠房侵占。

二〇〇五年筆者所見到的太昊陵雖經過一系列的重修，但與鼎盛時期的宏大規模相比仍相差甚遠。它面積不足一百五十畝，基本上只留有中軸線上的主體建築，而女媧觀（即娃娃殿）、玉皇觀、三仙觀、真武觀、太清觀等已難尋其蹤，當地稱為「轉廂樓」的太始門和七觀中唯一倖存的岳王觀已屬危房，亟待整修。二〇〇四年政府為發展旅遊，主持拆遷了太昊陵附近的民房，在太昊陵前新修了姓氏文化廣場。縣政府已制定了太昊陵整修工程計劃，試圖從整體上重新恢復地方誌記載中占地八百七十五畝的太昊陵及眾陵觀原貌。

除太昊陵外，淮陽還有畫卦臺、白龜池等遺跡，相傳分別是為紀念伏羲演八卦和天塌地陷時拯救人祖兄妹的白龜所建。

一九八〇年代以來，隨著淮陽地方政府對文化旅遊的重視，地方學者的著作中開始大力宣揚伏羲「三皇之首」的地位。太昊陵作為地方文化名片，在當地政府的對外宣傳中逐漸被冠之以「天下第一陵」的名號，在當地民間傳統中，伏羲的地位也更加顯赫：

陳州有個太昊陵，國裡國外都有名。裡皇城，外皇城，皇城修得真威風。進午門，往裡看，只見老爺[6]坐大殿。手托八卦面朝南。出了午門往南看，城湖修得那個不簡單。城湖的水，清又清，中間盤著那九條龍，黑裡白裡放光明，黑裡白裡放光明。[7]

6 老爺，當地信眾對人祖爺伏羲的稱呼。

7 演唱者：王大娘（識字，該經歌是從經歌宣傳書上學的）；時間：二〇〇五年三月二十日下午；地點：××朝祖會在太昊陵東側的租賃房內；場景：會中會唱經歌者輪流演唱；訪談者：仝雲麗。

這是二十世紀九〇年代在淮陽廣為流傳的一首經歌，太昊陵及太昊陵裡的人祖爺帶給當地人的自豪感表現得淋漓盡致。

二、人祖神話與人祖廟會

在淮陽及其周邊地區，伏羲、女媧在大災難之後重新繁衍人類的神話廣為流傳，伏羲也因此被尊奉為「人祖爺」，女媧被尊奉為「人祖姑娘」、「人祖奶奶」或者「老母娘」。該類型神話的基本情節一般是這樣的：人祖爺在上學的路上遇見一隻白龜，白龜預言即將天塌地陷，要人祖爺每天給他帶一個饅頭，這樣災難來臨時就會救他。妹妹（或姊姊）人祖姑娘女媧得知後，也讓人祖爺每天替自己捎一個饅頭給白龜。天塌地陷之時，兩人躲在白龜的肚子裡躲過了災難，卻發現天下只剩下了他兄妹倆。女媧（或伏羲）提議兩人結成夫妻，伏羲（或女媧）不願意，兩人在崑崙山上各執一扇磨往山下滾，兩扇磨滾一塊兒就成親。成親之後，兄妹孕育子女。兩人嫌這樣繁衍人類太慢，便開始摶土造人。逢天降大雨，人祖爺用掃帚往屋裡掃曬在院子裡的泥人，結果使一些泥人缺胳膊少腿，世界上從此有了殘疾人。人洗澡老搓不完身上的泥，說明人是泥做的。

這類神話詳細解釋了人祖爺、人祖姑娘作為人類老祖先的原因所在。它的存在和影響遠遠超出了神話講述活動本身，它「是一種經過苦心思索而成的積極力量」，並非「理性解釋或藝術幻想」，而是「原始信仰和道德的實用憲章」[8]，對於淮陽及其周邊地區的民眾來說，人祖神話表達、增強並理順了他們的信仰，已成為人祖廟會強有力的支撐，制約著當地文化的許多方面——圍繞人祖廟形成了許多朝祖習俗和與神話有關的民俗物象，它們都深深烙上了人祖

[8] 〔英〕馬林諾夫斯基，〈神話在生活中的作用〉，見〔美〕阿蘭・鄧迪斯編，朝戈金等譯，《西方神話學讀本》（桂林：廣西師範大學出版社，二〇〇六年），頁二四四。

上中：給人祖爺、人祖姑娘獻鞋。
下右：獻給人祖爺的大香叉。
下左：舉著旗杆的十二歲少年。

神話的印記。

不管太昊伏羲在學者們的歷史研究中究竟是怎樣的，根據筆者二〇〇五年的田野調查，人祖爺、人祖姑娘兄妹婚的神話經過漫長的流傳過程，已被很多當地人看作真實的歷史。對淮陽及其周邊地區的民眾來說：伏羲就是真實存在過並定都宛丘的「人祖爺」，是人類的老祖先，太昊陵就是伏羲的陵寢所在地，這些都是無須置疑的遠古事實，民眾也非常相信人祖對淮陽的佑護。

每年農曆的二月二至三月三，來自河南、河北、安徽、山東、湖北等四面八方的香客浩浩蕩蕩湧到太昊陵朝祖進香，形成了規模盛大的人祖廟會（又稱「太昊陵廟會」或者「二月會」）。

人祖廟會上通常人山人海，熱鬧非凡。據筆者二〇〇五年的考察，逢到廟會高峰期，趕會的人數每天可達數十萬。震耳欲聾的爆竹聲、歡快喜慶的嗩吶聲、婉轉動人的經歌聲，招攬生意的吆喝聲……合奏成廟會的最強音，時時衝擊著人們的耳膜。朝祖進香、祈福求平安、許願還願是人們趕廟會的主要目的。進得陵來，瞻仰一下統天殿上的人祖爺，在人祖墳前添幾抔土，磕幾個頭，燒幾把香，「孝敬」些冥幣元寶，供幾桌酒肉美食，獻幾套衣袍鞋帽，為人祖爺、人祖姑娘唱幾段經或者跳「擔經挑」（詳見下文）……這是信眾主要的民俗活動。人祖廟會上有著獨特的求子習俗，如摸「子孫窯」求子[9]，「拴娃娃」[10]；得子以後要在孩子三歲或者十二歲時來太昊陵還願，男孩兒們多披紅掛綠，或坐在舅舅肩頭，或昂首闊步在自家還願佇列之首，手裡舉著高高的「旗杆」[11]，在響器班的吹吹打打聲中進陵來就直奔人祖

9　鄭合成在《陳州太昊陵廟會概況》中記述：一九三四年時「此同一青石之北面，有淺坑一個，盍摸深坑可以得子，摸淺坑可得女也。」而現在則只有一個坑。

10　民國時人們多是捐給道士些香火錢，在娃娃殿拴泥娃娃。而現在則在太昊陵顯仁殿後的女媧娘娘像前拴塑膠娃娃，拴一個娃娃要交給工作人員八十元人民幣。工作人員在拴的娃娃上繞一條紅繩，囑咐人們起個名字、磕個頭然後帶回家。

11　當地朝祖時的供品。所謂「旗杆」即木杆，以前多用椿木所製，杆圓狀，長五尺，上有開放方盒，方盒中插出旗杆頭，到陵前燒掉。現在的「旗杆」則只要是木杆就行，長短不一，陵前不允許燒，祭祀者一般放在墓上。當地有學者考究旗杆是生殖崇拜的象徵。頁三二四下左圖中少年左手所拿的即是旗杆。

墳前。在信眾們看來，太昊陵作為人祖爺的靈寢所在，一草一木都有靈性。朝拜完人祖後，人們你擁我擠地在墳前的香灰爐中燒生雞蛋吃，或在柏樹底下撿柏樹籽，認為吃了可祛病。人祖墳西側原藥王廟舊址處，聚集著許多邊磕頭邊拿著黃表紙的人，他們這是在求藥王爺賜下良藥，一待紙上有了煙灰狀的顆粒，全然不顧是飄來的香灰還是空氣中的浮塵，多急不可待地倒嘴裡服下，若是為家人求的藥，則小心翼翼地包好。

這些看似支離散亂、沒有聯繫的民俗活動，其展演的共同主題皆是世俗社會民眾對人祖的崇信。人們想像的神聖世界無比真實，連燒給人祖爺的黃表紙都是這樣的便箋：

人祖爺：

×××送您老人家元寶陸拾陸個，天地通用鈔票柒佰伍拾億，請接下，保佑全家平安無事，家裡病人早日康復。

×××

二零零五年三月三

泥泥狗「混沌」。

因為人員流動量大，每年的人祖廟會期間也是各路商家、小販們生意最紅火的時候。二〇〇五年的人祖廟會期間，太昊陵午門外、東華門、西華門外的攤點密密麻麻，商品琳琅滿目，紙箔冥幣、泥泥狗、布老虎、各種工藝品、玉器、水果、衣服、日用品……真可謂應有盡有。此外，還有六七家雜技團、「陰界迷宮」、「地下迷宮」等在太昊陵內外城之間的空地上搭棚演出，大喇叭招徠顧客的聲音不絕於耳。姓氏文化廣場上，耍猴兒、坐花轎等活動也吸引了不少人參與。

泥泥狗和布老虎是大人們逛廟會給孩子挑玩具時的首選，這兩樣淮陽人引以為豪的地方特產，與人祖神話也有著千絲萬縷的聯繫。淮陽的泥泥狗底色皆為黑色，其上裝飾有青、白、黃、紅四色，極其古樸、神祕，很多作品與《山海經》中所記相似，被專家們譽為「真圖騰」、「活化石」。泥泥狗種類很多，當地學者在一九八〇年代統計時還有五百多種，包括猴、鳥、虎、狗等眾多動物，還有各種奇形而神祕的事象，如神話中常提到的混沌[12]、長鼻子獸等。泥泥狗據說是從伏羲、女媧摶黃土造人時流傳下來的，現在還常見的「草帽老虎」（即老虎頭上戴草帽）泥泥狗，相傳就是他們兄妹結婚時「自相羞恥」、「結草為扇以障其面」（唐李冘《獨異志》）的遺留。而「小泥鱉」則僅是一個兩公分長的小泥點，中間一彎分出頭、身，著黑色，捅音孔即成。有學者認為這與《風俗通》中記載的「女媧摶黃土造人，劇務，力不暇供，乃引繩絙於泥中，舉以為人……」的情節極相似[13]。泥泥狗又稱「陵狗」，淮陽當地文獻還記載有伏羲外形為狗、醫治陳國公主的傳說。來太昊陵朝祖進香後在廟會上買幾個泥泥狗帶回去給孩子玩是當地延續至今的傳統。二十世紀八〇年代，老齋公們趕廟會回村，常常被孩童們攔住索要泥泥狗。近些年隨著小汽車、小手機、水槍等現代玩具風行，鄉村兒童攔住老齋公們要泥泥狗的場景已不復見。

淮陽製作泥泥狗的村莊集中在伏羲陵東三里處的金莊、許樓、陳樓等幾個村莊。近年來，由於做泥泥狗的利潤不高，許多手藝人寧願外出打工也不願靠捏泥泥狗為生，生意漸漸集中到手藝好、頭腦活銷路多的人家。整體來看，淮陽的泥泥狗品種日漸減少且大都製作粗糙，狀況令人堪憂。人祖廟會是泥泥狗銷售的最大市場，現今廟會上徵收的高昂攤

12 當地很多人講人祖兄妹婚神話時，會說到天塌地陷、洪水氾濫是發生在一個「混沌」時期的結束時。《莊子・應帝王》說：中央之帝混沌是個無面目、無孔竅的的人。當他被光明之神在倏忽之間鑿開出竅之後，混沌卻不幸死了。見孔慶藩，《莊子集釋》第一冊（北京：中華書局，一九六一年），頁三〇九。

13 彭興孝、唐經武，〈伏羲文化中的泥塑藝術——泥泥狗〉，《三皇之首太昊伏羲》（鄭州：河南美術出版社，一九九八年），頁一三九。

位費使得更多從事泥泥狗這個小本生意的人家多將之裝在籃筐裡流動銷售，見到管理人員來就趕緊躲，早已不見以前「攤攤都有泥泥狗」的紅火場面。

廟會上隨處可見的布老虎形象古樸可愛，相傳它們也是伏羲、女媧兄妹成婚時因害羞而以帽遮面、扮成老虎的遺跡，承載著後世子孫對人祖的懷念與敬仰。布老虎的種類曾經很多，單頭虎、雙頭虎、玩具虎、枕頭虎、直臥虎、側臥虎……形態各異，大小不一。二月會是布老虎的旺銷期。很多人家剛過罷春節就全家動手，齊心協力做布老虎。一個月做的布老虎即便堆滿三間屋子，二月會期間也能傾銷一空，收益相當可觀，淨利潤甚至可達五六千元。即便如此，現在也很少有人專職做布老虎。

憨態可掬的布老虎。

人祖神話和人祖廟會對淮陽及其周邊地區影響深遠。人祖廟會作為一年一度顯著的地方文化表演事件，調節著人們在信仰、經濟，文化等各個方面的生活。近年來，越來越多的省內外媒體開始關注人祖神話和人祖廟會，通過電視、報紙、互聯網等媒介的大力宣傳，古老而洋溢著現代氣息的人祖廟會成為了淮陽最顯著的「名片」。

三、其他民間信仰

（一）以人祖信仰為主的多神信仰

在淮陽鄉村，除信仰基督教的家庭外，幾乎每家都把人祖爺的神位或神像擺在正屋的顯要地方，從而構成了以人祖信仰為中心的多神信仰。每逢農曆的初一、十五，人們都要在家裡的神像前給人祖爺上香，平時生活中遇到難事也不忘向人祖爺禱告。人祖廟會期間幾乎每家都要有人到太昊陵給人祖爺敬香火。當然，多元化的民間信仰特點在淮陽體現的也很明顯。當地除主要的人祖信仰崇拜外，人們還敬奉包相爺、孔聖人、城隍爺以及村廟裡的眾神靈（多是觀音菩薩）等。

1. 包公

歷代清官被塑造為「神」是民間造神運動中極其重要的一部分。在各種地方戲中，北宋清官包拯來陳州放糧的故事被不斷唱誦，廣為人知。淮陽就是當時的陳州，民間至今仍流傳著許多與包公放糧相關的傳說。如四國舅來陳州賑災時克扣皇糧，在糧中摻沙子放給百姓，包公查辦此案，命人將糧中的沙子篩出來，竟堆成了淮陽城東南角的平糧臺。縣城東南角的金龍橋就是當年包公鍘四國舅的地方，至今那兒還長著一種紅葉、紅桿兒、紅根子的芥芭草，顏色與別處不同[14]。包公的恩德民眾銘記於心，並修建了包公祠專門供奉包公。

善人們自發籌資以粉刷包公廟。

包公祠舊址位於淮陽城內西北角，原是官府的糧倉之地，一九六六年「文革」開始後被拆除。筆者二〇〇五年所見的包公廟，乃是當地群眾於一九八〇年代末在原址蓋起來的一間小平房。小廟正中掛著黑臉的包公像，像前陳列的條形案板上常年擺著蘋果、橘子等水果作供品，案板前放一個小箱子，裡面堆滿了香客捐的香火錢，附近來為包相爺「守功」的老人就坐在包公像兩側的長條椅上唱經歌、聊天。右側牆上貼著大幅的毛主席像，其餘地方和左邊牆上掛滿了諸如「某某地方某某某感謝包相爺治好某某病」的條幅和鏡框。包公廟平日由附近的香客管理。在人祖廟會期間，香客們會順便來包公廟拜一拜，廟門前由幾塊條石圍成的「香火爐」裡堆滿了灰白色的香灰。有香客熱情地組織大家捐錢給包相爺刷房子，並於收上錢的第二天就請來人將原本裸露著灰色磚牆的小廟粉刷一新。

14 講述人：李安（化名）；講述時間：二〇〇五年四月十日；講述地點：淮陽北關李安家裡；訪談人：仝雲麗。

2.城隍爺

城隍廟與包公廟相距不到二十米。城隍廟是兩間房（共約七十平米），一間裡端坐著兩位城隍爺的泥塑像，另一間則布置成了十大閻君殿。淮陽為何有兩位城隍爺？只因淮陽曾是陳州府，故有一位府城隍，一位縣城隍。民間傳說這兩位城隍爺是叔侄倆，侄兒叫趙讎，叔叫趙昶。解放後城隍廟舊址在現今的淮陽師範院內，「文革」中被扒。現在的城隍廟是二〇〇二年左右才由附近的「善家」重修的，人祖廟會期間來這裡燒香祭拜的人也很多。

此外，淮陽的南白樓村前幾年也給兩位城隍爺修了廟院，並恢復了「鬼節」（即農曆的清明、七月十五、十月初一）「城隍爺出巡」的習俗。出行路線為南白樓村城隍廟——太昊陵——大北關的老電影院（據說乃解放前的城隍廟舊址所在），目的是「也讓城隍爺回回老家」。二〇〇五年四月五日清明節上午，筆者在姓氏文化廣場上巧遇南白樓村香火會（香火會員多為女性）進行的城隍爺出巡：兩頂八臺大轎，轎內貼有兩位城隍爺畫像，伴著「響器」（嗩吶）班吹吹打打的嗩吶聲，浩浩蕩蕩地行進，不時落駕（落轎），意在讓陰間的鬼和冤魂向城隍爺告狀申冤。據說城隍爺在出巡過程中常常顯靈，尤其走到小北關時，「城隍爺不想走了，轎子就怎麼也抬不動」，而每年到電影院這裡，「城隍爺回家來都捨不得走」，香火會總會待上大半天再返程回村。

3.孔聖人

相傳孔子曾在陳蔡絕糧七日，民間至今流傳有孔子劉屯借糧、孔子與淮陽蒲菜、弦歌臺裡的夜讀聲等傳說故事。弦歌臺為紀念孔子而建，大殿正中塑著聖人像，眾門生的泥塑羅立兩旁。孔聖人也已被納入了當地民眾的信仰世界，並被按照現實世界裡的職業分工賦予了特別職能，扮演著「文曲星」的角色。在淮陽，人們祈禱平安、拴娃娃要去太昊陵，這無庸置疑，但要解決子女求學問題，則必去弦歌臺拜拜孔聖人。二〇〇五年人祖廟會期間，來弦歌臺拜祭孔聖人、為子女求學許願進香者絡繹不絕，有的甚至請來神婆幫忙。

南白樓村城隍爺出巡。

4.村廟中的神靈

據《淮陽縣誌》記載，二十世紀三〇年代的淮陽幾乎村村不止一個廟，只是後來多次被毀。一九八〇年代後，鄉村掀起了重修重建村廟熱潮。如今村廟已遍布甚廣，其中不乏幾個村子聯合建廟。鄉間小廟也有固定會期，廟裡敬奉的神靈多為觀音菩薩、土地爺等。

位於太昊陵東邊八步橋村的「三大士廟」就是一座觀音廟（該廟院門右側小廟龕裡端坐著本村土地爺），由村委會出面重修於一九九三年。當時村委會出了四千塊錢，加上村裡群眾捐的錢和老頭老太太在外邊收的錢，共花費一萬九千多塊，眾心合力建起了廟。現在三大士廟的廟內事務由廟主和幾個發起人負責。他們不僅在廟內擺香火攤兒賺錢，每年人祖廟會期間，還在廟門外掛上觀音菩薩像接受善男信女捐的香火錢。每到農曆二月十九（傳說觀音菩薩過生日）左右，三大士廟都會請戲班子在廟前連唱幾天廟戲，吸引了不少來太昊陵的香客到此燒香拜佛。

（二）香火會、經歌與擔經挑

在淮陽及其周邊地區有一些鄉村民間信仰組織，名稱有「龍花會」、「玉皇會」、「蓮花會」等等，實質都是信眾通過集體信仰生活的自發組織。目前的這些組織多成立於一九八〇年代，人們有時統稱它們為「香火會」。香火會由一個村或鄰近幾個村莊的信眾聯合組成，領頭的組織者即是會首，會員無論男女，通常被稱做「齋公」或者「老齋公」。香會的活動內容主要包括：（1）做法事。鄉裡人若患上西醫治不好的「邪病」，祈禱或病癒後還願都會請附近的香火會去家裡辦會，會首帶著會員連續三天燒香、唱經歌（又稱「唸佛兒」）；（2）村廟過會時，會首帶領大家前去燒香、唱經歌和跳擔經挑；（3）人祖廟會期間，香會一般會提前租賃下太昊陵附近的房子，廟會時在那裡住三天，二三十個人[15]

15 與鄭合成在《陳州太昊陵廟會概況》中敘述的香火會人數「普遍多在三十至八十人間」、在太昊陵「普遍停留三日」、「沒有超過四日以上的」情況大體相符。不一樣的是一九三〇年代時香火會「普遍每日早、中、晚三次進廟燒香磕頭、帶有遊藝的，每日義務到廟前耍」，而現今除了有

一支香火會在太昊陵太極門前唱經歌。

帶著糧食和必要的炊具集體朝祖。香會裡有專人負責做飯、記帳。從家裡帶來的人祖爺塑像或畫像被敬在屋子正中，一日三餐前必先在人祖爺像前燒香上供、唱經歌和跳擔經挑。香會到達淮陽的第二天，往往會在會首帶領下，帶著大香叉、元寶等供品進太昊陵給人祖爺敬香火。許多老香會進太昊陵朝祖時還雇人吹吹打打渲染熱鬧氣氛，從進午門唸《掛號經》起，他們在太昊陵裡的每道門前停下來唱經歌，直到人祖墳前敬完香，再找地方擔經挑。

在淮陽，人們前往廟裡進香或跳「擔經挑」舞蹈時，經常會唱經歌，當地人俗稱「唸經」或者「唸佛兒」。楊利慧在《女媧的神話與信仰》中對淮陽的經歌這樣定義：「經」是一種民間小調形式的口頭文學作品。經歌的唱詞合轍押韻，朗朗上口，內容則廣泛涉及生活的方方面面，多數帶有濃厚的民間信仰色彩，例如《十愛》、《十不愛》、《愛經取經》、《愛經送經》、《好兒媳》、《壞兒媳》等是講經送經、勸世人行善的，《十二月》、《十朵蓮花》、《三月三》等是與民眾日常生活緊密相關的生活歌。也有許多經歌宣揚人祖創世造人的神聖功績，講述著神話的內容，例如《人祖姑娘經》、《三皇治世》、《盤古開天地》、《老盤古安天下》等。因此，在人祖廟會上，「唱經歌」往往成為傳承神話的一種重要的、公開的方式。

「擔經挑」又稱「擔花籃」。其中所用的經挑、經板都是竹製的，軟溜溜的竹扁擔挑起的花籃則以鮮花、寶瓶等為裝飾。擔經挑的老齋公常唸在口頭的一句話是「誰擔經，誰有功」，因為傳說「擔經挑」是遠古時期「龍花會」流傳下

錢的香火會在人祖廟會期間會集體進一次廟門外，許多香火會都是派代表進廟燒香磕頭，一天三朝縮減為只是每天飯前在租賃的房子內燒香。見楊利慧，《女媧的神話與信仰》（北京：中國社會科學出版社，一九九七年），頁一四七。

擔經挑。

來的，傳女不傳男，其由來與女媧的女兒宓妃擔著裝滿孝敬母親的經文尋母、惡狗莊救母有關[16]。以前的老齋公擔經挑時都頭紮五尺帶穗的包頭，身穿黑色鑲彩邊兒的偏大襟上衣和黑色寬腿大腰褲，腳蹬繡花黑鞋，走著小碎步邊唱經歌邊舞，舞時兩臂平伸，手半握經挑兩頭以示孝敬老母娘女媧，舞姿有「剪子股」、「鐵索鏈」、「蛇蛻皮」三種。一般進香完畢，她們才把如同聖物的經挑端一端。擔經挑開始前，老齋公們先是恭恭敬敬地將手合在一起朝著人祖爺墳墓的方向拜上幾拜，然後一齊打著竹板唸經，開始表演。端起花籃來，每個人都是神采奕奕，即便六七十歲的老太太，舞到高潮也能打飛腳。等到大家停下舞蹈，手端著花籃舉到頭頂，聚在一起「對對經文」（即再唱幾首經歌），才算最後結束。如今的「擔經挑」組織在服裝、組織上與以前都有所不同。老齋公們擔經挑時所穿的衣服雖樣式變化不大，顏色已有白色、粉色、紅色等不同，還有的小香會尚未統一著裝。「擔經挑」以前是四人一組，現在則人數不拘，一般每班是七至十人參加表演，旁有一人專門打經板，領唱經歌。人祖墳前、統天殿前、太昊陵附近，無處不是老齋公們進行擔經挑表演的場所。她們邊擔經挑邊唱經歌，常吸引很多人圍觀。

近些年來，為強身健體、增加勞動之餘的文娛活動，不少鄉村婦女積極地學習經歌和擔經挑，有些鄉鎮還成立了文藝表演隊，以擔經挑隊舞蹈為主，配以「跑旱船」，把傳統的非營利表演變為有償表演。這些文藝表演隊來廟會上「擔經挑」一為敬神，二為自身有償演出作宣傳，文藝表演隊的大旗上清楚地寫著負責人及其電話號碼。

16 參見〈〈擔經挑〉的由來〉，楊水德主編《周口大觀》（鄭州：中原農民出版社，一九九三年），頁四一二。

小結

本節簡單描述了淮陽的歷史、地理和人文概況，力圖鮮活地展現人祖神話的傳統所賴以生存的具體社會語境。

作為傳說中太昊伏羲氏的故都，淮陽有著悠久的人祖神話與人祖信仰的傳統，其人祖廟會在豫東地區頗有影響，而有關伏羲、女媧兄妹在天塌地陷之後，重新繁衍人類的口承神話至今在當地仍廣為流傳。人祖神話為人祖信仰提供了強有力的支撐，而莊嚴的太昊陵、規模宏大的人祖廟會又為人祖神話的傳播和重建，提供了物化的場所和流動的空間，促進著相關文化和神話傳說的傳播。一年一度的廟會週期性地強化著當地關於人祖的集體記憶，廟會上的種種朝祖祭祀活動不斷加深著人祖神話和信仰在民眾中的影響，讓所有參與其中的人都能感受到它的神聖性，從而在潛移默化中培養著一代又一代的傳統文化傳承者和神話講述人。

第三節　自在地傳承：一九三〇年代的人祖廟會與人祖神話講述活動

費孝通曾經指出：「如果我們能想像一個完全由傳統所規定下的社會生活，這社會可以說是沒有政治的，只有教化。事實上固然並沒有這種社會，但是鄉土社會卻是靠近這種標準的社會。」在鄉土社會中，傳統在人們生活中發揮著比法治更大的效力，它通過教化、以「禮」的形式內化為人們對自己的行為規束[17]。一九三〇年代的河南淮陽及其周邊

[17] 費孝通，《鄉土中國 生育制度》（北京：北京大學出版社，一九九八年），頁六六。

地區，雖然社會動盪，災難頻仍，但仍保有「鄉土社會」的特色。人祖信仰以及人祖廟會受政治力量的干預相對較少，更多的是在日常生活中「自在地傳承」（見下文），有關人祖及其他神祇的口承神話作為「當地群眾對於自身歷史和文化原始的、樸素而形象的『神聖敘述』」[18]，「解釋並維護著當地的社會、文化秩序」[19]。

本節將結合一九三〇年代的學者考察成果、地方誌等文獻記載以及筆者田野調查所獲的口述史資料，追溯並展現一九三〇年代淮陽的人祖廟會和神話講述活動，並從中歸納當時神話講述活動的意義和特點。

一、一九三〇年代的中國社會與淮陽

清末民初以來，中國社會逐漸由傳統向現代轉型。到二十世紀三〇年代，在農村，現代化帶來的種種好處，如便宜的鐵路運輸和廉價的消費品都猛烈衝擊了農村經濟[20]，中國農民陷入了嚴重的生態危機：戰亂紛飛，匪盜猖獗，苛捐雜稅繁重，洪、澇、旱、蝗等自然災害頻繁，加之原始的耕作技術、剝削性的租賃制度等，農村社會經濟日漸衰落；同時，鄉村原有的以血緣為基礎的宗族組織和以宗教為紐帶的廟社組織等自治組織，逐漸被新的閭鄰、保甲組織取代，原有的鄉間權威被行政化的官僚取代，惡化了民眾的政治生存環境。與經濟、政治的變革速度相比，中國農村文化變革的速度則相對緩慢：農民的文化生活仍多集中於集市、節慶和例行的儀式上，而非閱讀報紙和雜誌，至於聽收音機和留聲機的就更少了[21]。廟會是民眾普遍關注的一種鄉村文化形式。人們不僅在廟會上進行經濟交易，表達自己對神靈的信

18 張振犁、陳江風等，《東方文明的曙光——中原神話論》（上海：東方出版中心，一九九九年），頁一七一。
19 張振犁、陳江風等，《東方文明的曙光——中原神話論》，頁一七一。
20 [美]伊佩霞（Patricia Buckley Ebrey）著，趙世瑜、趙世玲、張宏豔譯，《劍橋插圖中國史》（濟南：山東畫報出版社，二〇〇一年），頁二一一。
21 [美]伊佩霞，《劍橋插圖中國史》，頁二一六。

仰，更享受廟會上多姿多彩的民間文化，從中既獲得了樂趣又傳承了地方文化知識。

與當時全國的絕大多數鄉村狀況相似，一九三〇年代的淮陽民生凋敝、文化自足。在這裡，農民大部分少地或無地，正常年景靠租種地主土地維持生活，才得「糠菜半年糧」。遇到天災人禍，則流浪乞討或賣兒鬻女。據民國二十三年（一九三四年）《河南省統計資料》記載，當時淮陽農民的生活「衣用自織粗質大布做成，食均自種粗糲之食，除春夏之交六、七、八月得有麥食外，餘則均恃菽薯為必要食料……兵燹匪禍，紛至遝來，復值洪水浩劫之後十室業已九空……賦稅繁重，災荒相乘，鄉村經濟破產，人民謀生維艱……年所收之糧，每不敷常年之用」。民國期間，淮陽發生水旱災害四十一次。加上戰爭頻仍，賦稅繁重，民不聊生[22]。惡劣的生存環境使原本封閉的鄉村越加封閉。鄉民的社會生活繼續沿著舊有軌道進行：經濟上自給自足，鄉村貿易局限於地域內部的交換，「本地的出產，供給本地方用」[23]。

淮陽民間信仰興盛。據民國五年（一九一六年）《淮陽縣誌》記載：縣內地上陵、寺、廟、宮、觀、庵、堂、閣、坊等古代建築多達二百六十八處。巍峨壯觀的太昊陵建築群保存完整，為中原一大勝蹟[24]。水深火熱的現實生活使人們更虔誠地敬拜信仰世界裡的諸位神靈，在求神拜佛中尋求心理慰藉和對生活的希望。一個村莊裡土地廟、天爺廟等幾個廟宇共存的現象非常普遍[25]。與廟宇緊密相關的廟會不僅為地方經濟貿易提供了發生場域，廟會期間的信仰崇拜活動、豐富的民間遊藝活動更是人們苦難生活的「調味劑」。

在大大小小的廟會中，二月二至三月三的太昊陵人祖廟會是「豫東農民活動之最大會場也」[26]。它歷史久遠，規模宏大，在當地最有影響。逢到年景稍好，人們都會如期趕廟會、朝祖進香。四面八方的朝祖信眾用各種各樣的祭祀儀式

22 淮陽縣地方誌編纂委員會編《淮陽縣誌》（鄭州：河南人民出版社，一九九一年），頁一九一、二八九、八三〇。
23 鄭合成，《陳州太昊陵廟會概況》，頁九三。
24 淮陽縣地方誌編纂委員會編《淮陽縣誌》，頁七三四、二八九、八三〇。
25 甄紀印等修，朱撰卿纂，《淮陽縣誌》（開明印刷局，一九三四年）。
26 齊真如，〈陳州太昊陵廟會概況・序〉，《陳州太昊陵廟會概況》，頁一。

來緬懷「人祖爺」伏羲，向他祈福求平安。當時的太昊陵裡匾額、石碑為數不少，它們以物的形式展示著人祖爺的靈驗，歌頌著伏羲的功德。據一九三四年鄭合成等人考察時所見：殿內外匾額極多，大致都是還願所獻，或其他信士所懸。最普通的為「斯文鼻祖」、「人根之祖」、「中國一人」、「教以人倫」、「萬派一系」、「初造王業」、「一畫開天」、「佑我無疆」、「默佑黎蒼」等，字體秀惡不同。正中一匾，為：「抱一為式。」另一大橫匾書：「伏羲倉精，初造王業，畫卦結繩，以理海內。」殿內塑像前一橫匾曰：「開天立極。」一副對聯文曰：「立帝王之極，白雲常此護陵墟；後天地而生，來國猶堪尋聖蹟。」許願後得到人祖爺佑助的靈驗事件在匾額上也多有記載。在廟會濃郁的燒香敬祖氛圍中，趕會燒香的人們不僅延續著當地的信仰傳統，更通過匾額上的字句、故事等加深了對人祖爺的認知。通過廟會這個公共活動空間，與「人祖爺」相關的神話故事越傳越廣。

可見，在中國社會災難深重、漸趨動蕩的二十世紀三〇年代，鄉村社會的文化變革緩慢，人們的生活在一定程度上繼續沿著傳統的軌道進行，民間信仰在教化民眾、促進社會穩定的方面發揮著重要作用。

二、一九三〇年代的人祖廟會

王銘銘在談到中國傳統社會的特點時，曾經指出：「在傳統社會，社區的社會、經濟、教育、文化諸方面具有濃厚的地方自主和社區自發特徵。」[27]二十世紀三〇年代，淮陽人祖廟會的週期性舉辦更多地帶有地方自主的特徵。

---

[27] 王銘銘，《溪村家族——社區史、儀式與地方政治》（貴陽：貴州人民出版社，二〇〇四年），頁八五。

（一）影響人祖廟會的勢力

太昊陵是道教活動的主要場所之一，清末仍有道士六十餘人。太昊陵道長還統率西華、高水、項城、沈丘、太康等附近縣城的道觀。陵裡的玉皇觀、女媧觀、天仙觀、三清觀、祖師觀等，都分別有道士主持觀內事務[28]。平時他們除燒香外，還代人們向人祖伏羲祝禱或還願、做法事。廟地收入和廟會上信眾捐的香火錢都是道士們的主要經濟來源。二十世紀三〇年代，由於黃河氾濫，戰亂連年，陵廟年久失修，道士們生活艱難，有的遠去他鄉，也有的還俗謀生，雖然平常也就五六個道士，但他們仍是促發人祖廟會的積極活動者。一九三三年秋，太昊陵前古槐無故自焚，據說是人祖爺顯靈。當地人則認為：因廟會不景氣帶來香火錢的銳減，道士們窮得無聊，這才在夜深人靜的時候故意把槐樹點著，以做炫示社會的幌子。一熱鬧，便可多得些香紙錢。果然，一九三四年的人祖廟會有出人意料的繁華[29]。

道士們不過利用人們對人祖爺的崇拜揩點油水罷了，其他的利益，還輪不著他們享受[30]。「淮陽保存古蹟委員會」是應運而生的一個特殊利益群體，它既不屬於官方組織，也非民選組織，只是有個如此混淆視聽的名稱。此委員會成員在廟會上向小商販們徵收地皮捐，徵攤鋪捐等，連提著籃子賣泥泥狗的小販都不放過。他們的捐稅所得並不用在廟上，沒有廟會時就解散組織。此外，保安隊、公安局、縣政府、教育局等也來搶廟會這塊肥肉，派人在廟會上徵稅。捐稅過多，逼得商人們不得不在農曆二月二十三、二十四兩日罷市。本來到三月三才終止的廟會到二月二十七八就寥落了。不過，除了捐稅，政治力量對廟會的舉行基本沒有多大影響。

28 淮陽縣地方誌編纂委員會編，《淮陽縣誌》，頁八九〇。
29 鄭合成，《陳州太昊陵廟會概況》，頁二〇。
30 鄭合成，《陳州太昊陵廟會概況》，頁八九。

（二）一九三四年的人祖廟會

總體而言，一九三四年的人祖廟會依然頗為盛大，大會期間南轅北馬，商賈雲集，人們或步行，或乘坐船、手推車、大車等交通工具來趕會，人數逾百萬，據當時調查者的詳細考察和統計，每天趕會人數最低也在十萬人以上[31]。除滿足人們朝祖進香的信仰需求之外，廟會在當地及周邊地區人們的經濟、文化生活中也發揮著重要作用。

廟會上，蔡河南北街、北大關南北大街、午朝門內甬路兩側、東天門內南北正街與東偏街、西天門街擠滿了大小商販，經營飯店、酒館、風味小吃的有二百五十餘家，食品乾果店一百九十七家、雜貨店一百七十九家，竹木柳坊一百六十二家，紙篛、香紙一百二十五家，家庭用品七十一家，金屬器皿六十七家，此外文具、皮貨、花物、陶器數十家，泥泥狗、布老虎等一街兩行比比皆是，多達二百二十二家……對於附近村莊的村民來說，有時一次會期等於一個秋收的收入，遠處的人們也有交易有天的方便[32]。在當時的社會背景下，這種地緣範圍內的商業貿易極大地豐富了人們的物質生活。

民間遊藝是傳統廟會的重要組成部分。如果沒有好看好玩的玩意兒，誰還愛來趕會呢？要吸引人趕會，就得不惜犧牲自己的氣力，來替「人祖爺」做繁榮的舉動[33]。一九三四年的廟會上，民間遊藝形式眾多，既有傳統的民間娛樂節目，又有當時應運而生的新娛樂方式：「在太昊陵上，人山人海，虎豹野獸，猿猴蛇蟒，飽盡眼福，還有各種遊藝，神奇技術，各式商品，雖非時髦，卻也新鮮。」盤叉會、高蹺班、獅子會、旱船、肘歌的表演遭人圍觀，其他如河南梆子戲、馬戲團、動物表演團體、道情班、說書場也吸引了裡三層外三層的觀眾。那個年代特有的拉洋片、放電影等稀罕事

31　淮陽縣地方誌編纂委員會編，《淮陽縣誌》，頁八五四。
32　鄭合成，《陳州太昊陵廟會概況》，頁九五。
33　鄭合成，《陳州太昊陵廟會概況》，頁七五。

兒在廟會上也能見到。這其中，肘歌表演最引人注目。城內的紳士們特意組織同樂會，糾合城內各商家原有的孝義會、誠心會、虔心會、永安會等[34]，各商號攤款出演了五日肘歌。由於肘歌演出服裝精緻，動作文雅，已多年不演，所以許多人專為看肘歌而來，觀者你推我擠，水泄不通。除肘歌這一遊藝形式帶有城市商民性質，其他盡為鄉民遊藝。

（三）記憶中的人祖廟會

人祖廟會是淮陽及其周邊地區的一個重大節日。每逢會期，孩子們不用上學。他們不僅逛會玩兒，年歲稍大一點兒的孩子也會涉足廟會的經濟交易。二〇〇五年，已八十一歲的李安老人這樣回憶當時的廟會[35]：

> 十來歲、七八歲的時候，那時候興賣紙煙，{我們}買兩盒煙，{去廟會上}賣了，{那時候}買煙都是買一根兩根呀！就跟這煙樣的「指著自己手裡夾著的煙」，賣兩塊半錢一盒兒，五毛錢買四根，{我們小孩兒}零賣{煙}不是？得賣一毛五一根，賺人家這錢兒。擱現在說，{賣煙}就管掙塊把錢、一兩塊錢，賺一兩塊錢，攢這一個會（這麼長時間）就管攢一二十塊，到會罷就能買書。[36]

---

34 據鄭合成《陳州太昊陵廟會概況》記載：各會由不同地段的商鋪組成，如由南門至南牌坊各商家屬之屬孝義會、由南牌坊至北十字街各商家屬誠心會，直到鼓樓北十字街至北門各商家所屬的永安會。見該書頁七九。

35 為在書寫語言中體現口頭性的特點，本文引用的全部訪談資料採用了如下符號：**粗體**表示講述人的強調；（）：表示對講述人的方言注音和釋義；[]：表示講述人所用代詞指代的意思；『』：表示講述人在講述過程中對某些情節的解釋；{}在口頭敘事中沒有說但是按照故事邏輯應該有的內容；「」：表示講述人或聽眾的表情或動作等；【】：表示講述人的重複。//表示打斷或插話；{……}表示猶豫、不連貫；〈〉筆者對講述者個人資訊的補充。————表示對田野訪談資料的省略。

36 講述人：李安；講述時間：二〇〇五年四月十日；講述地點：李安家裡；訪談人：仝雲麗。

在老人們看來，記憶中的廟會熱鬧非凡，遠非現今的廟會可比。廟會上豐富多彩的文娛活動，開闊了人們的眼界，增加了人們朝祖進香的興致，許多人至今仍記憶猶新：

> 那時候道士還撂刀子、踢紅球啥的。撂刀子、耍刀，那占著幾十口子了（常幾十個人圍著看），現在一個也沒有嘞。——
>
> 過去咱這太昊陵裡頭的會不一樣的多，獅子、旱船、龍燈、走子、馱子……那多得很，竹馬，這些香火會，文獅子，武獅子。那武獅子剃頭，擱獅子上，頭頂上頂著那、嘴裡銜著那刀管耍（……）
>
> 那舞獅子厲害！舞獅子，能夠竄丈八遠！後面的人舉著前面的人，一聳出去，他再蹦出去，能走丈八遠。就跟狗朝前一抓就那樣兒，他抓著前面的人朝前一推，能推丈八遠，他擱後面跟上去，那舞獅子不簡單！方桌子頂上摞單桌子，單桌子頂上再擱板凳，上那頂上頭還管耍！[37]

豐富多彩的民間遊藝活動生動有趣，使民眾在趕會的過程中「不知不覺地領受到一種無形的教育」[38]。

（四）一九三〇年代後期的人祖廟會

作為曾經的陳州府，一九三〇年代的淮陽也是周口地區的教育中心。省立淮陽第四中學、省立淮陽第二師範學校、成達中學等在當地都很有影響。隨著抗日戰爭的爆發，淮陽出現了「救國會」、「讀書會」等組織積極地開展抗日活動。會員們到廟會上進行公開演講，演出宣傳抗日的劇碼，控訴日本侵略軍的罪行。人祖廟會又成了激發群眾進行抗日

37 講述人：李安；講述時間：二〇〇五年二月一日；講述地點：李安家裡；訪談人：仝雲麗。
38 鄭合成，《陳州太昊陵廟會概況》，頁五。

的重要場合[39]。

一九三八年，日軍攻陷淮陽以後，人祖殿、女媧閣都搬到了項城南頓光武廟，這裡每年二月二到三月三的廟會依舊非常熱鬧。當地在一九八〇年代還流傳著《人祖爺逃難》的傳說[40]。

據筆者在二〇〇五年的田野調查，如今七十歲左右的老太太對抗戰時期的廟會記憶模糊，倒是清楚地記得自己當時為防止被四處亂逛的大兵抓走，如何閉門不出、悶在家裡的情形。逢大兵駐紮村子，她們就要四散逃離。養女兒的人家都盼著能早點把女兒嫁出去。洪水、饑荒等天災人禍使淮陽許多地方出現了人吃人的慘狀。生死離別、飢餓、疾病、戰亂等悲慘遭遇越來越多地出現於人們的生活中。在這種社會大背景下，廟會日益變得冷清下來。

三、一九三〇年代的人祖神話講述活動

一九三四年，太昊陵統天殿內端坐的人祖爺伏羲坐像高約一丈五尺，身披黃色獸皮，跣足，手托八卦，頭生二角，態度莊嚴。旁二侍者，服飾與正像同，唯較小[41]。在民眾的信仰世界，「這位手托八卦，頭生雙角的伏羲氏，便成了萬能的全神，有無上的權威」[42]！人們來太昊陵朝祖，「有一大半的用意是用來瞻仰伏羲容儀，朝謁伏羲陵墓，和基督教的朝耶路撒冷同一意義」[43]。信眾的虔誠朝拜使得太昊陵的神聖色彩濃厚，儼然與宗教世界中的聖土相媲美：

39 淮陽縣地方誌編纂委員會編《淮陽縣誌》，頁二三五。
40 張振犁、程健君編《中原神話專題資料》（中國民間文藝家協會河南分會，一九八七年），頁一二六。
41 鄭合成，《陳州太昊陵廟會概況》，頁五。
42 鄭合成，《陳州太昊陵廟會概況》，頁二一。
43 鄭合成，《陳州太昊陵廟會概況》，頁二三。

那廟裡的東西，太昊陵裡的東西誰敢招呀！咱在這兒說呢，那時候『我小的時候記事兒』廟裡磚頭掉地上，你請看了，仨月倆月沒人招。後來這有人開始扒陵牆上的東西壘牆頭。**過去都不要，廟裡的東西誰也不招**——[44]

太昊陵及其廟會是人們獲取有關人祖的地方知識最為集中的場所之一。在人祖廟會上、在日常生活中，口承神話或者以散文體的形式口耳相傳，或者以經歌的形式與朝拜儀式相結合，一同形塑了當地人關於人祖的社區記憶。

（一）廣泛流傳的人祖兄妹婚神話

在傳統鄉土社會的淮陽，作為生活習俗一部分的人祖神話講述以「講古典兒」的方式隨時隨地發生：田間地頭、一家人的飯桌上、夜晚的閒置時間、女人哄孩子的時候、趕廟會的路上、廟會之中……總之，在以人祖信仰為中心構築的地域文化空間範圍之內，人祖神話可謂婦孺皆知。

鄭合成等在《陳州太昊陵廟會概況》裡記錄了一則一九三〇年代在淮陽流傳極廣的伏羲、女媧兄妹婚神話，他在考察紀錄中這樣寫道：「這個故事，流傳得極其普遍，村婦老嫗，均可以從頭到尾，詳詳細細地說給你聽，社會都覺得這段歷史真確、可靠、不容否認。」[45]他整理的故事文本如下：

據說：太古時代，天塌地陷，宇宙混沌，世界上的人類都死完了；只有伏羲和他的妹妹（傳說他的妹妹便是女媧）二人還在活著。不知這樣混沌著過了幾多年代，天和地才分析得開，日月星辰才顯出光明，他二人便很和好地過日子，後來妹妹大了，覺得這樣太寂寞，就和他哥哥商議，要兄妹二人結為夫婦。可是伏羲卻大大地不高興，堅決地

44 二〇〇五年二月一日下午在李安家訪談所得；訪談人：仝雲麗。
45 鄭合成，《陳州太昊陵廟會概況》，頁一九。

拒絕她的要求，因為他覺得兄妹不應該結婚的。不過他的妹妹整天價和他亂纏，並且又沒有別的男子，萬般無奈，才允許了她。但附有一個條件：便是看神意是否答應，若神也願意，便可結為夫婦；否則，仍只是兄妹的關係而已。怎樣占知神意呢？方法是用兩個磨扇，從山上向下滾，如果滾到下面，這兩扇磨可以自然地合和在一塊兒，便算神也答應；若兩扇磨扇各奔東西，不能碰住，就是神亦不答應他們這結婚的事。商議好了這個辦法後，二人便偕同上山，各自山巔執磨扇一方，向山下推滾。在這行將滾下的當兒，二人用意各不相同：在伏羲呢，祝禱這兩扇磨千萬不要攏到一起；在他妹妹呢，暗地裡卻祝禱無論如何，這兩扇磨要碰在一塊兒。這樣一來，便驚動了天上月宮，知道他倆在山上滾磨的用意。上天認為世界上不能無人，無人還成什麼世界呢！有人即有男女，有男女就要結為夫婦；現在世界上只剩了他兄妹二人，他還這樣固執，這豈能行？無法，月宮便暗暗助了一力，兩塊磨扇，滾到山根，乒乓一聲，攏在一起了。這在他妹妹，當然心花怒放，樂不可支；伏羲雖心裡有些不高興，但是自己提議的辦法，也就無話可說。這樣兄妹二人，便從此結為夫婦了。據說石磨在早先只一扇，後來成了兩扇，便是他倆滾過以後的事。

這樣，他倆很安穩地過日子，不生一點氣，精神上當然痛快異常。過得時間太久了，覺得世界上只有兩個人，不熱鬧，也是乏味；二人悶得無聊，便去摶泥做人，這，一者可解脫他倆煩悶無聊，二者在他倆覺得雖沒有真人，能有些泥人，也未嘗不可作耍取趣。二人捏的日子很久，捏的泥人也很多，都在露天曬著。誰知天有不測風雲，東南一陣雲起，倏忽之間，便布滿天空，墨錠般黑，雷電交作起來，二人情知不妙，恐怕將泥人淋壞，即急急地向室內搬，哪知未曾搬完，就傾盆似的下了大雨。他倆著了急，不管三七二十一，拿起掃帚就向屋裡掃；雖然被雨淋得不打緊，就這一掃的當兒，便把泥人的手足眼鼻，碰壞了不少。現今世界上的人類，便是他倆捏成的泥人；每天能捏成多少，即降生多少孩童，或多或少，單看他倆捏的多少以為衡；所有少臂缺腿、瞎子、聾子等殘廢不完的人，便是掃時碰壞了的。怎能證明人類是他倆捏的泥人呢？最真切的證據，你且看我們人類，天天洗浴，都洗不完身上的泥灰，甚至剛洗完了，用手一搓，又可以搓出泥來，這不是人是泥做的明證嗎！

> 因為人類是他每日用泥做成的，所以他就是「人祖」，都是叫他做「人祖爺」或「祖師爺」，並不叫做「伏羲」或「太昊」[46]。

這則神話文本顯然並非田野調查中的「忠實紀錄」，而是經過了整理者的加工和潤色。在反映淮陽一九二〇年代末、一九三〇年代初的鄉村社會生活的《淮陽鄉村風土記》中，記載的神話文本與此極為相似[47]，都包括這樣幾個情節單元：（1）天塌地陷；（2）兄妹滾磨成親；（3）捏泥人；（4）大雨中掃泥人，出現殘疾人；（5）人祖爺稱呼的由來（人類是他們捏的泥人）。無論這兩本書中的記載是否相互借鑒，至少說明這一類型的神話在一九二〇年代、一九三〇年代的淮陽及其周邊地區廣為流傳。與一九八〇年代以後學者們在當地的神話考察整理的文本相對照[48]，可以發現，人祖兄妹婚神話的核心情節結構基本保持了其穩定性，並無大的變化。

人祖兄妹婚神話不只在淮陽，在其周邊地區也流傳廣泛。與淮陽相鄰的西華縣思都崗有一座女媧陵，當地老百姓中至今仍有「右東陵（指太昊陵），左西陵（指女媧陵）」的說法[49]。淮陽習慣把女媧稱做人祖姑娘，至今仍有很多人在神話講述中認為人祖爺伏羲和他的妹妹（或稱姊姊）人祖姑娘女媧並未真正成婚，繁衍人類主要是依靠捏泥人的方法。而在西華縣，雖然講起人祖爺和人祖奶奶成婚後繁衍人類的神話也少不了捏泥人的情節，把女媧稱做人祖奶奶的說法則非常普遍。人祖爺、人祖奶奶（或人祖姑娘）被認為是人類的老祖先。二十世紀三〇年代，安在曾在《藝風》民間專號上說：在他的家鄉西華，神話傳說非常多，他回憶並整理了這樣一則《關於人類過去和未來的傳說》：

46 鄭合成，《陳州太昊陵廟會概況》，頁一七至一九。
47 蔡衡溪，《淮陽鄉村風土記》，頁七八至八〇。
48 張振犁、程健君編《中原神話專題資料》。
49 楊利慧，《女媧的神話與信仰》，頁一五二。筆者在二〇〇五年的田野調查中也常聽到將西華女媧陵稱做「西陵」的說法。

據說在上古時候，世間只有兩個人，一個是人祖爺（伏羲氏），一個就是他的老婆人祖奶奶。他老兩口子。身旁又沒一個小孩，頗覺寂寞，於是他們就用泥捏起小人來。捏一屋子，又一屋子，也不知捏了幾多屋子。後來他們想，捏泥人是很難放的，於是他們就把所有的泥人搬出來曬，正曬中間天就陰了，他們怕泥人被雨水淋壞了，就往屋裡搬，但未搬完雨已來到了，他們慌了就用掃帚來掃，因此有的手被掃掉了，足被掃折了，眼被扎瞎了，臉被扎爛了，這些泥人後來都成了後來的真人，那些瞎子、跛子都是人祖爺掃毀了的殘廢者。直到現在，我們身上還是洗不淨泥灰，因為我們的前身都是泥人呵！

人類過去是說完了，人類的未來又怎樣哩？無名的預言者，卻製造成這樣的事故在流傳著。

人的體軀是一天天小了，不信你看古墓中的人骨都比現世的人長大得多，關二爺（雲長？）身長八尺，當時還被稱為關倭子。再者古人稱六尺之孤，現在稱五尺之漢，不是分明就低著一尺嗎？況且擺在吾人面前的大都是父比子高，子比孫高，再遲幾千年，人類的身體一定會小到「茄棵底下跑馬」。到那時候，天就塌了，地就陷了，塌陷之後，再凝成地，再變成一個洪荒的太古，再生出人祖爺、人祖奶奶，再捏成泥人，泥人再變成真人，再小到茄棵底下跑馬。總之，再塌再陷，這樣循環不息，以致無窮，這就是人的未來。[50]

這則神話將人類的過去和未來巧妙地解釋成一個循環不息、無窮無盡的過程，很鮮明地體現出這樣的觀念：「出於一定自然的規律或某種神意，世界以一定的週期歷經劫難。」[51]這種循環觀念至今仍在西華及淮陽有影響。筆者在田野

50 安在，〈西華的傳說種種〉，《藝風月刊》第二卷第十二期《藝風》民間專號，（上海文藝出版社，一九九一年據一九三三年十一月和一九三四年十一月嚶嚶書屋版本影印），頁一三二。

51 楊利慧，《女媧的神話與信仰》，頁五五。

調查中也聽到一些類似的說法，大致情節是：現在的人是人祖姑娘造了幾次才造好的，原因是：每次造人後，人都會變得越來越壞，惹惱了老神靈，於是重新發洪水將人消滅，人祖爺、人祖姑娘再重新造人。

除兄妹婚神話外，當地還有許多與人祖爺相關的神話傳說，其中有的直至二〇〇〇年代依然流傳，如朱元璋照南京皇城的格局為人祖爺修建了太昊陵；人祖爺在太昊陵附近顯靈的事件等。

（二）廟會上的經歌、祝歌唱誦

除了散文體的兄妹婚神話外，人祖廟會上常常可以聽到韻文體的神話在傳承著，其傳播的主要方式是祝歌和經歌，尤以經歌為重。

1. 祝歌

一九三〇年代，在淮陽及其周邊地區，人們去太昊陵進香時一般並不獨自前往，以一個家庭為單位或臨時結伴而行的也很少，而多加入當地的祀神組織集體前往。善人會、齋公會、朝祖會、香火會等[52]民間組織多種多樣，鄭合成的《陳州太昊陵廟會概況》中以「朝祖會」或「香火會」[53]統概之。普通香會都在三十人至八十人之間，香會中的會首、司帳、執事、會友等分工明確，會員又被稱做「老齋公」，有男有女，年齡多在四十歲以上。「老齋公」們每年都會在太昊陵附近賃房子住上三天，每人攜帶五升麥子作為口糧。他們進太昊陵給人祖爺燒香遵循「一天三朝」的規矩，晚上

52 蔡衡溪，《淮陽鄉村風土記》（一九三四年），頁一二六至一三一。其所做的區分：善人會和齋公會主要是娛樂集會，朝神敬香期間進行集會。善人會僅限年長男性參加。齋公會會員全為女性，會首為男性。朝祖會則是專為朝祭淮陽「人祖」所組織的。香火會也是專為祀神所組織，不過祀神的範圍更廣。

53 鄭合成，《陳州太昊陵廟會概況》敘述香火會的成立緣起為：一是有人因求人祖爺辦事而達到目的，倡儀成立香火會；二是沒有原因自發組織起來的。香火會的管理人員為：大家公推的一個德高望重的老會首，會首之下設司帳二人，專管出納帳目事項。再有三到五個執事，管其他雜物，其他都是會友，普通香會都在三十人至八十人之間。

各個香會之間還互相拜會[54]。朝祖會的朝祖儀式活動熱鬧非凡，比如要在儀式過程中唱誦祝歌：

> 這些香火會來趕廟會的時候，至少每一個都要帶幾百銅鑼，一進午朝門，便「鏜——鏜——」地敲了起來；有的還帶吹鼓手，隨行隨鼓，每磕一次頭，都要鄭重其事地做。在磕頭時，除燒疏、燒香，並炮、鞭聲震天價響外，還跑著唱一種祝歌，抑揚頓挫，有如唱曲。詞為：
>
> 南無。開天闢地，三皇伏羲，手托八卦，身穿蘆衣。進了午門，獅子把門，八磚砌地，柏樹雨林。
>
> 南無。天皇，地皇，人皇，伏皇。南無。天皇，地皇，人皇，伏皇。南無。天皇，地皇，人皇，伏皇。
>
> 每唱「南無。天皇，地皇，人皇，伏皇。」十字時，全體大聲合唸，就這一聲和裹「鏜，鏜，鏜」敲鑼三聲。其餘各句，均推一位，高聲朗誦，聽起來頗有意思。[55]

這首祝歌簡短明快，對當時柏樹森森的太昊陵、身披蘆衣的人祖爺做了粗線條勾勒。人們共同的生活環境構成了神話講述活動的背景，在眾所周知的有關人祖爺伏羲的地域文化語境中，祝歌的演唱者和聽眾都重溫了伏羲製八卦等神聖的貢獻。可以想見，廟會期間數不清的香火會「你方唱罷我登場」，他們一再重複地頂禮膜拜儀式和對人祖功績一遍又一遍地誦唱場景是何等壯觀！「如果說神話是劇本，是敘事，那麼儀式、習俗就是依據劇本所進行的表演——對敘事模式動作或行為再現，其目的也無外乎強化對外或內在世界的控制。」[56]太昊陵內外迴響不絕的祝歌伴隨有節奏的鑼聲和

54 二〇〇五年二月一日下午在李安（化名）家訪談所得；訪談人：仝雲麗；場景：四人在場（李安、張慶餘、仝雲麗和同去的朋友）。

55 鄭合成，《陳州太昊陵廟會概況》（河南省立師範學校、杞縣教育試驗區調查，一九三四），頁二五。

56 [英]赫麗生，〈藝術與儀式〉，葉舒憲選編，《神話——原型批評》（西安：陝西師大出版社，一九八七），頁六七至八〇。轉引自呂微，《神話何為》（北京：社會科學文獻出版社，二〇〇一），頁一九三。

磕頭祭拜禮儀一遍遍地被唱誦，以人們喜聞樂見的方式極大地強化了朝祖儀式的神聖性，渲染了太昊陵的莊嚴氣氛。在唱誦過程中，老齋公們高聲唱誦、反覆強調「南無。天皇，地皇，人皇，伏皇」，一再突出伏羲作為人皇的地位，將這種地方文化知識進行了最大程度的強化，感染並促使民眾對人祖爺更虔誠地敬奉。

祝歌韻律和諧、琅琅上口，至今仍活在很多老人的記憶中：

> 給人祖爺上供咋供？上供，燒香唸佛，唸佛，嗯，那時候走午門進朝的時候，老會首敲著鑼，喤——喤——，那老齋公挑著紅旗兒，旗多高將的（舉得很高），我還記得幾句嘞。〔比如〕《三皇之氏太昊伏羲》：南無，三皇之氏呀（唱），（喤——喤——敲鑼），結繩記事呀……[57]

李安老人對這首祝歌的回憶雖不完整，但他在講述過程中臉上流露出敬慕嚮往的神情，一面極力渲染當時的熱鬧場面，一面對這些已消失的崇祖敬神儀式嘖嘖讚歎，感慨如今的廟會沒有以前熱鬧。隨著二十世紀三〇年代後中國社會的變革，人祖廟會幾經廢止，朝祖儀式漸趨零落，二十世紀八〇年代重新復興以後，像當時這樣莊嚴的祭祖儀式活動已難得尋見，祝歌也再無人唱起了。

2.經歌

經歌是淮陽地區傳播人祖信仰和口承神話的另一種主要方式。與祝歌不同的是，經歌的演唱經常伴隨著擔經挑舞蹈。

據筆者二〇〇五年在人祖廟會上的考察，許多老齋公都把自己會唱的經歌歸於老輩子的流傳。二十世紀八〇年代教她們學經歌的老師傅多是當時村裡七八十歲的老人。也有人說自己會唱經歌的原因是夢裡得到「神授」，第二天起來就

57 講述人：李安（化名）；講述時間：二〇〇五年四月十日；講述地點：淮陽大北關村李安家裡；訪談人：仝雲麗。

學會唱很多經歌了。回憶起二十世紀三〇年代的人祖廟會，他們對當時會上老齋公們的擔經挑、唱經歌讚不絕口，認為那才是正宗。講起人祖神話來，人們往往會說：「這我也是聽人家老齋公講嘞。」在李安老人的記憶中，這首《老盤古安天下》[58]的經歌在三〇年代的廟會上已經流傳了：

> 老盤古安天下人煙稀少，沒有天沒有地哪有人倫。
> 東南山有一個洪鈞老祖，西南山有一個混元老人。
> 上天神只知日月星斗，下天神只知五穀苗根。
> 有了天有了地沒有人煙，上天神只留下人祖兄妹二人。
> 他兄妹下凡來萬古流傳，眼看著一場大災禍就要來臨。
> 多虧著白龜仙渡到崑崙，無奈何崑崙山滾磨成婚。
> 時間長日已久生下兒女為百對，天下人咱都是一個母親。
> 到如今擔花籃哪有遠人，到如今哪有遠人！

雖然人們按開頭的句子給這首經歌起名為《老盤古安天下》，但是其主要內容還是人祖兄妹婚神話，寥寥數語就把人祖兄妹奉天意下凡—遭遇洪水—白龜相救—崑崙山滾磨成婚—生兒育女百對—繁衍人類—的漫長過程一一道來，情節完整，言簡意賅，並教化人們要如兄弟姊妹般相互友愛，維護世俗生活的秩序。至今，香會裡的老齋公們在廟會上相逢，不論年紀大小，都互稱姊妹，隨口就能以唱誦的形式自我介紹，顯得情意濃濃。廟會期間，老齋公們既是敬祖燒香

[58] 筆者在田野考察中發現，幾乎遇到的每個香會都會唱這首經歌，除有些老齋公因為記憶的原因漏詞漏句外，情節結構極為近似。文中選用的經歌文本講述人：齊愛英；時間：二〇〇五年三月十六日下午；地點：馬莊李鄉「蓮花會」住處；訪談人：仝雲麗。

的主導力量，又是人祖神話的積極傳播者。他們的「擔經挑」表演、經歌演唱常吸引大批鄉民圍觀。在租賃的住所，老齋公們給人祖爺「一天三朝」時必唱經歌，閒來也互相對一對經歌，防止唸錯，避免在廟會上表演時被其他會友指責唸「假經」。此外，香會裡的老齋公們因為學習、記誦經歌，對人祖神話和信仰的知識也比平常人懂得多，很多人是村裡的信仰權威，常常為村民祛災治病，充當著鄉村巫醫的角色。

總之，經歌是當時廟會上講述人祖神話，頌揚人祖功德的重要形式，是人們獲得和傳承神話傳統的重要途徑。

小結

本節追溯了一九三〇年代淮陽的社會與文化語境，著力對當時的人祖廟會和人祖神話講述活動進行了描述。那時淮陽的社會生活仍延續著傳統的生活模式，保持著鄉土社會的本色。廟會作為人們日常生活中的重大事件展現了地方自主狀態中的民眾信仰。太昊陵裡的匾額等以物的形式構成了人祖知識的靜態傳播，營造了人祖信仰的神聖空間；廟會上與朝祖儀式緊密相連的祝歌、經歌等更以人們喜聞樂見的形式傳達著人祖的神話與信仰。

細細探究，會發現當時的神話講述活動有這樣的特點：

一、神話講述活動具有「自在地傳承」的特點。換句話說，人祖神話作為社區文化傳統的一部分，主要是在地方自主和社區自發的狀態下傳承，國家力量對其的強制干預較少，傳承基本沒有受到太多政治力量的拘禁和阻礙，從而在較大程度上能夠自由無礙地傳播。

二、神話的傳播、傳承與宗教信仰緊密相連。在淮陽，人祖神話與人祖信仰往往有著密不可分的關係：廟會上密集的朝祖進香儀式活動使神話更凸現其神聖性；而經過廟會期間祭祀儀式的展演、公開的神話講述，人祖神話更得以持續、廣泛地傳播。

三、人祖神話在當地婦孺皆知，其普泛性的傳播也使得人們在日常生活中可以時時處處地講述神話，傳承地方文化知識。不僅特定的人祖信仰群體如香火會、朝祖會等是神話知識的傳播者，鄉間的老人、農夫、孩童都可以講述人祖神話。

此外，散文體、韻文體等多種形式的人祖神話講述共同展現了當時民眾虔誠的人祖信仰，人祖神話的講述和一系列的朝祖活動充分體現了中國社會的「敬祖」、「講孝道」等文化特點。在講述人祖神話的過程中教化人們一心向善的滲透傳統鄉土社會的道德觀念和行為規範，規訓著人們的日常生活，促進了當時社會和文化秩序的穩定。

第四節　從社區公共生活空間中退隱：一九四九至一九七六年的人祖廟會與神話講述活動

新中國成立後的前三十年，國家力量通過多種途徑滲入基層社會，對社會意識形態領域的控制逐漸加強。社會主義教育運動越演越烈，直至文化大革命時極端地否定大部分傳統文化。敬神燒香早在一九二〇年代就被知識份子定性為「封建迷信」，解放後的三十年裡更是在政府強力下予以破除。在河南淮陽，人祖廟會和人祖神話講述等地方傳統漸漸從人們的公共生活中退隱，但卻以民間獨有的方式柔韌地延續著。在那個政治主導一切的年代裡，人祖廟會及神話講述活動究竟是怎樣的狀況？社會的變革、政治的高壓對廟會及神話講述產生了哪些影響？本節將結合歷史文獻和口述史資料對此展開追溯。

一、國家權力的實踐與社區社會生活

新中國成立後，家族、民族的界限逐漸被打破，階級利益成為界定一切的標準，國家通過一層層的行政組織建立起了對人民個人的直接統治。「在國家之外和國家之下，基本上沒有公開的和獨立的社會實體存在。國家通過行政手段直接控制每一個人，通過教育制度和宣傳媒介直接控制每一個人的思想。」[59]中央發起的意識形態新動向不斷指引人民以階級鬥爭為綱，積極投身於轟轟烈烈的政治運動，開展對思想文化領域的批判鬥爭。

從一九五〇年代初到文化大革命，揭發、批鬥、造反、暴力、破壞，一浪接續一浪。遵照「無產階級在上層建築包括各個文化領域的專政」的指示，「封建主義」、「資本主義」、「修正主義」都被列為文化專政的對象，外來文化被清算排斥，許多傳統文化受到毀滅性的衝擊。一九六六年，中共中央公布了《關於無產階級文化大革命的決定》，「封、資、修」的提法被轉化為「舊思想、舊文化、舊風俗、舊習慣」。隨著文化大革命席捲全國，「破四舊，立四新」運動遍及城鄉，開展得轟轟烈烈，力圖把傳統文化從根上拔掉。「無所不在的對舊事物的批判也擴展到了傳統文化的各個方面。大部分的傳統宗教被當作封建迷信。」[60]有學者指出：「當時的政治運動主要通過兩種辦法來構成對傳統的打擊。第一是消滅傳統賴以存在的物質基礎。比如分解族產，解散宗族組織；以限制迷信、提倡科學為口號，打擊看風水、做道場、拜菩薩等行為，使諸如風水先生、道士、廟宇等缺少存在的環境。因此之故，社會層面的傳統儀式與民間信仰成為私下的個人活動，這便為強意識形態的介入提供了空間。第二是通過強有力的意識形態宣傳來瓦解傳統得以存在的文化基礎。科學對迷信，新文學對舊戲劇，階級鬥爭的弦對傳統人際聯繫的線，構成了意識形態的主要方

59　高丙中，〈民間文化和民間社會的興起〉，《居住在文化空間裡》（中山大學出版社，一九九九年），頁二八。

60　[美]伊佩霞（Patricia Buckley Ebrey）著，趙世瑜、趙世玲、張宏豔譯，《劍橋插圖中國史》（濟南：山東畫報出版社，二〇〇一年），頁二三一。

面。」[61]

「文革」結束後，整個國家幾乎陷於停滯：經濟近乎停頓；知識貶值；浪費了很多資源，尤其「武鬥」使全國大量房屋、道路被毀壞，被砸毀的文物、被掃蕩的古蹟更是不計其數，這對中國以至人類的文化遺產造成了無法彌補的損害。

聲勢浩大的政治運動蔓延到中國社會的各個角落，淮陽自然也不例外。五〇年代，淮陽進行了「反右傾」運動。一九六三年，全縣開展聲勢浩大的社會主義教育運動，即「小四清（清理帳目、清理倉庫、清理財務、清理工分）」、「大四清（清政治、清經濟、清組織、清思想）」運動，共查出所謂「牛鬼蛇神」案七萬六千二百三十二起，其中搞封建迷信活動的三萬零八百五十七起[62]。如此龐大的數字足以說明當時「反封建迷信」運動之嚴肅、深入。

一九六六年文化大革命開始後，淮陽縣成立了「文化革命領導小組」，八月底淮師學生首先成立「紅衛兵」組織，大破四舊。神話故事、燒香磕頭作為「舊文化」、「舊風俗」，都在禁止之列，人祖廟會由此被廢止了十幾年。民眾的文化生活極度貧乏，唯一的學習高潮是對毛主席著作的學習，「三忠於」活動在全民中間轟轟烈烈地展開；街頭巷尾到處設立毛主席的「忠於臺」；懸掛、描畫毛主席像；人人佩戴毛主席像章；毛主席的語錄牌舉目可見。在公開的集體活動場合，紅色革命歌曲盛行，代替了以往人們喜聞樂見的經歌和神話講述活動。

自「大躍進」始，嚴重的自然災害和不間斷的政治運動等多重因素，導致淮陽的物質生活陷入困頓。有這樣一首《大夥上的饃》[63]形象地描述了人民公社時期的大鍋飯：「大夥上的饃洋火盒，大夥上的麵條撈不著。筷子沏猛子撈個紅芋梗子，筷子一撅撈個紅芋葉。」紅芋成了「救命糧」。一九六〇年代是「紅芋湯，紅芋饃，離了紅芋不能活」[64]，

61 賀雪峰，《人際關係理性化中的資源因素——對現代社會鄉土社會傳統的一項評述》，《廣東社會科學》二〇〇一年第四期。
62 淮陽縣地方誌編纂委員會編《淮陽縣誌》（鄭州：河南人民出版社，一九九一年），頁二四八。
63 淮陽縣地方誌編纂委員會編《淮陽縣誌》（鄭州：河南人民出版社，一九九一年），頁二四八。
64 《紅芋歌》，淮陽縣地方誌編纂委員會編《淮陽縣誌》（鄭州：河南人民出版社，一九九一年），頁二四八。

到一九七一年當地依然處於「一年紅薯半年糧」的生活水準。

不難看出，在這一階段，傳統文化的生存場域發生了極大的改變，由國家權力強制推行的社會主義教育運動，對人們的文化生活造成了巨大衝擊，與民間信仰緊密相關的崇神敬祖、燒香磕頭、神話講述活動等受到政治語境的壓制，傳統文化原本的自在傳承狀態被徹底破壞，開始了其在特殊社會變革時期的特殊發展歷程。

二、「變了樣」的人祖廟及廟會

解放後到文化大革命之前的時期，太昊陵和人祖廟會在國家意識形態和權力話語中的性質並不相同：太昊陵被認為是國家文物受到保護，而廟會以及相關的人祖信仰活動卻被判定為「封建迷信」。文化大革命開始後，太昊陵和人祖廟會均被紅衛兵視為「四舊」予以破壞。這些都集中反映著地方社會的重大變遷，展現著整個國家和時代的縮影。

（一）太昊陵：從重點文物到「四舊」代表

執政之初的共產黨非常重視對文物古蹟等傳統文化遺產的保護。一九四九年十二月，淮陽剛解放不久，淮陽專署和淮陽軍分區就聯合發出布告：對太昊陵嚴禁破壞，堅決保護，並飭令專署農場具體負責。後又成立了「羲陵保管委員會」，專門負責太昊陵的保護[65]。一九六三年，太昊陵被列入河南省第一批省級重點文物保護單位。

政府除提倡保護外，還積極對原本作為民眾「朝聖地」的太昊陵進行改造，將之逐漸轉變為國家進行政治宣教的展演場。在一九五三年破除迷信的活動中，淮陽專署在太昊陵建苗圃，將陵內道士解散，返家耕田，停止了延續多年的道

65　駱崇禮，《一九四九—一九九六年太昊陵大事記》，手寫稿。

教活動[66]。伴隨著蘇聯人造衛星上天帶來的「衛星熱」，淮陽於一九五八年十二月在太昊陵舉辦了「元帥升幟，衛星上天」的大型綜合展覽館，各公社都建有公館，展出許多所謂的工農業高產典型[67]。一九六〇年七月，太昊陵舉辦「紀念建黨三十九週年展覽」。隨著「文革」期間國家領袖人物日益被民眾神化並推向神壇，太昊陵也曾充當起了新時代塑造「人神」的聖壇。一九六八年五月十六日，縣革委拆除太昊陵裡的東西廊坊，在其舊址建成「毛澤東同志偉大革命實踐活動展覽館」，各公社、大隊有領導組織參觀，日接待群眾上萬人。這一展覽直到一九七七年才停辦[68]。

政治話語對「反封建迷信」的大力宣傳，太昊陵由信仰場所轉向政治展演場的職能的轉變，使一些地方官員和當地民眾逐漸無視太昊陵的「文物保護」的意義。原本因傳統的人祖信仰而神聖不可侵犯的太昊陵，漸漸遭到破壞。事實上，破壞早在「文革」前就已開始：一九四九年至一九五〇年間，太昊陵西華門外屬地上蓋起了軍分區衛生處、專署白樓幹校、農場等；革命官員和群眾不斷破壞太昊陵：西華門、東華門被拆除，二道紫禁城（內城）被扒，午朝門外的石牌坊被燒成石灰，蓍草園甚至被開墾種上了莊稼，陵內的桑樹、槐樹等也不斷遭到砍伐[69]。

文化大革命開始後，太昊陵作為「四舊」的代表遭到了最為嚴重的破壞。一九六二年八月，淮陽師範學校和淮陽中學師生組成的紅衛兵從太昊陵午朝門一直砸到人祖墳前，凡可砸毀的幾乎被毀殆盡：午朝門外的石獅子、木匾、鐵香爐、鐵獅子、五鐵人、一些古建築的龍脊（二十八宿脊獸）、獸頭被毀；古書被焚，古詞書被禁，古戲裝被燒。最讓人惋惜的就是明朝的伏羲泥塑像[70]被砸，其木胎還被戴上了一頂那個年代特有的「高帽」，遭遊街批鬥。淮中師生還從縣武裝部要來了一根導火索，從該校實驗室取來2.5公斤的灰色炸藥，炸了太昊陵墓的頂端，當時圍觀群眾達萬餘人。此

66 淮陽縣地方誌編纂委員會編，《淮陽縣誌》，頁八九〇。
67 駱崇禮，《一九四九—一九九六年太昊陵大事記》，手寫稿。
68 駱崇禮，《一九四九—一九九六年太昊陵大事記》，手寫稿。
69 駱崇禮，《一九四九—一九九六年太昊陵大事記》，手寫稿。
70 這尊塑像因其對洪荒社會中的人祖爺惟妙惟肖的刻畫而增添了人祖爺的神聖、真實感，至今仍是淮陽老百姓家中供奉的人祖爺塑像的原型。

外，縣委個別領導和文化館黨支部書記等人擅自砍伐太昊陵內古柏十一株，為自家老人做壽棺[71]。如今，淮陽民間廣泛流傳著這些砸太昊陵的紅衛兵、砍柏樹的人如何遭報應的人祖爺靈驗故事。

（二）人祖廟會：反迷信的陣地

解放後，政府加強了對人祖廟會的管理，無視廟會固有的民間信仰及民間文化內涵，大張旗鼓地舉辦物質交流大會，一廂情願地將廟會改造為反迷信陣地。人祖廟會逐漸蕭條。

一九五一年，淮陽專署藉人祖廟會舉辦物質交流大會，抽調直屬有關單位二百餘人，組成物質交流大會辦公室。一九五三年也如此。大會活動基本沿襲舊俗，廟會盛況卻很難再現。來燒香敬祖的人很少，「大會盡是為勞動人民服務的」。在政府主流媒介的宣傳話語中，對來燒香的人少現象很是欣喜。一九五二年陸雲路發表在《河南日報》上的文章《淮陽的古會變了樣》中這樣描述當年的廟會：

> 今年上會人數，可能不如從前，農曆二月十五最熱鬧時也不過七八萬人，平時每天只五千人上下。但從到會人的成分上與目的上看，已有了基本的變化。往年耀武揚威於會上的豪紳惡霸完全絕跡了，而自由自在活動在會上的，大都是翻身後的農民。他（她）們已經不是給地主趕車或擔行李而來的，也不是來給（人祖爺）（人皇氏）燒香的，而是為出售自己的農副產品或購買自己需要的牲畜、農具和家具的。
>
> 據說往年燒香燒得厲害。今年比起來真是「稀鬆」得很，陵前殿前總共只兩壇香火，火勢不比點著一個秫稭的火頭大，人們的集中點已不在廟內而移到廟外的市場上了；如果說廟內還有些人的話，那他（她）們大都是為

71 淮陽縣地方誌編纂委員會編，《淮陽縣誌》，頁二五〇。

了看展覽、聽廣播、種牛痘和治病的。

至少表面看來，人祖廟會不再是「封建迷信」的活動場，而改頭換面為反封建迷信的主陣地。太昊陵博物館退休館長駱崇禮回憶自己經歷的一九五〇年代至一九六〇年代的淮陽二月會，說：「當時文化館每年在這個會上成立一個宣傳科，六幾年有宣傳部，整天宣傳，安著個大廣播喇叭，一直宣傳破除封建迷信這個東西」，「當時還有圖片展覽，都在殿裡面」[72]。一九五八年，禁止封建迷信活動後，朝祖進香者銳減，人祖廟會走向蕭條（僅在一九六二年各項政策放寬後恢復了一年）。一九六六年以後的「破四舊」中，人祖廟會被廢除[73]。

但是，人祖信仰在民間依然悄悄地、頑強地延續著。雖然「那逮住〔燒香〕犯法。那時候不叫〔燒香〕」，但民間自有民間的應對策略：偷著燒香。在廟會這樣的公開場合燒香的人少，非廟會期間來給人祖爺上香的人卻從沒有斷過。當地民眾對人祖爺的信仰、給人祖爺上香的願望並未隨社會大環境的改變而改變。偷偷地燒香並巧妙地掩蓋燒香事實充分顯示了民眾應對政治強權時的智慧。

「文革」期間，社會物質匱乏，加之國家堅決杜絕民眾燒香磕頭，因此在市面上根本買不到敬神的香和紙箔。很多信眾便開始偷偷自製香和紙箔獻神。柏樹皮、榆樹皮都是製香的好原料。如西華縣的裴永民[74]說他當時都是自己搓榆樹皮，搓一截兒當成香燒，那香遠比現在的香燒得旺。太康縣的張鳳君如今已六十歲，當時也是自己偷偷製香：「弄點兒柏樹籽兒、柏樹皮，再弄點兒榆〔樹〕皮擱一堆兒，俺自己〔在上面〕鑽個眼兒，擱那兒燒。那時候咱做的香那比這香（現

72 講述人：駱崇禮；時間：二〇〇五年二月四日；地點：駱崇禮家中；訪談人：仝雲麗。
73 淮陽縣地方誌編纂委員會編《淮陽縣誌》，頁八五四。
74 講述人：裴永民；訪談時間：二〇〇五年三月二十五日；訪談地點：太昊陵內人祖墳前；訪談人：仝雲麗。

在賣的香）強！〔一把〕柏棵子，掰乾淨。」[75]沒有敬人祖爺的紙箔，他們就自己切板、印票子（即冥幣等），票子上不僅有藍漆、紅漆、黑漆、綠漆印成的圖案，還虔誠地打上印章以示有效。

製得了香和紙箔，人們或者偷偷地在家裡燒，或者趁回娘家之機結伴來淮陽燒香，或者偷偷夜裡去太昊陵燒香。雖封著廟門、大殿門，但圍牆毀壞，人們得以輕易地進陵燒香。不管有沒有神像，只要是在太昊陵內，信眾都深信人祖爺能看到自己的虔誠敬奉。太昊陵的東角門上、花園裡、橋底下等各個角落都有人們匆匆燒香的身影。怕被紅衛兵逮住，很多人常常是「拿香點著就跑」，或者幾個人圍成一圈裝作說話、烤火取暖等，藉機燒香。裴永民燒香更有策略：他常常先在牆上挖一個洞，裡面貼神像，外邊貼毛主席像，這樣即便逮著了，他也可以堂而皇之地說自己是在給毛主席敬香，紅衛兵拿他沒辦法。

很顯然，儘管許多民眾接受了官方的話語系統，會把敬祖燒香、講神話故事說成是封建迷信，但他們的實際行動卻表明其並沒有真正接受官方的號召，而是依舊堅持自己的信仰。當地民眾把原本集中燒香的人祖廟會分解為不定期、不成規模、沒有組織的偷偷燒香活動，和政府玩起了捉迷藏，原來集體性的敬祖燒香活動，逐漸從顯性、公開轉向隱性、私密。

三、從社區公共生活空間隱退的人祖神話講述活動

「橫掃一切」的「文化大革命」並未能剷除一切舊有的文化。筆者在田野調查中發現，在淮陽這個以人祖信仰為核心文化的社區中，根深柢固的人祖信仰並沒有在政治運動的高壓中蒸發、消散；世代相傳的人祖神話也沒有被徹底清

[75] 講述人：張鳳君等；訪談時間：二〇〇五年三月二十六日；訪談地點：太昊陵內二殿大殿上；訪談人：仝雲麗。

除。儘管記錄神話的經卷、文本被燒毀許多，然而人們依舊以口耳相傳的方式講述並傳承著神話，傳誦著人祖的功德，只不過公開的講述方式不再適用，神話的講述與傳承從社區的公共生活空間——指公開的集體活動場合，如廟會等民間集會——中隱退，而主要在家庭或家族、親戚朋友或鄰里等日常的私人生活領域中傳承。

（一）家庭內部傳承

長期以來，對人們發揮著啟蒙、教化作用的地方文化知識多是幼時就不斷從家庭（包括家族）中習得的，家庭中的長者往往是地方文化知識的積極傳播者。在政治風暴波及全國的特殊歷史時期，有著血緣紐帶關係的家庭成為了人們的避風港，親人之間最容易也最值得互相信任、依賴。人們在家庭場域可以放鬆「政治」心弦，無所顧忌地偷著「迷信」，家庭可謂神話講述的安全場域。筆者在廟會上接觸的許多中年人就是通過家庭中的神話講述活動瞭解人祖知識、知道人祖神話的，他們的講述過程也充分體現了家庭傳承的特點。

王玉香在「文革」期間就經常聽父親在家裡講述人祖神話。二〇〇五年三月二十日上午，在淮陽太昊陵統天殿後的草地上，筆者遇到了正在吃乾糧、休息的王玉香。她四十八歲，太康縣人，和六十多歲的本家嬸子和三十歲左右的本家侄媳婦一起來進香。開始交談時，她們仨均推說自己「說不來」人祖爺的事兒，連連說如果某某在就好了，他看的書多，能道來這些事兒。與筆者交談了幾句後，知道講述的「人祖爺的事兒」也不一定非要多麼完整生動，王玉香才開始講述：

王玉香：一個割草的孩子，這個割草的孩子反正天天就是光割草。光去割草去了，一個老頭，一個白鬍子老頭對他說嘞：「你傍（將要）出來的時候，你拿一個饃，餵那個狗——那橋頭上有個狗，〔老頭〕說：你多（啥時候）出來多（就啥時候）捎一個饃扔給那個狗。天塌地陷那個鐵獅子眼裡見血了，他〔指白鬍子老頭〕說嘞：狗一張嘴，你滾那個狗肚裡。【他說嘞】。他〔指白鬍子老頭〕叫那個割草孩子一出來拿個饃，一出來拿個饃撂給那個狗，【他說嘞】，就扔那個狗肚裡。

那個天塌地陷了，【天塌地陷了】，他說嘞鐵獅子眼裡見血了｛就｝【他說嘞】這個天塌地陷。｛割草的孩子｝碰見一個人說嘞，一個邪乎（脾性怪的人）給那個割草的孩子說嘞：「鐵獅子眼裡會見血啊？！」那個割草孩子就將那個鐮割手割出血，那個那個｛……｝。

//本家嬸子：抹鐵獅子眼裡。

王玉香：｛把血抹｝那個鐵獅子眼裡了，【那個鐵獅子眼裡了】。那個狗一張嘴，那個孩子一頭滾裡頭了，滾裡頭了嘞｛……｝。

我聽那俺爸給我說嘞。反正也不知道擱哪兒，到沒人的地方，【不知道山上也不知道是哪兒，沒人了】，就末（剩）他姊妹倆，『他有一個妹妹。』【就他姊妹倆】。上山上，一對子（一對兒）磨，一個老頭，『那都是神仙』（老頭）對他說嘞：「｛你們倆｝從這個山上往下滾這兩扇子磨。滾下去這兩扇子磨合一團兒嘞，恁姊妹倆就｛成｝姻緣『就結婚』。

//本家嬸子：姻緣呀！

王玉香：「｛如果｝兩扇子磨滾開了也（呢），合不到一塊兒，恁姊妹倆就不能結婚。」就這｛原因｝，｛他兄妹倆把磨｝一下子往下推，這個磨滾滾滾，滾到山底下合到一塊兒了！他姊妹倆結的婚，就從那兒發展的人。【發展的人。】另外咱說那、那個咱是高級動物是吧？『後來不是說咱們是猿猴麼？猿猴，猿猴託生的，猿猴那時候不會｛做｝那個衣裳，用那個樹葉子——』。

//本家嬸子：（笑）她給你錄音呢！

仝雲麗：錄一下行不？

王玉香：那我也不懂咧行不行。

仝雲麗：行！呵呵，講吧，講得挺好的。

//本家嬸子：講吧，還給你錄住「呵呵」。

王玉香：使上樹葉子穿的，就這個羞處，**【**蓋住，顧羞處**】**{原來大殿上的}人祖爺不就是光膀子麼？

本家嬸子：哎。「點頭表示贊同」

王玉香：那開始，那初有人的時候就是穿的樹葉子，學那個猿猴，就這麼披上{……}.

//本家嬸子：顧住羞處。

王玉香：哎，顧住羞處了。「雙手在腰間比畫」後來朝綱裡不是人越多越多，平等了不是？後來這就發展成了衣裳。人祖爺上頭那是光膀子，{……}

//本家嬸子：樹葉子是吧？

王玉香：嗯，樹葉子，光腳，嗯，人祖爺光腳。

「眾人笑。」

仝雲麗：那您還知道其他的這種人祖爺的故事兒嗎？

王玉香：其他的俺不知道，**我這是小時候俺爸好給俺講**。

眾人笑：那你這講講俺這就都知道了。

這一神話講述過程是由講述者、聽眾和研究者共同完成的。王玉香的講述，直接從一個割草的孩子講起，並沒有指出那個孩子就是人祖爺伏羲，也沒有講明「白鬍子老頭」是哪位神仙。在講述者、聽眾雙方都熟悉這是在講人祖神話的前提情境下，她的講述大體完整清晰。而對於不熟悉人祖神話的聽眾來說，可能聽完她的講述難免有些摸不著頭腦。

在講述過程中，有四處地方不知道該怎麼繼續往下講了，本家嬸子的插話讓她迅速回憶起相關情節。本家嬸子原來說自己不會講，但通過她的一系列插話可知這是一位「消極的神話承載者」（見本書「總論」），一位潛在的講述者。她對人祖神話了然於胸，但在平日的生活中並沒有積極地講述過，因此在外來的調查者面前害怕講不好而不講。而王玉香講述時也生怕講得不好，把自己講不清的內容以「我聽那俺爸說嘞」巧妙帶過，對自己不知道其他神話內容的原因歸結為「我這是小時候俺爸好給我講」。當然，這與她個人的語言表達方式、講述能力分不開。

「在家族內部進行的講述活動，不論作為長輩的講述者有意地利用故事對後代進行教育，還是沒有這種自覺的意識，講述活動本身都起著加強親族感情的作用，都對後代有很大影響。」[76]在廟會被廢、燒香被禁的時期，在家庭範圍內聽到父親講述的神話是王玉香在幼年時獲取人祖神話知識的主要途徑。幾十年後，雖然已經淡忘了父親講述時的具體情境，但她仍憑藉自己幼時的記憶，和經常來太昊陵上香的經歷將人祖神話完整地講了出來。此外，在家庭或家族中的神話講述隨意性強，宗教氛圍遠不比廟會上以及香火會上香的場合。由於耳濡目染的程度不同，加上個人語言表達方式、文化程度的不同，由當時的聽眾成長起來的神話傳承人的神話講述水準不一，有的完整生動，有的含混不清，還有的只能道得隻言片語。

（二）小群體中的經歌學習與傳唱

「文革」時期文藝活動單調，人們在集體場合聽得最多的是樣板戲，唱得最多的是《東方紅》、《毛主席的書戰士最愛讀》之類的歌曲。二〇〇五年的廟會上，許多五十多歲的神話講述人一回憶起「文革」時期的生活，張口就能唱一大串革命歌曲。當時的香火會在政府「破除封建迷信」的號召中全部解散，香火會裡的老齋公們不敢在一起公開地唱經

76 許鈺，《口承故事論》（北京：北京師範大學出版社，一九九九年），頁一七五。

歌、傳經歌、講述人祖神話。神話的講述以及經歌的傳唱開始隱蔽化，僅發生在值得信賴的、關係親近的小群體中。

一九四九年以後，淮陽周邊地區還有許多「修行」[77]的老太太，她們虔誠地吃齋唸佛行善，懂得很多關於神靈的知識，對人祖爺的相關知識和神話等非常熟悉，村裡人常尊稱她們為「老師傅」。在醫學不發達的地區，有的「老師傅」還儼然成為了「村醫」。「文革」期間，「老師傅」頻頻在深夜被鄉鄰偷偷請到家裡看「邪病」。「老師傅」多是心靈嘴巧的婦女，一肚子的經歌和神話故事，在政治動亂的年代仍不忘勸人唸經積德，是經歌等口頭傳統的積極傳播者。太康縣的張鳳君當時就是在村裡「老師傅」的一再動員下學經歌的：

> 那時候那個大娘[老師傅]就在俺門上（隔壁）住，我說過這，我說：「大娘，俺不學嘞，等俺孩子都大了再學。」大娘[老師傅]說嘞：「你現在不學，到時候想學也學不上嘞！」『錯了這個機會就學不上了。』「你看你現在摟著孩子你管學，孩子大了你學不上了！」『這一點也不假』〈張鳳君如今兒女出去打工，忙家務顧不上唱經歌〉。[78]

白天人們參加集體勞動，晚上是大家聚在一起學習經歌的最佳時間。張鳳君和幾個年齡相近、要好的姊妹多是在晚上忙完家務後到「老師傅」家聚齊，聊天學經歌。她學到癡迷，常常回到家還不忘「複習」學得的經歌：

> （那時候）都是黑了（天黑了）學，坐到老師跟兒上，她教，那俺學。挺（躺）到被子窩裡也學，也唸，就這樣學嘞｛……｝咦！那急慌嘞跟啥樣的，恨不得不吃飯也要唸，燒著鍋也唸｛……｝都是學經嘞！｛大家央求老師傅多

77 有的修行者把家和兒女、財產等都捨棄了，有的修行者只是吃苦齋，即不吃肉。如今在太昊陵廟會上還能遇到許多修行的人。

78 講述人：張鳳君等；時間：二〇〇五年三月二十六日；地點：太昊陵二殿；訪談人：仝雲麗。

教點經歌}「老師傅你再教俺這個吧，你再教俺那個吧！」『那你不得學麼？你想學呀』！{清早}學學，清早起來將這經練練，再起來弄啥（幹活兒）。[79]

學經歌興致高漲的她甚至白天也借機偷偷跑到老師傅家：「末地兒了（最後總是）在那老婆家兒[老師傅]嘞。我今兒去洗衣裳去嘞，拿幾件衣裳，到那老婆屋裡。妥了（這下好了），再學幾句，學幾句趕緊走。」[80]

學經歌學得最快、最多的是那些識字的婦女。張鳳君大娘認為自己不如她二嫂子學得好的原因就是自己不識字，完全靠死記硬背記經歌。

張鳳君回憶自己當時學經歌的癡迷，至今難忘此事：

俺幾個學經的呀，學經，使個薄裡子{的被子}，擱大床{上}，把{俺}小孩兒放那床上了。{後來小孩兒}紅葉「哇」一下子{哭}，「哇」一下子{哭}。我說：這個孩兒咋弄嘞？{我出來}一看呢，（那）煤氣火呀著嘞——！『不嘞你叫孩子（被燒著了，她不哭）咋弄嘞？』不的（正好當時）都在俺家{學呢}！{床上}還鋪的大褥子、小褥子，{這燒著孩子}叫俺都嚇的呀！上人家家裡叫孩子{燒著了才不好呢！}{……}可不是，得！{大家}趕緊舀水的舀水，趕緊將那（火）撲滅。『還是（各自）回家吧，當心吧』。「呵呵」。就那（差一點燒著孩子的教訓）還擋不住{大家學經歌}！{大家}學得粘（癡迷）很！{一學經歌}，啥苦惱的事兒都沒有嘞！[81]

79 講述人：張鳳君等；時間：二〇〇五年三月二十六日；地點：太昊陵二殿；訪談人：仝雲麗。
80 講述人：張鳳君等；時間：二〇〇五年三月二十六日；地點：太昊陵二殿；訪談人：仝雲麗。
81 講述人：張鳳君等；時間：二〇〇五年三月二十六日；地點：太昊陵二殿；訪談人：仝雲麗。

可見當時「學經歌」在小群體中的盛行。經歌學習在私人生活領域有著顯著的社會交際作用。在缺乏豐富文娛活動的「文革」時期，不少人把學習經歌當作日常生活中的最大樂趣，在學習的過程中暫時超脫貧困、缺衣少食等現實生活的苦惱。同時，通過唱經歌、講神話故事，也達到她們在人祖爺面前「修功德」的個人目的。在大量經卷被燒毀的年代，許多經歌和經歌中的神話便通過這種私下場合的傳播和講述、依靠口耳相傳的方式而被傳承了下來。老一輩的傳承人在這個過程中作為自覺的口承神話傳承者，發揮了積極的作用。

張鳳君在唱經歌。

（三）從個人生活中消失的神話講述活動

瑞典學者卡爾・威廉馮賽多（Carl W ilhelm Von Sydow）認為：口承故事「在很大程度上是以一種散漫的狀態流傳的，只有極少的有好記憶、生動的想像力和敘述能力的積極的傳統攜帶者才傳播故事，僅僅是他們才向別人講述故事。在他們的聽眾裡，也只有極少的一部分人能夠搜集故事以便講述它。而實際上這樣去做的人就更少了，那些通過故事並能記住它的大部分人保持著傳統的消極攜帶者狀態，他們對一個故事的連續生命力的重視程度主要取決於他們聽一個故事然後再講述它的興趣。」[82]。一九五〇年代至一九七〇年代的政治運動將個別神話講述者的生活完全顛覆，他們在沉重的生活壓力、強大的政治壓力面前如驚弓之鳥，根本沒有神話講述的空間和時間，也完全失去了講述的興趣，不得不成為那個特殊歷史時期的消極神話傳承者。八十一歲的李安（一九二四年生）就如此，人祖神話講述在他這一時期的生活中完全不曾出現。直到一九八〇年代後隨著生活處境的改變，他才又轉變為人祖神話的積極傳承者（見下）。

82 [美]阿蘭・鄧迪斯著，陳建憲、彭海濱譯，《世界民俗學》（上海：上海文藝出版社，一九九〇年），頁三二三。

李安讀過書，解放前曾被選舉為北大關的副保長。到了「一切以階級鬥爭為綱」的年代，他無意為之的「保長」成了一生的負累。在那個年代，一次被整也就意味著以後的次次被整。他先後被判九年勞改，回來後又做十五年半的挑糞工，用他的話說真是「沒有多少好時候」。書生李安在勞改生活中不得不幹起了粗活兒，沒有書，沒有那些熟爛於心的「古典兒」，只有勞動、勞動、再勞動。「文革」中被批鬥的經歷猶如割在心上的刀痕，他無力的辯解中夾雜著恐懼、疼痛、無奈：

李安在自家門前。

> 那時候批判人厲害得很呀，打不清（完）你嘞！反正光揀厲害的說，實際上百分之一也不占，就那也得承認，一個文化大革命鬥我二十多場啊！〔……〕別人叫我給他寫寫，給我說了叫我給他寫檢查，〔我〕還沒寫呀，鬥我四場！（苦笑）〔……〕「封你啥官？搞啥集團？」『擱這兒胡問嘞』！「你知不道（不知道）？知不道（不知道）〔是〕你不老實，拿架！」拿個架子，手伸著，手上擱磚頭，磚頭不能掉，就那彎著腰在那兒說啊。〔……〕打個趔趄，〔紅衛兵問〕：「誰打你嘞？！」〔我說〕「哪誰打的啊？誰也沒打我。」「呵呵」。那時候鬥〔我〕二三十場啊！……
>
> 堅持不了也不中啊！我也就仗著我這個脾氣流暢（豁達），我不在乎。有就是有，沒有就只是沒有，我幹都幹了，「那我不知道！」「當保長掙多少錢啊？」「賠二三十塊！」說個「沒有」馬上就用榔拿錘打著嘞，使上腳跺，打著還問誰打的：「誰打你嘞？」那文化大革命的時候就恁厲害……

在那段飽受折磨、身心俱憊的日子，個人的生活空間完全被政治運動充斥著，李安雖然有講述人祖神話的能力，卻沒有講述的條件和興趣，也沒有時間和心情來講述。這種狀況一直持續到到「文革」過去。

小結

一九四九至一九七六年，在日益左傾的意識形態的強大掌控下，在一浪高過一浪的政治運動中，淮陽的人祖信仰以及相關的神話講述活動等，也無可避免地被主流話語封上了「迷信」、「封、資、修」的「封條」，並逐步從社區公開的集會場合銷聲匿跡。然而，政治強權並未摧毀當地根深柢固的人祖信仰：沒有了香火會組織，信眾們就把特定時間在公開場合進行的集體性燒香敬祖活動分解為個體的、時間不定的、私下場合裡隱祕的敬祖活動；神話講述的口頭傳統也並未被完全終止。這一時期的神話講述活動頗有時代特點：

首先，講述場合隱蔽化乃至消失。廟會或其他公開場合的講述已不可能，人祖神話知識多在家庭或家族、私密的小群體內部等私人交際場合習得。一些積極的神話傳承者因為政治的原因，變為了消極傳承者，神話講述甚至完全從其個人生活中消失。

在家庭或家族中的神話講述隨意性較強，宗教氛圍不及香火會場合濃郁。加上個人語言表達能力、文化程度的不同，由當時的聽眾成長起來的神話傳承人的講述水準程度不一。

經歌的學習多發生在小群體內部的私人交際場合。經歌內容教人向善，不斷給學習者以精神上的慰藉；同時，其娓娓動聽的曲調、易於傳唱的歌詞也使之成為枯燥、貧困的日常生活的重要娛樂方式，許多女性傳承人因此異常喜愛並癡迷學經歌。

其次，很多經歌文本被焚毀，傳統的耳聽心記、口耳相傳仍是人祖神話主要的傳承方式。

第三，家中長輩、村裡長者等往往成為了主要的口承神話講述人。長輩們在家庭或家族中的神話講述既安全又增添了家人茶餘飯後的樂趣。村裡一些以往崇神敬佛的老人，積極而不張揚地向年輕人傳播著自己所知道的神話。「民間敘事的傳承形態，自古以來就是人的傳承，是人際關係間的直接傳承，是通過口耳傳遞深層文化資訊的傳承。」[83]據筆者的調查，當時在很多村裡都曾出現過一個以「老師傅」為中心的小社交圈子，她們在這個小圈子裡悄然地傳播經歌，也講述神話。很多這樣的老人還成為二十世紀八〇年代民間信仰活動復興後號召修廟、重組村裡「朝祖會」的核心人物。

總之，民間的智慧和應對策略巧妙延續了當地的文化傳統，顯示著行動主體的創造性和適應性。無論是韻文體的經歌還是散文體敘述的神話故事，在文化生活極度單調匱乏的「文革」時期，都給予了人們精神上的滋養、文化上的薰陶，豐富著人們的生活。

第五節　傳統的復興與重構：一九七〇年代末以來的人祖廟會與神話講述活動

「文化重構」是指一個社會群體對文化觀念的調適和對文化因素的重新建構[84]。一九七〇年代末以來，中央施行的「改革開放」政策塑造了新的社會文化語境，淮陽的社會生活也隨之發生了多方面的變遷，人祖廟、人祖廟會及相關神話講述活動作為傳統地方文化資源開始與新的價值觀念結合，在延續傳統的基礎上被地方政府和民間力量注入了新活力。那麼，人祖的神話與信仰自改革開放後又走過了怎樣的歷程？在新的社會文化語境下，人祖廟會和神話講述活動有了哪些與時代特點相適應的新變化？對這些問題的回答構成了本節的主要內容。

83 江帆，《民間口承敘事論》（哈爾濱：黑龍江人民出版社，二〇〇三年），頁九三。

84 高丙中，〈地方性文化與中國當代的文化重構〉，見其《居住在文化空間》（廣州：中山大學出版社，一九九九年），頁九〇。

一、「文化搭臺，經濟唱戲」與淮陽的當代變遷

中國社會在一九七〇年代末進入了改革開放的新時期。一九七八年，通過實踐是檢驗真理標準問題的討論，開始全面、認真地糾正文化大革命和左傾錯誤。一九八〇年代開始，中國社會的大語境開始轉向，解放思想，施行改革開放，整個社會的生產力水準得到極大提高。同時，各種新思潮和外來文化也接踵而來。國家對人們社會生活的干預逐漸減少，人們的生活經歷了「從全民化向地方化的轉變，從官方壟斷向民間自我組織的轉變」[85]，開始有更多按照自己的方式生活的自由。地方的民間信仰傳統逐步得到恢復，並在國家和民間多重力量的互動下逐步取得了政治上的合法性，乃至被賦予新的社會意義並重新被納入國家的主流話語之中。

在當代商品化的社會裡，傳統文化在傳統鄉土社會中那種自然而然、自在傳承的特點受到衝擊，其傳承和變遷呈現出更為複雜的形態。在這一過程中，只有極少部分的傳統文化得到重新延續並生機盎然地發展；有些傳統衍生出了很多與時代相適應的發明創造；更多的則不可避免地走向衰落。

一九八〇年以後實行以經濟發展為主導的地方社會發展策略，使得許多地方的傳統文化淪為了經濟發展的附庸。文化成為贏得市場的資本，「文化搭臺，經濟唱戲」成為地方政府和商人們慣用的「搞活」策略。如今，在發展文化旅遊、建立自身文化品牌的推動下，許多地方開始尋求如何在發揚地方特色文化的同時實現經濟上的發展。

一九九〇年以來，全球化的浪潮更加席捲中國，世界一體化進程中，民族文化的生存狀況日益引起人們的重視。傳統文化在塑造人們的文化認同感上的重要性日益被強調。因此，借助傳統的延續和發明，人們不僅發展經濟，也尋求著

85 高丙中，〈地方性文化與中國當代的文化重構〉，見其《居住在文化空間》，頁九〇。

精神文化上的認同。這一尋求在近年來各地蜂擁而起的對民族始祖神的塑造上得到了具體體現。

淮陽自一九七八年「十一屆三中全會」以來，也隨著國家政策的變化發生著顯著的改變。一九八四年，鄉村實行體制改革，解放了生產力，人們的生活水準得到極大提高。一直唱到八〇年代的《紅芋歌》，歌詞已改為「大米湯，白麵饃，紅芋桿子換酒喝」。淮陽在大力發展地方經濟的過程中，逐步認識到了自身的特點和優勢，明確了以文化帶動經濟的發展策略。在地方政府的帶領下，淮陽人充分利用當地積澱深厚的歷史人文資源，選擇伏羲文化作為地方的主打品牌，重修太昊陵，大興「朝祖會」，大張旗鼓地舉辦「姓氏文化節」、「公祭太昊伏羲」典禮等，以圖不斷擴大淮陽在全國的影響，推動淮陽的經濟發展。

二、太昊陵的重修與人祖廟會的復興

一九七〇年代末以來，太昊陵作為重點文物保護單位重新引起地方政府的重視；人祖廟會也在政府和民眾的積極合作下漸漸復興並且規模日益擴大，二〇〇四年更被列入了「民族民間文化保護工程」，成為當地重要的「文化遺產」。

（一）廟宇的重修與廟會的復興：一九七〇年代末至一九九〇年代初

文化大革命結束後，國家開始重新重視文物保護工作。一九八四年，鄧小平指示從愛護國家瑰寶出發，「愛我中華，修我長城」，在全國掀起了大規模的捐款修長城活動。太昊陵是河南省重點文物保護單位，它的管理隸屬國家行政範疇。早在一九八〇年，淮陽縣就成立了太昊陵文物保管所，配備專職幹部三人。一九八二年又在此基礎上成立了縣文物保護管理委員會。一九八五年，撤所建淮陽縣博物館，到一九八六年有幹部職工八人。太昊陵文物保管所和博物館在太昊陵的修復過程中發揮了重要的組織作用。受全國捐款修長城活動的啟發和影響，當時的淮陽政府從保護文物的角度

一九八〇年代的人祖廟會。太極門上的大喇叭正在宣傳唯物主義；正中掛著的紅色條幅上寫著「破除婚姻陋習，推行計劃生育」。採自《淮陽縣誌》。

出發，既爭取省裡撥款，又利用民間對「人祖爺」太昊伏羲的信仰，通過宣傳大造聲勢，在全縣範圍內發起贊助活動，動員百姓捐錢，完成了「文革」後對太昊陵建築群的第一次較大規模的修復。一九八四年修葺陵內的岳飛觀，塑岳飛坐像一尊。一九八五年集資重建東西廊房四十二間[86]。

除了政府部門的積極行動外，信眾更以高昂的熱情參加到重修廟宇的活動中來。為了籌款建廟修廟，老齋公們紛紛挨家挨戶去收款或收糧食；有人不僅捐錢，還積極地在太昊陵大殿前進行宣傳，如筆者在調查中遇到的梁氏女至今還保留著她在一九八〇年代給廟上募捐後獲得的一大疊財務收據憑証。

一九七〇年代末，太昊陵經歷「文革」劫難後尚未修復，自發來給人祖爺燒香磕頭的民眾已漸漸多了起來，人祖廟會呼之欲出。如今，當老百姓被問及當時為什麼又敢趕廟會，人們常常直言「那忘不了，那廟會多少年那忘不了，底下群眾是擋不住」。廟會管理者也說「群眾有這樣的要求，擋不住」。由此可見，只要民間的豐厚土壤在，國家權力並不能強行將根深柢固的地方傳統文化真正根除。人祖廟會在社會主義新時期的重新興起，與民眾的自發傳承和國家的政策引導密不可分，雖然「老百姓恢復地方文化的主要目的可能是追求自己的精神生活，而地方政府希望的則是人們聚在一起成為市場」[87]。

在人祖廟會重新興起的過程中，政府充分發揮了其行政力量以促進廟會的繁榮。一方面，地方政府貫徹中央「開放、搞活」的政策，回應民眾的強烈要求恢復了人祖廟會。廟

86 淮陽縣地方誌編纂委員會編，《淮陽縣誌》，頁七六五。
87 高丙中，〈民間文化和民間社會的興起〉，《居住在文化的空間》（廣州：中山大學出版社，一九九九年），頁三一。

會沿用一九五〇年代「物資交流大會」的名稱，通過鄉村的廣播以及散發海報等形式大力宣傳重起人祖廟會的消息，鼓勵民眾來趕廟會，參與物質交流。自一九八〇年起，淮陽縣委、縣政府在每年的廟會期間都要從縣直有關單位抽調數百名工作人員，組成太昊陵物質交流大會指揮部，負責處理大會一切事務。據縣誌記載，一九八四年各地商賈雲集太昊陵參加商品展銷會，當年商品成交額達五百一十一萬元，稅收6.6萬元，陵園門票收入4.5萬元（每票五分）[88]。人祖廟會在淮陽的地方經濟和社會生活中重新扮演起重要角色，並八〇年代中期重新成為了豫東地區最大的物質交流會。

另一方面，宣傳中央政策、防止封建迷信也是地方政府的重要工作。早在一九七九年二月十七日，淮陽縣政府就下發了淮革字（一九七九）十四號文《關於加強對太昊陵古廟會的管理，嚴防封建迷信、投機倒把活動氾濫的通知》。在一九七〇年代末期重新興盛的人祖廟會上，地方政府雖無法阻止民眾給人祖爺燒香磕頭、許願還願、拴子求子等民俗活動，但卻年復一年地藉人祖廟會契機宣傳國家政策：在廟會期間不斷開展破除迷信畫展、計劃生育圖片展覽、普法教育圖片展覽等；廟會上的廣播不停地宣傳唯物主義思想；太昊陵到處懸掛著寫有「禁止封建迷信、推行計劃生育」等內容的條幅。一九八六年，縣裡在利用太昊陵開展破除封建迷信的宣傳後，全縣拆除私建廟宇一百三十多座[89]。

意識形態的灌輸抵不過傳統習俗的慣性影響。無論如何宣傳，地方政府也深知要想人祖廟會辦下去就無法禁止人們燒香磕頭，禁也無用。對民眾來說，趕廟會的主要目的仍是為了給人祖爺敬香火。廟會期間，陵園內香煙繚繞，爆竹聲聲，人們的朝祖進香活動一如既往。二十世紀三〇年代鄭合成稱之為「類似永久的組織」——香火會、齋公會等——重被老會首組織起來，並有龍花會、玉皇會、蓮花會等多種名稱，恢復了廟會期間集體來太昊陵住三天給人祖爺燒香的傳統。廟會上又有了翩翩起舞的「擔經挑」表演者，據當地一九八五年的調查資料顯示，全縣二十個鄉（鎮）中，有十四

88　淮陽縣地方誌編纂委員會編，《淮陽縣誌》，頁八五四。
89　淮陽縣地方誌編纂委員會編，《淮陽縣誌》，頁八九〇。

個鄉（鎮）有擔經挑舞蹈活動[90]。與擔經挑密不可分的經歌唱誦自然也在廟會上重現。

此外，一九八〇年以來，淮陽鄉村的許多村廟被重建，政府雖以「破除封建迷信」的名義不斷拆毀，民眾則隨之採取屢毀屢建的應對策略，甚至還把毛澤東像請來廟裡壓陣：在神像旁邊或立毛主席的塑像，或貼毛主席的畫像。恰逢新的時代背景和國家對民間信仰實行的逐漸寬鬆政策，民眾的堅持有了意義，民間信仰重新成為人們日常生活中的重要內容。

綜上所述，政府為了在保護文物的同時發展地方經濟，民間則因深厚的民間信仰傳統而要求繼續堅持給人祖爺敬香火、修復「朝聖地」，二者在不同的目的和需求驅使下，於八〇年代初，齊心協力地促成了太昊陵的修復和人祖廟會的復興。

（二）地方政府主導下的廟會文化重構：一九九〇年代以來

改革開放後，大陸和臺灣開始互有往來，大批臺灣同胞來大陸尋根敬祖。作為傳說中人祖伏羲的故都，淮陽迎來了一批批臺灣「尋根敬祖」的香客。一九九二年，臺灣省臺北市八卦祖師太昊伏羲紀念廟主持薛清泉之子薛炎助代表他的父親，一行三人渡海來朝。於農曆三月初三，在統天殿前乙太牢之禮對人祖進行了隆重的祭祀，並配有祭文[91]。中央電視臺、北京電視臺、河南電視臺、《人民畫報》、《大公報》、《華聲報》、《河南日報》、《河南畫報》等多家新聞單位競相報導此次謁陵祭祖的盛況。

此後一九九三年的二月二，仿照臺胞祭祖儀式，淮陽縣人民政府舉辦了「首屆中華龍都朝祖會」[92]。縣委委託淮陽伏羲八卦研究會於廟會期間主持召開「首屆中國伏羲文化研討會」，邀請來了一百三十多名專家學者，發表論文一百七十四篇，對「龍師」太昊伏羲氏居「三皇之首」的地位，給予了充分肯定[93]。臺灣學者李畊更是在文章中主張把「炎黃

90 淮陽縣地方誌編纂委員會編，《淮陽縣誌》，頁七三四。
91 霍進善等主編，《三皇之首太昊伏羲》（鄭州：河南美術出版社，一九九八年）頁二七。
92 此後在每年的二月二，當地政府舉辦了歷屆朝祖會祭祀儀式。
93 霍進善等主編，《三皇之首太昊伏羲》（鄭州：河南美術出版社，一九九八年），頁二四。

子孫」改稱「羲黃子孫」[94]，這一說法在淮陽政府此後的宣傳策略和文化定位中被大力張揚。正如呂微所說：「一方面，遠古的神話被吸納、收攝到地方知識的總體系統當中；另一方面，這些神話又被地方知識重新闡釋，從而獲得了轉換的存在形式。」[95]當地政府更多地從「歷史」而非神話的角度認定伏羲「人文始祖」、「三皇之首」的地位，使此後廟會上一年一度的政府公祭具有了合法性。

九〇年代中期以後，淮陽縣委組織地方文化人士不斷編著材料，介紹淮陽的名勝古蹟和伏羲信仰。每逢人祖廟會期間，在省、市、地乃至全國的電視、廣播、報紙等現代媒體中都會進行鋪天蓋地地宣傳，對淮陽的歷史、人文景觀與民風民情做大量的介紹，地方民眾從這鋪天蓋地的宣傳中也重新經受著地方意識的強化以及新的地方話語的灌輸和洗禮。共同的文化空間和一同經歷的文化事件日益促成更為均質的地域文化共同體的形成。

二〇〇四年十月十七日至十九日，周口市和淮陽縣政府聯合舉辦的「中華姓氏文化節」在淮陽舉行，主題是「萬姓同根、萬宗同源、尋根聯誼、合作發展」，包括開幕式暨「萬姓同根」大型文藝演出、華僑華人公祭太昊伏羲大典、中華姓氏文化論壇及族譜展，中華姓氏文化節個性化郵票首發式、祖地老家尋根謁祖聯誼報告會、文化旅遊和商貿交流活動等。文化節期間的「華僑華人公祭太昊伏羲大典」被稱為太昊陵建國以來等級最高、規模最大、收效最好、人員最多的一次公祭，太昊陵成為一個新的儀式展演場所：紅色地毯從渡善橋一直鋪設到主祭祀大殿；統天殿前懸掛著「甲申年公祭人文始祖太昊伏羲大典」橫幅；月臺兩側各豎立四面黃龍旗；正中供桌上擺放香爐，祭品有牛、豬、羊「三牲」及二十四種五穀、瓜果。據介紹，這是我國傳統祭祀活動中等級最高的「太牢祭祀」。天子等級的儀仗列置於祭祀大院，祭祀人員脖子上圍著上面繡有龍形圖案的佩巾。祭祀的主要程序為：

1. 周口市市長宣布典禮開始，全體肅立。

---

94 李畊，〈探索「民族始祖」的心路——請以「羲皇」取代「炎黃」〉，《三皇之首太昊伏羲》（鄭州：河南美術出版社，一九九八年）。

95 呂微，《神話何為》（北京：社會科學文獻出版社，二〇〇一年），頁一九四。

2005年的祭祀表演。

2. 擊鼓撞鐘各九響、鳴禮炮五十六響。月臺西側六十四人樂隊奏響祭祀樂。
3. 各祭祀團隊代表向人祖伏羲敬獻花籃。
4. 泰中商務委員會主席李紹祝先生恭讀《全球華人公祭太昊伏羲始祖文》。
5. 全體參祭人員向人文始祖太昊伏羲參拜，三鞠躬。

人們在古樂的伴奏下，依次走進大殿，在人祖伏羲聖像前頂禮叩拜。二〇〇五年二月二，太昊陵照此程序舉辦了政府公祭活動。

淮陽對人祖爺伏羲的祭祀活動，和陝西黃帝陵、曲阜孔廟等全國其他地區進行的祭祀並無實質差異，同為當代社會新發明的傳統，是把現在的話語和實踐同過去相聯結的「傳統化」實踐。祭奠儀式模仿歷史上的官方祭拜，把現代儀禮和古代祭祀結合起來，並灌入「尋根敬祖」的現代意義，以消解這一信仰和祭拜活動曾經被賦予的「封建迷信」的帽子，從而使之合法化。它在政治話語的操控下進行，通過借用民間權威的闡釋（例如人祖伏羲是「萬姓之祖」、中華民族的「人文始祖」、「淮陽為龍都」等說法），使人祖信仰和人祖廟會成為了地方文化的象徵符號，從而藉民間資源以獲取當下利益。姓氏文化節時，地方政府花錢將曲阜孔廟禮樂隊請來，在太昊陵進行了古代朝祖儀式表演，試圖通過對歷史上皇家祭祀的模仿來賦予現代祭拜以神聖性，以戲劇形式通過帝王角色的扮演，改變國家行政自解放以來在太昊陵朝祖活動中的缺席狀態，重新塑造政府在朝祖活動中的權威。

二〇〇五年二月二，人祖廟會正式開始的第一天，當地再次請來曲阜禮樂隊進行了祭祀表演。這也是一場純粹的政府表演，為了保證儀式的安全和順利進行，直到一切儀式結束後太昊陵才對民眾開放。與太昊陵廟的悠久歷史相背離、也讓太昊陵一些管理人員不滿的是，曲阜禮樂隊從帝王到官員都做清代裝扮，而太昊陵的祭祀最早在漢代就出現了。因此，二〇〇五年二月十五過後，太昊陵管理局也組織人員身著唐代服飾，按照曲阜禮樂隊的表演模式進行了多次祭祖表演。在他們的表演成熟後，該縣主要領導再次親臨太昊陵體驗了一次祭祖儀式，電視臺、廣播電臺等媒體也到場進行攝錄，由此可見縣裡對此儀式的重視。

二〇〇五年淮陽人祖廟會期間，中央電視臺四套《走遍中國》欄目連續四天播出有關淮陽的介紹。地市電視臺的節目中一再出現龍的形象，縣城龍湖中的「九條龍」、文化節前後大街小巷飄飛的「龍旗」、祭祀人員圍著的黃色佩巾……龍幾乎無處不在，被大力宣揚，凸現了「龍都」淮陽的形象。「淮陽為龍都」的說法是一九九〇年代末才在政府的主流話語中漸漸多起來的，以進一步突出伏羲作為正宗「龍的傳人」之始祖的地位。除明確「龍都」的文化定位外，政府還積極地對太昊陵進行大規模的整修。二〇〇五年起縣政府開始積極拆遷太昊陵附近（原屬太昊陵廟地範圍）的民房和商品區，積極恢復一九三〇年代原太昊陵占地八百七十五畝的規模。

綜觀一九九〇年代以來太昊陵及其廟會的變遷，應當說，國家以經濟建設為中心的發展策略，以及各地的「文化搭臺，經濟唱戲」的實際做法，客觀上為民間傳統留下了恢復的空間[96]。國家級貧困縣淮陽在現代化、全球化的新時代背景下，將人祖爺伏羲、人祖廟會等地方文化資源與新的價值觀念結合，積極進行了文化的重構與再生產，打造了「龍都」品牌，以隆重的公祭儀式將人祖爺伏羲歷史性地置於中華民族「人文始祖」的地位，通過這些新發明的傳統，力圖重塑政府的權威，也使人祖崇拜在政治上合法化，進而順利地成為經濟上獲利的資本。

三、人祖神話講述傳統的復興

雖然地方政府在祭祀活動和宣傳話語中竭力將太昊伏羲氏歷史化，而在當地民眾看來，政府祭祀中的太昊伏羲就是

96 高丙中，〈民間文化和民間社會的興起〉，《居住在文化的空間》（廣州：中山大學出版社，一九九九年），頁三〇。

自己信仰世界裡無所不能的人祖爺，政府的公祭恰恰證明了人祖爺的神聖、獨尊地位。

改革開放後，人祖信仰和人祖神話被貼上的「封資修」政治標籤被撕了下來，無論是否依然屬於「封建迷信」，至少人們不會再因為燒香磕頭、傳誦人祖功德（講述神話）就被定罪。至少在民間，人祖信仰和人祖神話終於擺脫了政治強權的粗暴干涉，作為一種民間傳統重現於人們的日常生活中。古老的人祖伏羲、女媧兄妹婚神話被視為民間口承文化的重要內容，獲得了更為開放、更為廣闊的講述和傳承空間。人們講述人祖神話時不再遮遮掩掩、擔驚受怕，在家庭或家族內、各種私人交際場合、廟會等公開集會場合以至於日常生活的各種場合，都可以自發講述或應採訪者的要求進行講述。人祖神話作為一種普泛性存在的地方文化知識，重新成為社區民眾自由共用的精神財富。二十世紀八〇年代以來，學界對淮陽及其周邊地區人祖神話講述活動的一系列調查研究，為我們充分瞭解近三十年來當地的人祖神話講述活動提供了方便。

（一）中原神話調查所記錄的一九八〇年代的人祖神話講述活動

一九八〇年代，人祖的神話廣泛流傳於淮陽及其周邊的沈丘、項城、西華、駐馬店、開封、商丘等地，鮮活地活在民眾口頭。張振犁曾這樣描述八〇年代「中原神話調查組」的調查發現：「往往是在很偶然的機會，從普普通通不為人所注目的、文化程度很低甚至文盲的老農、商販、鄉村小學教師、一般學生和老大娘那裡，出人意料地得到非常珍貴的遠古神話資料。」[97] 當時他們所調查的神話講述活動的概況如下：

97 張振犁，〈中原神話考察——代序〉，見張振犁、程健君編《中原神話專題資料》（鄭州：中國民間文藝家協會河南分會，一九八七年），頁六。

表一[98]

文本名	講述人情況	時間、地點
伏羲降龍	不詳	不詳
伏羲教民	不詳	不詳
伏羲甩鞭	不詳	不詳
負圖寺（二篇）	雷北海，60多歲，負圖寺前擺煙攤的，文化不多。 張從瑞，70歲，擺香煙、花生攤的生意人。	一九八五年四月十七日下午
玄武、女媧、伏羲和黃帝	耿如林，沈丘縣劉莊店鄉吳堂大隊耿村人，文盲，善講故事，話古，當地叫「侃空」。	一九八三年五月
伏羲和女媧	不詳	一九八二年，淮陽縣文化館。
太昊	劉永民，28歲，曾任民辦教師。	一九八三年三月十九日
人祖爺	耿如林，沈丘縣劉莊店鄉吳堂大隊耿村人，文盲，善講故事，話古，當地叫「侃空」。	一九八三年五月
白龜寺	彭興孝，男，淮陽縣文化館人員	一九八三年十一月十日，太昊陵東彭家。
伏羲與女媧	不詳	一九八五年八月，淮陽縣城關。
太昊陵	不詳	不詳
伏羲墓	不詳	不詳
人祖逃難	高老師	一九八三年十一月十七日，項城縣招待所。
兩兄妹	王金合，90多歲，農民，不識字（王樹林轉述）。	一九八一年二月，流傳於商丘、開封等地。
玉人和玉姐	張昀的鄰居老人，農民	一九八一年五月
人祖爺	劉炎，60歲，農民，討過飯。	一九八三年十一月四日，西華縣逍遙鎮。
人祖爺和白龜寺	齊春明，男，40歲，農民。	一九八三年三月十七日晚，流傳於深丘東南地區。
人祖廟	胡説，男，50歲，盲人。	時間不詳，地點在西華縣逍遙鎮。
人的起源	彭廷政的母親，農民。	一九八二年七月十日晚，南陽縣。
捏泥人	張振恆	一九八三年十一月三十日，密縣超化鄉堂溝村。

98 張振犁、程健君編，《中原神話專題資料》，頁八四至一七一。

人祖爺	高老師，45歲，項城一中。	一九八三年十一月十七日，項城縣招待所
人祖爺	喬振幫，87歲，農民，沒文化。	一九八三年十一月十三日，沈丘縣喬莊。
人頭爺	齊永利，齊風運及其父。	一九八二年四月，沈丘縣劉莊店。
人祖爺	耿玉璋，60歲，農民。	一九八三年十一月，沈丘縣劉莊店。
洪水泡天	曹衍玉，女，60歲，操勞家務。	一九八四年四月五日
人的來歷	李文忠母親，40歲。	一九八二年暑假，駐馬店平輿。
人祖爺	齊永會，男，40，農民	一九八三年十一月十日，沈丘趙德營。
人祖造人	丁榮華，項城縣新橋鄉丁莊人。	一九八三年，流傳於項城東南。
人祖爺	張慎重。	一九八三年十一月三日，思都崗大隊。
人祖的傳說	高李寺，81歲，社員。	一九八三年春節，河南省項城縣高寺。
兄妹造人	任氏，89歲，朱占迎之祖母。	一九八六年八月駐馬店、上蔡一帶。
洪水滔天	周合成，男，52歲，農民，舞陽縣袁集村人。	一九八六年四月三十日，河大西一帶。
兩兄妹	不詳	不詳
亞當和夏娃	黃喬氏，女，78歲。	一九八三年十一月十三日，沈丘新集鄉喬莊。
我們的祖先	孫均芝，70歲。	一九八四年三月二十五日，流傳於河南內鄉一帶。

中原神話調查組的調查者們，注意結合人祖信仰和人祖廟會來關照口承神話，口承神話作為一種主要以口頭語言為傳播載體的民俗事象，在學者們的考察中與廟會及信仰行為緊密相連、互為表裡[99]。當時考察的許多民俗事象，如摸子孫窯、拴泥娃娃求子等，至今仍是人祖廟會上的主要民俗活動。此外，口承神話本身作為民眾的生活習俗的一部分，其習得與人們的文化程度、年齡、從事的職業等並無太大關係，只要是生活在社區中的個人，都會在自覺不自覺中接觸這種普泛的習俗，從而成為人祖神話消極或積極的承載者。當然，隨著個人境況（如文化程度、年齡、從事的職業等）的不同，講述人的語言表達、敘述特色等也有所不同。細看當時記錄整理的神話文本，情節都大略相似，細節上各有不同，比如有的異文中的石龜在其他的異文中就變成了石獅子、鐵牛、白龜；有的異文中說人祖姑娘和人祖爺是兄妹，有

99 張振犁、陳江風等，《東方文明的曙光——中原神話論》（上海：東方出版中心，一九九九年），頁二二八。

的異文中說兩人是姊弟；有的異文說人祖兄妹是滾石磨占卜天意，有的則說他們是朝天上扔石頭等等。總之，《中原神話資料彙編》中整理的三十餘則神話文本反映了人祖神話傳統的豐富多樣性。

（二）香火會的經歌傳唱

八〇年代以來，唱經歌依舊是人祖廟會上一種重要的表達信仰、傳承神話的方式。許多經歌有著長期傳誦的傳統，與以往的紀錄相比差別不大，也有一些與新的時代變化相結合的文本出現。如楊利慧曾於一九九三年隨中原神話調查組對淮陽人祖廟會展開了調查，記錄了幾首香火會中的婦女們在擔經挑或者平時宣傳人祖時演唱的經歌，其中這首《人祖姑娘經》，即與解放前廟會上已經流行的《老盤古安天下》（見本章第三節）十分相近，而且直到二〇〇〇年代後依然是廟會上老齋公們經常唸起的經歌之一：

人祖姑娘經

老盤古安天下人煙稀少，沒有天沒有地哪有人倫。
天王爺他下來治世日月星斗，地王爺他下來治世五穀苗根。
東南山出了一個混天祖，西南山出了一個洪鈞道身。
人祖這無奈何，他姊妹無奈何大禍臨身。
上天只把他來搭救，崑崙山上滾磨成親。
到後來生下了兒女百對，生下了百家姓直到如今。
講起來全世界一母所養，講起來全世界一個老根。

南無佛來南無佛，這都是人祖姑娘傳下的一本經。[100]

楊利慧還記錄了另外一首齋公們擔經挑時演唱的《人祖姑娘經》，其主要內容卻不再是兄妹婚神話，而是以人祖姑娘為主角，講述女媧創造世界的神話故事：

女媧姑娘從南來（呀），
頭沒有帽子腳沒穿鞋（呀）。
身披著樹葉淚滿腮，
全心全意修築世界。
修下（那個）星星和月亮，
修下太陽照著四方。
修下這五苗全根往上長。
修下大路有人走，
修下小路有人行，
修下這黃河通著汴梁城。
三年滿（來個）四年裡圓，
五年這頭上來修全。

[100] 楊利慧，《女媧的神話與信仰》，頁一四七。

只把這世界來修好，
真心弟子來見著報。
只把那世界來修停當，
真心的善人來進黃香。
南無佛（來著）佛三聲，
這就是女媧姑娘傳留這後世一本經。[101]

筆者在二〇〇五年的廟會上也聽到了這首經歌的異文，不過它的結尾與一九八〇年代以來的廟宇重建聯繫了起來：

人祖姑娘西南來，頭不戴帽腳不穿鞋。
身披蘆衣淚滿腮，全心全意建世界。
三年造那星星和月亮，又給太陽照四方。
五穀全苗都造成，又建黃河那通上京。
又造大路有人走，又造小路有人行。
三年裡圓四年裡滿，五年頭上才造全。
俺把世界來建好，真心的弟子來進寶。
俺把世界恁建全，真心弟子送香煙。

101　楊利慧，《女媧溯源——女媧信仰起源地的再推測》（北京：北京師範大學出版社，一九九九年），頁一三八至一三九。

南無喲佛南無生。這是人祖姑奶奶傳喲經，
聽了別當耳旁風，叫恁傳恁就傳。
叫恁傳恁不傳，眼看四關到眼前。
有水災見火災，還有瘟疫下靈凡。
你叫俺傳俺就傳，保著善人沒災難。
只要恁是真心意，蓋著廟來把錢捐。
大廟小廟都占全，保恁大人沒災難。
南無佛南無生，這是人祖姑奶奶傳的經。
聽了都要記心中，阿彌陀佛敬敬神靈。[102]

這首經歌不僅號召人們傳誦經歌，而且鼓勵大家「蓋著廟來把錢捐」，爭取「大廟小廟都占全」以保全家平安。捐款修廟在一九八〇年代至一九九〇年代初期的中國鄉村頗為常見，這首經歌的傳唱無疑為那個年代的老齋公們帶頭捐款修廟立下了汗馬功勞。前文第二節裡所記述的《太昊陵》經歌也是隨著一九九〇年代龍湖的重修而新出現的。據老齋公們說，前些年經常有一些新出現的經歌抄本被放在太昊陵統天殿上供人們傳閱，識字的齋公常常就通過這種途徑從書本上學習經歌。不過有的經歌帶有明顯的文人特色，書面語過多，讀起來生硬拗口而難以口頭傳播。

在某些老會首那裡，當代唱誦的經歌和一九三〇年代一樣，依然有著傳統鄉土社會中那種「替神傳經」的神祕性。例如李鄉香會會首在唸《人祖姑娘經》等經歌前，不忘向人祖姑娘請示一下是否可行；一般在燒香後才擔經挑。如前所

102 演唱者：齊愛英；時間：二〇〇五年三月十六日；地點：太昊陵大殿側；訪談人：仝雲麗。這首《人祖姑娘經》在淮陽流傳極廣。

述，開始擔經挑、唱經歌前，全體老齋公都要雙手平伸端著經挑，跟著會首唸首經歌先敬敬神靈，才能開始擔經挑表演。有的香會還不讓其他香會的老齋公半途加入進來唱經歌，認為這樣會得罪神靈。在香火會這一信仰群體中，能唱經歌的老齋公往往享有較高威望。聽經傳經是廟會期間老齋公們的主要活動。李鄉的「蓮花會」中只有七八個人會唱經歌，尤以七十五歲的會首齊愛英會唸的經歌最多，她在唸廣為流傳的《三皇治世》和《無生老母經》時，常常受到經歌內容的感染，聲淚俱下。「誰傳經，誰有功」，傳經也是在人祖爺面前積功德，會唱經歌的老齋公很樂於把自己會的經歌傳給年輕人。五十多歲的王大娘和三十歲左右的劉嫂子是李鄉「蓮花會」裡的老會首們著力培養的繼承人，她們平時在家得空就去幾個老師傅家裡聊天、學經歌，會裡有什麼事也由她們負責通知。在主要由老年人組成的香會裡，多數依照這樣傳統的方式培養接班人、傳承經歌。

經歌主要是在香火會裡傳承，擔負著「敬神娛神」的功能，不過近年來其傳承對象的範圍有不斷擴大之勢，經歌和擔經挑舞的「娛人」功能開始突出。越來越多思想開放的年輕人加入了香火會，許多原來沒有香火會的村子也紛紛成立了香火會和經挑隊，甚至在經挑隊的基礎上組成大型的文藝表演隊。二〇〇五年的廟會上，淮陽許灣的朝祖會中就包含有經挑隊、旱船隊、鑼鼓隊等多個表演隊。經挑的舞步很簡單，大都一教就會，年輕識字的女子若要學習唱經歌，那麼經常趕會、多聽別人唱、照經歌本子學等途徑都非常見效。平時逢著廟會一起擔經挑、唸唱經歌既是女性們敬奉神靈的一種方式，更成為她們日常生活的娛樂方式，經歌中勸人為善、勸子孝道的內容常常得到女性的推崇。在擔經挑表演過程中，表演者既鞏固了自己對經歌的記憶、表達心中對於神靈的信仰、獲得心理的安慰和滿足，也在表演中使自我價值得以肯定。這種獨特的地方文藝形式在當地大受歡迎，它在給觀者帶來了視覺享受的同時，更傳播了人祖信仰的相關知識。

四、二〇〇五年的神話講述

如今，淮陽及其周邊地區的人祖信仰群體日趨多樣化，按其信仰程度的強弱可以明顯地分為普通香客、老齋公、「善人」和「宣傳功」。其中，普通燒香客多以家庭為單位來廟會燒香敬祖；老齋公則是結隊而來，有一定的組織；「善人」是那些一九八〇年代廟會重新興起後熱衷於修廟、建廟、搞宣傳的老香客，她們平時經常到各地的廟院燒香；「宣傳功」則是九〇年代後新興的一個群體，即使平時沒有廟會也經常坐在午門外、太昊陵統天殿上給人祖爺「守功」。宣傳功所知道的神話知識常常成為她們在群體中贏得權威地位的依據，但其中也不乏裝神弄鬼、故弄玄虛者，她們堅稱自己的神話知識乃人祖爺等神靈親自傳授。

來自漯河的謝大娘便自稱是「宣傳功」，她平時在大殿上守功時很少說話，但講起人祖神話來頭頭是道。她家庭條件比較好，衣著時新，經常接濟廟會上遇到的窮姊妹。二〇〇五年四月六日上午，筆者在太昊陵道義門裡遇到謝大娘時，她說人祖爺剛剛給自己下達了「任務」，讓她到午門外用自己的「靈氣」接待來訪的客人；雖然不用說話，但是自己的靈氣就已經接著了客人，被接的客人也是有靈氣的；姓氏文化節時都有來訪者找她，等等。伴著周圍各雜技團攬客的喇叭聲，謝大娘很熱情地對筆者講起了這樣一則人祖姊弟在大災難後重新傳衍人類的神話：

（一）大雨釀成滅世洪水

謝大娘：二月會是龍抬頭的時候，{會到}三月三，因為啥{會到}到三月三？這個三月三，天塌地陷從三月三開始下到九月九。

仝雲麗：哦，一下下了半年？

（二）拿饃

謝大娘：咹，下了半年。這個白龜那會兒，說是人祖爺的老家那兒有個白龜，人祖爺天天上學得從那磚頭跟兒過，他擱那兒過嘞，他[白龜]說嘞：「你拿個饃你給我吃吧。」他[伏羲]說：「那中啊。」那人祖爺也怪好嘞吧，那小孩兒上學的時候！牠[白龜]說你拿饃叫我吃吧，他[伏羲]說嘞「那叫你吃點兒吧，那我就拿一個饃。」[白龜]說：「那你拿一個你掰給我一塊。」『天天拿，天天要是吧？』最後要得時間長了。他[伏羲]說——**『牠【即故事中】解釋**嘞』——他（伏羲）說：「你天天要饃要恁些弄啥呢？牠[白龜]不給他說。到再一年，天天下雨，天天下雨，從三月三下到九月九，都半年了，是吧？

仝雲麗：嗯，是嘞。

謝大娘：都半年了，天天要天天要，最後下雨沒啥吃嘞。牠[白龜]對他[伏羲]說嘞，白龜說嘞，牠對他說：「你叫恁媽的單櫃撇（扔）完，家具撇完。撇完了以後，牠[白龜]又說嘞：「你叫她的床也撇了。」『**這個時候牠[故事]說**嘞：』就那個撇單櫃嘞時候，他姊問他嘞，說：「你光撇（扔）單櫃嘞，咱也沒看出哪做善，也沒見好在哪兒啊！」最後他給他姊說嘞，說那個白龜說了：「到時候有這個大災大難。大災大難嘞，牠說嘞這個饃牠給俺放著呢。

（三）姊弟二人在白龜肚中避開洪水

哎，好些時了，他叫他姊也去嘞。『牠說你那個人不能多，〔要是〕多了人容天不容，就得砍頭。』到最後他姊也去嘞，（他姊）到那兒，牠嘴一張，饃都擱龜肚子裡了。【在牠肚子裡嘞，】這不，他姊妹倆他也不吭氣嘞。將單櫃也撇完，啥都撇完，床也撇完。床也撇完還咋使嘞？這就是到時候嘞。到時候嘞，牠（白龜對伏羲）說你啥時間來，啥時間來，到時候那嘴一張，牠說你滾到我肚子裡。天塌地陷的時候嘞，它〔世界上〕有水，是吧？白龜呢？水漲多高，白龜牠管浮多高，是吧？

仝雲麗：嗯，是嘞，是這樣的，然後呢？

謝大娘：牠說：「你來，滾到我肚子裡，這饃還是給你留嘞。」他姊妹倆滾裡頭，他姊妹倆滾裡頭以後，這不是，他沒給他爹娘說。哎，滾了以後，天塌地陷沒人煙了。

（四）為什麼颳東北風冷

他（伏羲對白龜）說嘞：「咦！你叫俺出去吧？」牠說嘞：「那不中，也沒天也沒地嘞，都是汪洋大海嘞，你上哪兒出去啊？『你生存不了，出去也是（活不成）吧。』」

『最後牠【故事中】說嘞到啥時候嘞？』饃也快吃完了。牠（白龜）說：「你看現在地形成了，天還沒形成嘞。」現在（天）形成的就那麼點兒，有一塊兒還沒形成嘞。為啥咱這兒一颳東北風就冷嘞是吧？因為沒形成嘞。**那個這又一朝**嘞**女媧補天，使上那個啥**嘞？使上那個冰冰碴，冰冰碴子上面有坑兒是吧？碴不嚴！它要是使上那個泥嘞啥的能碴嚴，使上冰冰碴的它碴不嚴，一颳東北風咱就冷，一颳東北風它就冷。

仝雲麗：這樣啊，用嘞冰冰碴子所以颳東北風就冷。

謝大娘：一颳東北風就冷，人家就傳說是這。

（五）老祖先們

謝大娘：不過人祖爺和人祖姑娘他倆，那個它暫時〔……〕最後這個天塌地陷，他姊妹倆出來以後，這個天上還有老祖先啊，他〔伏羲〕不是他自己，到人祖爺這兒都幾輩兒嘞！

仝雲麗：都好幾輩嘞？

謝大娘：呃，當然幾輩嘞。你看，這個第一個老祖先，到大同世界第二個老祖先，到這個就你說那個紅英老祖、這老母，那老母，無極老母，這都幾輩了，到這個佛祖。

仝雲麗：呃。

謝大娘：你沒聽過佛祖麼？（看我好像不知道）

仝雲麗：聽過，聽過。咱換個地方吧，這太亂嘞。

「陵裡廣播聲音太大，兩個人稍往前走幾步」

謝大娘：到佛祖這不嘞，到人祖爺這兒都算是五輩了，到這兒就五輩了。

（六）姊弟滾磨未成親，摶土造人

謝大娘：就這個，他說嘞，叫他倆，這天塌地陷沒人煙嘞是吧？上頭的老祖先說嘞，那你倆得成兩口子，不地咋能有世界，咋能有人啊？！

全雲麗：那是咋成親的啊？

謝大娘：就這，他倆從山上，上崑崙山推磨，從山上滾了一塊兒磨，磨磨那磨。

全雲麗：大磨？

謝大娘：大磨。滾到一團兒你就得成兩口子，哪有姊妹倆成兩口子嘞是吧？

全雲麗：是啊。

謝大娘：滾到一團兒你就得成兩口子，滾不到一塊兒你就不成兩口子，上頭這個老祖先他把著嘞，它當然得合一團（duo）兒嘞，是吧？

全雲麗：嗯，這樣啊。

謝大娘：他姊哭死了（一樣）說：「那不能姊妹倆結婚。」哭得很了，這才說嘞摶土造人，捏泥人。為啥說這泥人泥人是吧？你看這身上乾淨一搓就都有泥，就這個，摶土造人，吹仙氣，借靈性，就這慢慢就都成人了，就這一朝代一朝代的傳嘞。

全雲麗：哦，他倆沒有結婚吧？

謝大娘：沒有結婚。

（七）補天的女媧和造人的女媧不一樣

現在講嘞女媧補天跟人祖爺他倆是兩口子，這都不是一個朝代呀！｛他們｝瞎扯嘞呀！

全雲麗：不是一個朝代呀？

謝大娘：當然不是一個朝代呀！都不是一家，那不是一個朝代啊，【那不是一個朝代！】**這都是那個老神聖上體他說，他經歷**嘞**事兒他知道是吧？**

仝雲麗：為啥說不是一個朝代啊？

謝大娘：他不是一朝代，女媧是這一朝代嘞。這個女媧，這不又一世啊，這都沒有人嘞，才叫女媧去補天。女媧是女媧，人祖姑娘是人祖姑娘。這大殿坐的是人祖爺、人祖姑娘，他兩個這六路金身。

仝雲麗：女媧和人祖姑娘不一樣是吧？

謝大娘：當然不一樣了。女媧她是這個天塌地陷了以後，形成天，形成地，地形成了，天沒形成，她不得去形成麼？它意思就是：她這一派、這個朝代她（作為伏羲姊的女媧）歸到龜肚子裡了，大家都說她死了，是唄？

仝雲麗：也是啊。

謝大娘：她到龜肚子裡了都說她死了，這嘞，這又一個朝代，它這個朝代不得形成天，形成地，她不又得去形成麼？上神又附著她，在這一個朝代又叫個女的去形成天嘞。

仝雲麗：這在那十八個朝代裡面不在？

謝大娘：在，在那裡面嘞。十八個朝代，一個朝代一個朝代都在那裡嘞，不是一朝代它就不是一個朝代。

謝大娘講述的這個兄妹婚神話的主要情節為：（一）大雨釀成滅世洪水；（二）拿饃；（三）天塌地陷，姊弟二人躲在白龜肚裡避開了洪水；（四）為什麼颳東北風冷；（五）老祖先們；（六）姊弟滾磨未成親，因而摶土造人；（七）補天的女媧和造人的女媧不一樣。尤其是伏羲、女媧姊弟並未成親這一點得到了著重強調。謝大娘在講述過程中明顯地將自身所屬的信仰群體的知識融入了進去，她結合「宣傳功」們內部流傳的神祕的十八朝代知識[103]，很明確地將摶土造人的女媧和補天的女媧區別開來，認為天塌地陷時躲在白龜肚子裡的女媧出來後天已經補好了，那是上天神派的

103　在他們這個群體中，關於十八個朝代、各個老神靈的知識似乎是公開的，她們經常以此互相「對功」，或者在太昊陵附近舉行種種儀式來傳達這種知識。在講述神話時，因為關乎神靈，所以在講述前講述人常常要向人祖爺請示後才開始講。

第二個女媧給補好的。也就是說，從洪水過後到伏羲、女媧從龜肚子裡出來這段時間，世界上已經經歷了一個朝代了。她巧妙地構造了兩個同時存在又絕然不同的空間。在聽眾對此說法提出疑問後，謝大娘非常自信地認為自己說得沒錯，為佐證自己的觀點，她還強調這事兒是「老神聖」（伏羲）自己講的，用「這都是那個老神聖上體他說，他經歷嘞事兒他知道是吧？」來反問筆者，顯示了自己的敘事策略。另據她口述，她在家境富裕的家裡處於子女孝順、丈夫尊重的地位，扮演著不言自威的家庭角色，並非沒有主見的普通家庭婦女，兒女和丈夫都不阻止她外出離家好多天「跑功」、「守功」。如此自信地解釋、爭辯，恐怕也與謝大娘的這些生活經歷有關。

將謝大娘的講述文本與前文第三節引用的鄭合成《陳州太昊陵廟會概況》中記述的人祖神話以及李安、王大娘等人講述的人祖神話異文相比，會發現它們在細節和母題組合上雖有大大小小的差異，但是大體上來看，都包括「天塌地陷—世界上只留下兄妹二人—滾磨—摶土造人、繁衍人類」這些核心敘事情節，神話的類型和核心母題的變化很小。

總之，隨著時代的新發展，民間掀起了大規模地恢復民間信仰、重修民間廟宇的高潮。神話傳承人擺脫了政治話語中「迷信」的陰影，有了廣闊的、自由的講述空間，神話講述活動重又恢復鄉土社會中自在傳承、可以隨時講述的生存狀態。不過，筆者也發現：進入一九九〇年代後，打工熱潮、做生意熱等也改變了人們的生活節奏，影響了神話的在家庭內部的傳承。如今，許多五六十歲的傳承人要替外出打工的子女操勞家務、照顧孫輩等，平日裡忙得顧不上講述神話，使得許多神話、經歌在他們的生活中處於消極存在狀態，有的甚至漸漸消逝。如第四節提到的太康縣張鳳君大娘，已經把她在「文革」時期癡迷學得的經歌忘掉大半，一般也不向孫輩們講起。而自幼住在蘇馬莊附近的趙大爺，也擁有豐富的人祖神話知識，還能畫一手的好畫，經常幫村裡人畫那些許願要給人祖爺的東西，但從來沒有給外人講過神話故事，甚至連自己平時照顧的外甥女都不知道他能講述不少神話故事和地方傳說。傳統的口頭神話講述活動的聽眾群體和講述者群體都呈現出一定的內縮態勢。

與家庭中神話講述活動的衰微不同，人祖廟會重新成為公開、重要的神話講述場合。公開場合的神話講述活動尤其以經歌的演唱為代表。散文形式神話的講述者在廟會場合多是消極的承載者，只有調查者上前詢問才能聽到他們的講述。當然，消極的承載狀態並不等於人祖神話在人們的記憶中淡去了。實際上在田野考察中，如果調查者向當地人詢問人祖爺的故事，會有很多人參與進來，共同完成講述過程。如一九九三年三月的人祖廟會期間，楊利慧等人在太昊陵附近訪談一位重要的神話講述人時，圍上來的許多香客都一同參與到講述過程中來，從而構成了一個開放的、互動的講述與交流情境，並影響了講述者的敘事策略和最終的文本形成。講述者在公開場合不僅把她所知道的兄妹婚神話作為文化資源來與想瞭解這一神話的研究者和其他聽眾進行分享，而且也在交流中顯示了自己對神話知識和文化傳統更權威的把握以及高超的講述能力，表達了自己對人祖的信仰和對人類起源的認識[104]。

五、口承神話傳播的新趨向

這一部分將論及兩種新的趨向：第一，現代資訊技術的發展正對人祖神話的傳承產生著不容忽視的影響；第二，導遊在口承神話的傳播中扮演著日益重要的作用。

（一）現代傳媒的影響

近三十多年來，廣播、報刊、電視、網路等多種媒體都廣泛應用到了人們的日常生活中，在許多情形下成為了新時代裡神話傳播的重要載體，影響著神話傳統的傳承。

在人祖廟會和姓氏文化節期間，各路媒體鋪天蓋地的報導、電視節目中的反復宣傳等都使得有關人祖伏羲、女媧的

104 楊利慧，〈民間敘事的傳承與表演〉，《文學評論》二〇〇四年第二期。

一系列神話故事重新被人們認知，重構著民眾關於地方文化知識的集體記憶。二〇〇五年人祖廟會期間，中央電視臺四套《走遍中國》欄目連續四天播出有關淮陽的內容，從歷史、人文遺跡到現存的廟會等，這些消息在淮陽的大街小巷傳播著，連小學生都被老師告知回家要看這個節目。電視節目的解說詞中涉及到了諸多有關伏羲的神話傳說：

〈走遍中國——周口〉解說詞選萃四[105]

龍是中華民族的族徽，是中華民族大團結大統一的象徵，是中華民族智慧和不屈精神的象徵。中華兒女把自己稱做龍的傳人。龍的緣起在哪兒？中國人為什麼稱自己是龍的傳人？

我們已經知道，太昊伏羲氏是中華民族三皇之首，百王之先。他從誕生到成就偉業都與龍瑞有關。伏羲是母親華胥氏受青虹感應而生，他的形象明顯帶有龍的特徵，史書上稱之為「蛇首人身」「頭有犄角」。在大約六千五百年前，太昊伏羲氏帶領自己的部落由甘肅成紀沿黃河東下，定都宛丘，也就是今天的河南省周口市淮陽縣。淮陽太昊陵統天殿內有一組壁畫，是後人為紀念伏羲氏肇始文明業績而雕刻的。在這裡，他做網罟、養犧牲、造甲曆、畫八卦、定姓氏、制嫁娶，奠基了中華遠古文明，以其功績和聖德團結、統一了華夏的各個部落。當時的各個部落都有自己的圖騰，所以，太昊伏羲氏就取各個部落的圖騰特徵：鱷之頭、龍之眼、鹿之角、鯨之鬚、蛇之身、鷹之爪、魚之鱗等組成了新的圖騰。這個新的族徽到底叫什麼名字？正好趕上一場大雨，電閃雷鳴的景象很像他們新創制的族徽，轟隆隆的雷聲使伏羲受到了啟發，隆隆聲就定為龍，這樣神龍就產生了。太昊伏羲氏便用不同的龍來稱呼他的大小官員。

……

[105] 摘自八方論壇http://vcom.hnby.com.cn/dhbbs/dispbbs.asp?boardID=225&ID=224354。

相傳碑文上的「太昊伏羲氏之莫」幾個大字是蘇小妹巾書。宋神宗年間，重修陵廟，竣工後在陵墓前樹一巨型石碑。就請大文豪蘇東坡題寫：「太昊伏羲氏之墓」幾個大字。不巧的是紙墨送到，蘇東坡出城遊玩未歸；碰巧的是蘇小妹恰到書室去玩，見到紙墨齊全，書興大發，因為找不到大筆，就用自己的汗巾，把「太昊伏羲之莫」七個大字一氣呵成。蘇東坡遊玩回來，見蘇小妹前面六字寫得蒼勁有力，只是把「墓」字錯寫成「莫」字，少了一個「土」，面露惋惜之色。抬頭看看蘇小妹，卻見她站在一旁只笑不語，面露得意之情，蘇東坡忽然醒悟，連連擊節稱讚：「妙，妙！」原來蘇小妹是以大地為土，所以才寫「墓」為「莫」。但也有人說，本來有「土」字，只是由於年代久遠，風化日曬，把「土」字風化掉了。然而歲月悠悠，能風化掉的是碑刻，但風化不掉太昊伏羲氏的豐功偉績，風化不掉中華兒女對他的敬仰之情。由廟而祠，由祠而陵，太昊伏羲陵的不斷擴建和宏大格局，就可以看出太昊伏羲氏在中華歷史中無可取代的位置。

我們現在看到的陵群格局形成於明朝洪武年間，據考證是仿照南京明故宮建造的，太昊陵為什麼要仿南京明故宮而建造呢？相傳在元朝末年，朱元璋率兵起義，吃了敗仗，剩下孤家寡人，被追兵追得走投無路，惶惶然逃到了太昊伏羲氏的小廟內，看到伏羲氏塑像，跪下便拜：「人祖爺啊，你若能保我平安無事，今後奪了天下，一定依照皇家宮殿，替你重修廟宇，再塑金身」。話音剛落，但見一隻蜘蛛在廟門飛快地結起了蛛網。元兵追到廟前，見蛛網封門，便追向別處，這才讓朱元璋躲過大難一場。後來，朱元璋得了天下建立明朝，便依照自己的皇家宮殿重修了太昊伏羲陵。

……

儘管中央電視臺的這四次節目中，主要講述了蘇小妹與太昊伏羲之墓、朱元璋與太昊陵的傳說，並沒有提到在當地民眾中廣泛流傳的人祖兄妹婚神話，但是對伏羲作為文化英雄而創立的神聖功績（網罟、養犧牲、造甲曆、畫八卦、定姓氏、制嫁娶）等進行了集中宣揚。不可否認，媒體所代表的「官方的」聲音無形中強化了民間對人祖的信仰以及對人祖神話真實性的認同，人們在媒體的強勢宣傳中接受或重構著原有的地方知識，不少年輕人在這樣的宣傳中成為了積極的神話傳說接受者和潛在的神話傳說講述人。

《伏羲聖蹟圖》一角。

（二）導遊：新時期的神話傳承人

口頭傳統與書面傳統常常有著相互影響、彼此互動的密切關係。口承神話的傳播也不例外。筆者在淮陽向當地人詢訪有關太昊陵和伏羲廟的傳說故事，或請他們介紹太昊陵等古蹟時，不少人都會熱情地向你推薦某某某的書，認為書上寫的內容全面，自己講不好；有的認為自己講的內容只是複述書本內容而已；更多人則讓筆者去問導遊，認為導遊對這些都知道。確實，如今導遊的講述可謂平日裡太昊陵內最為普遍發生的人祖神話講述。

太昊陵管理局要發展旅遊業，自然不能忽視旅遊景點的開發和對導遊的培養。一九九八年九月十七日至一九九九年一月三十一日翻修統天殿時，時任博物館黨支部書記的李乃慶從安全、壯觀、增強文化內涵三方面說服設計單位，設計並增建了通天殿周圍的青石欄杆。經李乃慶策畫，在統天殿內牆壁上增嵌了長三十六米、高1.2米的青石浮雕《伏羲聖蹟圖》[106]。伏羲做圖從華胥氏履巨人跡、伏羲出世到伏羲崩葬於陳共十六幅圖，精美的青石畫面配以古文字簡介，為大殿營造了良好的神話傳承氛圍，這裡也是導遊向遊客傳播人祖

106 參見李乃慶，《太昊陵整修大事記》，未刊稿。

神話知識的主要場所。

前來參觀旅遊並且需要請導遊的遊客團體往往是外來者，對當地的人祖信仰和人祖神話並沒有深入的瞭解，因此，常常會請來導遊給做詳細解說。近年來，導遊在講解過程中，常圍繞統天殿上的《伏羲聖蹟圖》集中講解太昊伏羲的相關知識，她們的崗前培訓中對這裡的講述內容也都有嚴格的規定。二〇〇五年一月二十九日，筆者在太昊陵統天殿遇到一位導遊手持小喇叭，給外地遊客講「伏羲聖蹟圖」：

導遊：（引導遊客看第一幅圖「履巨人跡」）

第一副呢是履巨人跡。相傳在很早的時候，華胥國有個姑娘叫華胥氏，有一次不小心在雷澤這個地方因為踏上個巨大的腳印因此而懷孕，十六個月後在成紀天水生下一名神奇的男嬰，取名就叫伏羲。那為什麼說伏羲的父親會是一個巨大的腳印？這說明他們當時所處的時期還是「只知其母、不知其父」的母系氏族社會時期。雷澤是今天的甘肅天水，也就是伏羲的老家，伏羲也就生在那裡。

（指著第二幅圖「伏羲出世」）

伏羲小時候就非常地聰明靈慧，長大了後他是打獵的能手，又是角鬥的英雄，因為有許多發明和創造而受到人們的愛戴，被公推為部落的首領，從那時候起他就當上部落的頭頭了。

……

（引導遊客看第九幅圖「始畫八卦」）

這幅畫面呢稱為「畫八卦」，人們都說畫八卦是伏羲最大的貢獻，傳說伏羲於蔡水得白龜，並且用蓍草草莖結合龜背紋理畫了八卦。在一九八四年，我縣東關有名叫王大娃的少年，他在垂釣時，在東湖邊釣魚的時候釣上來一隻全身淨白的白龜。據專家們考證，這隻龜分別是八卦的卦號，周邊呢二十四塊，一共是二十四個節氣。一九九七年七月一日香港回歸的那一天呢，由王大娃親手把牠放回以前釣上牠來的東湖裡面了，也就代表「回歸」的意思，所以這確實是一件實事，一共飼養了十三年後才放生的全身淨白的白龜。

……

（引導遊客看第十六幅圖「崩葬於陳」）

最後一幅畫面叫「崩葬於陳」。「陳」就是我們淮陽。伏羲被人謚為「太昊」，這個「昊」是「明」的意思，聲音像太昊一樣光明。傳說伏羲活了一百九十六歲，在位一百一十五年，逝世以後就葬在我們淮陽了。後來人們為了紀念他就在淮陽為他修陵蓋廟。

這就是伏羲一生為人類所做的豐功偉績呀！伏羲陵墓還在後面呢。

遊客：這講得明白。

……

導遊從第一幅聖蹟圖華胥氏「履巨人跡」開始，依次講了伏羲出世→都於宛丘→結網罟→養犧牲→定姓氏→制嫁娶→始畫八卦→刻書契→作甲曆→興禮樂→造干戈→諸夷歸服→以龍紀官→崩葬於陳，對伏羲的一生做了完整敘述，將艱澀的史書文獻知識簡練概括地描述給遊客，再加入一些地方傳奇，在力求科學、真實性的基礎上融知識性、趣味性於一體，使講述更為生動，吸引遊客的興趣，幫助外來遊客更深入地瞭解了人祖爺伏羲。筆者還注意到，來太昊陵遊玩時請導遊的遊客一般經濟上比較富裕，或是某地市政府機關的工作人員，因此，導遊的神話講述面對的聽眾群體多具有一定的書面知識水準，導遊的講解相應地便帶有鮮明的書面文本特點。

從神話傳承的視角來看，太昊陵裡的導遊出於自身的職業職責，將有關人祖的不少神話知識傳播給了外來者，儼然是當代淮陽社會中人祖神話的專業傳播者。她們與遊客的關係乃是傳播者與聽眾的關係。導遊在講述人祖神話的過程中，用普通話替代了日常生活中所講的方言俗語，其講解的音調、速度、語調等都在入職前經過一系列專業培訓。而且，她們面帶職業性的微笑，輔以一定的手勢等動作指引遊客（聽眾）隨著她們的講解看圖、理解講述內容，注意回答遊客在聽講解過程中提出的疑問，及時地給予講解，充分與遊客發生著互動。在這裡，導遊與遊客在太昊陵統天殿內的《伏羲聖蹟圖》設置的文化背景下，共同建構了一個特定的「表演空間」，導遊主導著與聽眾群體之間的交流互動，她們在講解的過程中，既展現了自己的知識才能，又傳播了人祖的神話傳說以及其他地方文化。

小結

二十世紀八〇年代以後，發展地方經濟、突顯地方特色的強烈願望客觀上促使許多傳統文化資源重獲生機，被重新挖掘和利用。太昊陵在民間和各級政府的不同目的和作用下被修復；人祖廟會復興，取得了政治上的合法性，並作為當地的「非物質文化遺產」日益得到重視，規模日益擴大；地方政府通過一系列宣傳將人祖爺伏羲打造成了「龍都」淮陽的文化品牌，對其真實性予以強化；與人祖伏羲、女媧相關的神話傳說也成為深受重視的地方知識。

在新的社會文化語境中，淮陽的口承神話講述有這樣幾點變化：

首先，廟會重新成為公開的神話講述場合，這一場合中人際之間的橫向傳播成為當地口承神話最集中、最主要的傳播途徑。神話講述的氛圍也更加自由。不過，生活方式的改變使得家庭範圍內的神話講述活動漸有衰落的趨勢，代際縱向傳播的途徑勢微。傳統的神話講述方式，即以散文敘事的形式和韻文唱誦的形式傳承的人祖神話在傳承者、聽眾等方面呈現一定的內縮趨勢，越來越多的信眾開始成為消極的神話講述者。

其次，傳唱經歌的方式依然在神話的傳承中發揮著巨大作用。許多信眾在廟會期間來給人祖爺上香、擔經挑、唱經歌，邊擔經挑邊唱經歌的表演依舊是公開傳播人祖神話的重要方式，而且它們在現代社會不僅以歌舞的形式贏得了民眾的喜歡，還被鄉村婦女認為有「強身健體」的功用，成為女性熱衷的一種民間文娛形式，無論是經歌還是擔經挑都擁有積極的學習者和傳承者。

第三，電視、網路等多種媒體在一定程度上成為新時代神話傳播的重要途徑。人們從媒體的報導中對人祖以及人祖廟會有了更為豐富的認識，成為積極的神話故事接受者和或積極或消極的口承神話講述人。同時，政府的大力宣傳也強化著神話的信實性，民眾信仰中伏羲是「人類老祖先」的說法與政治話語中伏羲乃「中華民族始祖」、「人文始祖」的稱號之間的矛盾性凸現。

第四，太昊陵裡的導遊成為新時代的神話講述人，導遊的講述過程也是傳播神話的敘事表演過程。導遊成為了地方知識的權威，許多民間口承神話講述人會認同並向外人推薦導遊的講述。導遊們的講述帶有濃厚的書面傳統痕跡，但對於它的受眾——具有一定文化水準的遊客來說，還是很適合的。

第六節　社會變遷與一個講述人的個人故事

神話的創造、傳承和演變不僅是在特定語境中發生的，與特定社會和文化語境下的政治、經濟、文化、社會組織、宗教信仰等密切相關，而且，它還是由一個個富有情感、個性、生活經歷和講述動機的個人來傳承和講述的。考察神話講述活動的變遷不能忽略對神話講述人的關注。在民間敘事活動過程中，講述人不是孤立存在的，他（她）始終與同處一個時空的其他因素互動著[107]。不同時代、不同階層、不同文化程度的講述人各自的生命體驗內容和表達形式不同，大

[107] 江帆，《民間口承敘事論》（哈爾濱：黑龍江人民出版社，二〇〇一年），頁一三二。

到社會環境的變化，小到個人經歷的小事件、小悲歡，都使得他們的講述呈現出不同狀態，最終促使其所處時代的口頭傳統的講述活動呈現出別樣的風貌。在淮陽及其周邊地區，神話講述人是當地人祖神話傳統傳承和變遷的實踐主體，他們既承載著地方口承神話的傳統，又促使著這一傳統在現代社會的發展衍變。本節意在通過更細緻的對一個個體神話講述人生命歷程的追溯和對其神話講述活動的記述分析，使得本文對神話、廟會與社會變遷的考察更為深入、具體。下文的口述史資料和神話講述事件都源自筆者二〇〇五年四月十日在受訪人家中的訪談。

前文已提到的李安老人，當時已八十一歲，家住與太昊陵緊臨著的大北關，出身較富裕的家庭。他小時候經常去太昊陵玩，從擔經挑的老太太們那裡聽來了不少關於人祖的神話故事。長大後的李安非常愛讀書。在戰亂不斷的特殊社會背景下，李安的學校學習也是斷斷續續：小學畢業後考上當時位於金龍橋的淮陽一中；日本人進淮陽後不久就轉學到太昊陵裡的岳飛觀，上了三個月私學，讀《三字經》、《百家姓》、《上孟子》、《下孟子》等傳統國學文本；十九歲結婚後，他又去上淮陽的誠達中學；抗戰勝利後再轉到淮陽七區連師繼續上學。

李安回首人生路，念念不忘這樣兩件事：二哥之死和自己當過保長。

他二哥一九三八年入中國共產黨，在部隊升至營長，後來在解放戰爭中犧牲。二哥曾在打仗受傷，滯留山東臨沂時給老家來了封信。由於戰火紛飛，從二哥來信到李安的回信被退回，已相隔三個多月。當時，大哥參加國民黨軍隊已犧牲在外，父母說什麼也不讓李安這個唯一留在身邊的兒子再去冒險找二哥。家裡最終失去了二哥的音信。最讓李安此生後悔的就是沒有堅持去找二哥。在筆者對李安進行的兩次訪談中，他反覆提起此事，話題常不由自主地就轉到了二哥之死，「生死兩茫茫」的遺憾不言自表，既因血脈親情，也因此後的人生失去了另一種可能性——二哥若解放後仍然健在，李安一家人肯定會有不同的際遇。

李安的父親曾是北大關的保長，父親病重後，他就被選舉為副保長：

〔我〕當了仨月保長〔非但沒有貪污，還〕賠上二十多塊錢，你看那時〔我還是〕學生不懂得啥，就貪污這事兒〔不大可能〕。【當了仨月保長，賠了二三十多塊錢還。】〔因為〕這「當保長的事兒，」〔我〕後來〔在〕五三年的時候〔被〕逮捕了。

解放後，到了「一切以階級鬥爭為綱」的年代，親哥哥為共產黨員的事實和自己曾經參加游擊隊抗擊中央軍的經歷，都未能抵過「保長」這一頭銜帶有的階級剝削性質。李安開始了漫長的勞改生活。

在李安關於那個年代的記憶裡，勞改隊沉重乏味的體力勞動占了記憶的很大部分。他清楚地記得在當時全國興修水利的運動中，共有二百萬勞改犯參加，光從河南就來了六十萬。李安第一次勞改回家後又逢政治運動，村裡揪出來的人數量上不夠，結果他再次被寫上了黑名單，在新鄉市印染廠和河北印染廠種了九年菜。

在李安對於苦難的記憶中，說得最多的是當時全國的形式，自己作為勞改犯如何勞作等等，回憶是粗線條，卻又不乏細節。「訴苦」研究中許多人對食物缺乏的記憶在李安這裡表現並不明顯：

吃嘞那時候反正是頭三年夠吃嘞，隨便吃，吃雜糧，淨吃些高粱、小米兒、豆子，這些雜糧。頭三年還夠吃。第二回再回去，就是趕上災害了……

苦難日子裡的小歡樂尤為珍稀，人們也因此對之記憶更加深刻。雖然李安在勞改生活中受了不少苦，老人講起來那段經歷來仍不乏對快樂體驗的描述。李安有文化，能幹，能寫，能算，能說，各方面都占優勢，在勞改群體中一直擔任「大組長」，由此獲得的成就感與價值感讓老人對此津津樂道：

｛我｝文化程度還高，再一個幹活兒也能幹，『現在瘦了，那時候都一百六十多斤啊！現在一百一十斤』我擔挑｛能｝擔二百斤，嚇壞人可是。｛……｝肩膀頭子上磙的繭子都跟手裡頭蓋子｛一｝樣的，都是繭子。｛我那時候｝繭子不離肩膀｛……｝｛在新鄉種菜的｝頭三年裡邊，我當了兩年零六個月的大組長，後六年我當五年半的大組長。

李安勞改後回到了北關農業隊，階級地位低下，生活狀況依舊困窘，並沒有發生任何改變。「文革」期間，他即便小心翼翼地生活，受到傷害仍是難免：

｛我那時候｝啥也不敢寫啥。我擱街上頭｛店裡｝給俺小閨女兒『俺小閨女兒今年都四十多了』【我給她】買個碗，細碗啊，那花碗子，四毛錢買個碗帶在肩膀頭子上『我當六年勞改回來以後有[108]她，有她的時候我都四十了』。【買個碗】那時候｛被｝紅衛兵看見了，｛他們｝說我那是「四舊」嘞！

我說：「那咋能「四舊」嘞？｛這是我在｝供銷社裡才（剛才）買嘞！四毛錢才買嘞，能算「四舊」嘞麼？」

「你不老實！」『就這還落個「不老實」』。

（紅衛兵）抓著（碗）給摔了！【四毛錢買個碗。】

在這樣身心俱受折磨的日子裡，李安雖然會講述神話，但他沒有時間、也沒有心情來講述。直到「文革」過去，神話講述才重新出現在他的生活裡。

一九八〇年代，太昊陵不收門票時，有文化、生性豁達的李安閒來無事，很喜歡和一群年齡相當的朋友在太昊陵附

108 有，出生的意思。

近聊聊「古典兒」、談談天，「閒偕群老話今古，興來龍湖看飛舟」[109]。在冬天的玉帶橋岸、夏天的龍湖邊上，他們十幾位老漢吃完晚飯沒事兒就聚在一起談天說地，常到夜裡十一點才回家休息。

李安的私學底子讓他很容易記住從別人那裡聽來的神話故事，並且能講許多書本上的文人軼事。他格外喜歡講文人故事、風物傳說，如蘇小妹新婚夜三考丈夫秦少游、蘇小妹代兄書寫「太昊伏羲之莫」、包公下陳州、孔聖人與淮陽蒲菜以及人祖大頭骨的傳說等等。在當地，人祖爺顯靈的傳說很多，但因為個人經歷的不同與信仰程度的強弱，講述人的講述各有千秋。李安在講述過程中時常發揮自己的創造性，把人祖爺顯靈故事講得繪聲繪色，力求表達出故事的真實性。故事內容多來自他身邊發生的事兒，或者是親耳所聞，像晉仁清回家順利是遭人祖爺保佑，人祖墳上不能逮黃鼠狼、塌了的玉帶橋連夜被神祕修復、老齋公翻船卻安然無恙等稀罕事兒，經他一講，常令人深信不疑。

與其講顯靈傳說時力求真實不同，李安在講述人祖兄妹婚神話時尊崇以史為證。他在講述過程中會時不時地以自己的知識對神話內容加以評價或考證其不實之處，認為神話故事包含有後人杜撰的成分，玄虛而不可靠：

〔這個古典兒〕講的眾說不一。因為啥嘞？這頂上沒有史記。說人祖那時候，『這事兒你咋說法啊？』【那時候】混沌。一個混沌都是十萬八千年，『誰也沒見過啥是混沌，十萬八千年，誰能活恁些（年）啊？』「呵呵」『一個人不最多活上個幾十歲，一百歲都萬分之一、幾萬分之一，幾萬人也不占一個。』

據說那時候也是一個龜，兩個學生他姊妹倆〈兄妹倆〉。他姊妹倆〈兄妹倆〉上學吃掉（剩下）的饃餵那個龜。時間長了，姊妹倆〈兄妹倆〉，兩個人上學擱那兒過，給牠饃吃。那個龜那一天在路上等著〔兄妹倆〕給牠饃嘞，【等他姊妹倆〈兄妹倆〉給那兒過嘞，】他姊妹倆〈兄妹倆〉又擱那兒過嘞，他哥和他妹妹，帶著饃又給

109 李安所作《窮首致富》詩：「柴門虛掩賊莫偷，糧無隔宿鼠難留。茅屋簡陋遮風雨，衣著敗絮勝胡裘。祖居西陵陳蔡西，七臺八景任我遊。閒偕群老話今古，與來龍湖看飛舟。」

牠，拿饃吃了，牠說：「我給你倆說個事兒。」

「啥事兒？」

「馬上就該混沌了，一到混沌就天塌地陷，｛世界上｝沒有啥了，五穀不生，啥都沒有啥嘞〈什麼都沒有了〉，｛只有｝遍地黃水。」

他[伏羲]說：「多少年一個呀？」

「十萬八千年一個混沌。過了這個混沌然後再慢慢了才有生物，植物動物才有，都得萬把年進化，萬年進化才有這個五穀啊這個生畜，這才都有。」

「管（得）多長不管啊？」

牠[白龜]說：「到時候｛你們｝來這兒吧，｛到時候｝我對你說。」

｛兄妹倆｝兩個人｛年紀｝都很小，才十來歲。

後來這一天，這個龜攔住路不叫他走了，牠[白龜]說：「恁別走了，已經到時候〈天塌地陷的時候〉了。」

他[伏羲]說「上哪兒啊？藏哪兒啊？

「恁先藏我肚子裡，我張開嘴，恁先鑽過去．過去這一陣子了，恁再出來。」

「好！」

他姊妹倆〈兄妹倆〉怪聽話，當時就一彎腰，牠[白龜]一張嘴就鑽牠肚子裡了。

｛兄妹倆｝鑽牠[白龜]肚子裡以後，就混沌了。天也塌了，地也陷了，遍地黃水，『洪水，』｛後來｝這過去那一陣兒了，這龜張開嘴，他姊妹倆出來了。『這龜那東西牠管在水裡頭游啊！』過去這一陣子了，牠爬到山頂上頭高地點兒，張開嘴叫他姊妹倆出來。牠說：「你出來吧，現在混沌已經過去了，天塌地陷沒有了。那個，將來就該有生物了。」他姊妹倆出來一看：遍地淨是水，不定（說不定）哪兒有一片高地，不定（說不定）哪兒有一片高地。高地頂上頭也沒有啥，淨是填（些）子沙子、石頭蛋子。

後來他[伏羲、女媧兄妹倆]都去問那個龜，說：「這咋辦啊，{世界上}沒有啥了，這——。」

「沒有啥嘞{你們倆}別慌，{世界要}慢慢嘞進化，逐漸嘞就啥都有了。」說到這兒，他姊妹倆又問：「{我們}餓了咋辦啊？」

這龜找了一塊石頭，牠說餓了恁就舔舔石頭，舔舔石頭{就}也不渴也不餓了。

「好！」他倆人都去舔那個石頭。{兄妹倆}舔舔{石頭}，呃，{他們倆真的}就是也不渴也不餓了。

後來一而三，兩而三{地舔石頭果腹}。慢慢嘞，這地上生草了，慢慢兒，{他們}看（看見）那水裡邊有恁多小蟲子了。{世界上的萬物}慢慢兒逐漸地進化，地上慢慢兒生了草，這{時候，兄妹倆吃的}五穀雜糧才有了，『這其實不定越了多少年才有了這。』【這都是，不定多少年才有了這。】一有了，『他都{伏羲、女媧都}成天以這個龜為靠山，』他姊妹倆都去找著龜，【找著龜】問{龜}：「這地上都長了草了，五穀雜糧都有了。」

「五穀雜糧都有了恁慢慢兒就管吃了，恁倆弄那吧，回去吧，我不能在這兒待嘞時間長，我也該歸位了。」牠說：「那啥，恁兩個都是人，這慢慢嘞{世界上}野蟲子普遍嘞都該發展了，恁先逮點兒野蟲子吃，逮點野蟲子吃將來弄那，恁可以慢慢兒生產人。『這頂上說嘞兩個人擱山上滾嘞磨。』{恁兄妹倆如果}一看（看見）山上有兩個大圓石頭，這圓石頭滾到一塊兒，恁倆個就可以結婚。『現在說是結婚，那時候可沒有這名詞兒。**這事兒不可靠，胡扯一氣，反正民間傳說這是。**』

後來弄啥他倆就講結婚的事兒。他妹妹給他哥商量，他哥：「那不中！咱是親姊妹們！」

{妹妹}說：「親姊妹們，世界上不就咱倆麼？連仨人也沒有啊？恁是男嘞，我是女嘞。{只能咱們兩個結婚}」

他[伏羲]說：「{咱倆}咋結婚呢？」

「兩個石頭，你過東山上﹝把其中一塊石頭﹞朝底下滾，我過西山上﹝把另一塊石頭﹞朝底下滾。﹝如果﹞兩個石頭要能碰到一塊兒了，咱倆就結婚；碰不到一塊了，（咱倆）再講（再說怎麼辦）。」

後來﹝他們把﹞兩個石頭一滾。兩個石頭結果合到一塊兒了。

這他［他們兄妹倆］後來生產。倆人結婚了，一結婚﹝後他們﹞慢慢生小孩兒。他［伏羲］說：「這太慢了。」『這（故事中）講了製造小孩兒。』女媧氏『女媧氏就是他妹妹』。呃。這是傳說五龍製草根。『**這是胡說**。』後來﹝他們倆﹞就捏，捏泥人兒。『**這我也是聽涅老婆兒們講**。』【捏嘞泥人子，】天下雨嘞，趕緊往屋裡收吧！﹝泥人﹞還沒曬乾呢：﹝泥人﹞還不管活嘞，﹝伏羲、女媧﹞趕緊朝屋裡攜（搬、拿），搬著搬著﹝雨﹞下緊（大）了！下緊（大）了兩個人抓緊時間趕緊搬，趕緊搬後來﹝把泥人﹞碰爛嘞，﹝還有﹞碰壞嘞﹝泥人﹞，﹝這﹞都有！﹝所以現在﹞那不瞎子、瘸子都有。『**呵呵。這是胡扯大八連了**。』

李安把這個「胡扯大八連」的神話講得繪聲繪色，引人入勝，這是他自幼從老齋公們那裡聽來的。在講述過程中，他聲如洪鐘，條理清楚，引經據典，細節描述精彩，像他講到的「進化」情節在其他講述人那裡鮮少聽到。讀過書的李安認為伏羲、女媧兄妹成親的神話故事眾說不一的原因就在於「頂上（此前，遠古時期）沒有史記（史書記載）」，那麼就不可避免地包含有後人杜撰的成分，尤其是他對「混沌」的解釋和說的最後一句話——「胡扯大八連」。在筆者問及為什麼他認為這個神話是胡扯大八連時，老人依據自己的推理，肯定地論證說：「史書上沒有考證，他那時候上學，那時候醫院都沒有麼？為啥？那到伏羲氏時候才一畫開天呢？畫八卦，這是胡扯。」當然，在他看來，故事可能是假的，但這樣的「胡扯大八連」在老百姓的口頭流傳中確實也是真實存在的，這不容否認。此外，李安並不信仰人祖爺，他認為「燒香」就是在搞「封建迷信」。特殊的個人生活史形成了他獨特的個人判斷。

李安既是經歷過政治打擊的知識份子，又是在崇信人祖爺這種地方「小傳統」的滋養下長大的普通民眾，這都影響了他對不同類型「古典兒」的選擇和在人祖神話的真實性這一點上的判斷。一方面，長期的學堂教育以及比較豐富的書面知識使他在講述神話時不忘「客觀地」加以評判，但是另一方面，他對幼年時即浸染其中的顯靈傳說卻樂意講述，其中大約有這樣幾個原因：一是傳說事件發生的時間、地點、人物往往有真實可信性；二是顯靈傳說的講述往往追求一種「真實的」情境的描繪，這一點給李安留下了深刻印象，他常對之進行模仿並再敘述。另一方面，與人祖爺伏羲相關的遺跡和民間習俗一直是重要的地方文化，長期維繫著人們的認同和集體榮譽感，這對李安也不例外。他最喜歡講述的文人軼事、風物傳說不僅證明著家鄉深厚的文化積澱，而且講述過程也讓自己體會到一種擁有知識的滿足感。在他眼裡，太昊陵不僅僅只是神話中人類始祖伏羲的陵寢——一個宗教信仰的場所，其文物古蹟的意義遠大於此，「文革」中的破壞和現在陵內的設置有很多地方並不與原貌相符，知識份子的責任感使他不寫不快，意圖依據自己擁有的知識為恢復這一地方文化標誌的古貌做出貢獻，因此才有了他的《祖先陵前鳴冤叫屈》[110]。不過，李安並沒有把這首詩交上去，經歷了二十世紀五〇年代至七〇年代殘酷的政治運動，他如今無論做人做事都相當小心謹慎。他選擇保留看法、謹言慎行，畢竟與一群老漢談天說地、盡興而為的「野叟曝言」更是他理想的生活。

小結

「民間」並不是均質的。即使生活在同一時代的講述人，儘管其生存的社會文化語境有諸多相近之處，但因自身生活經歷、文化程度、信仰狀況和所屬群體的不同，他們在對神話故事的理解、講述和利用等方面往往有不同的個性特

110 該詩作於二〇〇四年姓氏文化節之際。「世傳三皇說千秋，華夏炎黃一脈留。大明太祖立廟祀，沿襲至今遭徒流。不知依據啥經典，神農軒轅犯何由。女媧因甚居顯仁，五帝又登轉香樓。玉皇三清天仙愁，被逐已離七十秋。真武老君火災星，相繼被逐無處投。享堂盡屬侵略者，惟幸岳武待保留。東廊成立集中營，曇花一現瞬即修。」

點。社會的變遷、政治權力的干預給神話講述人的人生帶來了這樣那樣的變化，影響著他們對神話是「封建迷信」或者「真實存在」的不同看法和判斷。他們的神話講述多帶有自己的個性色彩和生活世界的影子。從對他們的個人生活史的考察中，分明能看到時代與社會變遷給神話傳統烙上的印記。

第七節　結語

神話講述作為一種重要的民間敘事文類，鮮活地活在民眾口頭，其講述是人們日常生活中的一種重要的習俗活動。社會的政治、經濟、文化等變遷不可避免地要影響到神話的傳承方式、內容、功能、意義等方面的變化。本文將河南淮陽的人祖廟會及相關神話講述活動置於一九三〇年代以來中國社會巨大的歷史變革進程中，從歷史與權力的視角，透視過去的七十多年中，中國社會發生的巨大變化給當地的神話與民間信仰帶來的影響。筆者發現：

一、國家力量的干預是人祖神話講述場合不斷發生變化的主要原因

政治權力對人們日常生活的干預深刻地影響了人祖神話的講述。在二十世紀三〇年代，國家力量對淮陽人祖廟會與神話講述活動的強制干預較少，神話的傳承基本沒有受到太多政治力量的拘禁和阻礙，從而在較大程度上能夠自在地傳承。日常生活中的神話講述隨時隨處可以發生，具有普泛性傳播的特點。而人祖廟會是人祖神話得以集中、廣泛傳播的最為重要的途徑，這一場合講述的神話往往與信仰和宗教儀式密切相連。解放後，人祖信仰在左傾意識形態的價值體系中被定性為「封建迷信」，遭到禁止。相應地，人祖神話的講述開始從社區公共生活空間中退隱，更多地出現在家庭、

家族範圍內和朋友、鄰里等私人交際場合，有些講述人的個人生活中甚至沒有了神話的影子。改革開放以來，國家實行了比較寬鬆的文化政策，人祖廟會和人祖信仰重新取得了政治上的合法性，並開始作為「非物質文化遺產」受到地方政府的重視。以往曾被標定為「宣傳封建迷信」的人祖神話講述重新出現在人們的公共生活領域，電視、報紙、網路等現代媒體的大力宣傳使之在原來的基礎上獲得了更具時代性、更為開放的講述空間。

二、社會的變遷也使講述人發生了變化

社會變遷對講述者群體的影響主要體現在兩個方面：一是對個體神話講述者自身造成的影響；二是促進了講述人群體的擴大，具有鮮明時代特色的講述人群體出現。

社會的變遷對個體講述者的個人生活造成了很大影響。在「文革」時期，有的講述者因為宣傳「封建迷信」被判了刑；有的因家庭出身等原因被勞改下放。這些都造成了他們在後來的神話講述中有意識或無意識地實行對政治的規避，進行自我保護，也影響了他們對待神話的態度和價值判斷。再如，改革開放後有一些神話講述人因為子女的外出打工、自身忙於家務而漸漸忘記一些經歌。社會變革對講述者個體生活造成的影響間接地投射到了神話講述活動中。

長期以來，鄉間的老人和老齋公等是人祖神話的主要講述者，雖然他們有的完全是文盲，有的沒讀過多少書，但在日常生活中他們通過講述神話傳說，積極傳播地方知識，是地方傳統文化的權威。解放以後，隨著學校教育的普及以及科技的進步，主流話語中的「知識」一詞更多地指涉書面知識，並不包括鄉間百姓的民間文化，原有的民間知識權威的地位受到衝擊。近些年來，隨著旅遊產業的迅速發展，太昊陵有許多專門的職業技術學校畢業或高中畢業的導遊專門負責給遊客講解與人祖相關的傳統知識。導遊們往往在相關書面文獻紀錄的基礎上，揉合進百姓口頭流傳的人祖神話傳說，從而在一定程度上充實了口承神話的內容。由於他們講起來頭頭是道，富於表演性，不知不覺中，他們確立了在太

昊陵講述人祖神話知識的新的權威地位。

三、社會的變遷對神話文本的影響相對有限

通過考察一九三〇年代以來不同社會發展時期的人祖神話講述，可以清楚地看到社會的發展變遷對神話文本造成的影響主要體現在數量的變化上，而神話得情節結構仍保持著顯著的穩定性。

神話是共同體集體精神的結晶，它代表著一個群體的情感意願[111]。長期鮮活地存在於人們口上和心中的口承神話，早已成為人們日常生活的一種，成為一種社區集體記憶。外力的影響可以改變它的傳承場合、傳承群體、傳承方式、聽眾群體等，而對具有較強自足性的神話文本來說影響相對有限——一九三四年採錄的人祖爺、人祖姑娘兄妹婚神話與二一世紀採錄的同類型文本差別基本不大，儘管兄妹婚神話在每一文本中的細節和母題組合都有大大小小的差異，但是神話的類型和核心母題的變化很小。

四、口承神話在當代的傳承方式更加多樣化

長期以來，口耳相傳是口承神話的主要傳承方式，祝歌、經歌、散文體的神話講述等，都以人們喜聞樂見的形式傳達著人祖的相關資訊。一方面，長期以來，口耳相傳是口承神話的主要傳承方式，但另一方面，隨著現代科學技術的發展，廣播、電視、電腦等逐漸走入人們的日常生活，並為口承神話提供了更為快捷、輻射範圍更廣的傳播方式，尤其是

111 田兆元，《神話與中國社會》（上海：上海人民出版社，一九九八年），頁六六。

廟會期間，越來越多的年輕人和中老年人，都可以從電視中便捷地獲知地方政府和媒體所大力宣傳的地方掌故和人祖神話，這些知識反過來影響著他們對人祖神話的接受和傳承。媒體對太昊陵和人祖伏羲進行的大規模宣傳不僅傳遞著地方性知識，也增強了人們的地方認同。

五、社會文化語境的變遷促使人祖神話的意義和功能發生著變化

神話作為「不斷變動著的現實民俗」，[112]在不同的社會文化語境中，其意義和功能也不斷發生著變化。在淮陽地區，多種形態的人祖神話及其衍生的故事曾經對民眾進行著精神文化上的薰陶、民間道德規範的宣教，規訓著人們的日常生活，促進了當時社會和文化秩序的穩定。而近半個多世紀以來，隨著各種政治和社會文化語境的變化，神話在民間社會具有的傳統道德教化功能逐漸減弱，神聖性漸漸被世俗功利性取代。特別是在二十世紀九〇年代以來，地方政府對神話的新闡釋增添了神話的意義與功能，人祖神話成為地方悠久歷史的佐證，被打造成為當地的「文化招牌」，為促進地方經濟的發展做貢獻。也可以說，正是神話的穩定性使之在社會變遷中也具備了很強的適應能力，能在保持穩定性的同時，將社會變遷帶來的新現象吸納到自己的體系中來，從而自身得到了極大地豐富。

總之，從淮陽人祖神話與人祖廟會在近七十多年間的不同社會語境中的變化，我們可以透視中國社會和文化發展遷徙的腳步；反之，我們也能發現中國現代社會的發展變遷給在此語境中生存的神話傳統的傳承和重構造成的深刻影響。

112 楊利慧，〈神話的重建——以〈九歌〉、〈風帝國〉和〈哪吒傳奇〉為例〉，《民族藝術》二〇〇六年第四期。

主要參考書目（以出版先後為序）：

一、專著

1. 蔡衡溪，《淮陽鄉村風土記》，一九三四年鉛印本。
2. 鄭合成，《陳州太昊陵廟會概況》，河南省立師範學校、杞縣教育試驗區調查，一九三四年。
3. 袁珂編《古神話選釋》，人民文學出版社，一九七九年。
4. 張振犁、程健君編《中原神話專題資料》，中國民間文藝家協會河南分會，一九八七年。
5. [蘇]李福清著，馬昌儀編，《中國神話故事論集》，中國民間文藝出版社，一九八八年。
6. [日]大林太良著，林相泰、賈福水譯，《神話學入門》，中國民間文藝出版社，一九八八年。
7. 孟慧英，《活態神話——中國少數民族神話研究》，南開大學出版社，一九九〇年。
8. 李子賢，《探尋一個尚未崩潰的神話王國》，雲南人民出版社，一九九一年。
9. 張振犁，《中原古典神話流變論考》，上海文藝出版社，一九九一年。
10. 馬昌儀編《中國神話學論文選萃》（上、下編），中國廣播電視出版社，一九九四年。
11. [美]阿蘭·鄧迪斯編，朝戈金等譯，《西方神話學讀本》，廣西師範大學出版社，二〇〇六年。
12. 高丙中，《民俗文化與民俗生活》，中國社會科學出版社，一九九四年。
13. 楊利慧，《女媧的神話與信仰》，中國社會科學出版社，一九九七年。
14. 費孝通，《鄉土中國　生育制度》，北京大學出版社，一九九八年。

15. 田兆元，《神話與中國社會》，上海人民出版社，一九九八年。
16. 楊利慧，《女媧溯源——女媧信仰起源地的再推測》，北京師範大學出版社，一九九九年。
17. 郭於華主編《儀式與社會變遷》，社會科學文獻出版社，二〇〇〇年。
18. 呂微，《神話何為》，社會科學文獻出版社，二〇〇一年。
19. [美]伊佩霞著，趙世瑜、趙世玲、張宏豔譯，《劍橋插圖中國史》，山東畫報出版社，二〇〇一年。
20. [美]杜贊奇著，王福明譯，《文化、權力與國家：一九〇〇—一九四二年的華北鄉村》，江蘇人民出版社，二〇〇三年。
21. 王銘銘，《溪村家族——社區史、儀式與地方政治》，貴州人民出版社，二〇〇四年。

二、論文

1. 王銘銘，《小地方與大社會——中國社會的社區觀察》，《社會學研究》一九九七年第一期。
2. 江帆，《口承故事的「表演」空間分析》，《民俗研究》二〇〇一年第二期。
3. 祝秀麗，《遼寧省中部鄉村故事講述人活動研究——以遼寧省遼中縣徐家屯村為個案》，北京師範大學博士學位論文二〇〇二。
4. 彭兆榮，《神話敘事中的「歷史真實」》，《民族研究》二〇〇三年第五期。
5. 賀學君，《從書面到口頭——關於民間文學研究的反思》，《民間文化論壇》，二〇〇四年第四期。
6. 楊利慧，《表演理論與民間敘事研究》，《民俗研究》二〇〇四年第一期。
7. 楊利慧，《民間敘事的傳承與表演》，《文學評論》二〇〇五年第二期。

8. 楊利慧，《從神話的文本溯源研究到綜合研究》，《民間文化論壇》二〇〇五年第二期。
9. 廖明君、楊利慧，《朝向神話研究的新視角》，《民族藝術》二〇〇五年第一期。
10. 葉舒憲，《中國神話學百年回眸》，《學術交流》二〇〇五年第一期。
11. 劉宗迪，《中國現代神話學：在思想與學術之間》，《民間文化論壇》二〇〇五年第二期。
12. 吳曉東，《神話研究中的歷史附屬性與文化壓力》，《民間文化論壇》二〇〇五年第二期。

【附錄】民間敘事的表演
——以兄妹婚神話的口頭表演為例，兼談中國民間敘事研究的方法問題[1]

楊利慧

內容提要：中國民間敘事學領域長期盛行的是文本的歷時性研究方法。本文則另闢蹊徑，從「表演」的視角出發，通過對兩次兄妹婚神話表演事件的個案分析，展示了民間敘事的動態而複雜的表演過程和文本化過程，並指出這一過程往往受到諸多複雜因素的影響，充滿了傳承與變異、延續與創造、集體性傳統與個人創造力的不斷互動與協商。因此，只有把歷時性研究和特定表演時刻的研究、歷史—地理比較研究與民族誌研究、文本研究與表演過程研究、對民間敘事的集體性和模式性的研究與對個人創造力的研究等結合起來，才能比較深入地瞭解民間敘事的傳承和變異的本質，以及其形式、功能、意義和表演等之間的相互關係。

關鍵字：民間敘事　表演　研究方法　兄妹婚神話

1 本文刪節本曾以〈民間敘事的傳承與表演〉為題，發表於《文學評論》二〇〇五年第二期；全文後以〈民間敘事的表演——以兄妹婚神話的口頭表演為例，兼談中國民間敘事研究的方法問題〉為題，收入呂微、安德明主編《民間敘事的多樣性》（北京：學苑出版社，二〇〇六年），頁二三三至二七一。收入本書時稍有改動。

民間敘事（folk narrative），是指在不同集團的人們當中流傳的、對一個或一個以上事件的敘述，與一般敘事不同的是，它們主要是通過口頭來進行交流的（所以有時又被稱為「口頭敘事」，oral narrative），而且往往以眾多異文形式存在。民間敘事範圍廣泛，包含著許多種敘事文類（genres），其中既包括比較傳統的文類，像神話、民間傳說、民間故事（狹義）、笑話、史詩、敘事歌謠等等，另外也包括現代日益受到學者們關注的個人敘事（personal narrative）、都市傳說（urban legend）、地方奇聞軼事（anecdote）等。民間敘事不僅一直是民俗學、民間文藝學領域裡最受關注的研究內容之一，而且還常常引起諸多文藝學家、人類學家、語言學家、心理學家、歷史學家等的濃厚探索興趣。

現代學科意義上的中國民間敘事學研究，如果也把二十世紀初葉北京大學《歌謠》週刊的創立算作其發端的話，至今也已走過了近一個世紀的風雨歷程，取得了豐碩的學術成就，並為今天和未來的學術發展奠定了堅實的基礎。但是，如果我們站在二十一世紀的開始，並且立足於國際民間敘事學近年來對許多問題的反思以及所取得的成績，來反觀中國民間敘事學的研究視角和方法，會發現，中國的民間敘事學，與一段時期內國際民間敘事學的發展歷程相似，長期以來占據主導地位的，也是以文本[2]研究為主的視角和方法，也就是說，大家關注和分析的，主要是被剝離了語境（context）[3]關係的

---

2 文本（text）有廣狹義之分。廣義的文本，可以指任何分析和闡釋的對象，例如一個儀式、一段舞蹈、一首詩或者一個陶罐等。而狹義的文本，則是指書面或者口頭的、具有一定形式結構的作品本身，例如一個故事、一部小說或者一件抄本等等。由於本文關注的對象是民間敘事，所以採用的是狹義的文本定義。

3 Context一詞有不同的翻譯，有人譯為「情境」，有人譯為「景境」，有人譯為「場景」，多數人譯為「語境」。本文採用多數人的譯法。作為表演理論以及語用學、語言人類學等研究領域裡的核心概念之一，語境在不同的學者那裡多少有些差異。理查德•鮑曼曾經在「The Field Study of Folklore in Context」一文中，對語境做了非常細緻的劃分。他認為民俗是存在於一個相互關聯的網中，因此我們應該研究語境中的民俗，這就是說，個人的、社會的和文化的因素會賦予民俗以形態、意義和存在。他把語境劃分為兩個大層面：文化語境（cultural context，理解文化需要瞭解的資訊，主要指意義系統和符號性的相互關係）和社會語境（social context，主要指社會結構和社會互動層面）。並進一步劃分為六個小層面：一、意義語境（context of meaning，理解「這意味著什麼？」需要瞭解的資訊，例如人們的生活方式、信仰和價值觀、符號和隱喻關係）；二、風俗制度語境（institutional context，例如政治、宗教、親屬關係、經濟，乃至鄰里關係、開張、慶祝等，主要回答文化各方面如何相互關聯、如何相互適應的問題）；三、交流系統語境（context of communicative system，主要回答「一個文化中的特定民俗形式如何與別的形式相關聯」問

民間敘事作品本身[4]。而且，學者們打量敘事文本的眼光基本上是「歷時性」的，視角和分析方法模式主要是「歷史溯源」式的，也就是往往通過對文獻資料（包括古代典籍、方志、巫書等）的考據，或者結合採集的口頭敘事文本，或者再有考古學的材料。——總之，往往是通過對文本形態和內容的梳理和分析，追溯其原始形貌和原初涵義，勾勒它在歷朝歷代演變的歷史脈絡，並探詢其可能蘊含的思想文化意義。應當說，歷史視角和歷時性方法特點的形成，是與中國悠

題）；四、社會基礎（social base，回答「該民俗關聯到何種社會認同的特點？」，需要瞭解的資訊包括地域、民族、職業和年齡集團、家庭和社區等）；個人語境（individual context，包括個人生活史、個人講述資料庫的結構和發展等）；情境性語境（situational context，例如交流事件——如婦女座談會、家庭聚會、布魯斯表演，甚至電話交談等。事件的結構是由許多情境性因素的相互作用而產生的，其中包括物質環境、參與者的身份和角色、表演的文化背景原則cultural ground rules for performance、互動和闡釋的原則、行動發生的順序等。這些因素將決定選擇什麼來表演、表演的策略、突生文本的形態，以及特定情境的自身結構）。另外，鮑曼在注釋2中還指出，還應該包括歷史語境（historical context）。Richard Dorson, ed., *Handbook of American Folklore* (Bloomington: Indiana University Press,1983), pp. 362-386. 此外，Charles Goodwin和Alessandro Duranti在《語境的重新探討：作為互動現象的語言》一書的前言中說：語境問題的提出意味著這樣的認識：只有當考察者不局限於事件本身，而是考察事件置根於其中的其他現象（例如文化環境、言語情境、共用的背景知識）之時，被考察的焦點事件才可能被正確地理解、合理地闡釋，或者用有關的方式加以描述，也就是說，言談（talk）自身的特徵需要借助於與其後繼發的互動組織相關的背景知識來認識。所以，語境是一個框架（frame），它包圍著被考察的事件，並為它的合理闡釋提供參考。該文進一步指出了語境包括的四個維度：一是環境(setting)，二是行為環境（behavioral environment），三是語言作為語境，四是情境之外的語境（extrasituational context）。參見Alessandro Duranti and Charles Goodwin, *Rethinking Context: Language as an Interactive Phenomenon*. eds. (Cambridge: Cambridge University Press, 1992), p. 3.

4 甚至在搜集和採錄民間文學時也主要以文本的採集為主，例如二十世紀八〇年代開始的著名的「民間文學三套集成」工作。這裡需要特別強調指出的是，說中國民間敘事學長期以來以文本研究方法占據主導地位，並不表示其中完全缺乏對文本的講述活動的關注。實際上，中國學者對民間敘事講述活動的關注從二十世紀初葉即已肇始，五〇年代已取得了相當豐富的成果（例如對著名故事講述家秦地女、黑爾甲、王惠等的調查），八〇年代以來更加自覺地把講述活動的總體研究納入民間文藝學的學科體系之中（例如鍾敬文主編，《民間文學概論》、張紫晨著，《民間文藝學原理》、許鈺，《口承故事論》、段寶林多次提出的「立體描述」方法等）。但是，正如有的研究者所指出的，「綜觀中國民間故事講述活動研究的發展脈絡可以看到，與故事文本研究相比，故事講述活動的研究似乎一直缺乏開闊的思路和多元的視角，而處於狹窄的、分割的狀態」，「故事講述主體和講述行為的調查和研究則相對緩慢」（參見祝秀麗，〈中國民間故事講述活動研究史略〉，《民俗研究》二〇〇三年第一期），而且，在考察和研究民間敘事的講述活動時也多集中於對故事家個人生活史、故事傳承路線、講述風格等問題的靜態描述，而對其在具體語境下的傳承和講述行為的動態過程則很少關注。

久的社會文化傳統分不開的，它是中國學者在分析中國文化事項上的一個特點和長項，也是認識事物本質的一個有力的途徑。但是，總是從這樣一個「文本的歷時性研究」的思路和模式出發去分析民間敘事，則不免單一和僵化，而且，更重要的是，它忽視了民間敘事往往是在特定語境中、由一個個富有獨特個性和講述動機等的個人來講述和表演、因而不可避免地受到眾多即時和複雜的因素的協同作用，因而忽視了民間敘事的許多本質特點[5]。

與中國民間敘事學的發展歷程相呼應，在國際民間敘事研究方面，在相當長的時期裡也是以文本研究為主的，學者們關注的主要是抽象的、無實體、往往被剝離了語境關係的民間文學事象（item），比如在民間敘事學領域裡產生較大影響的自然神話學派（主要用歷史比較語言學的方法追溯神話的本源，而這些本源往往被歸結為自然現象）、歷史—地理學派（又稱芬蘭學派，主要方法是大量搜集散見於世界各地的某一敘事類型的各種異文，然後比較其異同，最終目的是探尋出故事的最初形貌和起源地）、心理學派（包括精神分析學派和心理分析學派，主張民間敘事是人類的一種心智現象，從中可以探求人類的潛意識心理特徵）、結構主義學派（致力於發現民間敘事的基本邏輯結構，和內在的思維訊息）等等。但是這一文本為中心的視角和方法，從二十世紀六〇年代末開始受到了集中的反思和批評。一些新的學術理論和研究視角的提出和實踐，使民間敘事學出現了新的氣象。其中特別有代表性的，是六〇年代末七〇年代初，在美國民俗學界興起、八九〇年代最為興盛、至今已廣泛影響到世界範圍內諸多學科領域（例如民俗學、人類學、社會語言

5 這方面的問題，已經被一些研究者意識到了。例如江帆在《口承故事的「表演」空間分析——以遼寧講述者為對象》一文中說：「我們的研究視野也存在盲點，主要體現在對故事賴以存活的『講述情境』——即人類學表演（Performance）理論指謂的故事『表演空間』缺乏關注；對故事文本的田野詮釋更是鮮有觸及」（《民俗研究》二〇〇一年第二期）。祝秀麗在《中國民間故事講述活動研究史略》一文中指出：「綜觀中國民間故事講述活動研究的發展脈絡可以看到，與故事文本研究相比，故事講述活動的研究似乎一直缺乏開闊的思路和多元的視角，而處於狹窄的、分割的狀態」（《民俗研究》二〇〇三年第一期）。陳崗龍在研究東蒙古英雄史詩中的蟒古思故事時也有類似的看法：「由於過去對蟒古思故事說唱藝人表演活動的民俗學田野調查工作（客氣地說）做得不夠，已經出版的蟒古思故事印刷文本幾乎都沒有體現出蟒古思故事是『說唱藝人在表演中創作完成』的最基本的口頭傳統特徵。過去人們以為說唱藝人只是蟒古思故事的傳承者和傳布者，而沒有一部紀錄文本和印刷文本清楚地告訴我們說唱藝人在具體表演中的創造性和對蟒古思故事口頭傳統的能動作用。」（《蟒古思故事論》，頁九四，北京師範大學出版社，二〇〇三年）

學、文學批評、宗教研究、音樂、戲劇、言語研究、區域研究、語言學、講演與大眾傳媒等）的表演理論（performance theory），它對上述以文本為中心的方法提出了尖銳的批評和挑戰，並進而提出了以「表演」為中心的新觀念。關於「表演」的涵義和本質特點，在表演學派的宣導者們內部，也有不同的表述和差異。其代表人物之一的理查•鮑曼曾經在《作為表演的口頭藝術》一文中，明確地指出了所謂「表演」的本質：「表演是一種說話的模式」，是「一種交流的方式」：

> 從根本上說，作為一種口頭語言交流的模式，表演存在於表演者對觀眾承擔展示（display）自己交流能力（communicative competence）的責任。這種交流能力依賴於能夠用社會認可的方式來說話的知識和才能。從表演者的角度說，表演要求表演者對觀眾承擔展示自己達成交流的方式的責任，而不僅僅是交流所指稱的內容。從觀眾的角度來說，表演者的表述行為由此成為品評的對象（subject to evaluation），表述行為達成的方式、相關技巧以及表演者對交流能力的展示的有效性等，都將受到品評。此外，通過對表達行為本身內在特質（intrinsic qualities）的現場享受，表演還可被顯著地用於經驗的昇華（enhancement of experience）。因此，表演會引起對表述行為的特別關注和高度意識，並允許觀眾對表述行為和表演者予以特別強烈的關注。[6]

與以往民間文學研究領域中盛行的以抽象的、往往被剝離了語境關係的民間文學事象為中心（item-centered）的觀點不同，表演理論是以表演為中心（performance-centered），關注民間文學文本在特定語境中的動態形成過程，和其形式的實際應用[7]。就民間敘事的研究來說，在表演理論的視角下，民間敘事文本不再僅僅是集體塑造的傳統和文化的反

6 [美]理查德•鮑曼著，楊利慧、安德明譯，《作為表演的口頭藝術》（桂林：廣西師範大學出版社，二〇〇八年），頁一二。

7 對於表演理論的簡要介紹，讀者可參見本書「總論」第二節；其更多理論主張和實踐案例可參考理查德•鮑曼著，楊利慧、安德明譯，《作為表演的口頭藝術》。

映，也不是「超有機體的」（super-organic），即它不再是一個一經創造之後，便不再依賴其原生環境和文化語境，而能夠持續生存的事象[8]，而是置根於特定情境中的，其形式、意義和功能置根於由文化所限定的場景和事件中；研究者也不再局限於以文本為中心、追溯其歷史嬗變、地區變文或者蘊含的心理和思維資訊的研究視角，而更注重在特定語境中考察民間敘事的表演及其意義的再創造、表演者與參與者之間的交流，以及各種社會權力關係在表演過程中的交織與協商。

一九八〇年代以後，表演理論在世界範圍內的民間敘事學領域裡廣泛滲透，並產生了巨大影響，許多學者在自己的民族誌研究基礎上，紛紛運用表演理論和方法來研究民間敘事的表演，也有不少學者對表演理論存在的一些局限和不足提出了修正和補充，產生了一大批新的研究成果。

表演理論被一些評論者認為是當代世界民俗學領域裡最富有影響和活力的方法之一，代表了一種思維方式和研究角度的轉變，它的應用所帶來的是對整個民俗學研究規則的重新理解[9]。由於表演理論的影響，加上其他一些相關理論和方法的共同推動，促成了美國民俗學界從六〇年代以來幾個大的轉變（shifts）：從對歷史民俗的關注，轉向對當代民俗的關注（from history to contemporary）；從對文本的研究，轉向對情境的研究（from text to context）；從普遍研究，轉向地方性研究（from universal to local）；從對集體性的關注，轉向對個人、特別是有創造性的個人的關注（from collective to individual）；從對靜態的文本的關注，轉向對動態的實際表演和交流過程的關注。尤其在八〇年代以後，民俗學界（及其他一些人文學科）對於傳統的再創造（the invention of tradition）、文化商品化（the commodification of culture）的論爭使得整個民俗學學科更注重民俗文化現象的即時性（emergent quality）、立體性（contexualization）、多

---

8 Dan Ben-Amos, "Toward a Definition of Folklore in Context".In *Toward New Perspectives in Folklore*. Americo Paredes and Richard Bauman, eds. (Bloomington: Trickster Press, 1971).

9 李靖，〈美國民俗學研究的另一重鎮——賓夕法尼亞大學民俗學文化志研究中心〉，《民俗研究》二〇〇一年第三期。

重異質性（multi-layer and heterogeneity）及複雜性（complexity）[10]。

與國際民俗學界的上述晚近學術趨向相參照，我們也許應該對中國民間敘事學以至於整個民俗學研究的視角和方法進行許多認真的反思：

我們是否把敘事文本當成了一個個自然而然形成的、自足的、意義完整的系統，而忽視了文本其實是在特定的語境下，由一個個富有獨特個性和講述動機等的個人來講述和表演，因而不可避免地受到眾多即時的和複雜的因素的協同作用？

我們是否過於注重整體的、綜合的研究和大範圍內的文本比較（比如羅列上下幾千年的文獻紀錄並加以考據、在全國範圍內搜集異文、對異文進行跨地域、跨民族文化的比較等），而忽視了對具體傳承和變異細節的民族誌細緻考察和微觀研究（例如某個講述人，在某個具體的時空背景下，在現場諸種因素的互動中如何傳承，又如何創造）？

我們是否太致力於尋求民俗事象在傳承和變異過程中的規律性和模式性，而忽視了民俗事件在現實語境中的靈活性和即時性？

我們是否過於強調集體性[11]，而忽視了個人的創造性，或者說，忽視了個人的創造性如何與傳統互動？

我們是否過於注重歷史溯源，而忽視了民俗作為傳統的文化資源，如何被人們創造性地加以改造和利用（reconstruct），從而為他們今天的現實生活服務？

值得注意的是，近二十年來，尤其是近四五年來，中國的形勢發生了一些變化：一些學者從親身的研究實踐中，注意到了民間文學文本的動態而複雜的形成過程，注意到了講述人、聽眾和語境之間的互動是文本化過程中的重要因素[12]。

10 李靖，〈美國民俗學研究的另一重鎮——賓夕法尼亞大學民俗學文化志研究中心〉，《民俗研究》二〇〇一年第三期。

11 比如在許多《民俗學概論》、《民間文學概論》中，「集體性」往往都被置於民俗學、民間文學特徵的首要位置。

12 例如：許鈺，《口承故事論》（北京：北京師範大學出版社，一九九九年）；柯楊，〈聽眾的參與和民間歌手的才能——兼論洮岷花兒對唱中的特別是一部分中青年學者受到國際上較晚近的學術思潮（例如口頭程式理論、表演理論、民族誌詩學等）的影響，開始自覺地反思和探究文本與語境、文本與傳統、文本與表演者、聽眾以及其他參與者之間的關係等[13]。但總的說來，這方面的工作依然需要進一步拓展和深入，特別是應該進一步加強在民族誌基礎上，對特定語境中發生的某一表演事件（performance event）和實際動態交流過程（dynamic process of the communication）的細緻描述和微觀考察，從而更深刻地展示民間敘事的動態而複雜的表演過程和文本化過程，展示民間敘事的文本與語境、傳統與創造、講述人與參與者之間的交流與互動的過程。

本文將參照國際民間敘事學領域裡較晚近的學術發展取向，特別是參照表演理論的視角和方法，立足於對河南省淮陽縣人祖廟會上的神話講述活動的民族誌考察，以兄妹婚神話的兩次表演事件為個案，從中著力探討以下目前在神話學領域裡尚很少被論及的學術問題：作為一種古老的民間敘事文類，神話文本是如何在表演中得以呈現與構建的？相同類型的神話，在不同的講述人那裡會發生什麼樣的變化？神話在具體語境中被講述和表演的過程怎樣？在講述過程中，講述人與參與者之間、傳統與個人創造性之間如何互動？神話講述過程中有哪些因素在共同參與表演並最終塑造（shape）了神話文本？在一個現代化的社會中，神話傳統是否會發生變異以與現代社會相適應？或者說，神話作為傳統的文化資源，如何被人們創造性地加以改造和利用，從而為他們今天的現實生活服務？

同時，通過這一個案研究，筆者還力圖嘗試性地探討以下方法論問題：在探討「作為口頭表演的民間敘事」時，能

環境因素〉，《民俗研究》二〇〇一年第二期。

13 例如：朝戈金，《口傳史詩詩學：冉皮勒〈江格爾〉程式句法研究》（南寧：廣西人民出版社，二〇〇〇年）；江帆，《口承故事的「表演」空間分析——以遼寧講述者為對象》，《民俗研究》二〇〇一年第二期；祝秀麗，《遼寧省中部鄉村故事講述人活動研究》（北京師範大學博士學位論文，二〇〇二年）；陳崗龍，《蟒古思故事論》（北京：北京師範大學出版社，二〇〇三年）；巴莫曲布嫫，《史詩傳統的田野研究：以諾蘇彝族史詩「勒俄」為個案》（北京師範大學博士學位論文，二〇〇三年）；尹虎彬，《河北民間後土信仰與口頭敘事傳統》（北京師範大學博士學位論文，二〇〇三年）等等。

否把中國學者注重長時段的歷史研究的長處，和目前一些西方理論（包括表演理論）注重「情境性語境」（the situated context）和具體表演時刻（the very moment）的視角結合起來；把宏觀的、大範圍裡的歷史—地理比較研究與特定區域（community）的民族誌研究結合起來；把文本的研究與語境的研究結合起來；把靜態的文本研究與動態的表達行為和表演過程的研究結合起來；把對集體傳承的研究與對個人創造力的研究結合起來？

這是否是一個過於理想化的追求？實踐這樣的追求是否可能呢？筆者不揣淺陋，願在此做一個初步嘗試，希望能為探索民間敘事洞開一扇新窗口、開闢一方新天地。文中不當之處，敬請方家不吝指正。

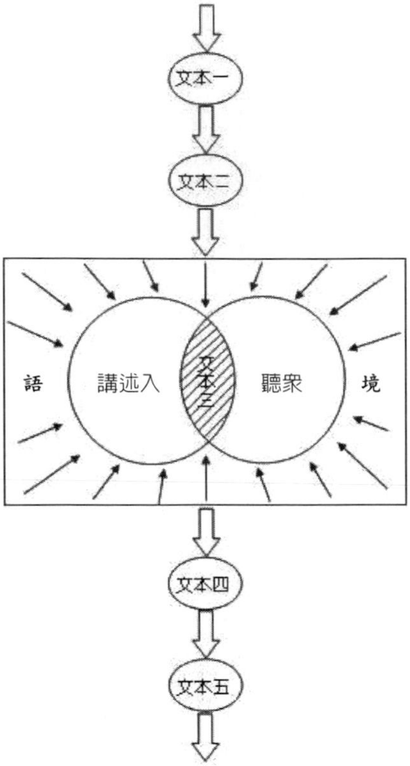

如果說以往的中國民間敘事研究多集中於分析和追溯某一敘事文本的原初形態和歷史演變脈絡的話，那麼本文的研究則試圖將某一敘事文本置於某一特定語境下予以放大，也即在一個具體的時間和地域範疇中，對其受到講述人和聽衆的相互影響、受到該語境中諸多複雜因素協同影響的過程加以細緻考察和微觀描述。

兄妹婚神話的講述傳統

兄妹婚神話，有人又稱之為「兄妹始祖型神話」，是世界神話寶庫中的一批珍貴珠玉，其流傳相當廣泛，在東亞、東南亞一帶蘊藏量尤其豐富。它在這一地區的分布，大抵西起印度中部，經過蘇門答臘島、印尼、加里曼丹島、泰國、菲律賓、臺灣島，以及中國大陸，向東一直延伸到朝鮮和日本。有學者認為，這一類型神話甚至構成了東南亞文化區（culture area）文化複質（culture complex）的一種「文化特質」（culture trait）[14]。

中國的兄妹婚神話也是異常豐富的。過去學者們注意和談論的，大都是南方尤其是西南少數民族中傳承的這類神話，而漢民族中所蘊含的這類神話，長期被認為是「蘊藏量相對貧弱」的。在學者們的文章中，即使被提到，也僅處於陪襯的位置。近年來，由於各項民間文化搜集與考察工作的普及和深入，尤其是自一九八三年以來，在全國範圍內進行的民間文學「三套集成」（民間故事、歌謠、諺語集成）工作的開展，漢民族中所蘊含的這類神話才顯出極其令人驚喜的狀況。僅就筆者目前所搜集的四百一十八則兄妹始祖型神話來說，其中漢民族的就有二百三十七則，它們的分布幾乎遍及全國，在一些地區（例如河南省），這一類型神話的流傳尤為普遍，分布特別密集[15]。

這一類兄妹婚神話，異文眾多，在不同地區、不同民族和不同的講述人那裡，情節往往有大大小小的差異。然而，其基本的情節結構還是比較清楚的和穩定的。德裔美籍著名漢學家艾伯華（W. Eberhard）根據其在二十世紀三〇年代掌握的資料，把中國該類型神話的基本情節模式歸納如下：

---

14 芮逸夫，〈苗族的洪水故事與伏羲、女媧的傳說〉，見其《中國民族及其文化論稿》（臺北：藝文出版社，一九七二年），頁一〇五九。

15 楊利慧，〈女媧溯源——女媧信仰起源地的再推測〉（北京：北京師範大學出版社，一九九九年），頁一三。另見該書附圖一，《兄妹始祖型神話分布示意圖》。

四十八型　人類最初的兄妹

（1）在世界上或在他們的住地上只有兄妹兩個人。

（2）他們請來先知，詢問他們的婚姻能否允准。

（3）從兩座山向下滾動磨盤；它們互相重疊在一起。

（4）結為婚姻。

（5）生下肉團或葫蘆；通過分割全成了人。[16]

一九九〇年，鍾敬文先生依據八〇年代「三套集成」工作中，從漢民族地區搜集上來的大量資料，對漢民族兄妹婚神話的基本情節類型擬定如下：

一、由於某種原因（或無此點），天降洪水，或油火；或出於自然劫數（或無此情節）；

二、洪水消滅了地上的一切生物，只剩下由於神意或別的幫助等而存活的兄妹（或姊弟）；

三、遺存的兄妹，為了傳衍後代，經過占卜或其他方法，或直接聽從神命，兩人結為夫妻；

四、夫妻生產了正常或異常的胎兒、傳衍了新的人類（或雖結婚，但無兩性關係，而以捏泥人傳代）。[17]

筆者依據自己近年來所搜集的四百一十八則兄妹婚神話，同時參照了上述學者的概括，將中國各民族間流傳的兄妹

16 艾伯華著，王燕生、周祖生譯，《中國民間故事類型》（北京：商務印書館，一九九九年），頁九六。

17 鍾敬文，〈洪水後兄妹再殖人類神話——對這類神話中二三問題的考察，並以之就商於伊藤清司、大林太良兩教授〉，《鍾敬文學術論著自選集》（北京：首都師範大學出版社，一九九四年），頁二三二。

婚神話的一般情節結構，構擬如下：

1. 由於某種原因（洪水、油火、罕見冰雪等），世間一切人類均被毀滅，僅剩下兄妹（或姊弟）兩人。
2. 為了重新傳衍人類，兄妹倆意欲結為夫妻，但疑惑這樣做是否合適。
3. 他們用占卜的辦法來決定。如果種種不可思議的事情（滾磨、合煙、追趕、穿針等）發生，他們將結為夫妻。
4. 上述事情發生，於是他們結婚。
5. 夫妻生產了正常或異常的胎兒（如肉球、葫蘆、磨刀石等），傳衍了新的人類（切碎或者打開怪胎，怪胎變成人類或者怪胎中走出人類）。

需要指出的是，類型的概括是建立在對眾多文本資料的搜集和比較的基礎上的，捨異而求同、注重類同性是類型歸納的特點。按照史蒂斯・湯普森（Stith Thompson）的做法，類型的歸納方法是，首先盡可能搜集大量異文（無論地域和民族差異），比較它們的相同和差異，然後將其中最為普遍流行的各個母題一一歸納起來，就得到了一個故事的基本型[18]。雖然類型的歸納和表述，沒有完全擺脫研究者的主觀性的影響，但是，學者們大都認為，類型代表了最為普遍的一種講述模式，因而，在某種程度上講，它代表了故事的講述傳統。

至於兄妹婚神話的主角，在不同的地域和民族中則有所差異。就筆者目前所見到的它在中國和其他國家、地區的傳承情形而言，其中的「兄妹」大都沒有名字，往往只交待是「哥哥和妹妹」，有時也有「姊弟」，或者也有姑侄、母子、父女等異式。一些神話中，這「兄妹」也有名有姓，但這名姓往往因地域、文化背景的不同而有差異。在中國漢民

18 [美]史蒂斯・湯普森，〈星星丈夫的故事〉，見[美]阿蘭・鄧迪斯主編，陳建憲、彭海斌譯，《世界民俗學》（英文原為*The Study of Folklore*）（上海：上海文藝出版社，一九九〇年），頁五六二至六三六。

族與少數民族中較常見的，如漢族的伏羲兄妹、拉祜族的札笛與娜笛兄妹、阿昌族的遮帕麻與遮米麻、侗族的丈良與丈妹、苗族的姜央兄妹或伏羲兄妹、瑤族的伏羲兄妹等。在眾多的名字中，較有共通性的是「伏羲兄妹」及其各種異稱，如「伏依兄妹」、「伏哥羲妹」等等。少數異文中「妹」的名字也出現了「女媧」字樣[19]。

伏羲、女媧是中國神話世界中赫赫有名的尊神。在古文獻記載中，伏羲的比較顯要的事蹟是發明了八卦、製作了婚嫁的禮儀、「結繩為網，以佃以漁」，以及冶金成器、教民熟食等，又是一位春神兼主管東方的天帝。女媧也是一位至尊的神靈，是一位顯赫的大母神和文化英雄。古代神話中說她在天地開闢之初、世間尚無人類的情況下，獨自用黃土捏製了人類，也有異文說她與哥哥兄妹結親，繁衍了人類。又說她煉製了五彩的石頭，修補好了殘破的天空，斬斷了大鼇的四腳去支撐坍塌的天柱，又用蘆葦灰填塞了氾濫的洪水，等等。許多學者認為，伏羲與女媧大約原本並沒有聯繫，而且他們與兄妹婚神話原本也沒有什麼關係，伏羲、女媧在漢代的史乘和漢墓畫像中才開始被頻繁地聯繫在一起，他們與兄妹婚神話的粘連，大約更晚[20]。

兄妹婚神話在文化史上的出現是很早的，有人認為它產生於原始時期血緣婚姻正在流行或被容許的時期，也有人認為它產生於由血緣婚姻向氏族社會過渡的時期[21]。至於它在中國文獻紀錄中的最早出現年代，目前尚有爭議。有人結合漢代石（磚）刻畫像，認為可追溯到漢代[22]；也有學者根據對敦煌殘卷的闡釋，認為這一神話在六朝時期已經出現[23]；

19 楊利慧，《女媧溯源——女媧信仰起源地的再推測》，頁一五至二一。

20 鍾敬文、[俄]李福清、王孝廉、[日]谷野典之、楊利慧等均持此說，見楊利慧，《女媧的神話與信仰》（北京：中國社會科學出版社，一九九七年），頁一四至一九、九六至一〇〇頁；楊利慧，《女媧溯源——女媧信仰起源地的再推測》，頁一六至一八。

21 關於該類神話產生時期的論述比較多，有關爭論情況可參見鍾敬文，《洪水後兄妹再殖人類神話》，《鍾敬文學術論著自選集》，頁二二七至二三一。

22 鹿憶鹿，《洪水神話——以中國南方民族與臺灣原住民為中心》（臺北：里仁書局，二〇〇二年），頁三三一、三三八。

23 呂微，〈楚地帛書、敦煌殘卷與佛教偽經中的伏羲、女媧故事〉，見其《神話何為——神聖敘事的傳承與闡釋》（北京：中國社會科學文獻出版社，二〇〇一年），頁三三五至三三六。

不過多數學者認為其最完備的文字紀錄，大約出現在唐代的《獨異志》中。說是宇宙開闢之初，天下沒有人類，只有女媧和她的哥哥在崑崙山上。兩人商議想結為夫妻，又覺得這樣很羞恥，於是二人到崑崙山上向天禱告說：天要是要讓我二人結為夫妻，那麼就讓煙合在一起；如果不讓我們結為夫妻，就讓煙都散開。煙都合在了一起。於是兩人就結為了夫妻。當妹妹來與哥哥親近時，就用草結了一把扇子遮在臉上。以後婚禮儀式上新娘手裡要拿扇子，就是仿照女媧當年的做法。

由於是這血親婚配的兄妹二人繁衍（或者重新繁衍）了人類，所以在許多地方，他們被尊稱為「人祖爺」和「人祖奶奶」，或者「高祖公」、「高祖婆」。

女媧神話的講述與表演

一九九三年三至四月間，為了給我的博士論文搜集女媧神話資料，同時實地考察女媧神話和信仰傳承的文化環境，筆者隨同由河南大學中文系的張振犁教授、陳江風教授、吳效群講師組成的「中原神話調查組」，一起赴河南省淮陽縣、西華縣和河北省涉縣進行田野作業。之所以選擇這些地方做調查，是因為這些地方都有女媧信仰的實體性標誌——女媧廟，因而可能是區域性的女媧神話講述和傳承的中心點。張老師曾於八〇年代去過淮陽和西華，搜集過一些當地流傳的神話文本[24]；而涉縣媧皇宮是全國最大的女媧廟之一，歷史文獻紀錄中女媧信仰非常隆盛。

淮陽地處黃淮平原腹地，是豫東周口地區的中心，古稱「陳州」。據《資治通鑑》和《竹書紀年》記載，帝太昊伏羲氏曾經以此為都城，因為他「以龍紀官」，所以陳州又被稱做「龍都」。

[24] 張振犁、程健君編，《中原神話專題資料》（鄭州：中國民間文藝家協會河南分會，一九八七年，內部印行）。

太昊伏羲自然是龍都顯赫的尊神[25]。城北的蔡河北岸，建有「太昊陵」，當時俗稱「人祖廟」。此廟的初建年代當地有不同說法，但一個流行的地方傳說講，這裡是明太祖朱元璋得到人祖伏羲庇護、躲過追兵的搜捕、登基稱帝以後還願重建的，所以氣度不凡，有皇城的威勢。整個建築群包括外城、內城和紫禁城，歷史上建有兩殿、十三門、兩樓、一臺、兩廡、兩坊、一園、六觀。統天殿是廟內的主體建築之一，俗稱「大殿」，內塑有伏羲手托八卦的塑像。殿後有顯仁殿，俗稱「二殿」，殿內繪有許多新近繪製的講述伏羲、女媧治世、造人的若干壁畫。顯仁殿後有伏羲陵，陵墓高十尋，周長一百五十多米，上圓下方，取「天圓地方」之意。陵前立有墓碑，上書「太昊伏羲氏之陵」。墓碑前修有一個大香火池，供香客們焚香燒紙使用。除這些中軸線上的主體建築外，太昊陵東西原來各有三觀：東有岳飛觀、老君觀、真武觀；西有女媧觀、玉皇觀、三仙觀[26]，一九四九年以後由於「破四舊」、「破除封建迷信」等一系列政治浪潮的衝擊，太昊陵內的建築毀壞大半，六觀中現今僅存的只有岳飛觀，其餘五觀都被拆毀。改革開放以來，隨著國家戰略思想的轉移和政策的調整，政治文化環境變得相對寬鬆，原本自解放以來一直受到壓制、被視為「封建迷信」的人祖信仰成了當地最為重要的文化資源之一，當地政府和民間社會從各自不同的目的和需要出發，在「重修太昊陵」的目的下統一起來。一九九三年我們去考察時，當地各方力量正計劃恢復太昊陵全貌。

每年農曆二月二到三月三，太昊陵內都有廟會，西自京漢路，東至皖西，北自魯西鎮，南至湖廣的方圓五六百里的群眾紛紛趕來朝祖進香，每日人數往往上萬，有時多則十幾萬。我們來時雖已是廟會尾聲，然而陵前「面橋」上、蔡河兩岸依然密布著許多銷售拜神用品和地方特產的攤點。陵內更加熱鬧，有舉著樓子（稭稈紮成的小樓，送給人祖爺居住）、冠袍等吹吹打打來還願的；有攜著香炮紙錢來求福的；有挎著籃子四處兜售求子用的塑膠娃娃的；有擺攤設點推銷自製的泥泥狗、布老虎、「老衣」（人死時穿的衣服）的；有在殿內跳擔經挑舞（一種地方舞蹈）的；有唱經宣傳人

25 太昊與伏羲究竟是否原本是同一個人，存在許多爭議。此處暫且不論。
26 鄭合成編，《陳州太昊陵廟會概況》（河南省立杞縣教育實驗區，一九三四年）。

祖功績的；也有看卦看手相的……鞭炮聲、嗩吶聲、唱經聲不絕於耳，來來往往的人摩肩接踵，絡繹不絕[27]。

三月二十二日下午，我們去太昊陵裡做調查。我們向幾位前來進香的香客和一位在太昊陵裡賣泥泥狗的中年男子詢問女媧、伏羲的神話傳說以及有關的信仰習俗。他們也能說一些有關的神話，但都比較片段、散亂。我們遇到的第一位比較重要的神話講述者是王東蓮，一位正在小車旁賣地方小吃的農民，女，五十八歲，淮陽東關人。當時已經過了當天廟會的高峰時間，雖然廟內還有不少人，但已經有一些人在陸陸續續準備回家了。我們選擇她來做受訪人，主要是因為她當時正閒著（生意並不忙碌），而且地點比較固定（不像一些香客那樣走來走去），便於攀談。另外，她的歲數也比較大了，我們想她也許知道一些人祖廟的傳說或者伏羲、女媧的神話。

我們先問她知不知道人祖廟的來歷。於是她給我們講了一個朱元璋受到人祖伏羲佑護、因而逃過了追兵追殺、即位後重修了人祖廟的傳說。講述還算流暢，細節也具體生動，不過也常有她敘述不清楚的地方，每到這時候她就用含糊的語句帶過去，以語音的連續來彌補敘事內容的欠缺和敘述過程的斷裂。這一個講述特點和技巧，在後來她講述兄妹婚神話時更加明顯。

她在給我們這一行四個顯然是「外地來的讀書人」講故事時，不一會就圍上來許多當地的香客，多是站著聽的，當我們問她一些問題時，有不少人幫著回答，講述過程中也有人對她的講述技巧和對神話內容的把握表示質疑，從而協同構成了一個開放的、流動的、互動的講述與交流活動，並影響了講述者的表演敘事策略和最終的文本形成。

聽她講完朱元璋與人祖廟的傳說後，我隨即問她知道不知道人祖爺和人祖奶奶的故事（當地有一些人稱女媧為「人祖奶奶」，我看到的一些其他資料中也有這麼稱女媧的）。她客氣了一番之後，給我們講了一個女媧兄妹結親、重新繁衍人類的神話。以下是她講述的文本[28]：

27 楊利慧，《女媧的神話與信仰》，頁一四四至一五一。

28 口頭文本的謄寫是一個複雜的問題，根據分析目的的不同，文本的謄寫可以呈現不同的形式。本文的文本謄寫參考了民族誌詩學（Ethnopoetics）

楊利慧（以下簡稱楊）**：**您就說「天塌地陷」那會兒的事。

王東蓮（以下簡稱王）**：**[笑]那可就早了。

陳江風（以下簡稱陳）**：**那就講那個早的。

王：[大笑]講不好。

楊：沒事兒。您剛才講的那個故事多好啊。

陳：剛才講的兩個故事都很好。

張振犁（以下簡稱張）**：**你要講得多了，我們專門給你組織個座談會兒。

王：[笑]那不中。咱這又沒有文化，又沒有水準的。那不中。

張：就是找那沒文化的。

（錄音中斷）

楊：沒事兒。

王：這不是訪問這麼回事嗎？

陳、楊：就是。

王：[開始講述]這個龜咧{……}

聽眾一**：**這在錄像呢。（其實我們是拿著兩個答錄機在錄音。）

的理論與實踐，是為了盡可能充分展示出特定語境下神話講述的動態過程及其互動交流，沒有語句上的增加、刪減或者修正，儘量保持其口語和方言特點。為在書寫語言中體現口頭性的特點，這裡採用了一些符號：**黑體**（**黑體加底線**）：表示講述人的強調；{}：表示雖然在口頭敘事中沒有說但是按照故事邏輯應該有的內容；[]：表示講述人或聽眾的表情或動作等；¦：表示打斷、插話；‖：表示講述人對講述的修正；{……}：表示猶豫、不連貫；——：表示拖長聲音；[……]表示講述中的省略；//表示幾個人同時插話。

王：[笑]講著玩呢嘛，這不是。

楊：噢，就是，講故事玩呢。

王：這就是說這個——‥龜。天塌{……}天塌地陷的時候，就沒有人煙兒了，對不對？（**楊**：嗯。）沒有人煙兒啦，就有個龜。這個龜哩，遮到河裡了。咱這不是有那嗎，有河灘？——這個要據我說我也不相信。要我說我也不相信。（楊：就是說說。）哎，對了——‥。天塌地陷啦，這沒有啥了，就有兩個學生，大家的兩個學生，哎，他成天讀書。這個{……}書念哩，{……}書單上可能有這些事，對不對？念到該天塌地陷的時候，他就一天拿一個饃，這個——‥叫龜吃了，兩天拿一個饃，{也叫龜吃了。}他是姊妹倆。一天到晚三頓都拿饃，叫龜吃，撂{到}龜肚=嘴裡叫龜吃了。吃了——‥人家說——‥這個——‥到一定的程度了——‥這個——‥天塌地陷了，哎，他倆，他倆咋弄哎？沒有人啦，上學的，一上學，天塌地陷啦，也沒有啥啦，就出來一個龜。哎，還在那裡！牠當時吃完饃就沒有啦。叫龜**馱住**，**馱住**他姊妹倆。馱住他姊妹倆的時候咧，叫他姊妹倆渡過來。渡過來以後咧，人家說{……}據說{……}那我也是聽故事聽人家講的，說這個龜叫饃**銜到肚裡啦**，那是假的吧？[哈哈大笑]銜到肚裡啦，反正這兩個學生基本餓不住。這個龜，一天也吐出來一個，兩天也吐出來一個，慢慢兒吐出來，叫他{姊妹倆}吃。哎，就這樣。

這沒有人咋弄哎？這過了幾年啦……反正，天呢，也沒有了；地，也陷了；{到處}成水了；沒有啥啦。這咋辦咧？沒有辦法。他說。人家說是{……}到多少時候呢{……}我聽說{……}這個——‥天{……}長嚴了，地下咧有點草了，有點草坷拉啥東西啦，他倆個就{從}龜肚裡{出來了}。就**龜肚裡啦**——‥。{在裡面待了}三年嗎……也不知道是多少……這個不詳細。天咧，這個天——**東北角人家說沒有長嚴**，（**楊**：東北角。）東北角。冷啊——‥。反正這也算有點結果啊，哎。（**陳**、**楊**：[笑]）東北咧，人家說，東北冷，東北咧是掌（楊按：用）冰凌茬住的。女媧啊，掌冰凌茬住的，所以東北冷。

陳：女媧掌冰凌茬住的？

王：哎。

//**張玉芝**（老太太，八十二歲）**：**颳東北風冷，不颳東北風也不冷。

//**聽眾三**（老太太）**：**颳東北風——

//**聽眾四**（老太太）**：**你別吭氣兒啊，他在錄像哩=錄音哩。

//**聽眾三：**怎麼不讓吭氣兒呢？

//**張玉芝：**他在錄音哩。

//**王：**（對張玉芝）你老人家來講吧？[陳、楊：笑。]中不中？

//**聽眾四：**她講的比你講的詳細。

楊：您說完。

王：那可能。她——她——可以。

張、楊：您先講。

王：我這是胡說。

張：還可以。

楊：（提醒地）女媧，哎——

王：哎——這個——一颳東北風就冷，不颳東北風為啥冷哎，對不對？「女媧茬天」嘛，人家說是。（**楊：**女媧茬天？）王：哎——。

楊：女媧就是那兩個學生中間的一個？

王：哎——，對了。

//**聽眾**：……他姊妹倆。

楊：就是人祖爺和人祖奶奶嗎？

王：哎。人祖姑娘，不能說「**人祖奶奶**」，人祖爺就沒有結親。

//**張玉芝**：根本都沒有結親。

吳效群（以下簡稱吳）：那沒有結親怎麼會有的人呢？

王：你聽啊。對啊。他{姊妹倆}上到一座山上，人家說{……}這沒有啥了，怎麼辦呢？姊妹倆不管（楊按：不能）結親，姊妹倆咋結親呢，是不是？山上人家說有一盤磨，有一盤磨咧，這個山底下咧插幾根草。哎。這個磨咧他兩個{……}姊妹倆不管成親，（**陳**：……啥草哎？）草，就是草。他兩個拜{……}是不是，要插草……

//**聽眾五**（中年男子）：……插草為香。

王：哎——，對，插草為香。現在典禮結婚，啥也不要。過去那磕頭，可得要香，黃香，哎，白頭到老。他這個意思也是{這個}。一盤磨往底下推，合住{就結親}；一盤磨要是散了，往兩邊分了的話，它就是為媒人的意思，咱姊妹倆就還是姊妹倆；要是一盤磨推下去合一塊，那咱姊妹倆就成夫妻。推下去這盤磨，哪有不散的時候？那它就沒有散。（楊：沒有散？）哎。

//**張玉芝**：……哎，就是散啦，他才沒有成兩口子哩。

王：散啦？沒有散。就是一盤磨推下去了，它沒有散。那你不能那樣說，對不對？

楊：您先說完，一會我們再找這位老{……}老{……}奶奶錄一錄。她那裡還有說法。

王：因為啥咧？山下面有棵樹，（磨被）擋在樹上了，就是這樣它沒有散。

//**聽眾三**：人祖爺的時候，天塌地陷的時候，誰知道那時候！

楊：沒有散？

王：沒有散。

楊：沒有散以後又怎麼樣呢？就成親啦？

王：哎，就成親了。人家說{……}這個——泥泥狗你知道吧？過去人家說{……}他姊妹倆咋說的？他說：「咱倆捏泥人兒。」一捏泥人兒，就曬吧，整天曬整天曬。瞎子——瘸子——啥東西，天下雨了，掃的，腿搗掉的，掃掉的，是不是，甕的。這個人，你請搓，再洗，你洗得再乾淨，你緊搓，它有泥，有灰。對不對？（**楊：**哎，對！）（聽眾都笑了。）慢慢地，這都是。那慢慢兒地都來的。那大級（？）{……}，是不是？那猿猴{……}，是不是？過去人家說，猿猴沒有那個啥？（**楊：**喉結。）對，喉結，說{是}不會說話。[笑]這我也是聽人家說，講講。

楊：啊，挺有意思的。那他們倆還是成親了嘛？

王：哎，成親了。那能說啥其他的？是不是？比如說捏泥人。人現在也是這個意思。搓搓身上有灰，有泥。

//陳：……倆人一塊兒捏的？

王：哎——。你就看吧，你出汗了，一搓身上保險有灰，有灰蛋兒。

陳：那她叫人祖姑娘啥意思？

王：嗯？

陳：為啥叫她人祖姑娘？

王：看看，他姊妹倆都不好意思。（**楊：**不好意思？）好意思不好意思？（**楊：**不好意思。）到一百萬年還是人祖姑娘。對不對？

王東蓮顯然很願意向我們幾個「外地來的知識份子」展示她所掌握的傳統地方知識，對我們的詢問反應積極，配合也很主動。兄妹婚神話在這裡成為她用以與我們進行交流的重要文化資源，這是她將兄妹婚神話的傳統知識「再語境化」（recontextualize）的主要原因。她講述的這則伏羲、女媧的兄妹婚神話大體完整，基本是中原一帶漢民族中比較常見的兄妹婚神話類型。故事中主要的母題，例如：天塌地陷、世界毀滅，兄妹始祖劫後餘生，滾磨卜婚，兄妹始祖血親婚配並再傳人類等，都出現了。只是其中粘連上了補天母題，而且，與兄妹婚神話的常見敘述類型相比，其中兄妹結婚後傳衍人類的方式，變成了中原一帶比較普遍流行的兄妹捏製泥人[29]（而不是生育了正常胎兒或者怪胎）。

兄妹始祖血親婚姻締結之後再傳人類的方式，是兄妹婚神話中特別受到學者們關注和討論的問題。如上所述，在兄妹婚神話中，最為常見的繁衍人類的方式是夫妻生育了正常或異常的胎兒（如肉球、葫蘆、磨刀石等），傳衍了新的人類（切碎或者打開怪胎，怪胎變成人類或者從怪胎中走出人類）。但是，在一些漢民族中，尤其是在中原一帶，兄妹血緣婚姻締結之後，繁衍人類的方式有時變成了捏製泥人。這在故事自身發展的邏輯上是存在著一定的矛盾的。因為在神話講述中，兄妹之所以血親亂倫，是為了不得不在大災難後沒有人煙的情形下重新繁衍人類。可是在許多這一類神話中，兄妹結婚後，這一動機似乎被忘記，中間也缺乏必要的交代，而直接代之以捏泥人的方式造人，因而造成了故事前後敘事邏輯上的矛盾[30]。這一矛盾出現的原因，有學者認為，這是由於女媧神話在北方的長期強大影響，因而在她被拉去充當兄妹婚神話的女主角時，她原有的摶土造人的顯赫功績無法被抹煞，於是一同被組合進兄妹婚神話中，並在一定程度上改變了故事原有的情節結構，所以神話中就出現了兄妹結婚後摶土造人的說法，有時甚至出現了女媧既生育人類又捏製泥人的奇特局面[31]。在王東蓮講述的兄妹婚神話中，還同時粘合了女媧補天的神話母題，更可以證明女媧神話與

29 參見前引張振犁、程健君編，《中原神話專題資料》。
30 楊利慧，《女媧的神話與信仰》，頁一〇二。
31 楊利慧，《女媧的神話與信仰》，頁一〇二。另參見鹿憶鹿，〈南方民族的洪水神話：從苗、瑤、彝談起〉，《中國神話與傳說學術研討會論文集》（臺北：漢學研究中心，一九九六年）下冊，頁四六五。

兄妹婚神話的粘合以及這一粘合對兄妹婚神話原有敘事傳統的影響。除此而外，與本文的論述特別相關的另一種意見，是有學者認為，這一類兄妹以神占（滾磨、追趕、覓藏、詢問）方式表示對血緣婚姻的疑慮、結婚後兄妹也並不同床、避開性的關係、而以捏泥人解決傳衍後代問題的神話，表現了「極強烈地反血緣婚態度」，「是在長期傳承的過程中，受了後起的族外婚、封建時代森嚴的婚姻制度及其倫理觀念（『同姓不婚』）等的影響，而使它（指兄妹婚神話——引者按）的面貌、性質起到了或小或大變化的結果。」[32]也就是說，兄妹血緣婚姻締結後，反而以捏泥人方式重新繁衍人類，這是兄妹婚神話受到後世的倫理觀念和婚姻制度的影響而發生的變異，其中顯示了極強烈的反對血緣婚姻的態度。從王東蓮對於兄妹血緣婚姻的態度來看，這一見解無疑是非常有見地的。王東蓮在講述中，特別是在故事前半部分有關「天塌地陷，世界毀滅」、兄妹逃生、女媧補天的情節敘事中，對於兄妹血親亂倫都是強烈否定的，她（也包括其他好幾位聽眾）一再聲明女媧不能叫「人祖奶奶」，而要稱「人祖姑娘」，旗幟鮮明地認定：「人祖爺就沒有結親。」「姊妹倆就不管結親，姊妹倆咋結親呢，對不對？」即使在後半部分述及兄妹結婚、捏製泥人、再傳人類的情節後，她依然不顧自己敘述上的前後矛盾（前面聲明兄妹倆沒有、也不能結親，而後面兄妹倆又結了親），堅持對女媧要稱「人祖姑娘」。因為，按照她的解釋，雖然她與哥哥結婚了，但是她覺得羞恥、「不好意思」。在緊隨其後發生的第二位講述人張玉芝老人的講述中，兄妹婚神話依然與摶土造人神話粘連在一起，而且對於兄妹血親亂倫也持強烈的反對態度。不過兩人對神話因為粘連和變異而引起的故事發展邏輯上的矛盾有著不同的處理方式。這一點，我們下面將詳細討論。

從王東蓮的講述情形以及她對其他地方口頭傳統的把握來看，她應該算得上是一位「傳統的積極承載者」（active carrier of tradition）[33]。因為她好聽故事，也好講故事，而且記性很好，也注意吸收別人的素材。用她自己的話講：「我這個人愛聽小故事」，「我喜歡聽。你像戲啦啥啦，我聽莫幾句我都（就）會。」「我是走到哪兒聽到哪兒，

32 鍾敬文，〈洪水後兄妹再殖人類神話〉，《鍾敬文學術論著自選集》，頁二二九至二三〇。

33 Bengt Holbek, *Interpretation of Fairy Tales* (Helsinki: FFC No. 239, 1987), pp. 46-47.

人家說啥我都聽，這人家記者說我也聽，您要是來訪問——有外邊來訪問的話，我聽（了）記著也講，他講我學會了。」「你要講這講那，講三天三夜我也講不完。」她在講述用了多種「交流手段」（communicative means）來標記（signaled）和標定（keyed）其表演的框架（performance frame）[34]。首先是「表演的否認」（disclaimer of performance），也就是表演者否認自己的交際能力，聲明自己不願意對聽眾承擔有展示自己的交流能力，和交流有效性的責任，這一手段在一些地方的民族文化中成為設定某些民間敘事文類的重要表演手段[35]。她在應我們的要求開始講述神話之前的客氣話，「{我}講不好」，「咱這又沒有文化，又沒有水準的」，既是一種謙虛——在中國傳統倫理文化中，謙虛一向被視為美德，同時也以否認表演的方式，標誌著其表演的開始。這種方式表面上是對自己的講述和交流能力的否定——後面緊跟著的神話講述，表明她具備一定的講述神話的知識和能力，但實際上，這樣的否認並非與承擔展示能力的責任不相符合，而恰恰是對規則和禮儀準則的讓步，在這些規則和禮儀面前，自以為是的做法是受到貶低的。在這樣的情形下，否認表演既能夠作為一種道德姿態，來抵消表演時對表演者的高度關注，同時也是對於表演自身的一種標定[36]。用這樣的否認表演的交流手段，表演者實際上也是想在陌生的外來人和其他聽眾面前，免除自己全面承擔展示自己的交流能力和交流有效性的責任。王東蓮在受到聽眾張玉芝對她講述的「東北角是女媧掌（用）冰茬上的，所以一颳東北風就冷」的質疑時，也用「我胡說」來否認表演，表示她不願意對聽眾承擔有展示交流能力和交流有效性的責任，以減免聽眾對她的表演能力和表演的有效性的全面品評。不過，否認表演是具有各種各樣的原因的，也在表演過程

34 表演的框架，按照鮑曼的論述，具有這樣的意義：包括表演在內的所有框架，都是通過使用在文化上已經成為慣例的（culturally conventionalized）元交流來實現的；用經驗性的語言來講，這意味著每一個言語共同體都會從其各種資源中，通過那些已經成為文化慣例和具有文化特殊性的方式，使用一套結構化的特殊交流方法，來標定表演的框架，以便使該框架中發生的所有交流，都能在該社區中被理解為表演。參見理查德・鮑曼著，楊利慧、安德明譯，《作為表演的口頭藝術》，頁一七。

35 [美]理查德・鮑曼著，楊利慧、安德明譯，《作為表演的口頭藝術》，頁二五至二七、一三〇至一五六。

36 [美]理查德・鮑曼著，楊利慧、安德明譯，《作為表演的口頭藝術》，頁二五至二六。

中負擔著不同的功能。王東蓮後來的講述，表明她的否認表演有一定的現實因由：在講述伏羲、女媧兄妹婚神話的時候，她缺乏充分的相關傳統知識和敘事能力。例如她的講述中，有不少地方片段，細節不甚清楚（例如對龜的描述、兄妹在龜肚子裡待了多久、插草為香、兄妹成親和捏泥人的關係、猿猴和新生人類的關係等等），特別在伏羲、女媧是否成親的情節上，她的前後表述存在明顯的矛盾。

其次是「求助於傳統」，也就是將過去的經驗和慣例當作參考的標準，在傳統取向的社會中，這也是標定表演的一種方式，一種標誌著承擔合乎體統地進行交流行為的責任的方式[37]。王東蓮在講述中特別愛說，「人家說」、「過去人家說」、「那我也是聽故事聽人家講的」等等。這一方面是表明自己的敘事與過去的傳統有著密切聯繫，或者說是「沿襲因循」了某種傳統，因而增加其敘述的權威性，另一方面也是借助傳統的力量，避免聽眾完全將自己的表演能力和交流有效性視為唯一品評的對象。

此外，王東蓮的講述還用了許多其他的交流策略作為表演的標記，例如特殊的套語（「天塌地陷的時候……」、「你知道嗎？」）、特殊的副語言特徵（paralinguistic features，例如聲音的長短和高低、語調、強調語氣等）、平行關係（parallelism，例如「天呢，也沒有了；地，也陷了；{到處}成水了；沒有啥啦」；「瞎子——瘸子——啥東西，天下雨了，掃的，腿搗掉的，掃掉的」），如此等等。

這一個講述神話的過程顯然是由講述者、研究者和其他聽眾共同參與、互動協作而構成的，講述人關於兄妹婚神話的傳統知識也在這一動態的、互動協作的交流過程中被具體化，並最終構成了一個「特定」的神話文本。在外來的研究者的要求下王東蓮開始講述伏羲、女媧兄妹婚的神話，但是在故事進行到一半時，幾個年齡更大、甚至更會講（例如被其他聽眾評價為「她講得比你講得詳細」的張玉芝。張後來講述的情形，也證明了她的講述比王東蓮具有更強的表演

37 [美]理查德・鮑曼著，楊利慧、安德明譯，《作為表演的口頭藝術》，頁二四至二五。

性）的聽眾對她講的「女媧用冰補了天，所以一颳東北風就冷」的釋源性解釋表示不贊同（「颳東北風冷，不颳東北風也不冷」），打斷了她講述的思路，話題被岔開去，她的故事表演似乎就到此為止了。後來是在研究者（掌握了大量神話資料，因而知曉這一類型神話的普遍模式）有目的、有針對性的追問下，她才接著完成了另一半重要情節的講述，即女媧、伏羲滾磨成親的故事。當聽眾張玉芝再一次對她講的「磨沒有散，因而兄妹成親了」的傳統說法表示反對時，她除了更頻繁地「求助於傳統」（「過去人家說」、「那我也是聽故事聽人家講的」）外，還特意在敘述中增加了一個解釋，解釋為什麼滾磨時磨沒有散開，以加強自己敘事的合理性：磨被山下的一棵樹擋住了，所以沒有散。這一解釋顯然是因為張玉芝的質疑而被臨時添加到故事中去的，是想從實際生活知識中尋求幫助，以使自己的講述能夠以「社會認可和社會能夠闡釋的方式」圓滿地進行下去。面對自己對於「兄妹到底是否成親了」的前後自相矛盾的說法和研究者的一再追問，她也求助於實際生活知識，想出了一個比較勉強的解釋力圖自圓其說：女媧雖然結婚了，但不好意思，所以還是叫「人祖姑娘」，而不是「人祖奶奶」。另外，她講述的文本中出現的「插草為香」、「猿猴有喉結」（儘管這個細節並不清楚）等，也都是由聽眾（包括研究者）提醒、補償而添加、編織到故事中去的。總之，在這個特定的表演事件中，講述者、聽眾和研究者懷著不同的目的和知識、能力，一同參與到這個講述過程中來，並積極互動、協商和創造，不僅共同塑造了這一個神話傳承和變異的時刻，也最終一同重新構建了一個特定的、新的神話文本。

特別值得注意的是，王東蓮對於神話中兄妹是否成親了的前後矛盾的說法。在故事的前半部分，她按照當地普遍流行的說法，說女媧沒有成親（在場的許多聽眾也都參與到講述活動中，聲明女媧、伏羲沒有結親），所以不能叫「人祖奶奶」，只能叫「人祖姑娘」，但她在講述這個神話的後半部分時，還是說滾磨占卜時，磨合在一起了，所以最後兄妹成親了。儘管她的這一講述受到了張玉芝等的質疑和反對，但是，從上文所述的這一類型神話的普遍講述模式來看，滾磨而磨合、最後兄妹成親實際上是符合故事的講述傳統的，王東蓮的講述並沒有什麼不對的地方。只不過對於這一類神話中反映出的血親亂倫做法與後世的倫理觀念和婚姻制度之間、兄妹血親婚姻與捏泥造人神話之間產生的巨大矛盾，她的解決能力是有限的，所以出現了她先否認兄妹結親、後面又按照神話自身的講述傳統安排兄妹結婚的自相牴牾的局面；兄妹婚神話與捏泥造人神話兩種故事類型也被勉強地粘合在一起（也就是說，她講的故事中出現了兄妹始祖結婚後還要捏製泥人的矛盾）。由於研究者一再追問兄妹到底是否成親，所以她求助於後世社會生活知識，即時地加上了一個多少有些勉強的解釋：兄妹成親了，但不好意思，所以還是叫「人祖姑娘」。

在對待這兩個矛盾問題的處理上，張玉芝與王東蓮形成了某種程度上的對照。從張玉芝的神話講述中，我們不僅能看到神話講述過程中的交流與互動，更可以發見富於創造力的個人如何與神話講述傳統、與現代社會及其倫理道德、科學觀念之間的協商與互動。

張玉芝是我們緊跟著採訪的第二位神話講述人。她在王東蓮講述神話的過程中隻言片語的插話，已充分顯示出她是一位積極主動的故事講述者。因此，王東蓮講完伏羲、女媧的神話後，我們追上張玉芝老人（她沒有等王東蓮的講述完全結束，就和自己的幾個同伴一起準備離開太昊陵了。她們每人手裡都提著一個籃子，裡面裝著進香的用品，還有跳擔經挑舞蹈時打節奏的竹板），請她把她知道的人祖故事講給我們聽。下面就是她講述的兄妹婚神話：

張：姊妹們為啥不成親呢？為啥不成親呢？這就是他〔倆〕興下的。她（楊：指王東蓮）**講得不詳細。哎，姊妹們不能成親就是因為人祖爺興下的。**（**楊：**噢——？）她兩口子……為啥哩？老鱉不是沉〔……〕她不是說了嗎，叫學生拿的饃嗎，拿的饃，就在牠肚裡哩。這老鱉說啦，牠說：「眼看天塌地陷的時候啊，你來找我。」牠說你拿的饃都擱這放著哩，牠說待長三天四天你看天一變，不一樣，你趕緊來找我。她說的天塌罷了，天塌罷了不就叫姊妹倆漏裡頭了嗎？還沒有天塌的時候哩。（**楊：**噢。）眼看天都不一樣了，他人家說：咦變啦，天變啦，趕緊哪！他姊妹倆就朝外跑，朝著就找這個老鱉去了。一到老鱉那個地方，老鱉那個嘴啊——，張得像個簸箕一樣，簸一樣，那大張著，大得很哪。咱也聽人家講的，老年人都是聽人家講的。（**楊：**〔笑〕

嗯。）大得很，誰也沒見，誰見啦，是吧？（**楊：**對。）就這。老鱉說：「**趕緊哪，趕緊上肚裡鑽哪，趕緊趕緊趕緊**。」他上肚裡一鑽，那兩苪子饃都在那擱著的，（//**楊：**沒吃。）你看那時候可不短啦——，是吧。

（**楊：**嗯。）一到那點兒一看，天哪眼看就快長起來了，他那姊妹倆趕緊吧，……

//**張的一個熟人：**還不回去？

張：[笑了一下]擱那叫我哩。我這說--說迷信話哩。

楊：沒有沒有。這挺有意思的。

張：哎牠說那個{……}牠說你姊妹倆該出來了，牠說這個饃饃吃完，天天吃個饃，天天吃個饃，你說這個饃，這個，一個饃也受罪饃呀，乾得很啊，沒有湯沒有啥是吧。給他吸點水，喝點水；不給他……到末了啦，該出來啦，天長成啦。「**趕緊，趕緊出來，天馬上就要長成**。」一長，長了一大塊，東北角裡沒有長嚴，掌那個大冰凌裰（補）的。到末了，他倆咋弄哎？……那身上都**漚爛肚裡完啦——沒有衣裳啦**。該熱的時候出來了，光個肚子，倆人。咋弄啊？那樹葉子，倆人夠樹葉，掌啥東西穿啊，穿的。哎呀，身上穿的淨樹葉子。護住大體。（看見王東蓮也走過來聽，便說）聽你講罷再叫我錄一遍。（吳效群上去，翻了翻老太太籃子裡的經板）我拿的那，拿的經板兒。

楊：您先把這講完吧。

張：一會我給你打一盤經板吧。

吳：行。

張：擱前頭。

（錄音中斷了幾秒鐘。）

張：在牠肚裡吧，這個天快長出來啦，快長出來以後，咋弄哩？牠說，就咱倆咋弄哩，光個肚子是吧？（**楊：**

嗯。）樹葉子都穿，他也得顧大體，她也得顧大體，都光著肚子啊淨，啊，身披蘆衣。哎，都是那。到末了啦，他說，咱倆咋弄哩？他說就這吧。那都不簡單哪。（**楊：**嗯。）怨一天怨一地，怨罷以後，他說，能叫俺倆配夫妻。哎，這個磨啊，山半拉有一對磨，他說，能叫俺倆配夫妻，哎，說個大實話，就叫天下有人；你要不叫俺倆配夫妻，這個磨啊一——¦——分兩半。他說，中啊，咱倆，中啊。他說，好。叫這個磨啊，朝那個山底下一推，嗯，兩半散啦。因為這，底下人跟他姊跟他弟弟跟他哥不管配夫妻，就是他興下的。**姊妹們不管配夫妻就是他倆興下的**。這以後了咋弄哩？到以後了，就是那｛……｝兩人｛……｝哎，山上有所廟，廟也興出來了，大山高山，它再泄泄不到那個高山哪。有一所廟。

（看見幾個熟人走過來，問她在幹什麼。）[笑]講著玩哩，擱這地兒。講老迷信的話哩。

楊：[笑]不是迷信。挺好玩的。

張：他說，弄那吧，咱倆捏泥人兒。哎。他也捏，她也捏。他也捏，她也捏。他也捏，她也捏。這個廟有神哪，都有神，多大一片，大家就這一個神，人祖奶奶=人祖姑娘、人祖爺他都信神，**他爹娘都信神，他也信神**。他都願意。他說，以後啊，這個沒有人煙，就俺倆，咋弄哩？他（說）捏點小泥人兒吧。叫那泥人兒一捏，你聽著了沒有？搬出去曬也好。**哎，下幾滴子雨，眼看都淋濕啦，搬不及啦。「你看看，叫會走看好不好。」**掌掃帚掃吧。別掃啦，都一個一個一個都拽著掃進去了。**這瞎瞎瘸瘸的都是叫掃帚掃的甕的啦——，這也是他興下的**。（**楊：**[笑]噢。）[笑]這個講的。到後來啦，這些人哪，都長起來啦。毛猴（**楊：**毛猴？），毛猴。這人不像個人哪，就是生出來的｛……｝這兩個人｛……｝一成夫妻｛……｝有男有女啊捏的。一成夫妻啊都是長得（像）毛猴。你看書上不是（說）毛猴變｛……｝｛變人｝啊。住哪兒哩？就住在那山上樹林裡。慢慢兒變，慢慢兒變，慢慢兒變，就變成咱這人啦。沒說咱這人就根本不會做活，這啥都是慢慢兒學的。變成人形了，毛啥的都沒有了。越生小孩越好看，越生小孩越好看。瞎瞎瘸瘸的，這都是他興下的，掃地掃的，眼瞎啦；掃地掃的，腿瘸啦。就這個意思。到末了，到後來啦，〔人煙〕興起來啦，哎，這挽親（**楊：**成親？）咋著，這是孔夫子興的。（**楊：**[笑]）後來，這兩口子結婚，這不能亂咋著吧，得興個規矩啊，哎，誰家娶媳婦，咋著咋著；誰家挽親，咋著咋著。這都是他興下的。

張玉芝的講述行為，是在把自己能夠講述的同一類型神話，與王東蓮所講的進行了對比之後發生的，作為聽眾，同時也是一位積極的故事講述者，她對王東蓮講述的評價是「她講得不詳細」，而她對王東蓮講述的「磨散開了」、「天塌罷了姊妹倆鑽到龜肚裡」、「一颳東北風就冷」等多處的質疑、批評和修正，表明她同時還認為王東蓮的一些講法「不對」。這意味著她認為自己具有更高的講述能力和更權威的對神話知識的把握。這種對自己的講述水準和講述能力的自信，使得她的神話講述從一開始就直接進入了「完全的表演」（full performance），也就是說她充分意識到、而且也願意接受包括研究者和一些香客在內的聽眾對其神話知識、講述能力和交際能力的品評。此後，除了個別情況外（例如她中間兩次聲明自己是在講「老迷信的話」時），她的講述一直保持完全表演的狀態，描述細緻生動，講述流暢、自然，大量使用了副語言特徵（特別是通過聲音的長短、通過加重語氣以強調敘事重點）、比喻（「老鱉的嘴啊，張得像個簸箕一樣」）、平行方式（例如用好幾個「趕緊」形成平行敘事、重複好幾遍「他也捏，她也捏」等）、求助於傳統（「咱也聽人家講的，老年人都是聽人家講的」）等等交流手段，來標定她的表演框架，也都表明她願意在研究者和其他聽眾面前承擔完全的責任，以展示自己的敘事技巧和交流能力，也期待著觀眾對她的講述和表演予以特別強烈的關注。

但是講述中間有兩次「表演的否認」，即她在回答熟人詢問她在幹什麼時，說自己是在講「老迷信的話」。這兩次否認使得她的表演呈現出比王東蓮的講述更加靈活變動的特點，即從完全的表演→表演的否認→完全的表演→表演的否認→完全的表演，體現出其敘事表演的協商性（negotiated）和流動性。這種情形正如鮑曼所指出的，表演並非是任何口頭文學形式的實踐，而是一個互動的、限定的展示模式或框架的活動的範疇（range），在口語交流的行為當中，表演的主導作用可能有程度上的差異[38]。同時，她的自認在「講封建迷信」，顯示了國家權力的隱形「在場」，顯示了民間對官方意識形態和政治權力長期以來壓制民間信仰（包括神話在內）的心有餘悸。她對表演的否認，與王東蓮的否認表演一樣，都承擔著標定表演框架的功能，同時表明講述者不願意承擔完全展示自己交際能力和講述技巧的責任。但是她對表演的否認，與王東蓮的否認多少有些不同，是以一九四九年以後相當長的一段時期裡官方意識形態和國家權力對民間信仰的壓制為「背景」的，而並非是缺乏交際能力和知識的結果。用這樣的方式，她實際上是在熟人面前，也在外來的研究者和其他聽眾面前，承認（至少在表面上）自己「思想覺悟」的落後，承認自己所講述的是與官方意識形態相牴觸的思想。通過這種自嘲式的、低姿態的自我否定，來起到（或者期望起到）一定的自我保護的作用。

作為同一個神話類型的講述者，張玉芝與王東蓮比較起來，顯然更具有創造性。這表現在她講述的神話中，與兄妹婚神話的常見講述模式相比，至少發生了兩處重大的變異。一處是神話中兄妹滾磨卜婚，但磨散開了，所以親兄妹最後沒有能夠成親，女媧因而被稱做「人祖姑娘」，最後兄妹始祖用了捏泥人的方式來重新繁衍了人類。這一個改動，雖然與兄妹婚神話的傳統情節（往往滾磨而磨合、兄妹最終成親）不相符合，但是這一改動對故事的自身發展邏輯以及古老神話在現代社會中的適應而言，則具有非同小可的意義：一、它成功地化解了古老神話中始祖血親亂倫的做法與後世倫理法則、婚姻制度之間的矛盾，女媧因此可以順理成章地做她的女兒身；二、由於兄妹始祖根本沒有成親，所以他們採用了捏製泥人的方式來重新傳衍人類，這樣一來，兄妹婚神話與摶土造人神話的粘合，在故事情節發展的邏輯上也合情合理，無懈可擊。

另一個重大的變化出現在神話的釋源性結尾。按照張玉芝的說法，兄妹剛捏出來的人長得像毛猴，「以後慢慢兒變，慢慢兒變，才變成人形了，毛啥的都沒有了。越生小孩越好看，越生小孩越好看」。在講述人類起源的神話中，

38 〔美〕理查德・鮑曼著，楊利慧、安德明譯，《作為表演的口頭藝術》，頁一三〇至一五六。

有一些神話講到了人是由猴子變來的。這一類神話，有的是古老的「動物變人」信仰和敘事傳統的延續，有的則是受到後世進化論的影響而出現的新的釋源性解釋[39]。張玉芝老人雖然說她不識字，但她這裡將人類的起源與「毛猴」聯繫起來，幾乎可以肯定，是受到了進化論的影響，這不僅是因為「人是從猿猴進化而來的」的簡單進化論觀點，隨著馬列主義和社會主義意識形態在中國的廣泛普及而幾乎家喻戶曉、婦孺皆知，還因為在她的講述有一個重要的「中介敘事」（metanarrative），「你看書上不是（說）毛猴變{……}{變人}啊。」「中介敘事」一詞，按照芭芭拉・巴伯考克（Barbara A. Babcock）的論述，是專門用在敘事表演和敘事話語（discourse）範疇中，指那些敘事中對於敘事者、敘事行為和敘事本身的評論策略，它們可以既作為資訊（message），又作為代碼（code）[40]。張玉芝這裡用的中介敘事，一方面起著傳達資訊來源、證明自己的說法的合理性的重要作用：書上說人是從毛猴變來的，我這麼說是從書上看（聽）來的，是符合書上的說法的，因而是合理的，權威的；另一方面也起著溝通講述者和聽眾的作用：我知道你們幾個是讀書人，是知識份子，你們應該知道，書上說人是從毛猴變來的，所以，我這麼說是符合你們的趣味的。總之，她的這一自覺地適應進化論的觀念而對神話所做的改動，實際上再一次消解了傳統神話知識體系中「人是泥捏的」的觀念與後世「科學」所主張的「人是從猿猴演變而來的」之間的矛盾，從而使得古老的兄妹婚神話與後世的科學人類起源論相適應。所以，張玉芝這裡不僅是把她所知道的兄妹婚神話作為文化資源，來與想瞭解這一神話的研究者和其他聽眾進行交流，也在交流中顯示自己對神話知識和對文化傳統的更權威的把握和自己的高超講述能力（與王東蓮相比），並表達自己對人祖的信仰。

39 楊利慧，〈生民造物的始祖與英雄——談猴神話〉，《中國民俗學年刊》（上海，上海文藝出版社，一九九九年），頁二二九至二三三。

40 Barbara A. Babcock, "The Story in the Story: Metanarration in Folk Narrative." In Richard Bauman, *Verbal Art as Performance* (Prospect Heights, Illinois: Waveland Press, 1984[1977]), p.67.

結論

通過上文對兄妹婚神話的兩次表演事件的民族誌考察，我們可以看到：

一、民間敘事文本並不是一個自足的、超有機體的文化事象和封閉的形式體系（formal system），它形成於講述人把自己掌握的有關傳統文化知識，在具體交流實踐中加以講述和表演的過程中，而這一過程往往受到諸多複雜因素的影響，因而塑造了不同的、各具特點的民間敘事文本。淮陽人祖廟會上的兩次兄妹婚神話表演事件，就是一個動態的、有許多複雜因素（例如信仰的、倫理道德的、科學的、政治的等等）共同作用的過程。其中有一些制度性因素的作用是隱形的、潛在的，例如官方社會和國家權力對民間信仰的長期壓制；有一些社會文化因素的作用是明顯的，例如對人祖的信仰、禁止血親亂倫的倫理道德原則、所謂「科學」地解釋人類起源的進化論，等等。另外，參與表演事件的各種角色之間的互動，講述人與研究者之間、講述人與一般聽眾之間、第一個講述人和第二個講述人之間等等，都充滿了交流、互動和協商。這些或明或隱的諸多社會文化因素、表演者和參與者的互動交流等都縱橫交織在一起，同時對神話的講述活動產生影響，從而共同塑造了特定語境下的神話表演行為，並最終塑造了兩個特定的神話文本。

二、從兄妹婚神話的講述與表演的民族誌研究個案中，我們可以看到民間敘事為何、如何被一次次重新置於不同的語境下加以講述，那些富有創造力的個人，如何在傳承民間敘事的同時又對它加以某種程度上的再創造（reconstruct），以為他們今天的社會生活服務。兩位講述人都是在進行神話講述的表演，兄妹婚神話對於她們而言，都是她們與外來的研究者及其他一般聽眾之間進行交流的文化資源，通過神話的講述和表演，她們不僅是在與民俗學者和聽眾的交流互動中，展示自己的講述才能和對傳統知識的把握，同時也是以此方式傳達自己對於人祖的信仰，對於倫理、科學、人類起源和宇宙特性（例如為什麼颳東北風就冷）的認識。因此，講述神話成為她們表達自我、建構社會關係、達成社會生活的必要途徑。所以，神話的意義並不限於其文本內容和形式，它也體現在神話的社會運用中，是功能、形式和內在涵義的有機融合。同時，我們也發現，講述人的個人創造力是有差異的，創造力的強弱很大程度上決定了文本變異程度的大小。第一位講述人面對神話敘事傳統與後世倫理原則和婚姻制度之間存在的矛盾衝突，缺乏充分的解決矛盾的藝術能力，最後只好勉強地把兩種類型的神話牽連在一起，再求助於現代生活知識和倫理原則，對神話加上一個委曲辯解的解釋。第二位講述者的表演則明顯具有更大的靈活性和創造性。她的講述不僅僅是在傳承古老的、祖祖輩輩傳下來的知識，而是對古老的兄妹婚神話講述傳統進行了創造性的改變，這些改變消解了古老神話中包含的亂倫和「非科學」問題，從而使古老神話與現代社會的倫理原則、婚姻制度以及「科學」的人類起源觀念相適應。

三、民間敘事的講述與表演是一個充滿了傳承與變異、延續與創造、集體性傳統與個人創造力不斷互動協商的複雜動態過程。因此，只有把歷時性研究和在特定語境中考察傳承和創造的某一時刻的視角結合起來，把大範圍裡的歷史—地理比較研究與特定區域的民族誌研究結合起來，把靜態的、對於作為表演結果的敘事文本的研究與動態的表達行為和表演過程的研究結合起來，把對民間敘事的集體性和模式性的研究，與對個人創造力的研究結合起來，我們才能比較深入地瞭解民間敘事的傳承和變異的本質，以及其形式、功能、意義和表演等之間的相互關係。

餘論：上述研究中存在的問題和今後探索的方向

在上述研究中，如果能夠加深區域調查的深度，同時對講述者的個人生活史、資料庫（repertoire）、世界觀、個性等進行進一步連續的、反覆的、長期的民族誌考察，才能對表演的能力和特點進行更加深入的評價。另外，儘管兄妹婚神話在每一次表演中的細節和母題組合都有大大小小的差異，但是神話的類型和核心母題的變化很小[41]，可見，文本也有其自身獨具的意義。那麼，如何把對文本自身的研究與對文本的表演結合以來研究？這也是有待今後進一步探索的問題。

41 芬蘭民俗學家安娜—麗娜・斯卡拉（Anna-Leena Siikala）在她的民族誌研究中也證明了這一點，參見其 *Interpreting Oral Narrative*（Helsinki: FF Communications, No. 245, 1990）.

再版後記

本書是我所主持的教育部「高等學校優秀青年教師教學和科研獎勵計畫」項目「現代口承神話的傳承與變異」的最終成果。該專案自二〇〇〇年正式獲准啟動開始，到二〇一一年書稿由陝西師範大學出版總社有限公司初版，其間經歷了十一年的時間。俗話說：「十年磨一劍」，意思是經過長期研磨雕琢的產品，多會有精良可靠的品質。我不敢說經過這十餘年的磨礪，我們最終生產的這部書稿有多麼精良，但是，本書的確有著比較自覺的學術追求。

如同我在《總論》中提及的：本書更多地汲取了近年來世界民俗學與人類學取得的成就，因此，它在不少方面與以往國際國內諸多傳統的神話研究有所不同。例如，與流行的「向後看」的取向不同，它注重在尊重歷史的基礎上向當下看，也留心那些正在當下生動地呈現、而未來可能日益顯要的內容與形式；與慣常使用的文本分析方法不同，它堅持民族誌式的田野研究，強調在特定語境中具體地考察神話的講述活動，以及神話傳統的傳承與變化；與盛行的忽視傳承主體的做法不同，它重視那些傳承和重構著神話傳統的個人，注重他們的神話觀及其在傳承中的能動作用，如此等等。通過實踐這些追求，本書力圖對於世界神話學有所貢獻，而且，還期望從一個特殊領域的研究實踐，對中國民俗學的研究現狀進行反思。

衷心感謝呂微兄慷慨賜序！呂兄熟知本課題的實踐過程，又參加了全部四位研究生的畢業論文答辯，因此我說他是作序的最合適人選。呂兄接受我的央請，不憚辛勞，於盛夏酷暑之中，趕寫了洋洋灑灑近二萬字的序言！此序顯然是認真深思之作，思考深入，鞭辟入裡；闡述細緻，博引旁征。尤為難能可貴的是，該文並沒有像許多序言一樣，為作者說些客氣的好話，相反，卻對我們的研究提出了許多富有建設性的批評意見，正如他所謂此序「更是中肯的學術回應，包括從不同的學術立場對同一個學術問題的相互辯難。」求同存異，真誠地討論一些問題（而不是浮於表面的客氣吹捧），正是學術前進的推動力。在一個學者的治學生涯中，能有一二這樣的諍友，真是莫大的幸事！

呂微對於我們研究「現代神話」這一工作的意義以及我界定神話時的動因的理解和闡釋，的確深獲我心；他旗幟鮮明地提出的「神話信仰—敘事是人的本原的存在」的論斷，也使我深受啟迪，促使我重新思考神話的根本特性及其形式與內容之間的關係。不過顯然，在對神話及神話學史進行探索時，呂微與我有著不同的立場和追求。儘管我對他所描述的那個「具有人的存在與實踐的絕對真實性和神聖性」的神話世界充滿敬畏，[1]但是呂兄孜孜以求的那個超驗的、作為「更高而不變化的秩序」而存在的、「具有絕對客觀的真實性和先天必然的神聖性」的神話世界並不是我們這一專案追尋的目標。對我而言，這些概念過於宏大而抽象。本專案力圖達到的目的，是呂微兄所謂的「呈現社會事實」——我和學生們想通過對特定社區和傳承主體的民族誌考察，弄清楚一些中國神話學安身立命的基本事實（facts），例如在當代中國，神話是怎樣在一個個特定的社區中生存的？它們擔負著何種功能？是哪些人依然在講述神話？他們是如何看待和理解神話的？神話如何在具體的講述情境中發生變化？中國現代以來的巨大社會變遷，給神話傳承造成了怎樣的影響？……一句話，我們更願意回到靈動鮮活的生活現場，返回到處在時間洪流之中的那些活生生的社會生活語境，觀察在不同地域的社會文化政治背景中、在實際的人際交流與互動過程中，各種不同神話觀的具體呈現；傾聽那些具體可感的、有血有肉的神話傳承者的聲音，以此貼近對於「神話」以及「神話觀」的理解和認識。我們由此看到的神話世界，不再是宏大抽象的概念和界定，而是充滿著多樣性、異質性、語境性以及個體性；神話的內容、形式、功能和意義都展

[1] 其實呂微文中對於這一至關重要的問題——「神話信仰—敘事」何以便是「人的本原的存在」？——的論證並不十分充分。

現出十分豐富而複雜的色彩和意蘊。這樣的研究，屬於呂兄常謂的「經驗性研究」，既為大多數神話學者所踐行，而且，在我看來，這也是神話學學科的生機和活力之所在。在這一點上，我與呂微兄的立場與追求有著顯著的差異，而這一差異，同我們各自的學術旨趣、專業訓練和知識結構都有著直接的關係。不過，儘管如此，歸根結底，我們最終都贊成這樣的主張：不同的研究取向各有所長，應當彼此傾聽，取長補短：「一個以『呈現社會事實』為己任的現象實證的神話學，和一個以思想人的本原存在為根本目的的『實踐認識』的神話學的互補互動，將會大大有助於神話學在理論關切與實踐關懷的兩個方面都得到深入的發展和廣泛的擴展。」（呂序）

人類學家格爾茨（Clifford Geertz）曾經有一句名言：「如果你想瞭解什麼是一種科學，你首先要看的，不是它的理論或發現，當然也不是它的辯護士對它的說法；你應當看它的實踐者做的是什麼。」[2]就神話學這一學科的實踐而言，迄今為止，對神話的界定大都著眼於內容（尤其是創世）、形式（敘事）和功能（信仰）等維度的考量。如果像呂微兄所指出的：「在人的本原性存在與實踐的信仰—敘事結構中，神話的敘事內容結構就是神話的信仰形式結構，二者是二而一、一而二的東西」，那麼，當面對無比豐富的人類口頭藝術傳統（其中包括同樣講述超越性存在、具有釋源性和信仰色彩的信仰傳說，即belief legend）時，我們該怎樣對「神話」這一文類進行界說？「神話信仰—敘事是人的本原的存在」便足以界定神話文類嗎？在我看來，這一表述不惟宏大、抽象，而且具有「非歷史」的傾向，當我們面對現代以至後現代社會中異彩紛呈的神話世界時，這一表述更顯出明顯的局限性。那麼，在當下的世界中我們該如何界說神話呢？呂微的序言，為將來的神話學提出了許多需要進一步探討的問題。

本書初版之後，引起了學界一定的關注。《民俗研究》和《長江大學學報》曾先後發表書評，認為本書「對現代社會劇變中的神話傳統做出了卓有成績的探索，並為『朝向當下』的神話學確立了一種重要的研究範式」，[3]「立足扎實

---

2 克利福德・格爾茨：《文化的解釋》，納日碧力戈等譯，王銘銘校，上海人民出版社，一九九九年，第五頁。

3 祝鵬程，〈探尋現代社會劇變中的神話傳統——評〈現代口承神話的民族誌研究——以四個漢族社區為個案〉〉，《民俗研究》二〇一四年第四期。

的民族誌式田野作業，深入細緻地探尋了劇變的現代社會中四個漢族社區的神話傳統，……從觀念到實踐上都為現代口承神話研究確立了一個新的範式」。[4]這次本書能夠由秀威資訊科技股份有限公司再版，我深感榮幸！衷心期望它能對更廣大的讀者瞭解當下生活中活形態的神話傳統有所幫助，也希望我們努力宣導的「現代口承神話的民族誌研究」的理念和方法，能引發更多研究者的進一步討論和實踐。

心底裡要表達的諸多謝意，《總論》裡已經說了不少，這裡再贅言幾句。再次感謝參與本課題的四位青年作者，沒有他們的巨大努力，這一項目無法得以實現。感謝陝西師範大學出版總社有限公司慨然贈予版權。此外，也要感謝林繼富、劉秀美二教授費心主編這套「民俗與民間文學叢書」，更感謝劉惠萍教授推薦本書進入該系列。特別的謝忱要送給秀威資訊科技股份有限公司，尤其是為本書的出版付出諸多辛勞的編輯盧羿珊和廖妘甄女士。

書中諸多不足之處，懇請方家不吝賜正。

楊利慧

二〇一五年八月於北京師範大學

4 楊澤經、鄧秀蘭，〈為現代口承神話研究確立新範式——評楊利慧等著〈現代口承神話的民族誌研究——以四個漢族社區為個案〉〉，《長江大學學報》（社科版）二〇一五年第五期。

民俗與民間文學叢書06　PC0526

現代口承神話的民族誌研究
——以四個漢族社區為個案

作　　者 / 楊利慧、張霞、徐芳、李紅武、仝雲麗
主　　編 / 林繼富、劉秀美
責任編輯 / 盧羿珊
圖文排版 / 楊家齊
封面設計 / 蔡瑋筠

發 行 人 / 宋政坤
法律顧問 / 毛國樑　律師
出版發行 / 秀威資訊科技股份有限公司
114台北市內湖區瑞光路76巷65號1樓
電話：+886-2-2796-3638　傳真：+886-2-2796-1377
http://www.showwe.com.tw
劃撥帳號 / 19563868　戶名：秀威資訊科技股份有限公司
讀者服務信箱：service@showwe.com.tw
展售門市 / 國家書店（松江門市）
104台北市中山區松江路209號1樓
電話：+886-2-2518-0207　傳真：+886-2-2518-0778
網路訂購 / 秀威網路書店：http://www.bodbooks.com.tw
國家網路書店：http://www.govbooks.com.tw

2016年2月　BOD一版
定價：600元

國家圖書館出版品預行編目

現代口承神話的民族誌研究：以四個漢族社區為個案 / 楊利慧等著. -- 一版. -- 臺北市：秀威資訊科技, 2016.02

面； 公分.

BOD版

ISBN 978-986-326-354-8(平裝)

1. 中華民族 2. 中國神話 3. 個案研究

536.2 104018561

讀者回函卡

感謝您購買本書，為提升服務品質，請填妥以下資料，將讀者回函卡直接寄回或傳真本公司，收到您的寶貴意見後，我們會收藏記錄及檢討，謝謝！

如您需要了解本公司最新出版書目、購書優惠或企劃活動，歡迎您上網查詢或下載相關資料：http:// www.showwe.com.tw

您購買的書名：________________________________

出生日期：__________年__________月__________日

學歷：□高中（含）以下　□大專　□研究所（含）以上

職業：□製造業　□金融業　□資訊業　□軍警　□傳播業　□自由業

□服務業　□公務員　□教職　□學生　□家管　□其它______

購書地點：□網路書店　□實體書店　□書展　□郵購　□贈閱　□其他

您從何得知本書的消息？

□網路書店　□實體書店　□網路搜尋　□電子報　□書訊　□雜誌

□傳播媒體　□親友推薦　□網站推薦　□部落格　□其他____________

您對本書的評價：（請填代號　1.非常滿意　2.滿意　3.尚可　4.再改進）

封面設計____　版面編排____　內容____　文／譯筆____　價格____

讀完書後您覺得：

□很有收穫　□有收穫　□收穫不多　□沒收穫

對我們的建議：________________________________

____

____

____

請貼
郵票

11466
台北市內湖區瑞光路 76 巷 65 號 1 樓
秀威資訊科技股份有限公司 收
BOD 數位出版事業部

(請沿線對折寄回，謝謝！)

姓　　名：＿＿＿＿＿＿＿＿＿＿＿　年齡：＿＿＿＿　性別：□女　□男

郵遞區號：□□□□□

地　　址：＿＿＿＿＿＿＿＿＿＿＿＿＿＿＿＿＿＿＿＿＿＿＿＿＿＿＿＿＿

聯絡電話：(日)＿＿＿＿＿＿＿＿＿＿＿＿(夜)＿＿＿＿＿＿＿＿＿＿＿＿＿

E-mail：＿＿＿＿＿＿＿＿＿＿＿＿＿＿＿＿＿＿＿＿＿＿＿＿＿＿＿＿＿＿